Windows Server 2016 쿡북

Korean edition copyright ⓒ 2018 by acorn publishing Co. All rights reserved.

Copyright ⓒ Packt Publishing 2016.
First published in the English language under the title
'Windows Server 2016 Cookbook - (9781785883835)'

이 책은 Packt Publishing과 에이콘출판㈜가 정식 계약하여 번역한 책이므로
이 책의 일부나 전체 내용을 무단으로 복사, 복제, 전재하는 것은 저작권법에 저촉됩니다.

Windows Server 2016 쿡북

105개의 레시피로 배우는
Windows Server 2016

조던 크라우스 지음
김도균 옮김

Packt>
에이콘

| 지은이 소개 |

조던 크라우스^{Jordan Krause}

클라우드와 데이터센터 관리 엔터프라이즈 보안 그룹의 Microsoft MVP다. IVO Networks의 시니어 엔지니어로 매일 Microsoft의 네트워킹 기술을 다루는 남다른 기회를 경험했다. Microsoft DirectAccess를 전문적으로 다루며, 유일무이한 DirectAccess에 대한 책을 쓰기도 했다. 『Windows Server 2012 R2 Administrator Cookbook』(Packt, 2015)에 이어 『Windwos Server 2016 Cookbook 쿡북』(에이콘, 2018)을 썼다. 여러 나라의 기업을 위해 DirectAccess와 VPN 솔루션을 계획하고 디자인해 적용하는 일에 주로 시간을 보낸다. MCP와 MCTS, MCSA, MCITP Enterprise Administrator 자격증을 취득하는 등 끊임없는 학습을 이어가고 있다.

주로 Microsoft 테크넷^{TechNet} 포럼에서 DirectAccess 커뮤니티를 지원하는 데 힘쓰고 있다. 기후 변화가 잦은 미시간 주에서 살고 있다.

| 기술 감수자 소개 |

플로리안 클라펜바흐 Florian Klaffenbach

2004년부터 1차 및 2차 IT 지원 기술자, B2B 온라인 숍에서 IT 기술 영업 수습생으로 IT 경력을 쌓기 시작했다. 그 후 작은 회사에서 IT 관리자로 일하면서 산업용 시설과 세탁소를 엔터프라이즈 IT로 계획하고 구현, 통합하는 일을 했다. 몇 년 후에는 델Dell 독일 법인에 입사했다. 기업 기술 지원 분석가로 시작해 나중에는 델 기술 커뮤니티를 설립하고 미국 이외 지역과 유럽에서 소셜 미디어를 통해 지원하는 프로젝트를 시작했다. 현재 Microsoft Hyper-V와 파일 서비스, SCVMM System Center Virtual Machine Manager, Microsoft Azure IaaS를 전문으로 다루는 Microsoft 인프라 및 클라우드 솔루션 아키텍트와 컨설턴트로 일하고 있다.

활동적인 Microsoft 블로거이자 강사이기도 하다. 웹사이트인 Datacenter-Flo.de나 브로케이드 독일 커뮤니티에 기고하고 있다. 좋은 친구들과 함께 베를린의 Microsoft IT 전문가들 간의 네트워킹을 위한 'Windows Server 사용자 그룹 베를린'을 설립하기도 했다. 시스코Cisco, 델Dell, Microsoft와 같은 벤더뿐만 아니라 각종 커뮤니티와 긴밀한 네트워크를 유지하고 있다. 이를 통해 자신의 경험을 발전시키고 고객들에게 더 나은 솔루션을 제공한다. 2016년부터 'Azure 커뮤니티 독일'의 공동 의장으로 있다. 2016년 4월에는 Microsoft에서 클라우드 및 데이터센터 관리 부분으로 Microsoft MVP를 수상했다.

첫 번째 고용주인 TACK GmbH, 델 독일, CGI 독일 등 많은 회사에서 일해 왔다. 현재는 MSG Service AG에서 Microsoft 클라우드 인프라의 수석 컨설턴트로 일하고 있다.

『Mastering Microsoft Azure Development』(Packt, 2015) 등을 감수했다.

| 옮긴이 소개 |

김도균(kimdokyun@outlook.com)

2012년, 회사 조직 일원으로서의 15년 삶을 정리한 뒤 독립 IT 기술자가 되어 7년째 자기 시간의 주인으로 포트폴리오 인생을 살고 있다. 2003년, 처음 『Beginning Direct3D Game Programming』(정보문화사)을 번역한 이후로 이 책이 38번째 책이다. 에이콘출판사에서 출간한 『Azure와 도커를 활용한 마이크로서비스 구현』(2017), 『Essential C# 6.0 한국어판』(2016), 『Essential C# 5.0 한국어판』(2014), 『처음 배우는 C#』(2015), 『MOS 2013 Microsoft PowerPoint』(2015), 『MOS 2013 Microsoft Word Expert』(2015), 『The C# Programming Language (Fourth Edition) 한국어판』(2012), 『윈도우 7 완벽 가이드』(2010)를 번역했다. 개발자를 위한 IT 매거진 <마이크로소프트웨어>에 오랫동안 기술자와 삶에 관해 칼럼을 써오고 있으며, 『나홀로 개발자를 위한 안드로이드 프로그래밍의 모든 것』(에이콘, 2013)을 비롯해 여러 권의 저서에 참여했다.

17년 차 Microsoft의 공인 강사[MCT]이며, Microsoft MVP를 6회 수상했다. Microsoft 기술 교육 전문 기업인 LearningWay의 대표 강사로 활동하고 있고, 독립 IT 기술자의 저술/번역, 강연 상호부조 네트워크인 GoDev(www.godev.kr)에서 해적들을 이끌고 있는 선장이다.

| 옮긴이의 말 |

Microsoft의 제대로 된 서버 운영체제로서 처음 다뤘던 Windows NT 4.5 이후, Windows Server 2016을 보는 2018년에서 시간을 헤아려 보니 어느덧 20년이 넘게 흘렀습니다. 그동안 IT 인프라 세상은 클라우드로 재편됐지만 여전히 기업의 인프라 환경은 온프레미스입니다. 2016~2017년이 Windows Server 2012 R2의 본격적인 도입과 활용의 시기였다면 2018년은 기업에서 수많은 Windows 서버에 운영체제로 Windows Server 2016을 탑재하는 해가 될 것입니다.

아직 Windows Server 2016을 다룬 도서를 찾아보기 힘든 시점에 Windows Server 2016을 치음 디루는 관리지부디 현업에서 Windows 서비의 괸리 업무를 담당히는 관리자에 이르기까지 두고두고 참고하며 활용할 수 있는 책이 나오게 돼 다행이라 생각합니다. 이 책은 105개의 Windows Server 2016 핵심 예제로 구성돼 있습니다. 이전 버전의 Windows 서버에서 수행한 핵심 인프라 작업을 Windows Server 2016에서 처리하는 방법부터 Windows Server 2016에서 일반적인 역할과 서비스를 향상시키는 새로운 기능을 업무에 도입하는 방법을 다룹니다. 그뿐만 아니라 Active Directory, DNS, DHCP, 인증 서비스와 같은 Microsoft 네트워크 기능을 구현하는 방법에 대해서도 친절하게 설명하고 있습니다. Windows Server 2016에 관한 참고 도서를 찾는 이들에게 도움이 될 책입니다.

이 책을 번역하는 동안 아들은 자신이 원하는 소프트웨어 엔지니어의 길을 선택해서 들어간 소프트웨어 마이스터 고등학교에서 1년을 살아냈고, 딸은 초등학교의 마지막을 전교 회장으로서 동료들을 섬기며 멋지게 장식했습니다. 언제나 내 곁에 있는 든든한 지원군이자 가장 사랑하는 아내는 인생의 마지막을 준비하는 이들을 도우며 인생 중반을 살아내면서 삶에 대한 경외와 겸허함을 매일 되새기고 있습니다. 우리 가족의

삶을 이끌어주신 하나님께 감사드립니다.

이 책이 나오기까지 항상 옮긴이를 믿어주신 권성준 사장님께 감사드립니다. 또 이 책의 모든 편집과 교정, 교열을 도맡아 처리해주신 박창기 이사님과 에이콘 식구들께 감사드립니다.

포트폴리오 인생을 실행하는 데 격려해주고 도와주신 GoDev 식구들, 조직을 떠났던 2012년 9월부터 지금까지 대표 강사로 든든한 지원을 아끼지 않고 베풀어 주신 러닝웨이코리아 서혁진 사장님과 김근표 대표님, 윤준형 상무님께도 이 자리를 빌어 감사드립니다. 6년째 Microsoft MVP로 활동을 이어올 수 있게 도움 주신 이소영 부장님과 격려해준 류동철, 배준오, 유승호, 금재용 외 많은 MVP 동료들이 전해주는 에너지로 인해 새로운 기술에 두려움보다는 배움의 열정을 갖게 된 것 같습니다. 감사합니다.

2018년 2월

| 차례 |

지은이 소개 5
기술 감수자 소개 6
옮긴이 소개 8
옮긴이의 말 9
들어가며 19

1장 인터페이스 사용법 29

소개 30
시미 종료와 재시작 31
관리 도구 시작 35
WinKey + X를 사용한 관리 작업 38
애플리케이션을 빨리 시작하기 위한 검색 기능 사용 40
서버 관리자를 사용해 하나의 창에서 원격 서버 관리 43
PowerShell을 사용해 Windows 서버의 모든 기능 다루기 46
역할이나 기능 설치 50
Windows 10 컴퓨터에서 Windows Server 2016 관리 52
Windows Server 2016에서 유용한 단축키 55
PowerShell 실행 정책 설정 57
첫 PowerShell 스크립트 작성과 실행 60
Get-Help를 사용한 PowerShell 명령 검색 64

2장 핵심 인프라 작업 69

소개 ... 70
도메인 컨트롤러와 DNS 서버, DHCP 서버의 조합 구성 ... 71
두 번째 도메인 컨트롤러 추가 ... 77
조직 단위를 사용한 컴퓨터 체계화 ... 80
DNS에서 A 또는 AAAA 레코드 작성과 사용 ... 83
DNS에서 CNAME 레코드 작성과 사용 ... 88
DHCP 범위를 만들어 컴퓨터에 주소 할당 ... 90
특정 서버나 리소스에 대한 DHCP 예약 만들기 ... 93
Active Directory에서 컴퓨터 계정 미리 만들기 ... 96
PowerShell을 사용해 새로운 Active Directory 사용자 만들기 ... 99
PowerShell을 사용해 시스템 가동 시간 확인 ... 103

3장 보안과 네트워킹 109

소개 ... 110
네트워크에 암호 복잡성 요구 ... 110
고급 보안이 포함된 Windows 방화벽을 사용해 불필요한 트래픽 차단 ... 113
서버의 RDP 포트를 변경해 액세스 숨기기 ... 116
Windows Server 2016 멀티호밍 구성 ... 119
Windows 라우팅 테이블에 고정 경로 추가 ... 122
텔넷을 사용한 연결과 네트워크 흐름 테스트 ... 127
Pathping 명령을 사용한 네트워크 트래픽 추적 ... 131
NIC 팀 구성 ... 132
PowerShell을 사용한 이름 변경과 도메인 가입 ... 135
첫 번째 서버 코어 만들기 ... 139

4장 인증서 작업 — 143

- 소개 — 144
- 네트워크에서 첫 인증 기관 서버 설치 — 145
- 하위 인증 기관 서버 구축 — 153
- 클라이언트에 컴퓨터 인증서 발행을 위한 인증서 템플릿 만들기 — 157
- 등록을 위한 인증서 템플릿 게시 — 160
- MMC를 사용해 새로운 인증서 요청 — 163
- 웹 인터페이스를 사용한 새로운 인증서 요청 — 166
- 자동 등록을 구성해 도메인 가입된 모든 시스템에 인증서 발행 — 170
- 루트 인증서 갱신 — 175

5장 인터넷 정보 서비스 — 179

- 소개 — 180
- PowerShell을 사용한 웹 서버 역할 설치 — 181
- 첫 번째 웹사이트 시작 — 184
- 웹사이트를 실행하는 포트 변경 — 188
- 웹사이트에 암호화 추가 — 191
- 인증서 서명 요청을 사용해 SSL 인증서 획득 — 194
- 한 서버에서 다른 서버로 SSL 인증서 이동 — 199
- 새로 갱신한 인증서를 자동으로 다시 바인딩 — 203
- IIS 서버에서 여러 웹사이트 호스팅 — 206
- 호스트 헤더를 사용해 하나의 IP 주소에서 여러 웹사이트 관리 — 210

6장 원격 액세스 — 215

- 소개 — 216
- DirectAccess 계획 관련 질문과 답변 — 217
- DirectAccess나 VPN, 두 가지의 조합 구성 — 221
- DirectAccess에서 사용할 그룹 정책 개체 준비 — 225
- DirectAccess의 보안 확장을 위한 인증서 인증 요청 — 229
- 자체 시스템에 네트워크 위치 서버 구축 — 233
- DirectAccess 서버에서 네트워크 부하 분산 사용 — 238
- 기존 DirectAccess 서버에 VPN 추가 — 245
- 만료되는 IP-HTTPS 인증서 교체 — 248
- DirectAccess와 VPN 연결 상태 보고 — 252

7장 원격 데스크톱 서비스 — 257

- 소개 — 258
- 단일 서버 원격 데스크톱 서비스 환경 구축 — 260
- RDS 환경에 RDSH 서버 추가 — 263
- 원격 데스크톱 세션 호스트 서버에서 애플리케이션 설치 — 266
- 로컬 리소스의 리디렉션 해제 — 270
- RDS에서 또 다른 세션 섀도잉 — 274
- 리디렉션에 사용할 프린터 드라이버 설치 — 278
- 유지 관리를 위해 RD 세션 호스트 서버 제거 — 284
- 워드패드를 RemoteApp으로 게시 — 287
- 로그온/로그오프 스크립트로 사용자 로그인 추적 — 291

8장 모니터링과 백업 297

소개 ... 298
빠른 모니터링 도구로 서버 관리자 사용 ... 299
새로운 작업 관리자를 충분히 활용 ... 305
Windows 성능 모니터로 시스템 성능 평가 ... 309
Format-List를 사용해 PowerShell 데이터 출력 수정 ... 315
Windows Server 백업을 사용해 전체 시스템 백업 구성 ... 319
Windows 백업 파일에서 데이터 복구 ... 323
IP 주소 관리를 사용해 사용된 IP 주소 추적 ... 326
Windows Server 2016에서 바이러스 검사 ... 331

9장 그룹 정책 335

소개 ... 336
새로운 그룹 정책 개체를 만들고 할당 ... 337
네트워크 드라이브를 그룹 정책으로 연결 ... 342
문서 폴더를 네트워크 공유로 리디렉션 ... 345
그룹 정책으로 VPN 연결 만들기 ... 348
그룹 정책으로 프린터 연결 만들기 ... 351
그룹 정책을 사용해 인터넷 프록시 서버 적용 ... 353
GPO 내에 현재 활성화된 설정 확인 ... 357
컴퓨터에 현재 할당된 GPO 확인 ... 359
GPO 백업과 복원 ... 363
ADMX와 ADML 템플릿 연결 ... 370

10장 파일 서비스와 데이터 제어 … 375

- 소개 … 376
- 분산 파일 시스템 사용과 네임스페이스 만들기 … 376
- 분산 파일 시스템 복제 구성 … 384
- 서버에 iSCSI 대상 만들기 … 389
- iSCSI 초기자 연결 구성 … 395
- 저장소 공간 구성 … 398
- 데이터 중복 제거 사용 … 405
- Windows Server 2016 클라우드 폴더 설정 … 409

11장 나노 서버와 서버 코어 … 417

- 소개 … 418
- 콘솔에서 서버 코어 구성 … 419
- 서버 코어와 데스크톱 경험 간 전환 … 425
- 첫 번째 나노 서버 만들기 … 428
- 나노 서버 콘솔 살펴보기 … 433
- 서버 관리자로 나노 서버와 서버 코어 관리 … 436
- 원격 MMC 도구로 나노 서버와 서버 코어 관리 … 441
- 원격 PowerShell로 나노 서버와 서버 코어 관리 … 445

12장 Hyper-V 활용   451

소개 452
Windows 서버에서 Hyper-V 실행 453
Hyper-V 서버 만들기 456
VM 네트워킹 463
첫 번째 가상 컴퓨터 만들기 468
VM 설정 페이지 사용 476
가상 하드 디스크 편집 482
검사점을 롤백 지점으로 사용 485

찾아보기 493

| 들어가며 |

Microsoft는 전 세계 엔터프라이즈 데이터센터의 서버를 점유하고 있는 확실한 리더다. 기업의 서버실이나 데이터센터를 살펴보면 Windows Server 운영체제로 구성된 조직의 인프라를 쉽게 찾을 수 있다. Microsoft는 20년 이상 Windows Server에 의존해왔으며, 하나의 설치 디스크로 이런 수많은 기능을 제공하는 것은 사실 어디서도 찾기 힘들다. Windows Server 2016은 이전 버전의 Windows Server에서 제공했던 핵심 기능을 제공하는데, 더 우수하고 효율적이다. 특히 Server 2016에서 네트워크 트래픽과 데이터를 더 효율적이고 안전하게 처리하는 새로운 방법을 제공한다.

Windows Server 2016에 관련해 여러 가지 궁금증이 섞인 다음과 같은 얘기를 듣곤 했다. "클라우드에 관해 많은 얘기를 들었어요. 모두가 클라우드로 옮겨가고 있지 않아요? 클라우드로 간다면 회사에 Windows Server 2016이 굳이 필요한 이유가 있을까요?" 이 질문에는 두 가지 다른 방법으로 답할 수 있으며, 두 방법 모두 최신 Windows Server 버전을 알고 이해하는 데 큰 이점을 제공한다. 먼저 많은 기업은 자사의 모든 장비를 클라우드로 이전하지 않는다. 실제로 10명 이상의 직원이 있는 기업에서 클라우드만 사용하는 경우는 만나보지 못했다. 대부분 로컬 사용자 계정 인증이나 DHCP, 인쇄 서비스, 로컬 파일 서버 등을 관리하는 데 적어도 한 대 이상의 온프레미스 서버를 사용한다. 또한 기업들은 보안 문제 때문에 클라우드로 옮겨가고 싶어 하지 않는다. 물론 페더레이션과 같은 기능을 사용해 일부 데이터와 사용자 계정을 클라우드로 보낼 수는 있다. 그러나 민감하거나 기밀인 기업 데이터는 어떨까? 클라우드에 데이터가 있다면 데이터를 소유하지 않은 걸까? 데이터의 보안과 존속을 어떻게 보장할 수 있을까? 여러분은 이를 보장할 수 없다. 이것만으로도 나와 대화를 나눈 사람들은 자신의 정보를 클라우드로 모두 옮기는 작업을 중단한다.

Windows Server 플랫폼에 대한 지식을 쌓는 것이 여전히 중요한 두 번째 이유는, 모든 것을 클라우드로 옮기겠다고 결정한 후에도 클라우드에서 실행되는 서버 플랫폼에 로그인하고 관리해야 한다는 점이다. 클라우드 서비스로 Azure를 사용하는 경우 Server 2016이 클라우드에 있더라도 환경 관리를 위해 Windows Server 2016 인스턴스에 로그인할 기회가 있다. 따라서 온프레미스 서버가 있든, 클라우드 어딘가에 서버를 두고 관리하든 새로운 Windows Server 2016 운영체제에 관해 가능한 모든 것을 배운다면 IT 분야의 모든 업무에 유익할 것이다.

처음 이 책을 계획할 때 가능한 예제의 개요를 모으는 작업이 어려웠다. 어디서부터 시작해야 할까? Windows Server 2016에서는 많은 역할을 실행할 수 있으며, 각 역할 내에는 많은 작업이 있다. Server 2016에 새로 등장한 부분을 살펴보고 가장 멋진 최신 기능을 보여주는 예제에 관해서만 얘기하고 싶은 것은 자연스런 반응이었다. 그러나 그럴 경우 처음 Windows Server 관리에 관해 배우려는 사람에게 도움이 될 만한 예제가 없다는 사실을 깨달았다. 기본 예제 없이는 새로운 기능도 보잘것없기 때문에 Windows Server에서 일반적으로 제공하는 중요한 인프라 역할의 기본적인 이해를 돕는 것이 중요하다.

그래서 나는 이 책에 양쪽을 모두 적절히 배치했다. 우선 Windows Server의 이전 버전에서도 수행했던 핵심 인프라 작업을 이제 새로운 Windows Server 2016에서 수행하는 방법에 초점을 맞춰 예제를 제공한다. 그다음 표준 역할과 서비스를 향상시킨 Server 2016에서 제공하는 몇 가지 새로운 기능을 보여주는 예제와 이들 핵심 작업을 섞는다. 일부 예제는 분명 초보자를 위한 것이지만, 다른 예제는 이미 Windows Server를 다뤄본 경험자가 새로운 지식을 얻을 수 있게 더 세부적인 내용을 다룬다. Active Directory, DNS, DHCP, 인증서 서비스 등 Microsoft 네트워크 기능을 구현하는 중요한 역할에 관해 설명한다. 그리고 나노 서버와 저장소 공간 다이렉트 같은 Windows Server 2016의 새로운 기능을 설명한다.

이 책의 주목적은 여러분의 환경에서 공통 작업을 수행해야 할 때 몇 번이고 돌아와서 올바른 방식으로 작업을 수행하는 데 참조할 가이드가 되는 것이다. 각 장을 학습하면 Windows Server 2016을 충분히 편안하게 사용할 수 있다.

▎이 책의 구성

1장, 인터페이스 사용법에서는 Windows Server 2016을 사용하는 여정의 시작으로 새로운 운영체제의 전체 모습을 탐색하는 방법을 알아내고, 일상 업무를 좀 더 효과적으로 만들어주는 몇 가지 팁과 요령을 얻는다.

2장, 핵심 인프라 작업에서는 핵심 Microsoft 기술 스택을 구성하고 작업하는 방법을 설명한다. 포함된 예제는 Windows 네트워크에서 작업하려는 모든 관리자를 위한 핵심 지식을 고려했다.

3장, 보안과 네트워킹에서는 서버에서 액세스를 잠그는 몇 가지 방법을 설명한다. 네트워크 트래픽 모니터링을 시작할 때 아주 유용한 도구가 될 수 있는 명령들도 다룬다.

4장, 인증서 작업에서는 네트워크 내에서 인증서를 만들고 배포하는 작업에 익숙하게 만든다. PKI는 점차 보편화되고 있지만, 대다수의 서버 관리자는 아직 이를 직접 작업할 기회를 얻지 못했다.

5장, 인터넷 정보 서비스에서는 네트워크에서 Windows Server 2016 박스를 웹 서버로 구성하는 방법을 설명한다. 이상하게도 이 영역에서는 Microsoft 네트워크에 아파치 웹 서버를 띄우는 경우가 많다. 더 나은 대안인 IIS를 살펴본다.

6장, 원격 액세스에서는 기업 네트워크의 원격 컴퓨터에 연결 플랫폼으로 Server 2016을 사용하는 방법을 파헤쳐본다. 또한 DirectAccess와 VPN에 대해 설명한다.

7장, 원격 데스크톱 서비스에서는 가상 세션 호스트나 VDI 솔루션으로 Server 2016을 사용하는 방법을 설명한다. RDS는 중앙 집중식 컴퓨팅에 관심 있는 사람에게 아주 강력한 도구다.

8장, 모니터링과 백업에서는 여러분의 인프라에서 실행 중인 서버를 모니터링하는 데 도움을 주는 Server 2016에 포함된 기능 몇 가지를 다룬다. Windows에 포함된 도구를 사용해 시스템 성능 모니터링과 IP 주소 관리에서 데이터를 백업하고 복원에 이르기까지 다양한 예제를 통해 모니터링과 백업에 관련된 유용한 작업을 살펴본다.

9장, 그룹 정책에서는 Windows Server 2016에서 제공하는 Active Directory 내에 포함된 강력하고 광범위한 영향을 끼치는 관리 능력을 설명한다.

10장, 파일 서비스와 데이터 제어에서는 Windows Server에서 데이터를 관리할 수 있는 덜 알려진 몇 가지 방법과 단계별 예제를 제공한다. DFSR, iSCSI, Server 2016 클라우드 폴더와 같은 기술을 다룬다. 새로운 저장소 공간 다이렉트와 저장소 복제에 관해서도 설명한다.

11장, 나노 서버와 서버 코어에서는 서버를 다이어트시킨다. 대부분 모든 서버를 완전한 GUI가 포함된 상태로 배포하지만, 좀 더 효율적이고 더 안전하게 헤드리스 인터페이스를 사용하는 경우가 종종 있다. 이 기능을 조직에 적용할 수 있는 부분을 살펴본다.

12장, Hyper-V 활용에서는 가상화 인프라의 백엔드 인터페이스를 살펴본다. 많은 서버 관리자가 실제 서버처럼 가상 머신에 접근하지만, 백엔드 관리를 해야 하고 새로운 VM을 만들거나 몇 가지 설정을 조정해야 할 시기가 올 것이다.

▌ 준비 사항

이 책의 예제에서 다루는 모든 기술과 기능은 Windows Server 2016에 포함돼 있다. 운영체제 설치 디스크가 있고 하드웨어나 새 가상 컴퓨터를 사용할 수 있는 가상화 환경이 있다면 운영체제를 설치하고 책에서 제시하는 학습을 따라갈 수 있다.

여기서 다루는 많은 작업은 해당 기술을 완벽하게 테스트하기 위해 기본 네트워킹과 인프라를 어느 정도 구성해야 한다. 이들 예제 모두를 작업하는 가장 쉬운 방법은 Windows Server 2016을 실행하는 여러 대의 가상 머신을 올릴 수 있는 Hyper-V 서버를 사용하는 것이다. 이 기능을 사용하면 핵심 인프라 작업을 설정하는 예제를 만든 후 동일한 서버를 활용해 그다음의 예제를 만들 수 있다. Active Directory, DNS, DHCP, 인증서 및 웹/파일 서비스와 같은 Microsoft 인프라 역할을 위한 Server 2016을 실행하는 기준 실습 네트워크를 만들면 이 책을 공부하는 데 큰 도움을 얻을 수 있다. 실습 환경을 만드는 데 익숙하지 않더라도 당황할 필요는 없다. 이 책에 포함된 많은 예제 자체가 실습 환경을 만드는 데 도움을 줄 것이다.

▌ 이 책의 대상 독자

이 책은 Windows Server 2012 R2 또는 그 이전 버전을 경험한 적이 있거나 Windows Server를 처음 접하는 시스템 관리자와 IT 전문가를 위한 책이다. 이 책을 집필하기 시작할 때부터 서버 세계로 들어오기를 원하는 현재 데스크톱 관리자와 애플리케이션을 실행하는 인프라를 더 잘 이해하기 원하는 개발자에게서 Windows Server를 다루는 핵심과 기본 정보 포함 여부를 여러 번 질문 받았다. 두 경우 모두 이 책이 도움이 될 것이다. Windows Server 2016 환경에 필요한 핵심 인프라를 관리하고 유지하는 데 필요한 기술과 지식을 얻고자 하는 사람은 흥미로운 내용을 찾을 수 있을 것이다.

▌절 제목

이 책에서는 반복적으로 나타나는 몇 가지 절 제목이 있다(준비, 예제 구현, 예제 분석, 부연 설명, 참고 사항).

예제를 완료하는 방법을 명확히 지시하기 위해 이러한 절 제목을 다음처럼 사용한다.

준비

이 절에서는 해당 예제에서 기대하는 바를 알려주고, 예제에 필요한 소프트웨어나 모든 예비 설정을 셋업하는 방법을 기술한다.

예제 구현

이 절에서는 해당 예제를 따르는 데 필요한 단계를 설명한다.

예제 분석

이 절에서는 보통 앞 절에서 발생한 작업을 더 자세히 설명한다.

부연 설명

이 절에서는 독자가 해당 예제에 관해 더 잘 알 수 있게 그 예제에 대한 추가 정보를 제공한다.

참고 사항

이 절에서는 해당 예제에 관한 다른 유용한 정보에 관한 링크를 제공한다.

편집 규약

이 책에서는 다른 종류의 정보를 구분하기 위해 여러 글꼴 스타일을 사용한다. 여기서 각 스타일에 대한 예시와 의미를 설명한다. 문장 중에 사용된 코드, 데이터베이스 테이블 이름, 사용자 입력, 트위터 핸들Twitter Handle은 다음과 같이 표기한다.

"그다음 shutdown 명령을 활용해 나머지를 처리한다."

코드 블록은 다음과 같이 표기한다.

```
Param(
    [Parameter(Mandatory=$true)][string]$ServerName
)
```

모든 커맨드라인 입/출력은 다음과 같이 표기한다.

```
hostname
shutdown /r /t 0
```

새로운 용어나 중요한 용어는 고딕체로 표기한다. 메뉴나 대화상자와 같은 화면에 보이는 단어들은 다음의 텍스트처럼 고딕체로 보여준다.

"오른쪽 상단 구성의 도구를 클릭한다."

경고나 중요한 내용은 이와 같이 나타낸다.

팁이나 요령은 이와 같이 나타낸다.

독자 피드백

독자로부터의 피드백은 항상 환영한다. 이 책에 대해 무엇이 좋았는지 또는 좋지 않았는지 소감을 알려주길 바란다. 독자 피드백은 앞으로 더 좋은 책을 발행하는 데 매우 중요하다.

일반적인 피드백을 우리에게 보낼 때는 간단하게 feedback@packtpub.com으로 이메일을 보내면 되고, 메시지의 제목에 책 이름을 적으면 된다.

여러분이 전문 지식을 가진 주제가 있고, 책을 내거나 책을 만드는 데 기여하고 싶다면 www.packtpub.com/authors에서 저자 가이드를 참고하길 바란다.

고객 지원

팩트출판사의 구매자가 된 독자에게 도움이 되는 몇 가지를 제공하고자 한다.

정오표

내용을 정확하게 전달하기 위해 최선을 다했지만, 실수가 있을 수 있다. 팩트출판사의 도서에서 문장이든 코드든 간에 문제를 발견해서 알려준다면 매우 감사하게 생각할 것이다. 그런 참여를 통해 그 밖의 독자에게 도움을 주고, 다음 버전의 도서를 더 완성도 높게 만들 수 있다. 오탈자를 발견한다면 http://www.packtpub.com/submit-errata를 방문해 책을 선택하고, 구체적인 내용을 입력해주길 바란다. 보내준 오류 내용이 확인되면 웹사이트에 그 내용이 올라가거나 해당 서적의 정오표 부분에 그 내용이 추가될 것이다. http://www.packtpub.com/support에서 해당 도서명을 선택하면 기존 정오표를 확인할 수 있다.

한국어판은 에이콘출판사 도서정보 페이지 http://www.acornpub.co.kr/book/windows-server-2016-cookbook에서 찾아볼 수 있다.

저작권 침해

인터넷에서의 저작권 침해는 모든 매체에서 벌어지고 있는 심각한 문제다. 팩트출판사에서는 저작권과 사용권 문제를 매우 심각하게 인식한다. 어떤 형태로든 팩트출판사 서적의 불법 복제물을 인터넷에서 발견한다면 적절한 조치를 취할 수 있도록 해당 주소나 사이트명을 알려주길 부탁한다.

의심되는 불법 복제물의 링크는 copyright@packtpub.com으로 보내주길 바란다. 저자와 더 좋은 책을 위한 팩트출판사의 노력을 배려하는 마음에 깊은 감사의 뜻을 전한다.

질문

이 책과 관련해 질문이 있다면 questions@packtpub.com으로 문의하길 바란다. 최선을 다해 질문에 답하겠다. 한국어판에 관한 질문은 이 책의 옮긴이나 에이콘출판사 편집 팀(editor@acornpub.co.kr)으로 문의해주길 바란다.

01

인터페이스 사용법

1장에서는 Windows Server 2016의 룩앤필에 익숙해지기 위해 작업에 GUI를 사용하는 방법을 배운다. 1장에서 다루는 내용은 다음과 같다.

- 서버 종료와 재시작
- 관리 도구 시작
- WinKey + X를 사용한 관리 작업
- 애플리케이션을 빨리 시작하기 위한 검색 기능 사용
- 서버 관리자를 사용해 하나의 창에서 원격 서버 관리
- PowerShell을 사용해 Windows 서버의 모든 기능 다루기
- 역할이나 기능 설치
- Windows 10 컴퓨터에서 Windows Server 2016 관리

- Windows Server 2016에서 유용한 단축키
- PowerShell 실행 정책 설정
- 첫 PowerShell 스크립트 작성과 실행
- Get-Help를 사용한 PowerShell 명령 검색

소개

Windows 8과 서버 2012에서는 Windows 운영체제 인터페이스의 극적인 변화를 제공했으며, 대다수는 그러한 변화를 더 낫게 여기지 않았다. 지금부터는 여러분이 클라이언트 컴퓨터에 Windows 10을 설치하고 사용해봤기 때문에 사용자 인터페이스에 어느 정도 익숙하리라 가정한다. Windows 10을 사용하면 Windows 7과 Windows 8 양쪽의 경험을 제공하며, 대부분이 요구하는 바를 더 나은 방식으로 충족시킨다. 최근 출시한 2 종류의 Windows 운영체제처럼 서버 플랫폼은 데스크톱 버전을 따라가고 있으며, Windows Server 2016의 룩앤필은 Windows 10과 상당히 유사하다. 사실 Windows 10과 Windows Server 2016은 Windows 7/Server 2008의 조합이나 Windows 8/Server 2012 조합보다 더 많이 닮았다.

Windows 10을 사용해봤다면 이미 Windows Server 2016을 시작하기 좋은 출발점에 선 것이다. 하지만 아직 오래된 장비를 사용하고 있으며, 가장 최신의 멋진 운영체제에 빠져들 기회를 얻지 못했다면 서버와 상호작용하는 방법의 커다란 변화는 새로운 도구를 잘 활용하는 데 커다란 걸림돌이 될 수 있다. Server 2016을 Server 2008과 비교할 때 다른 점이 많으며, 한 서버에서 다른 서버로 연결하면서 원격 데스크톱 프로토콜^{RDP, Remote Desktop Protocol}의 3가지 수준 내에서 동작할 때 이러한 작은 차이점 모두가 영향을 준다. 갑자기 어떤 서버에서 변경하거나 작업 중인지 헷갈리기도 한다. 엉뚱한 서버를 다시 시작했던 경험이 한 번씩은 있을 것이다. 원격 컴퓨터를 다시 시작하려다 자신의 컴퓨터를 다시 시작한 일도 많을 것이다. 나도 그런 적이 있다. 한 번이 아니다.

하지만 희망이 있다. 스스로 신경을 바짝 써서 관리하기보다는 변화된 인터페이스를 배우면 이러한 변경 사항이 좋아지기 시작할 것이다. 변화된 인터페이스는 생산성과 작업을 완수하는 편의성을 높였다. 여기서는 새로운 인터페이스를 잘 사용하는 데 필요한 몇 가지를 조언한다.

1장의 예제는 인터페이스 변화에 익숙해지는 데 초점을 맞춘다. 인터페이스를 이런 식으로 만든 이유를 잘 이해하고, 새로운 화면과 설정을 활용하는 방법을 살펴보자.

■ 서버 종료와 재시작

종료와 다시 시작 옵션부터 시작해야 한다는 생각을 떨쳐낼 수가 없었다. 사소해보이는 내용일 수 있다. 하지만 도메인 컨트롤러를 만드는 것보다 단순히 서버를 재시작하는 마우스 클릭 횟수가 더 많은 것을 보며, 이 내용을 책에 담아야겠다는 확신이 들었다. 종료와 다시 시작 옵션은 일부러 숨겨 놓은 것처럼 보이는 이유는 시스템이 시작돼 실행 중이면 이러한 작업을 자주 수행하지 않아서 그럴 것이다. 그래도 시스템을 처음 구성할 때는 서버를 다른 위치로 이동하느라 종료와 다시 시작을 반복하는 일이 흔하다. 컴퓨터를 얼마나 오랫동안 사용했느냐와 상관없이 다시 시작은 여전히 문제를 해결하는 마법 같은 기술일 때가 많다. 즉, 이유는 모르겠지만 대부분의 문제에 대한 해답이 된다.

준비

이 예제를 사용하려면 사용 가능한 Windows Server 2016 시스템이 한 대 필요하다. 다른 사전 준비 사항은 없다.

예제 구현

시스템을 종료하거나 다시 시작하는 3가지 방법을 살펴보자. 첫 번째 방법이 가장 일반적일 것이다. 두 번째 방법은 Windows 8이 출시됐을 때 비상한 머리를 열심히 굴린 상당수의 사람들이 사용했으며, 지금도 계속 사용하고 있다. 세 번째는 덜 알려진 방법이지만 원격 서버를 다시 시작할 때 내가 선호하는 방법이다.

첫 번째 옵션은 다행히도 적당한 위치에 있다. 서버 2012가 출시됐을 때 이 옵션이 없어서 다시 시작 기능을 찾는데 애를 먹었기 때문에 고맙게 생각한다. Windows 8 출시 이전에 항상 했던 것처럼, 바닥 근처 오른편에 있는 시작 버튼을 간단히 클릭하면 전원 제어 옵션을 볼 수 있다.

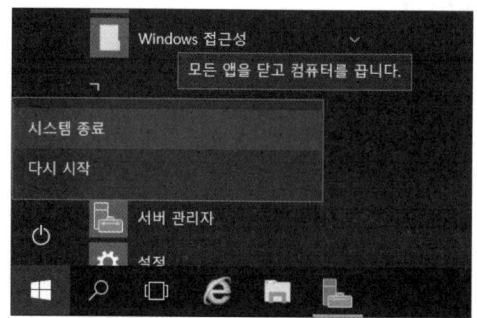

이제 **시스템 종료**나 **다시 시작**을 클릭하면 재시작하는 이유를 알려달라는 요청을 받는다. 다시 시작 버튼을 직접 클릭하는 경우 서버를 실제로 다시 시작하려는 것이 맞다면 이유를 잘 설명한 항목을 선택해 알려달라는 것이다. 계획된 것인가? 표시되는 기본 옵션은 **기타(계획되지 않음)**이다. 대부분의 다시 시작은 실제로 계획된 것이지만, 이 바보 같은 기본 옵션은 로그 파일을 계획되지 않은 다시 시작으로 가득 채우게 만든다. 현실적으로 계속을 클릭하기 전에 드롭다운 메뉴를 변경하는 데 시간을 들이는 사람은 거의 없다.

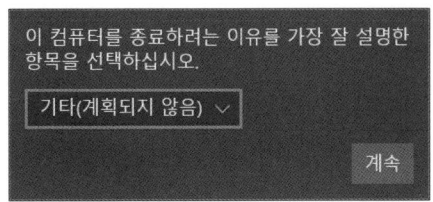

종료나 다시 시작하는 두 번째 방법은 **시작** 버튼에서 오른쪽 클릭해 **종료나 다시 시작**을 선택하는 것이다. **시작** 버튼에서 오른쪽 클릭할 때 표시되는 메뉴는 다음 예제에서 설명하겠지만, 지금은 **빠른 종료나 다시 시작**을 위해 간단히 **시작** 버튼을 클릭한 다음에 **종료나 다시 시작**을 선택한다는 점만 알아두자.

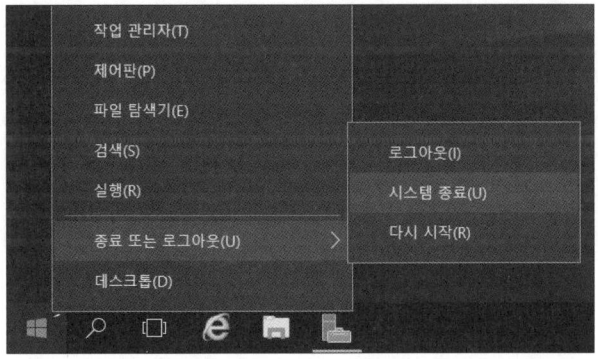

앞의 두 가지 방법은 엉뚱한 시스템을 다시 시작하는 위험성을 내포하고 있다. RDP처럼 사용 중인 원격 연결의 계층이 얼마나 되느냐에 따라 의도한 시스템이 아닌 다른 시스템의 **시작** 버튼을 클릭하기 쉽기 때문에 자신의 컴퓨터나 엉뚱한 서버를 다시 시작하기 쉽다. 서버를 다시 시작하는 가장 확실한 방법이자 내게는 가장 재미있는 방법은 명령 프롬프트를 활용하는 것이다. 이렇게 하면 올바른 컴퓨터를 다루고 있는지 두 번 확인하는 효과를 얻게 된다. 명령 프롬프트를 열고 `hostname`을 실행해 실제로 의도한 컴퓨터를 다시 시작하는 것인지 확인한다. 그다음 `shutdown` 명령을 활용해 나머지를 처리한다. 이 과정은 RDP를 사용해 원격 서버에 로그인했을 때 특히 유용하다. 설명했던 작업에 사용하는 명령은 다음과 같다.

```
hostname
shutdown /r /t 0
```

간단히 shutdown이라고 입력했다면 서버는 60초 후에 종료한다. /r 옵션을 사용하면 종료가 아니라 다시 시작하고, /t 0은 서버가 다시 시작하기 전에 대기하는 시간을 초 단위로 지시하는 타이밍 플래그다. 0을 지정하면 다시 시작하기 전의 대기 시간을 0초로 한다.

예제 분석

서버의 종료나 다시 시작은 많은 설명이 필요하지 않지만, 이 작은 예제에서 정기적인 작업을 수행하는 창의적인 방식에 관해 생각해보기를 바란다. 이 책을 학습하면 알게 되겠지만, Windows Server 2016의 모든 것은 명령이나 스크립트를 사용해 수행할 수 있다. 이 예제에서 테스트했던 마지막 예인 shutdown 명령을 쉽게 배치 파일로 전환하고, 서버의 바탕 화면에 둔 후 더블클릭 한 방으로 빠르게 작업을 수행할 수 있다.

하지만 RDP 윈도우 내에 RDP 윈도우를 사용하는 경우가 자주 있다. 동일한 배경 이미지를 갖는 수십 대의 서버를 왔다 갔다 할 경우 다시 시작하기 전에 hostname을 빠르게 실행해 알맞은 장치를 다시 시작하는지 확인하는 것만이 확실한 해결 방법이다. shutdown 명령에 사용할 수 있는 모든 플래그를 확인해보고 싶다면 shutdown /?를 입력하고 실행해 결과를 확인하면 된다.

 명령 프롬프트를 사용하는 것은 서버를 로그오프하는 쉬운 방법이기도 하다. 복잡한 RDP 계층 구조에 있고 전체가 아니라 하나의 서버만 로그오프하고 싶다고 하자. 시작 버튼을 사용하면 올바른 대상 서버에서 클릭했는지 확인해야 하지만, 단순히 명령 프롬프트를 열고 Logoff라고 입력하면 된다.

▌관리 도구 시작

Windows 서버의 초기 버전은 모든 관리 도구를 시작 메뉴 바로 안에 도구 이름을 붙인 폴더에 넣었다. 이 위치는 서버에 설치된 관리 도구 모두에 빠르고 쉽게 접근할 수 있는 곳이다. 서버 2012에서는 악명 높은 시작 화면 때문에 이 위치에 도구가 표시되지 않는다. Windows Server 2016에서 전통적인 모양의 시작 메뉴가 돌아왔고 그 안에 Windows 관리 도구에 대한 링크가 다시 들어온 것을 봤을 때 기뻤다. 하지만 서버에 로그인할 때마다 실행되는 '서버 관리자'라는 것도 있다. 서버 관리자는 대부분의 경우 화면에 항상 표시되기 때문에 실제로 이들 관리 도구를 시작하는 가장 빠른 방식으로 자주 사용된다. 자주 사용하는 인프라 도구를 서버 관리자 인터페이스 내에서 바로 시작하는 방법을 살펴보자.

준비

Windows Server 2016 컴퓨터를 준비해야 한다. 실행 중인 역할과 서비스가 많을수록 메뉴를 탐색할 때 화면에 표시되는 옵션이 더 많아진다.

예제 구현

바탕 화면에서 관리 도구를 시작할 때 수행하는 단계는 다음과 같다.

1. 서버 관리자를 실행한다. 사실 서버에 로그인했다면 이미 열려있다.
2. 상단 오른쪽 구석에서 **도구**를 클릭한다.

잘했다면 서버에 설치된 모든 관리 도구 목록이 펼쳐진다. 이 목록을 보면 특정 서버에서 수행하는 작업을 신속하게 살펴볼 수 있고, 설치된 역할과 서비스를 기반으로 경험을 통해 추측할 수 있다. 다음 캡처 화면을 보면 이 서버는 DNS와 DHCP도 실행하는 도메인 컨트롤러며, 목록에서 관련 도구 모두를 선택할 수 있음을 알 수 있다. 사실 이 서버는 DC1 도메인 컨트롤러 서버다. 서버에서 실행 중인 구성 요소 중 이 목록에 표시되지 않는 것도 있다. 예를 들어 PowerShell을 통해 역할을 설치하고 그 역할에 대한 관리 도구 설치를 매개변수에서 입력하지 않는다면 서버에서 역할을 올려 실행하지만, 관리 도구는 설치되지 않은 상태일 수 있다. 그런 경우 관련 도구는 이 목록에 표시되지 않는다.

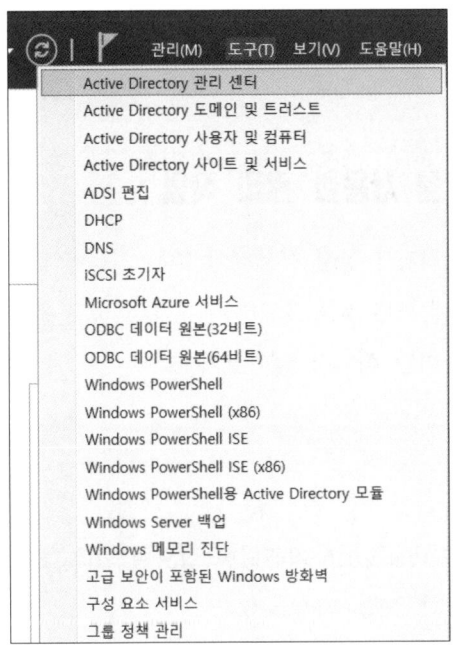

예제 분석

서버 관리자는 로그인할 때 자동으로 열리기 때문에 작업에 필요한 도구를 빠르게 사용할 수 있다. 바탕 화면에서 도구를 쉽게 접근하는 또 다른 방법은 이들 도구 각각에 대해 바로가기를 만들거나 작업 표시줄에 고정하는 것이다. 때로 이런 설명이 말처럼 쉽지 않을 수 있다. 이전에는 이들 도구가 '관리 도구'라는 폴더에 모두 들어 있었으므로 도구의 정확한 이름을 굳이 기억하지 않아도 됐다. Server 2016에서 다시 그런 방식으로 이들 도구에 접근할 수 있지만, 서버를 어떻게 구성했느냐에 따라 라이브 타일 중 하나로 표시될 수 있기 때문에 **시작** 메뉴 내에 표시되거나 표시되지 않을 수 있다. **시작** 버튼을 클릭한다면 원하는 도구를 찾기 위해 검색 기능을 사용할 수 있지만, 도구의 이름이 바로 나오지 않을 수도 있다. 다른 사람의 서버에서 작업하는 컨설턴트라면 그 서버의 바탕 화면에 아무것도 고정하기 원하지 않을 수 있으며, Bing을 사용해 도구의 이름을 찾고 싶지 않을 것이다. 따라서 항상 곁에 있는 서버 관리자의 도구 메뉴 내에서 이들 도구를 시작하는 것이 좋다.

▌ WinKey + X를 사용한 관리 작업

Windows에는 서버 관리자가 항상 사용해야 하는 기능이 몇 가지 있다. 바로가기를 만들거나 작업 표시줄에 모든 것을 고정하는 대신, 흔히 사용되는 관리 도구를 시작하는 데 아주 유용한 숨겨진 메뉴를 알아보자.

준비

실행 중인 Windows Server 2016 컴퓨터만 있으면 된다. 사실 이 메뉴는 Windows 10 컴퓨터에도 있으므로, 자주 사용하자.

예제 구현

이 메뉴를 여는 방법은 두 가지다. Server 2016 바탕 화면에서 다음 단계 중 하나를 수행한다.

1. 키보드에서 Windows 키(WinKey)를 누른 채 X 키를 누른다.
2. 바탕 화면의 왼편 아래 Windows 플래그(시작 버튼) 위에 마우스를 올리고 마우스 오른쪽 버튼을 클릭하면 다음 캡처 화면에서 보여주는 메뉴가 나타난다.

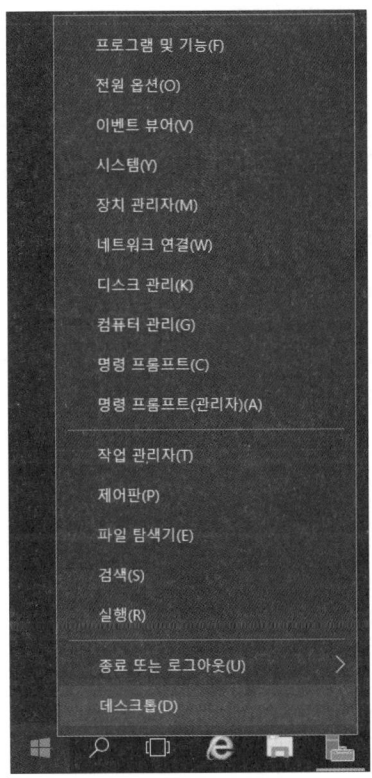

예제 분석

이 빠른 작업 관리 메뉴는 열기 쉬우며, 자주 접근하는 설정과 프로그램을 시작하는 데 아주 편리하다. 이 메뉴는 직관적이어서 상세히 설명하지 않겠지만, **시스템** 속성과 **명령 프롬프트**는 하루에도 여러 번 사용하며, 메뉴에는 **명령 프롬프트(관리자)** 옵션도 있다.

 이 메뉴에서는 서버를 종료할 수도 있다.

■ 애플리케이션을 빨리 시작하기 위한 검색 기능 사용

Windows Server 2012의 시작 화면은 Microsoft에서 꺼내 놓을 만한 아주 뛰어난 개념은 아니었으며, 불행히도 사람들이 시작 버튼을 클릭하지 않게 훈련시켜 시작 화면으로 넘어가지 않게 만들었다. Windows 10과 Windows Server 2016에서 전통적인 시작 메뉴로 돌아갔지만, 일상적으로 잘 사용하게 만들도록 다시 교육시키는 데 약간의 시간이 필요하다. 내 경우가 그렇다. Windows 7이 출시된 이래로 매일의 작업에서 한 가지 중요한 기능인 검색을 위해 시작 메뉴를 사용했다. 한 번의 버튼 조작으로 액세스할 수 있는 Server 2016의 검색 기능을 살펴보자.

준비

이 예제는 실행 중인 Windows Server 2016 시스템이 필요하다.

예제 구현

Server 2016 내에서 검색할 수 있는 두 가지 빠른 방법이 있다. 작업 표시줄 내의 왼쪽 아래를 살펴보면 **시작** 버튼 옆에 작은 돋보기가 보일 것이다. 돋보기는 검색 기능을 나타낸다. 이 버튼을 클릭하고, 검색하려는 이름을 입력한다. 다음 캡처 화면에서는 돋보기 아이콘을 클릭하고 **cmd**를 입력해 명령 프롬프트 애플리케이션을 검색하는 모습을 보여준다.

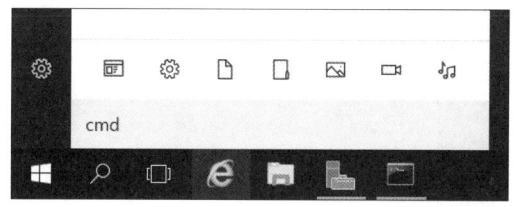

검색 결과는 검색 결과 창의 상단에 표시되며, 결과에 따라 원하는 것을 선택할 수 있다. 이 방법은 빠르고 쉬운 검색이지만, 꼭 해야 하지 않는 한 마우스 사용을 좋아하지 않는다. 키보드에 있는 손을 움직여 마우스를 움켜쥐고 돋보기를 클릭하는 것은 작업을 느리게 만들므로, 더 빠르게 검색하는 방법을 살펴보자. Windows Server 2016에서 무엇을 하고 있든지, 어떤 애플리케이션을 열고 있든지 상관없이 항상 키보드에서 WinKey를 눌러 시작 메뉴를 열 수 있다. 시작 메뉴가 열리자마자 곧 바로 입력하면 검색 모드로 간다는 사실을 모르는 경우가 많다. 명령 프롬프트를 열어야 한다면 WinKey를 누르고 **cmd**를 입력한다. **Text1**이라는 문서를 검색해야 한다면 WinKey를 누르고 **Text1**이라고 입력한다. 나는 이 방법을 이용해 매일 애플리케이션을 실행한다. 이 방법을 사용하면 어떤 것도 작업 표시줄에 고정할 필요가 없으며, 바로가기도 만들 필요가 없고, 더 중요한 것은 애플리케이션을 실행시키려고 마우스를 사용할 필요가 없다는 점이다.

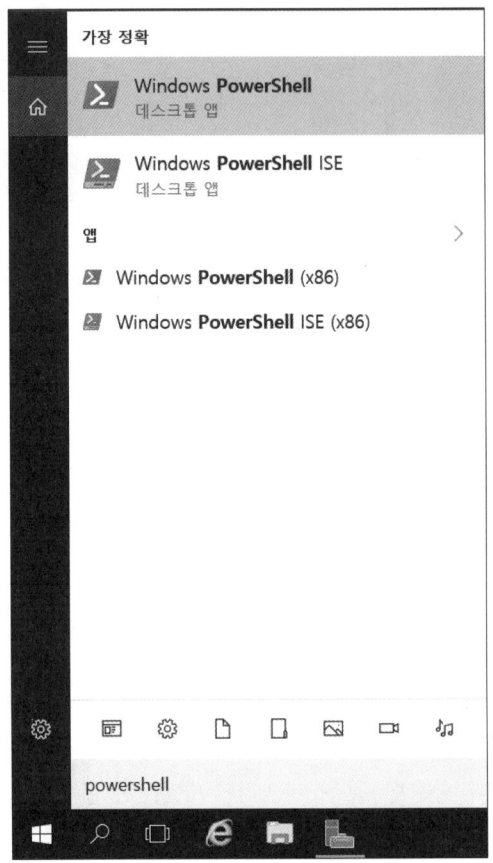

예제 분석

시작 메뉴에서 서버의 모든 것을 검색할 수 있다. 이 방법으로 설치한 모든 프로그램이나 애플리케이션을 신속하게 찾아 시작할 수 있다. 여기에는 관리 도구도 포함된다. 도구 메뉴에서 관리자 콘솔을 시작하기 위해 서버 관리자로 옮겨가기보다 검색 메뉴에서 이들 도구를 검색하고 시작할 수 있다. 검색으로 파일이나 문서를 이름으로 찾을 수도 있다. Windows Server 2016에서 검색 기능을 사용하는 또 다른 강력한 방법은 바꾸고자 하는 모든 종류의 설정을 열 때 사용한다. 이전 버전의 Windows에서 변경하고자 하는 설정으로 가는 방법을 기억하거나 제어판을 열어 찾는 것을 발견할 때까지 이곳저곳을 찔러봐야 했다. 이제는 Windows 키를 누름으로써 이런 작업이 간단해졌다. 시작하고자 하는 프로그램이나 설정에 대한 첫 몇 글자만 입력하고 Enter를 누르면 된다.

검색 화면에서 수행하는 또 다른 일반적인 작업은 애플리케이션을 마우스 오른쪽 클릭하고 고정하는 것이다. 검색 창에서 프로그램을 마우스 오른쪽 클릭할 때 해당 프로그램을 시작 화면이나 작업 표시줄에 고정하는 옵션을 볼 수 있다. 이 두 가지 옵션은 시작 화면이나 데스크톱 모드의 작업 표시줄에 빠른 실행 바로가기를 만들어 향후에 더 쉽고 빠르게 이들 애플리케이션을 시작하게 한다.

▌서버 관리자를 사용해 하나의 창에서 원격 서버 관리

이미 살펴봤듯이 서버 관리자는 지난 몇 가지 버전의 Windows 서버에서 크게 바뀌었다. 이러한 변경의 일부는 서버의 원격 관리에 중점을 준 사고방식의 전환이다. Windows Server 2016에서 서버 관리자를 사용하면 현재 앉아 있는 모니터에서 하나의 창을 통해 동시에 여러 대의 시스템을 관리할 수 있다. 이 예제에서는 동일한 서버 관리자 창에서 로그인한 로컬 서버뿐만 아니라 원격 서버를 모두 관리하는 방법을 배운다.

준비

이 예제에서는 두 대의 서버가 필요하다. 한 대는 물리적으로 로그인한 컴퓨터다. 또 다른 컴퓨터는 주 서버와 동일한 네트워크에 있어서 로컬 서버 관리자에서 관리할 수 있다.

예제 구현

동일한 서버 관리자 창에서 로컬뿐만 아니라 원격 서버를 관리하려면 다음의 절차를 수행한다.

1. 주 서버에 로그인하고 서버 관리자를 시작한다. 왼쪽 상단 구석에서 로그인한 로컬 서버 버튼이 표시된다.

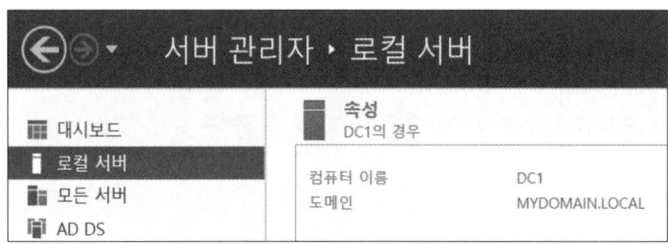

2. 서버 관리자의 오른쪽 상단에서 관리 버튼을 클릭한다. 서버 추가를 클릭한다.

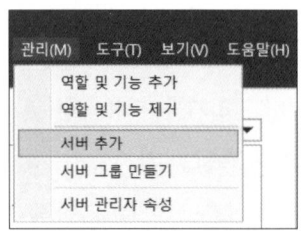

3. 서버가 도메인의 일부라면 관리할 원격 컴퓨터를 찾는 작업은 쉬우며 Active Directory에서 간단히 선택하면 된다. 도메인에 아직 가입하지 않았다면 간단히 DNS 탭을 클릭하고 서버를 검색한다.

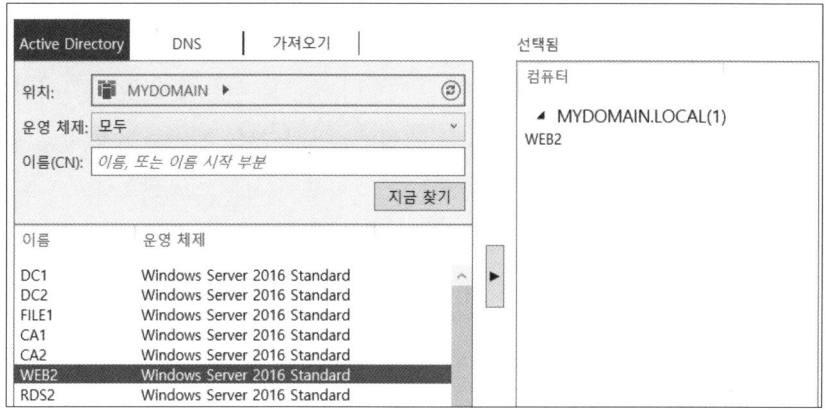

4. 관리하고 싶은 서버를 추가한 후 왼편 창에서 모든 서버를 클릭하면 추가한 서버를 볼 수 있다. 원격 서버 이름을 마우스 오른쪽 클릭하면 해당 서버에 로그인하지 않고 원격으로 관리할 수 있는 많은 옵션이 나온다.

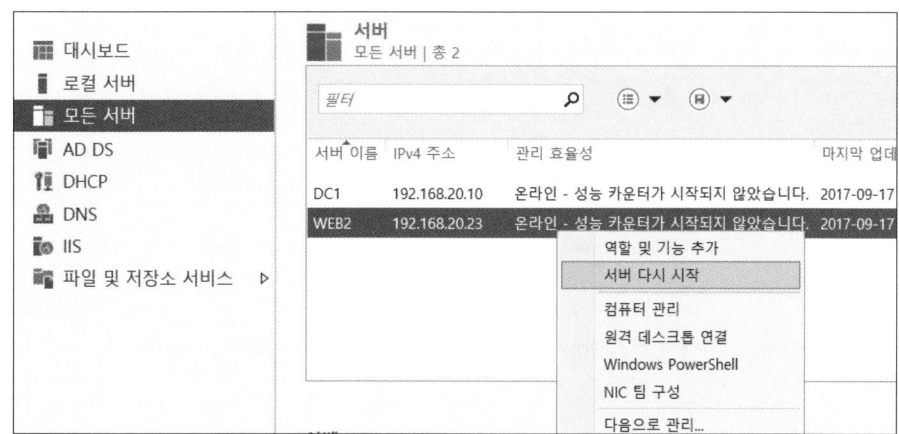

 특정 서버는 이런 방식으로 관리하지 못하게 할 수 있다. 그룹 정책을 통해 서버의 원격 관리를 제한할 수 있다. 여러분의 환경에서 이런 작업을 수행하고 나면 중앙 집중식 콘솔에서 이들 서버를 원격으로 관리할 수 없으며, 서버에서 이러한 제한 사항을 해제해야 한다.

예제 분석

서버 관리자에서 WinRM^{Windows Remote Management} 도구를 사용해 원격으로 서버를 조작할 수 있다. 지금까지 Windows 서버를 관리하는 대부분의 관리자는 RDP를 광범위하게 사용하고, 동시에 여러 곳에 연결하고 많은 창을 열어놓곤 했다. 이런 상황은 혼란을 야기하고 의도하지 않은 서버에서 작업을 수행하는 사고도 일어났다. 하나의 컴퓨터에서 서버 관리자를 사용해 네트워크의 여러 서버를 관리함으로써 관리 효율성을 높일 뿐만 아니라 하나의 창에서 모든 관리를 수행하기 때문에 인적 오류를 최소화할 수 있다.

이 예제는 두 대의 서버가 도메인에 가입된 도메인 환경인 가장 일반적인 네트워크 시나리오를 염두에 두고 작성했다. 도메인에 가입하기보다 작업 그룹의 일부인 독립형 서버에서 작업한다면 몇 가지 추가 고려 사항이 있다. 작업 그룹 시나리오에서 WinRM은 구체적으로 활성화해야 하며, WinRM 트래픽 흐름이 성공적으로 발생하도록 적합한 포트와 프로토콜을 허용하기 위해 Windows 방화벽을 조정해야 한다. 그러나 일반적으로 대부분은 Microsoft 도메인 네트워크 내에서 작업하므로 이런 경우의 설정이 필요하지 않다.

참고 사항

- 'Windows 10 컴퓨터에서 Windows Server 2016 관리' 예제

PowerShell을 사용해 Windows 서버의 모든 기능 다루기

Windows Server 2016의 매우 강력한 도구는 PowerShell이다. PowerShell을 명령 프롬프트에 스테로이드를 먹인 것으로 생각하자. PowerShell은 Windows 내에 여러분이 관심을 갖는 거의 모든 것을 다룰 수 있는 커맨드라인 인터페이스다. 원하는

어떤 작업이든 PowerShell에서 스크립트를 작성하고 .ps1 스크립트 파일로 저장하면 대규모 작업을 자동화하고, 나중에 또는 일정 간격으로 일정을 예약할 수 있다. 이 예제에서는 PowerShell을 열고 몇 가지 샘플 명령 및 작업을 실행해 이 인터페이스가 얼마나 빠른지 느껴본다. 이 책의 뒷부분에서 PowerShell로 몇 가지 더 구체적인 작업을 다루면서 기술에 좀 더 깊이 들어가 볼 것이다.

준비

PowerShell 사용을 시작할 경우 필요한 모든 것은 Windows Server 2016이 설치된 서버뿐이다. PowerShell은 설치돼 있고 기본적으로 사용 상태다.

예제 구현

PowerShell을 사용하려면 다음의 절차를 수행한다.

1. 기본적으로 PowerShell 아이콘이 작업 표시줄에 있었는데, 이는 실제로 사람들이 명령 프롬프트보다 PowerShell을 사용하게 유도하려는 것이었다. 안타깝게도 Server 2016에서는 PowerShell이 작업 표시줄에 없는데, 그러면 Windows 스토어를 찾아봐야 할까? PowerShell을 다루는 첫 단계는 PowerShell을 찾는 것이다. 다행히도 이젠 애플리케이션을 검색하는 방법을 알고 있으므로, 그냥 WinKey를 누르고 **PowerShell**을 입력한다. 검색 결과가 나오면 Windows PowerShell을 오른쪽 클릭하고 관리자 권한으로 실행을 선택한다.

2. `dir`과 `cls` 같은 명령 프롬프트를 사용할 때 익숙했던 몇 가지 명령을 테스트 해본다. 이들 익숙한 명령을 사용할 수 있으므로 PowerShell은 실제로 그 유명한 커맨드라인 인터페이스만으로 사용할 수 있다.

3. 이제 PowerShell 명령(cmdlet^{커맨드렛}) 중 한 가지를 시도해보자. 이들 명령은 Windows에 포함돼 있고 모든 종류의 정보를 모으게 해줄 뿐만 아니라 서버 구성 요소를 다룰 수 있게 한다. 몇 가지 데이터를 뽑아보자. 시스템의 IP 주소를 살펴보고 싶다면 `Get-NetIPAddress` 명령을 사용한다.

```
PS C:\> Get-NetIPAddress

IPAddress          : fe80::9d05:a578:cf27:ef4d%12
InterfaceIndex     : 12
InterfaceAlias     : 이더넷
AddressFamily      : IPv6
Type               : Unicast
PrefixLength       : 64
PrefixOrigin       : WellKnown
SuffixOrigin       : Link
AddressState       : Preferred
ValidLifetime      : Infinite ([TimeSpan]::MaxValue)
PreferredLifetime  : Infinite ([TimeSpan]::MaxValue)
SkipAsSource       : False
PolicyStore        : ActiveStore
```

4. 앞서의 명령은 대부분의 기업이 네트워크에서 아직 IPv6를 사용하지 않는데, 이 정보를 비롯해 필요 이상의 정보를 제공한다. 많은 정보 중에서 관심 있는 IPv4 관련 정보로 한정해보자. 원하는 목적을 달성하려면 다음과 같이 입력한다.

```
Get-NetIPAddress -AddressFamily IPv4
```

```
관리자: Windows PowerShell
PS C:\> Get-NetIPAddress -AddressFamily IPv4

IPAddress         : 192.168.20.10
InterfaceIndex    : 12
InterfaceAlias    : 이더넷
AddressFamily     : IPv4
Type              : Unicast
PrefixLength      : 24
PrefixOrigin      : Manual
SuffixOrigin      : Manual
AddressState      : Preferred
ValidLifetime     : Infinite ([TimeSpan]::MaxValue)
PreferredLifetime : Infinite ([TimeSpan]::MaxValue)
SkipAsSource      : False
PolicyStore       : ActiveStore
```

예제 분석

PowerShell에는 자체 명령과 기존 명령 프롬프트 명령이 너무 많으므로, 이 예제에서는 프로그램을 시작하고 몇 가지 데이터를 뽑아오는 정도만 맛보기로 했다. 서버에서 정보를 질의하는 수많은 **Get** 명령이 있으며, 이들 명령을 살펴보면 다양한 매개변수를 추가해 필요한 특정 데이터를 뽑아낼 수 있다. 더 좋은 건 **Get** 명령뿐만 아니라 **Set** 명령도 있어서 PowerShell 프롬프트를 사용해 로컬 서버와 원격 서버의 많은 측면을 구성할 수 있다. 뒤에 나오는 다른 장에서 PowerShell을 더 깊이 들어가 볼 것이다.

▌역할이나 기능 설치

Windows Server 2016 운영체제를 하드웨어에 설치했다. 이제 뭘 할까? 역할과 기능을 설치하지 않은 서버는 거의 쓸모가 없다. 여기서 다음 단계로 나간다. Windows에 역할과 기능을 설치해서 이 서버가 뭔가 일을 하게 만들어보자.

준비

Windows Server 2016을 설치하고 실행 중이라면 이 컴퓨터에 역할과 기능을 설치할 준비가 됐다.

예제 구현

Windows에 역할과 기능을 설치하려면 다음 절차를 수행한다.

1. 서버 관리자를 실행한다. 화면의 중앙에 **역할 및 기능 추가**라는 링크가 보일 것이다. 이 링크를 클릭한다.
2. 첫 번째 요약 화면에서 다음을 클릭하면 두 번째 페이지에서 선택할 부분이 나온다. 대부분의 역할과 기능 추가는 첫 번째 **역할 기반 또는 기능 기반 설치**를 선택한다. 원격 데스크톱 서비스는 뒤에서 다루는데, 구성하려면 두 번째 옵션을 선택한다.
3. 이제 새로운 역할이나 기능을 설치할 위치를 선택하는 부분이다. 서버 관리자에 추가한 서버를 선택하거나 가상 하드 디스크를 선택해 역할이나 기능을 추가할 수 있다. DC1에서 **역할 및 기능 추가 마법사**를 실행하지만, IIS를 WEB2에 설치하고자 한다. 이 작업을 하려고 WEB2에 로그인하기보다는 여기서 바로 수행한다. 다음 캡처 화면에서 보듯이 역할을 설치할 수 있는 서버인 WEB2가 나와 있지만, 작업은 DC1 서버에서 하고 있다.

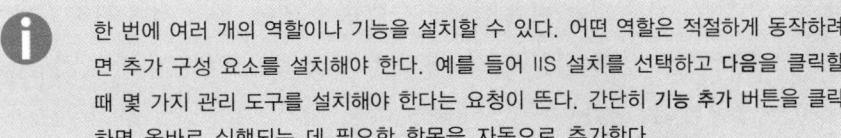

4. 스크롤을 내려 설치하려는 역할을 선택한다. WEB2의 경우 웹 서버(IIS) 역할을 선택한다. 다음을 클릭한다.

> 한 번에 여러 개의 역할이나 기능을 설치할 수 있다. 어떤 역할은 적절하게 동작하려면 추가 구성 요소를 설치해야 한다. 예를 들어 IIS 설치를 선택하고 다음을 클릭할 때 몇 가지 관리 도구를 설치해야 한다는 요청이 뜬다. 간단히 **기능 추가** 버튼을 클릭하면 올바로 실행되는 데 필요한 항목을 자동으로 추가한다.

5. 이제 설치하려는 기능을 선택한다. 예를 들면 나중에 네트워크 연결을 시험하려 경우 목록에서 **텔넷 클라이언트**를 선택한다.
6. 표시된 설명을 읽고 다음을 클릭한다. 이들 메시지는 설치한 역할과 기능에 따라 다르다.
7. 마지막 화면은 설치 요약이다. 모든 내용이 정확하다면 설치를 클릭한다.

역할과 기능을 설치한 후 서버가 다시 시작해야 할 수도 있고 아닐 수도 있다. 다시 시작 여부는 역할 설치에서 필요한지 여부에 달렸다. 새로운 역할에서 추가 구성이나 설정이 완료되는 데 필요하다면 서버 관리자 화면의 상단에 알림이 표시된다.

예제 분석

역할과 기능을 Windows 서버에 추가하는 일은 모든 관리자가 조만간 해야 할 일이다. 이들 항목은 여러분의 환경에서 작업을 수행할 서버에서 기능을 올리는 데 필요하다. 역할 추가는 아주 간단하다. 하지만 한 번에 여러 개의 역할이나 기능을 추가할 수도 있다. 더욱이 이들 항목을 네트워크의 서버에 로그인하지 않고 원격으로 설치하는 기능에 구미가 당길 것이다.

▌Windows 10 컴퓨터에서 Windows Server 2016 관리

'서버 관리자를 사용해 하나의 창에서 원격 서버 관리' 예제에서 서버 관리자를 사용해 또 다른 서버를 원격으로 관리하는 작업에 관해 다뤘다. 일상적으로 사용하는 Windows 10 컴퓨터로 동일한 원격 관리를 수행할 수 있다. 원격 서버 관리 도구^{RSAT,} $^{Remote\ Server\ Administration\ Tools}$를 설치하고 사용하면 Server 2016의 원격 관리 사상을 더 효과적으로 활용할 수 있다.

준비

RSAT 도구를 시험하려면 Windows 10 클라이언트 컴퓨터가 필요하다. 그다음 Windows Server 2016 시스템이 필요하고, 원격으로 제어하고 관리할 수 있게 동일한 네트워크에 있어야 한다.

예제 구현

RSAT를 사용해 서버를 원격으로 관리하려면 다음의 절차를 따른다.

1. 먼저 RSAT 도구를 다운로드해야 한다. Bing 검색을 사용해 'Windows 10용 원격 서버 관리 도구'를 검색하거나 다음 링크를 사용해 Windows 10용 RSAT를 다운로드한다.

   ```
   https://www.microsoft.com/ko-KR/download/details.aspx?id=45520
   ```

   Windows 8.1의 경우는 다음 링크에서 다운로드한다.

   ```
   https://www.microsoft.com/ko-kr/download/details.aspx?id=39296
   ```

   이들 도구를 Windows 10이나 8.1 컴퓨터에 설치하면 컴퓨터에서 서버 관리자를 사용할 수 있다. 시작 메뉴로 가서 서버 관리자를 시작한다. 물론 향후에 빠르게 시작하고 싶으면 **작업 표시줄**에 고정하면 된다. Server 2016과 동일한 방법으로 서버 관리자의 관리 메뉴를 사용해 서버를 추가할 수 있다.

   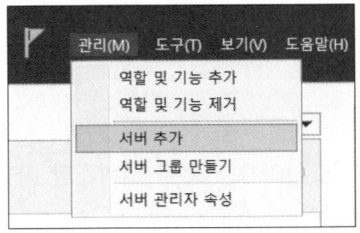

2. 이 예제의 경우 도메인에 가입한 컴퓨터에서 작업하므로 도메인의 일부인 서버를 추가한다.

3. 지금 찾기 버튼을 클릭하면 원격으로 관리할 수 있는 서버 이름 목록이 나온다.

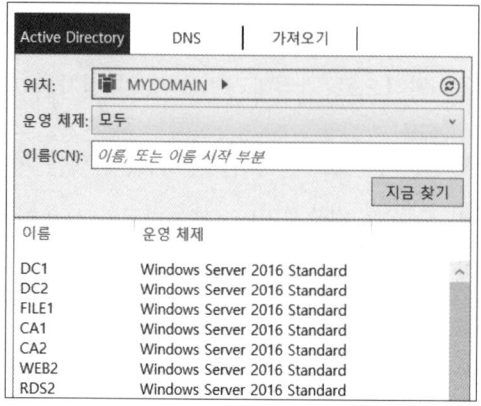

4. 관리할 서버 이름을 클릭하고 화살표를 클릭해 화면의 오른편으로 이동한다. 확인을 클릭하면 새로운 서버 목록이 나타나고 서버 관리자에서 관리할 준비가 된다.

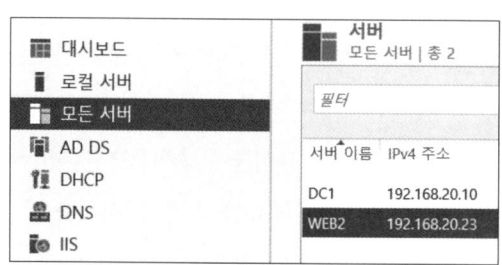

예제 분석

Windows Server 2016의 서버 관리자는 로컬 서버뿐만 아니라 관리하려는 원격 서버의 관리에 사용할 수 있는 강력한 도구다. 한 발 더 나아가 Windows 10 컴퓨터에서 RSAT 도구를 설치하면 Windows 10 컴퓨터에서 서버 관리자를 시작하고 사용할 수 있다. 이를 통해 자기 책상에 앉아 역할을 추가하고, 이벤트를 확인하며, 서버를 다시 시작할 수 있다. 이들 도구를 사용해 서버를 관리하면 서버 전체 인프라를 하나의 창에서 관리할 수 있기 때문에 생산성을 높이고 오류를 줄일 수 있다. 다른 서버에 연결하려고 RDP 클라이언트를 사용해 각기 다른 창에서 작업하는 것보다는 훨씬 효율적이다. RSAT를 사용해 서버를 관리해본 적이 없다면 한 번 사용해보자.

참고 사항

- '서버 관리자를 사용해 하나의 창에서 원격 서버 관리' 예제

Windows Server 2016에서 유용한 단축키

나는 거의 모든 작업에 마우스보다 키보드를 선호한다. 거의 매일 사용하는 키보드 단축키와 팁, 트릭이 있으므로 이 예제에서 테스트해보자. 이들 단축키 중 일부는 수년간 사용해왔으며, 여러 버전의 Windows 서버에서 동작한다. 일부 단축키는 Server 2016 운영체제에서 새로 등장했다. 네트워크에서 서버 작업을 할 때 이들 단축키는 유용하다.

준비

Windows Server 2016 컴퓨터에 로그인한 상태에서 이들 명령과 단축키를 실행한다.

예제 구현

- Windows 키 시작 메뉴를 열고 바로 입력을 시작해 프로그램을 검색한다.
- Windows 키 + X 앞서 예제에서 설명한 빠른 연결 메뉴를 연다.
- Windows 키 + I Windows 설정 옵션을 연다.
- Windows 키 + D 모든 열린 창을 최소화하고 바탕 화면을 표시한다.
- Windows 키 + R 실행 상자를 연다. 시작할 애플리케이션의 이름을 안다면

시작 메뉴를 사용하기보다 이 방식으로 애플리케이션을 시작하는 것이 종종 더 빠르다.

- **Windows 키 + M** 모든 창을 최소화한다.
- **Windows 키 + E** 파일 탐색기를 연다.
- **Windows 키 + L** 컴퓨터를 잠근다.
- **Windows 키 + Tab** 새로운 작업 보기 옵션을 표시한다.
- **Windows 키 + Ctrl + D** 작업 보기에서 새로운 가상 데스크톱을 만든다.
- **Windows 키 + Ctrl + F4** 현재 가상 데스크톱을 닫는다.
- **Windows 키 + Ctrl + 왼쪽 또는 오른쪽 화살표** 다른 가상 데스크톱으로 이동한다.
- **Windows 키 + 1 또는 2 또는 3 또는 …** 작업 표시줄에 고정한 애플리케이션을 순서대로 실행한다. 예를 들어 작업 표시줄에 고정된 첫 번째 애플리케이션은 WinKey + 1
- **Alt + F4** 현재 동작 중인 프로그램을 종료한다. 이 단축키는 특히 Windows 스토어의 앱처럼 마우스로 프로그램을 종료하는 방법이 항상 분명하지 않는 전체 화면 앱에 유용하다.
- **Alt + Tab** 열린 프로그램의 목록을 표시하기 때문에 이들 프로그램 간에 선택할 수 있다.
- **Shift + Delete** 휴지통에 넣지 않고 파일을 영구 삭제한다.
- **명령 프롬프트나 PowerShell 내에서 Tab 사용** 이 기능을 모르고 몇 년을 지냈다는 것을 믿을 수가 없다. 명령 프롬프트 내에서 작업할 때 작업하는 디렉터리에 존재하는 파일이나 폴더의 첫 번째 문자를 입력하고 Tab 키를 누르면 파일명의 나머지를 자동으로 채운다. 예를 들어 문자가 15자이고 숫자와 문자가 혼합된 파일명의 Microsoft 업데이트 파일을 시작시키고자 한다. 파일은 KB로 시작한다. 인스톨러가 있는 폴더를 찾아 KB를 입력하고 Tab을 누르자. 전체 파일명이 명령 프롬프트 내에 채워지므로 Enter 키를 눌러 시작하면 된다.

예제 분석

단축키 사용에 익숙해지면 생산성을 크게 높일 수 있다. 어떤 면에서 이 정도 목록이 광범위하다고 할 수 없으며, 앱을 시작하고 창을 최소화 및 최대화하며, 다른 기능 모두를 수행하는 더 많은 키 조합이 있다. 이 목록은 내가 자주 사용하는 것들로 당장 시작할 수 있는 가장 일반적인 단축키 목록이다.

Windows Server 2016 키 조합을 더 알아보고 싶다면 다음 웹사이트를 방문해보자.

https://technet.microsoft.com/ko-kr/library/hh831491.aspx

PowerShell 실행 정책 설정

Windows 운영체제를 PowerShell로 조작할 수 있다고 하는 말은 상당히 과소평가한 얘기다. 이 둘은 완전히 얽혀있으며, PowerShell은 서버의 많은 작업에 아주 유용하다. 하지만 PowerShell 스크립트를 실행하는 기능은 대부분의 컴퓨터에서 기본적으로 막혀있다. 많은 새로운 PowerShell 관리자가 부딪히는 첫 번째 걸림돌이 실행 정책이다. 이 문제는 아주 간단하다. PowerShell 스크립트를 서버에서 실행하려면 실행 정책을 조정해야 한다. 이 예제에서는 PowerShell에서 첫 번째 작업으로 이 정책을 설정하는 몇 가지 명령을 사용해본다.

PowerShell에서 활용하는 동사-명사 구조의 개념을 소개하는 것이 좋을 것 같다. 예를 들어 Get-ExecutionPolicy와 Set-ExecutionPolicy라는 명령을 사용할 것이다. Get-(매개변수 이름)과 Set-(매개변수 이름) 명령은 PowerShell에서 사용할 수 있는 모든 측면의 명령에서 아주 일반적이다. 동사-명사 구조를 마음에 새기면 컴퓨터에서 PowerShell을 잘 다룰 수 있다.

준비

Windows Server 2016 컴퓨터의 PowerShell 프롬프트 내에서 작업한다.

예제 구현

다음의 절차를 따라 PowerShell 실행 정책을 설정한다.

1. PowerShell 아이콘을 오른쪽 클릭하고 관리자 권한으로 실행을 선택한다.

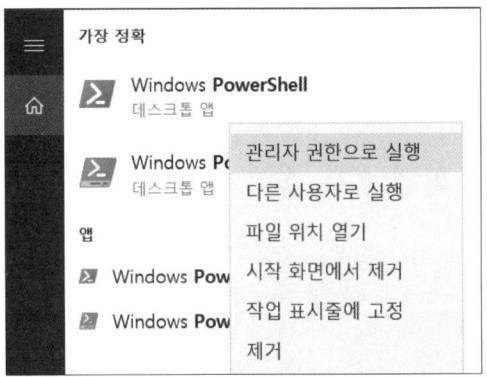

2. `Get-ExecutionPolicy`를 입력하고 Enter를 눌러 PowerShell 실행 정책의 현재 설정을 확인한다.

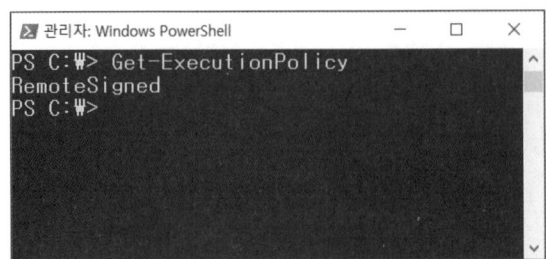

3. 현재 실행 정책이 RemoteSigned로 설정됐음을 확인할 수 있다. 다음은 이 정책에 대한 다른 옵션에 대한 짧은 설명이다.

- **Remote Signed** Server 2016에서 기본 설정. 로컬에서 만든 PowerShell 스크립트 실행 허용. 원격 스크립트를 실행한다면 성공적으로 실행하기 위해 신뢰된 게시자에 의해 서명돼야 한다.
- **All Signed** 이 설정으로 모든 스크립트는 신뢰된 게시자가 서명한 경우에만 실행이 허용된다.
- **Restricted** 이 설정으로 PowerShell은 스크립트를 실행하지 못하게 제한된다.
- **Unrestricted** 이 설정은 서명 여부에 상관없이 PowerShell에서 스크립트를 실행하게 허용한다.

4. 이 예제의 목적과 이들 예제를 진행하면서 스크립트가 실행되게 실행 정책을 unrestricted로 설정하자. 다음 명령을 사용한다.

Set-ExecutionPolicy Unrestricted

```
PS C:\> Set-ExecutionPolicy Unrestricted
실행 규칙 변경
실행 정책은 신뢰하지 않는 스크립트로부터 사용자를 보호합니다. 실행
정책을 변경하면 about_Execution_Policies 도움말
항목(http://go.microsoft.com/fwlink/?LinkID=135170)에 설명된 보안
위험에 노출될 수 있습니다. 실행 정책을 변경하시겠습니까?
[Y] 예(Y)  [A] 모두 예(A)  [N] 아니요(N)  [L] 모두 아니요(L)
[S] 일시 중단(S) [?] 도움말 (기본값은 "N"): y
PS C:\>
```

예제 분석

PowerShell 실행 정책은 간단한 설정이며 변경하기 쉽지만, 첫 번째 스크립트를 실행하려 할 때 엄청난 차이를 줄 수 있다. 의도한 것보다 더 제한적으로 구성하면 실제

정책 문제로 인해 스크립트를 실행하는 데 어려움을 겪게 될 것이며, 뭔가를 잘못 입력했다고 생각할 수 있다. 반면에 PowerShell 스크립트를 실행할 필요가 없는 컴퓨터에서 가능한 한 서버를 안전하게 하려면 이 액세스를 제한하는 것이 좋다. 서명된 스크립트를 만들고 실행하는 것이 자신의 환경에 더 적합한지 여부를 알기 위해 스크립트의 서명에서 추가 정보를 읽고 싶을 수도 있다. 실행 정책과 특정 보안 수준에 의존하는 내장 서버 기능이 있다. 모든 서버에서 정책을 unrestricted로 설정하면 일부 기능이 적절하게 동작하지 못할 수 있으며, 이때는 보안 수준을 remote signed로 높여야 한다.

▌첫 PowerShell 스크립트 작성과 실행

명령 프롬프트와 PowerShell은 모두 서버에 관한 정보를 수집하고 구성할 수 있는 뛰어난 커맨드라인 인터페이스다. 많은 사람이 명령 프롬프트에서 실행되는 간단한 배치 파일을 만드는 것에 익숙하며, 일련의 명령을 자동화하기 위해 배치 파일 내에서 소규모 작업을 프로그래밍한다. 특히 일반적인 작업이나 로그인하는 동안 실행해야 하는 항목의 경우 이렇게 하면 나중에 명령을 한 줄씩 입력할 필요가 없으므로 시간을 아낄 수 있다.

PowerShell도 비슷한 기능을 제공하며, 스크립트 파일 내에서 여러 줄의 PowerShell 명령을 작성할 수 있다. 이 스크립트 파일을 배치 파일처럼 실행해 PowerShell에서 명령 프롬프트가 제공하는 추가 기능의 이점을 활용하면서 작업을 자동화할 수 있다. 이러한 PowerShell 스크립트는 .ps1 파일로 작성한다. 간단한 스크립트 하나를 만들어 실행해보자.

준비

Windows Server 2016 컴퓨터에서 PowerShell을 사용해 작업할 수 있다. PowerShell은 Windows에서 기본적으로 설치돼 있으므로 추가 작업이 필요 없다.

예제 구현

다음의 절차를 따라 PowerShell 스크립트를 만들고 실행해보자.

1. 시작 메뉴를 열고 `Windows PowerShell ISE`를 입력한다. 이 도구를 마우스 오른쪽 클릭해서 관리자 권한으로 실행한다. Windows PowerShell ISE는 메모장과 같은 간단한 텍스트 편집기를 열어 스크립트를 만드는 것보다 더 유용한 PowerShell 스크립트용 편집기다.

2. 메뉴에서 파일 > 새로 만들기를 클릭해 빈 .ps1 스크립트 파일을 연다.
3. 첫 번째 줄에서 다음을 입력한다.

```
Write-Host "안녕! 현재 날짜와 시간을 보여줄게:"
```

4. 툴바 메뉴에서 **스크립트 실행**이라는 녹색 화살표를 클릭한다. 다른 방법으로 간단히 F5 버튼을 눌러도 된다. 스크립트를 실행할 때 명령과 결과가 ISE 창의 아랫부분에 표시된다.

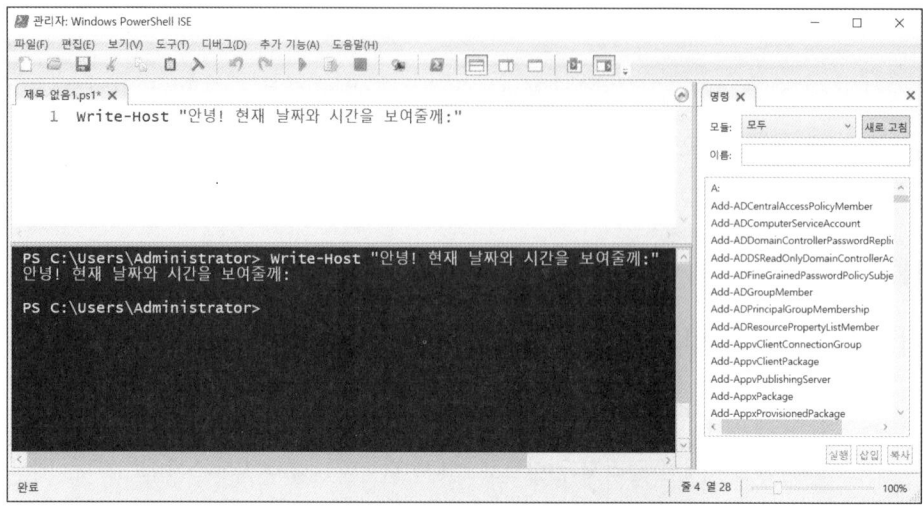

아직까지는 미완성이다. 입력한 텍스트를 그대로 출력한 것뿐이다. 일반적인 텍스트 편집기보다 ISE 편집 도구가 좋은 점은 수정할 때마다 스크립트 실행을 빠르게 테스트할 수 있다는 점이다.

5. 이제 스크립트에 몇 줄을 추가해 찾고 있는 정보를 얻어 보자. 화면의 오른쪽에서 사용할 수 있는 명령 목록을 확인하고 찾을 수 있지만, 이 예제에서는 다음과 같이 스크립트를 간단히 수정한다.

```
Write-Host "안녕! 현재 날짜와 시간을 보여줄게:"
Get-Date
Write-Host "이 컴퓨터의 이름:"
hostname
```

6. 스크립트 실행 버튼을 다시 클릭하면 새로운 출력 결과가 표시된다.

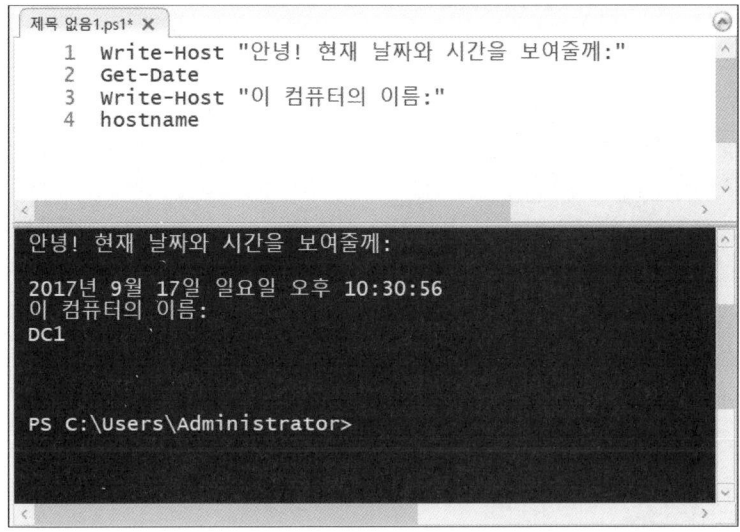

7. 이제 파일 > 저장 메뉴를 클릭해 .ps1 PowerShell 스크립트를 바탕 화면에 저장한다.

8. PowerShell 명령 창 내에서 이 스크립트를 테스트해보자. 작업 표시줄에서 PowerShell 아이콘을 마우스 오른쪽 클릭하고 관리자 권한으로 실행] 선택한다.

9. 바탕 화면에 저장한 스크립트 파일의 위치를 찾아간다. .\filename을 입력해 스크립트를 시작한다. 예를 들면 .\time.ps1과 같은 식으로 입력한다.

 Tab 키를 친구로 여기자. 지정한 폴더에서 스크립트를 탐색할 때 해야 할 작업은 스크립트 파일명의 첫 번째 문자를 입력하고 Tab 키를 누르는 것뿐이다. Time.ps1이라는 스크립트는 T를 누르고 Tab을 누른 다음 Enter를 누른다.

예제 분석

이 예제에서는 아주 단순한 PowerShell 스크립트를 만들고 실행할 서버에 저장했다. 실제로 **Get-Date** 명령을 단독으로 사용해 서버에서 시간과 날짜 정보를 더 빠르게 얻을 수 있지만, 이 예제를 사용해 ISE와 스크립팅을 조금 맛봤다. 여기에 나타낸 아이디어를 확장하면 일상의 반복적인 업무의 일부인 작업과 정보 수집을 자동화하는 더 많은 방법을 알게 됨으로써 시간과 키 입력을 줄일 수 있다. PowerShell의 가능성은 거의 무한하므로 지금 바로 PowerShell을 열어 인터페이스와 도구에 익숙해지도록 하자.

▎ Get-Help를 사용한 PowerShell 명령 검색

이 예제에서는 **Get-Help**를 사용해 PowerShell 내에서 도움을 얻는 방법에 관해 잠깐 다룬다. 처음 PowerShell을 다루는 관리자와 경험 있는 관리자 모두 명령과 명령의 매개변수를 찾고자 웹으로 가는 것을 자주 봤다. 인터넷은 정말 멋진 세계이며, PowerShell 사용 방법에 관한 엄청난 데이터가 있지만 대부분의 경우 찾는 정보는 바로 PowerShell 자체에 있다. **Get-Help** 명령을 여러분이 실행하고 검색하는 기능과 결합하면 웹 브라우저를 전혀 열 필요가 없다.

준비

Windows Server 2016의 PowerShell 내에서 몇 가지 명령을 실행한다.

예제 구현

PowerShell 내에서 `Get-Help` 기능을 사용하려면 다음의 절차를 실행한다.

1. PowerShell 프롬프트를 시작한다.
2. `Get-Help`를 입력한다.
3. `Get-Help` 단독으로 사용하면 `Get-Help` 명령에 관한 유용한 데이터를 표시하지만, 이 정보를 찾으려 했던 것은 아니다. 다음처럼 `Get-Help`에 검색 매개변수를 사용한다.

> **Get-Help Computer**

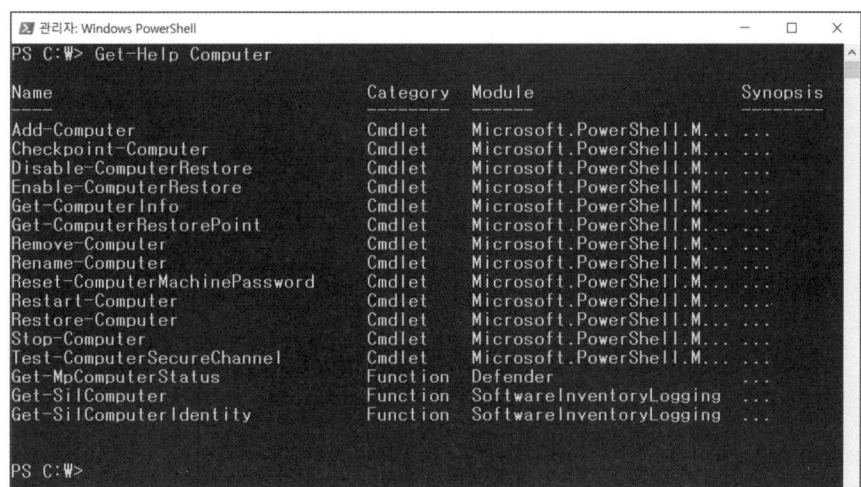

Computer라는 단어를 포함하는 명령 목록이 검색돼 출력됐다.

4. 이제 이들 명령 중 하나에 관한 몇 가지 세부 정보를 찾고 싶은 경우 어떻게 할까? Restart-Computer에 관한 것이라면? 이 명령은 왠지 자주 사용할 것 같다. 다음 명령을 사용한다.

```
Get-Help Restart-Computer
```

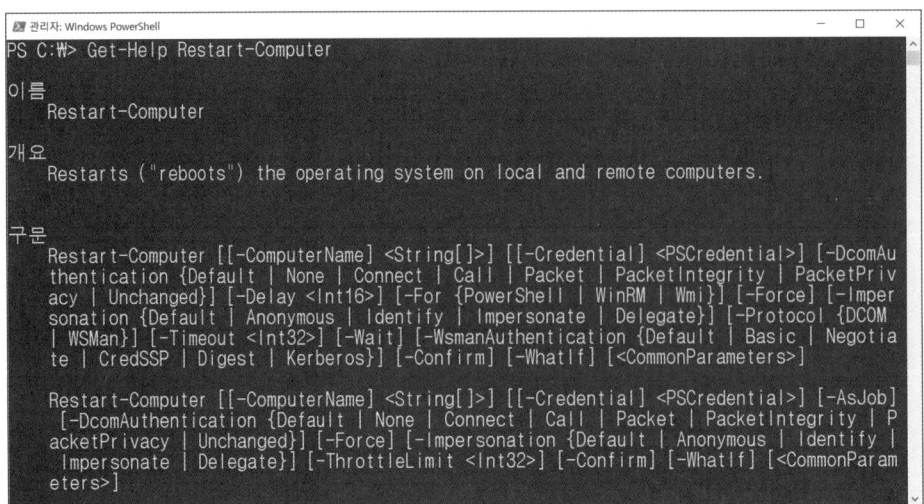

이제 정말 끝났다. 멋진 정보가 출력됐다. 기본적으로 Restart-Computer 명령에 관해 정보를 찾고, 다시 Microsoft Docs로 가서 정보를 찾아보면 서로 정확히 같다.

예제 분석

PowerShell에서 **Get-Help** 명령은 특정 기능에 관한 더 많은 정보를 찾기 위해 사실상 모든 명령에 사용할 수 있다. 나는 사용하고 싶은 특정 명령의 이름이 잘 기억나지 않을 때 자주 사용한다. **Get-Help**를 검색 기능으로 사용하면 지정한 키워드를 포함하는 사용 가능한 명령 목록을 나타낸다. 이는 PowerShell에 추가된 뛰어난 기능으로, 명령 프롬프트보다 훨씬 강력하다.

Get-Help 파일에는 작업할 각 명령에 대한 특별한 문법과 매개변수 옵션이 모두 포함된다. 이들 기능을 검색하기 위해 웹으로 갈 필요가 없으며, 웹 브라우저보다 커맨드 라인을 사용하는 것이 더 재미있는 방법이다.

02

핵심 인프라 작업

Windows Server 2016은 네트워크에서 모든 종류의 다른 작업을 완료하는 데 사용할 수 있는 많은 역할과 기능을 제공한다. 2장에서는 Server 2016을 사용해 성공적인 Windows Active Directory 환경을 만드는 데 필요한 가장 일반적인 인프라 작업을 설명한다. 2장에서 다루는 내용은 다음과 같다.

- 도메인 컨트롤러와 DNS 서버, DHCP 서버의 조합 구성
- 두 번째 도메인 컨트롤러 추가
- 조직 단위를 사용한 컴퓨터 체계화
- DNS에서 A 또는 AAAA 레코드 작성과 사용
- DNS에서 CNAME 레코드 작성과 사용
- DHCP 범위를 만들어 컴퓨터에 주소 할당

- 특정 서버나 리소스에 대한 DHCP 예약 만들기
- Active Direcotry에서 컴퓨터 계정 미리 만들기
- PowerShell을 사용해 새로운 Active Directory 사용자 만들기
- PowerShell을 사용해 시스템 가동 시간 확인

소개

Windows Server 2016에는 Windows 환경에서 작업할 계획이라면 알아야 할 수많은 기술이 있다. 이들은 Active Directory 도메인 서비스$^{AD\ DS}$와 도메인 네임 시스템^{DNS}, 동적 호스트 구성 프로토콜^{DHCP}과 같은 기술이다. 아직 눈치 채지 못했다면 Windows 세계의 모든 것이 약어를 갖는다는 사실을 기억하자. 사실 이러한 기술들을 약어로만 인식해왔을지 모르겠다.

DHCP를 동적 호스트 구성 프로토콜$^{Dynamic\ Host\ Configuration\ Protocol}$이라고 부르는 사람은 거의 없다. 그러나 이들 서비스를 구축하고 하드웨어와 Windows Server 2016 설치 디스크만으로 처음부터 Windows 서버 인프라를 온라인으로 만드는 방법을 알고 있을까? 여기서 설명하려는 내용이 바로 그런 것이다. 첫 번째 서버를 가져와서 Microsoft 네트워크를 실행하는 데 필요한 모든 것을 제공하는 방법을 가르쳐 주고자 한다.

모든 기업의 네트워크는 다르며, 서로 다른 요구 사항이 있다. 일부 기업은 하나의 서버로 많은 역할을 수행하지만, 다른 기업은 수천 대의 서버를 보유하고 모든 역할을 서버들의 클러스터로 분할해 각 클러스터가 하나의 목적을 갖게 한다. 상황이 어떻든 Microsoft 중심 네트워크에 필요한 핵심 인프라 기술을 설정하는 기본기를 다시 돌아볼 것이다.

도메인 컨트롤러와 DNS 서버, DHCP 서버의 조합 구성

Microsoft 네트워크에서 사용자와 컴퓨터 계정을 보관하는 디렉터리 구조를 Active Directory[AD]라고 하며, 디렉터리 정보는 도메인 컨트롤러[DC, Domain Controller] 서버에서 제어하고 관리한다. Active Directory와 거의 항상 같이 사용하는 두 가지 다른 서버 역할이 DNS와 DHCP며, 많은 네트워크에서 이들 3가지 역할은 각 서버에서 결합된다. 많은 소규모 비즈니스에서는 항상 이들 3가지 역할 모두를 포함하는 하나의 서버를 구성하지만, 최근에 가상화가 너무 쉬워져 이중화의 목적으로 최소 2대의 DC를 실행한다. 두 대의 DC를 실행하는 경우 이들 서버 모두에 DNS와 DHCP 역할을 설치해 역시 이중화를 구현할 수 있다. 하지만 지금은 너무 앞선 얘기다. 이 예제에서는 네트워크에서 첫 DC/DNS/DHCP 서버 역할을 설치하고 구성하는 작업을 시작한다.

준비

여기서 필요한 유일한 사전 준비 사항은 사용할 수 있는 Windows Server 2016뿐이다. 이 서버를 네트워크에 연결하고 정적 IP 주소를 할당하면 새 컴퓨터가 네트워크에서 우리가 만드는 도메인과 통신하는 방법을 갖게 된다. 서버의 호스트 이름도 지금 설정해야 한다. 이 컨트롤러에서 도메인을 만들었다면 뒤에 이름을 변경할 수 없다.

예제 구현

다음과 같은 일련의 절차를 수행해 첫 DC/DNS/DHCP 서버를 구성해보자.

1. 해당 역할을 동시에 모두 추가한다. 서버 관리자를 열고 이 서버에 몇 가지 새로운 역할을 추가하도록 링크를 클릭한다. 이제 Active Directory Domain Services, DHCP Server, DNS Server 3가지 모두를 선택한다.

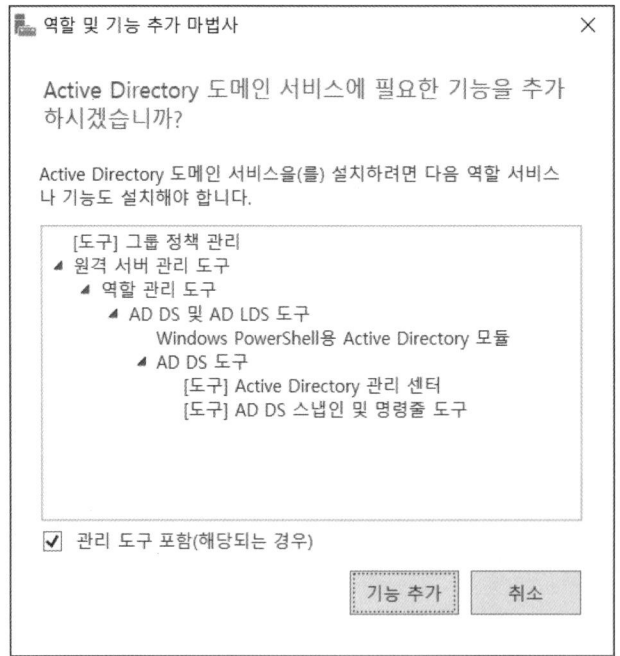

2. Active Directory 도메인 서비스를 클릭할 경우 몇 가지 지원 항목을 설치하도록 요청을 받는다. 기능 추가 버튼을 클릭해 요청을 허용한다.

3. 추가 기능이 필요 없으면 이들 새로운 역할에 관해 알려주는 정보 화면을 읽고 다음을 몇 번 더 클릭한다.

4. 설치 요약 내용을 확인하고 문제가 없다면 마법사의 마지막 페이지에서 설치 버튼을 클릭한다.

5. 설치가 끝나면 진행 요약 화면에 몇 개의 링크가 표시된다. 이 서버를 도메인 컨트롤러로 승격과 DHCP 구성 완료 링크를 확인할 수 있다. 여기서는 이 서버를 DC로 승격시키는 첫 번째 링크를 클릭한다.

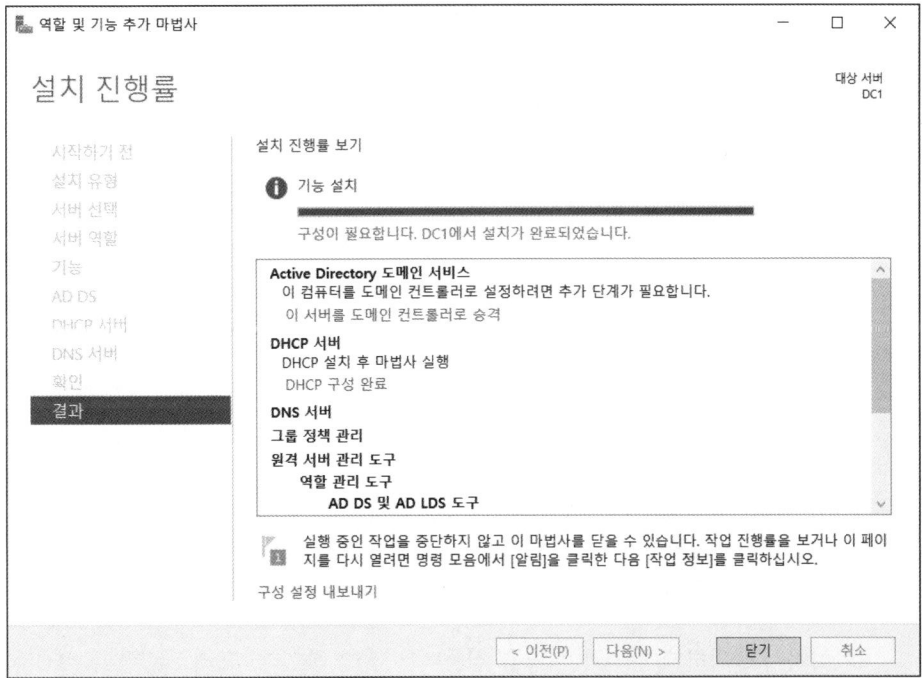

6. 이제 DC의 구성을 진행한다. 전체 네트워크에서 첫 번째 DC이기 때문에 새 포리스트를 추가합니다(F) 옵션을 선택한다. 여기서 루트 도메인 이름도 지정해야 한다.

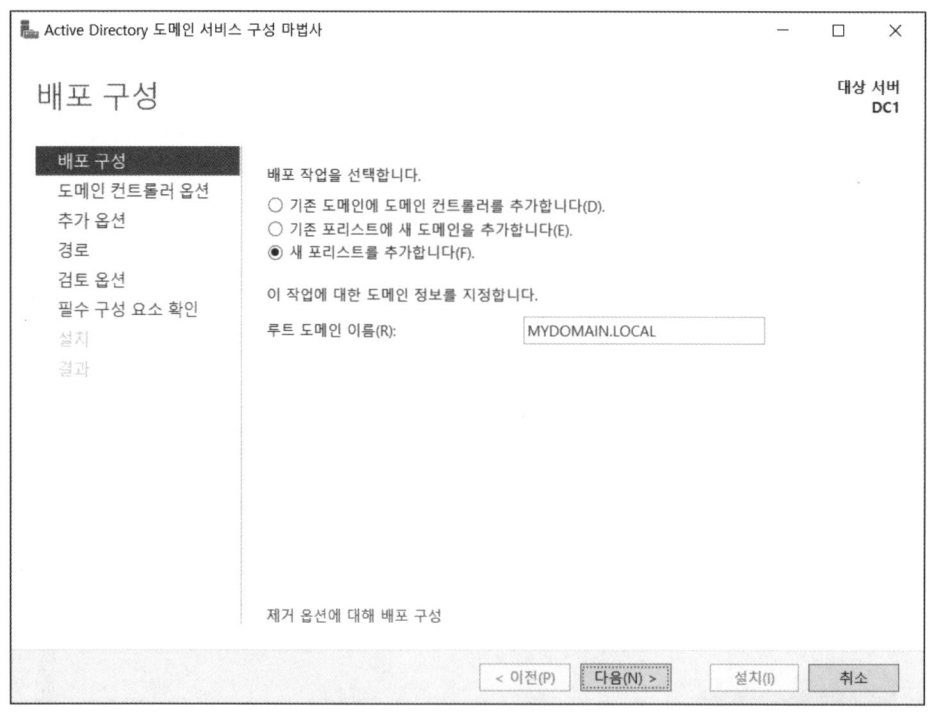

 적절한 루트 도메인 이름을 선택해야 한다. 여기서 입력한 도메인 이름은 영구적으로 사용된다!

7. 여기서 짤막하게 정의와 설명을 곁들이는 것이 좋겠다. 포리스트[forest]는 Active Directory 구조의 최상위 수준이라고 여기자. 포리스트 내에서 사용자와 컴퓨터, 그룹 등의 개체를 포함하는 도메인이라는 컨테이너를 설정한다. 한 포리스트 내에서 여러 도메인을 포함할 수 있으며, 다수의 포리스트는 트러스트를 사용해 서로 정보를 공유하고 통신할 수 있다.

8. MYDOMAIN.LOCAL이라는 도메인을 설정했다. 여기서 .local에 관해 잠깐 살펴볼 필요가 있다. 많은 기업에서 이 도메인을 공용 네트워크가 아니라 내부 네트워크라는 점을 명확히 하는 데 사용한다. 하지만 CONTOSO.COM이나 JORDAN.

PRIV처럼 다른 여러 가지 이름을 지정할 수 있다.

9. 자주 접하는 또 다른 관행은 기업에서 네트워크에 공용으로 사용하는 동일한 도메인 이름을 사용하는 것이다. 따라서 기본적으로 웹사이트 이름이 공용 도메인이다. 내부 도메인 이름을 동일하게 설정하는 이런 관례를 일반적으로 스플릿 브레인^{split-brain} DNS라고 한다. 이런 방식에 대해 예전에 Microsoft는 새로운 기술을 설정할 때 일반적으로 추가 고려가 필요하다는 경고를 했지만 많은 기업에서 이런 방식으로 수행했으며, 요즘에는 Microsoft 네트워킹 요소들이 스플릿 브레인 DNS와 잘 동작하게 모든 기술이 진화했다.

한 가지 짚고 넘어가야 할 중요한 사항이 있다. 도메인을 단일 레이블 이름으로 설정하는 것은 권장하지 않는다. 예를 들어 단지 MYDOMAIN이라는 이름만 사용하는 경우를 말한다. 이렇게 하는 것이 기술적으로는 가능한 일이지만, 많은 문제를 유발하기 때문에 Microsoft에서 권장하지 않는다.

10. 도메인 컨트롤러 옵션 화면에서 포리스트와 도메인의 기능 수준을 더 낮게 선택할 수 있지만, 특별한 이유가 없는 한 그렇게 하는 것은 권장하지 않는다. 이 화면에서 필요한 경우 복구를 위한 DSRM 암호도 지정해야 한다. 다음 페이지에서 DNS 옵션 경고 메시지를 받는다. 환경에서 첫 번째 DC와 DNS 서버를 올리는 것이기 때문에 이는 정상적인 것이다.

11. NetBIOS와 경로에 대한 다음 두 가지 화면은 설정을 변경할 이유가 없는 한 기본 값으로 남긴다.

12. 검토 옵션에서 선택 사항을 검토한 후 이동한다. 몇 가지 정보와 경고 메시지를 나올 수 있지만, 녹색 체크 표시 다음에 모든 필수 구성 요소 검사를 마쳤습니다.가 보인다면 진행할 준비가 됐다는 의미다. 서버의 DC 승격이 끝나면 서버가 다시 시작한다.

13. 다시 시작한 후 도메인 계정으로 서버에 로그인해야 된다는 것을 알 수 있다. 서버가 DC로 승격됐다면 시스템에서는 더 이상 로컬 사용자 계정을 포함하지 않는다. 이때부터 서버에 대한 모든 로그인은 도메인 내의 사용자 계정이어야 한다. 계속해서 로그인하자.

14. 서버 관리자 내에서 오른쪽 상단에 DHCP 구성 완료라는 링크가 있는 알림이 표시된다. 계속해서 이 링크를 클릭한다.

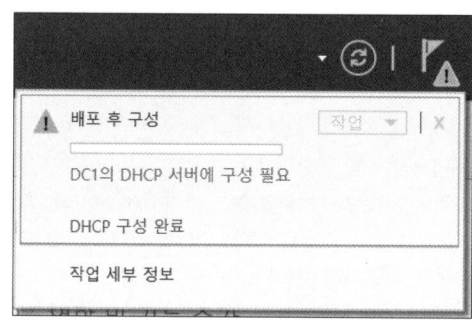

15. 이 마법사에서는 아무것도 지정할 필요가 없다. 단순히 단계를 클릭만 하면 된다.

예제 분석

첫 번째 DC 구성이 Microsoft Windows 네트워크를 잘 만드는 핵심이다. 이제 AD와 DNS, DHCP 역할을 설치했으므로 도메인에 컴퓨터를 가입하고 네트워크에 사용자를 추가하며, 네트워크 트래픽을 송수신하는 데 필요한 핵심 인프라가 생겼다. 이들 각 기술은 그 자체로 한 권의 책이 될 만큼 깊이 있는 주제이므로, 여기서 모든 내용을 다루기는 힘들다. 이 튜토리얼을 시작으로 네트워크에서 이러한 중요한 시스템 기능을 사용하는 데 편하게 느꼈으면 좋겠다. 네트워크를 밑바닥부터 만들 수 있는 능력은 서버 관리자에게 귀중한 무기다.

참고 사항

DC에서 PowerShell을 사용해 Active Directory를 설치할 수도 있다. 이 책 전체에서 일상적인 작업에 PowerShell을 활용하는 방법을 설명하고 있으므로, 다음의 링크를 확인해보고 만들고자 하는 다음 DC는 이 방법으로 시도해보자.

- https://technet.microsoft.com/ko-kr/library/hh974719.aspx
- https://docs.microsoft.com/ko-kr/windows-server/identity/ad-ds/deploy/install-active-directory-domain-services--level-100-#BKMK_PS

▌두 번째 도메인 컨트롤러 추가

AD는 네트워크의 핵심이다. AD는 모든 자원을 한군데로 모은다. 따라서 가능한 한 AD는 이중화를 해놓아야 한다. Windows Server 2016에서 두 번째 DC를 만드는 작업은 너무 쉽기 때문에 하지 못할 이유가 없다. 100개의 사용자 계정과 컴퓨터가 있는 하나뿐인 도메인 서버 하드웨어가 실패해 디렉터리를 다시 구축해야 하는 상황을 상상해보자. 1,000명이나 심지어 10,000명의 사용자가 있는 경우는 어떨까? 정리하는 데 몇 주가 걸릴 수 있으며, 이전과 완전히 똑같이 되돌리기는 거의 힘들 것이다. 게다가 사용자와 컴퓨터 계정이 오프라인된 AD에 의존하기 때문에 AD가 중단된 시간 동안에 네트워크 내에는 많은 종류의 문제가 발생한다. 여기서는 네트워크에 두 번째 서버를 설치해 주 DC에서 실행 중인 기존 도메인에 가입시켜 보조 DC로 이중화 구성을 한다. 네트워크가 커지면 도메인 컨트롤러 서버가 늘어나게 된다.

준비

두 대의 Server 2016 컴퓨터가 필요하다. 첫 번째 컴퓨터는 앞서 예제에서 설치해 이미 Active Directory와 DNS를 실행 중이라고 가정한다. 이름이 DC2인 두 번째 서버도 실행해서 동일한 네트워크에 연결한다.

예제 구현

두 번째 DC를 만들기 위한 절차는 다음과 같다.

1. DC2에서 서버 관리자를 열고 역할 및 기능 추가 링크를 클릭한다.
2. 설치하려는 역할을 선택하는 화면이 나올 때까지 다음을 몇 번 클릭한다. Active Directory 도메인 서비스와 DNS 서버를 모두 선택한다. 두 가지 서비스에 대한 이중화를 위해 각 DC에 DNS도 실행하는 일은 흔하다. 이들 두 가지 역할 모두는 추가 기능을 요청 받으므로, 기능 추가 버튼을 눌러 추가 구성 요소를 설치한다.

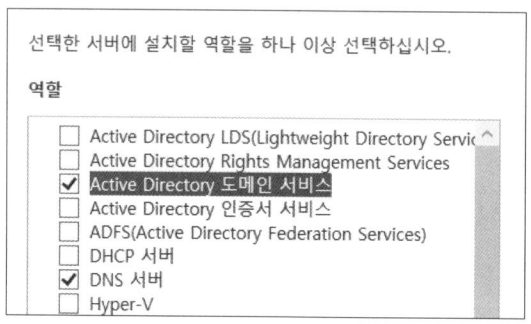

3. 다른 기능은 필요하지 않으므로 남은 화면에서 다음을 클릭한 다음, 마지막 페이지에서 설치를 클릭한다.
4. 설치가 끝나면 이 서버를 도메인 컨트롤러로 승격이라는 링크를 클릭한다.

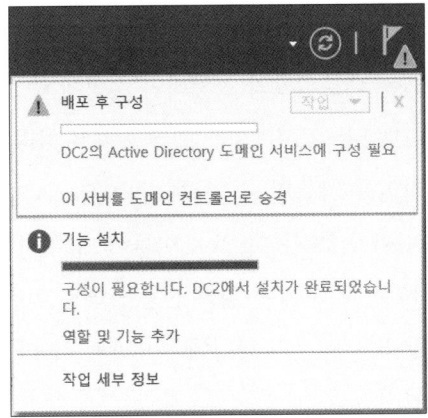

5. 두 번째 DC의 경우 기존 도메인에 도메인 컨트롤러를 추가합니다. 옵션을 선택한다. 그다음 도메인 필드에 주 DC에서 실행 중인 도메인 이름을 지정한다. 해당 도메인을 확인하기 위해 자격증명 필드에 도메인 사용자 계정도 지정해야 한다.

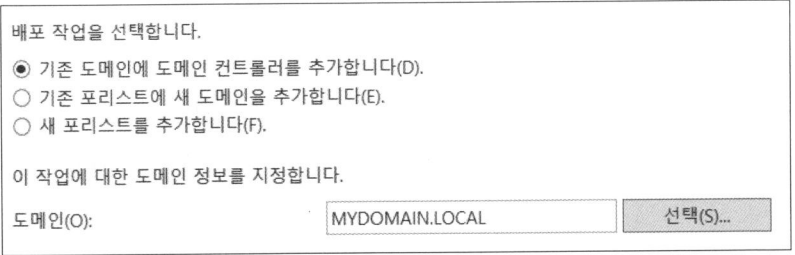

 해당 도메인에 대한 DC에 연결되지 못한다는 오류 메시지를 받는다면 TCP/IP 설정에 DNS 주소를 지정하지 않았을 것이다. 주 DNS 서버로 주 DC의 IP 주소를 추가하면 잘 동작한다.

6. 나머지 단계에서는 앞서 예제에서 첫 번째 DC를 만들 때 선택한 동일한 옵션을 반영한다. 마법사의 단계를 끝내고 나면 두 번째 DC와 DNS 서버가 실행된다.

예제 분석

Active Directory의 이중화는 네트워크의 성공적인 운영에 중요하다. 하드웨어는 언젠가 실패한다는 것을 우리 모두는 알고 있다. 모든 회사가 따라야 할 좋은 관례는 서버가 실패하는 경우에도 작업을 계속할 수 있게 두 대의 DC를 실행하는 것이다. 더 나은 관례는 한 단계 더 나아가 DC를 더 많이 만들어 다른 사이트에도 배치하는 것인데, 사이트가 작고 덜 안전한 경우에는 읽기 전용 도메인 컨트롤러^{RODC, Read-Only Domain Controllers}를 사용할 수도 있다. 여러분의 환경에서 RODC 사용하려는 경우 다음 링크에서 추가 정보를 확인해보자.

https://technet.microsoft.com/ko-kr/library/cc754719(v=ws.10).aspx

▌조직 단위를 사용한 컴퓨터 체계화

AD에는 모든 사용자와 컴퓨터, 서버 계정이 있다. 도메인에 새로운 사용자와 컴퓨터를 추가할 때 일반적인 저장소 컨테이너에 자동으로 들어간다. 모든 개체를 기본 위치에 그대로 둘 수도 있지만, 조직 단위 구조를 만드는 데 시간과 노력을 조금 들이는 편이 많은 이점을 준다.

이번 예제에서는 Active Directory 구조를 만들기 위해 조직 단위^{OU, Organizational Unit}를 만들고 기존 개체를 이 OU로 이동시킨다.

준비

이 예제에는 Server 2016 컴퓨터에서 Active Directory 도메인 서비스를 설치한 DC가 한 대 필요하다. 앞서 '도메인 컨트롤러와 DNS 서버, DHCP 서버의 조합 구성' 예제에서 준비한 DC1 서버를 사용한다.

예제 구현

다음의 절차를 따라하면서 이 작업에 익숙해지자.

1. Active Directory 사용자 및 컴퓨터를 실행한다. 서버 관리자 내의 도구 메뉴에서 시작할 수 있다. 보다시피 여기에는 미리 정의된 컨테이너 몇 가지와 OU가 있다.

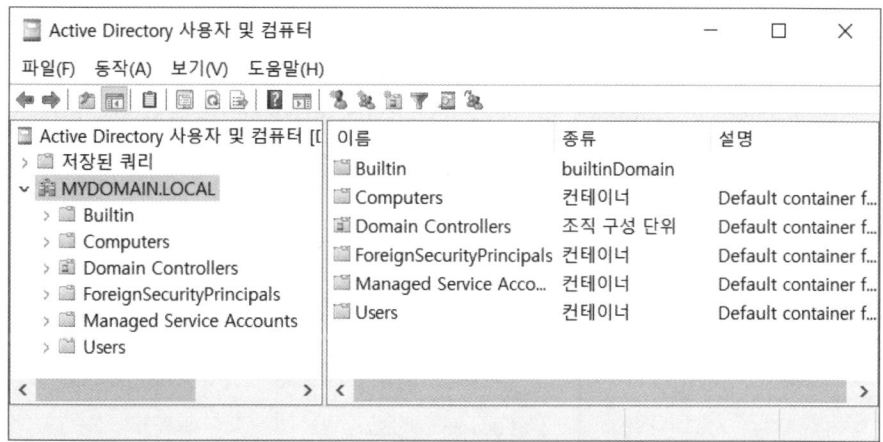

 명령 프롬프트나 시작 화면에서 dsa.msc를 실행해 Active Directory 사용자 및 컴퓨터를 열 수도 있다.

2. DC 서버에서 자체적으로 OU를 분할하고 있음을 보았다. 하지만 현재 도메인에 가입한 모든 컴퓨터는 Computers 폴더에 들어있다.

3. 현재는 각 컴퓨터가 어떤 목적을 갖는지 알기 어렵다. 좀 더 나은 이름 구조가 도움이 될 수 있지만, 이미 수백 개의 개체가 있는 환경이라면 어떻게 해야 할까? 이들 컴퓨터를 적절한 그룹으로 나누면 향후 관리가 더 수월할 수 있다. 창의 왼편에서 도메인 이름을 오른쪽 클릭한 다음에 새로 만들기 ▶ 조직 단위를 클릭한다.

4. 새로운 OU의 이름을 입력하고 확인을 클릭한다. 다음과 같은 새로운 OU 몇 가지를 만든다.
Windows 7 Desktops, Windows 7 Laptops, Windows 8 Desktops, Windows 8 Laptops, Windows 10 Desktops, Windows 10 Laptops, Web Servers, Remote Access Servers

5. 이동하고 싶은 개체에서 오른쪽 클릭한 다음에 이동을 클릭한다.

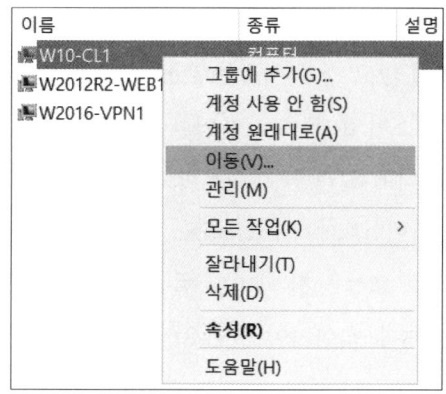

6. 선택한 개체를 이동하고 싶은 OU를 선택하고 확인을 클릭한다.

예제 분석

OU를 만들고 개체를 이동하는 실제 작업은 전혀 복잡하지 않다. 이 예제에서 더 중요한 것은 조직 환경에 가장 잘 어울리는 OU 구조를 만드는 데 가장 효과적인 작업 방식을 생각해보는 것이다. 컴퓨터 계정을 정확한 그룹으로 나눔으로써 향후에 실행 중인 웹 서버의 수를 알아낸다든지, 영업 그룹에 포함된 사용자 계정이 얼마나 되는지 신속하게 보고하는 작업 등을 쉽게 할 수 있다. 컴퓨터들이 포함된 OU를 기반으로 서로 다른 그룹 정책 설정을 적용할 수도 있다. 설정을 확인하고 적용하는 작업은 AD 내에서 조직 단위를 잘 사용함으로써 크게 향상시킬 수 있다.

▌ DNS에서 A 또는 AAAA 레코드 작성과 사용

IT 분야에서 일하는 사람들은 네트워크 연결을 테스트하는 ping 명령의 사용에 익숙하다. 여러분의 컴퓨터와 또 다른 컴퓨터 간의 연결을 시험하고 싶다면 명령 프롬프트에서 ping 명령을 사용해 응답하는지 여부를 시험할 수 있다. 이 방법은 해당 컴퓨터의 방화벽과 네트워크에서 ping 응답을 허용하는 경우에 해당되며, 보통은 허용 상태다. 도메인 네트워크 내에 있고 장치 이름으로 ping 명령을 보내는 경우 이름을 네트워크에서 해당 장치의 주소인 IP 주소로 풀이한다. 그러면 누가 그 이름에 해당하는 IP 주소를 여러분의 컴퓨터에 알려줄까? 이것이 DNS의 존재 이유다. 또 다른 컴퓨터나 아웃룩 전자 메일 클라이언트에서 Exchange 서버의 이름을 요청하는 때처럼 여러분의 컴퓨터에서 이름으로 요청을 할 때마다 컴퓨터는 항상 네트워크의 DNS 서버를 찾아가서 "이 이름을 어떻게 찾아가야 할까요?"라고 물어본다.

DNS에는 네트워크의 컴퓨터가 해당 이름에 어떤 IP 주소를 가졌는지 알려주는 레코드 목록을 갖고 있다. 지금까지 DNS 레코드 중 가장 일반적인 유형이 **호스트 레코드**다. 호스트 레코드에서 192.168.0.1과 같은 IP 주소를 풀이할 때 이를 A 레코드라고 한다. 호스트 레코드에서 2003:836b:2:8100::2와 같은 IPv6 주소를 풀이할 때 이를 AAAA 레코드라고 한다. 대개 'quad A'라고 발음한다.

DNS에서 호스트 레코드를 만들고 문제를 해결하는 방법을 모든 Windows 서버 관리자가 알아야 한다. 잠시 시간을 내서 DNS 레코드를 하나 만들고 시험해보면서 어떻게 동작하는지 직접 경험해보자.

준비

DNS 역할이 설치된 DC를 실행 중이어야 한다. DNS 레코드를 만드는 데 필요한 것은 이뿐이지만, 이름 풀이를 테스트하려면 Windows 10 클라이언트 컴퓨터와 웹 서버도 필요하다.

예제 구현

DNS 레코드를 만들고 테스트하는 절차는 다음과 같다.

1. 새로운 웹 서버를 네트워크에 연결했지만 아직 도메인에 가입하지 않았으므로 DNS에 등록되지는 않았다. 웹 서버의 이름은 Web1이다. 명령 프롬프트를 열고 ping web1이라고 입력한다. 예상한 대로 이 서버에 대한 호스트 레코드가 아직 DNS에 없기 때문에 ping 요청은 이름을 풀이할 수 없다.

2. 이제 서버 관리자 > 도구 메뉴에서 DNS를 선택해 DNS 콘솔을 실행한다.
3. 정방향 조회 영역 내에서 도메인 목록을 확인한다. 도메인 이름을 더블클릭하고 기존 DNS 레코드를 확인한다.

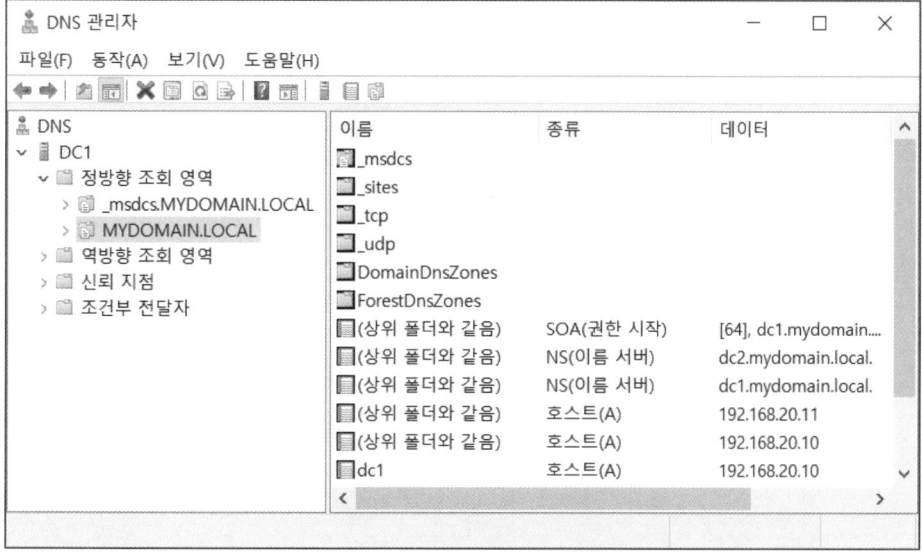

4. 도메인을 오른쪽 클릭한 후 새 호스트(A 또는 AAAA)...를 클릭한다.

5. 위쪽 필드에 서버 이름을 입력하고 아래쪽 필드에 IP 주소를 입력한다. 그다음 호스트 추가를 클릭한다.

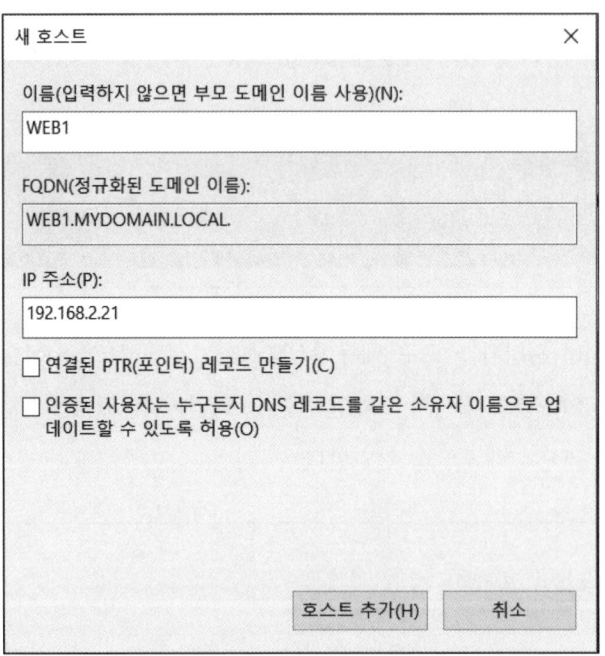

 네트워크에서 IPv6를 사용하고 있어서 대신 AAAA 레코드를 만들려는 경우도 정확히 동일한 과정을 거친다. IP 주소 필드에 IPv4 주소 대신 간단히 IPv6 주소를 입력한다.

6. 이제 새로운 호스트 레코드를 만들었으므로 다시 클라이언트 컴퓨터로 돌아가서 `ping web1`을 다시 입력해보자. 다음 캡처 화면과 같은 결과를 보게 될 것이다.

```
c:\>ping web1

Ping WEB1 [192.168.20.21] 32바이트 데이터 사용:
192.168.20.21의 응답: 바이트=32 시간<1ms TTL=128
192.168.20.21의 응답: 바이트=32 시간<1ms TTL=128
192.168.20.21의 응답: 바이트=32 시간<1ms TTL=128
192.168.20.21의 응답: 바이트=32 시간<1ms TTL=128

192.168.20.21에 대한 Ping 통계:
    패킷: 보냄 = 4, 받음 = 4, 손실 = 0 (0% 손실),
왕복 시간(밀리초):
    최소 = 0ms, 최대 = 0ms, 평균 = 0ms

c:\>
```

예제 분석

도메인 네트워크의 컴퓨터에서 호스트 이름으로 통신 요청을 받을 때 DNS는 올바른 위치를 가리키는 일을 담당하는 서비스다. 여러분이나 애플리케이션이 필요한 서버에 연결하는 데 문제가 있다면 DNS를 가장 먼저 확인해야 한다. 네트워킹 기술을 다룰 때 DNS 호스트 레코드를 이해하는 것이 중요하다. 다들 그렇겠지만 Active Directory 통합 DNS 영역 내에서 작업한다면 도메인에 컴퓨터나 서버를 추가할 때마다 이들의 이름이 자동으로 DNS에 들어간다. 이런 경우 이들 레코드를 직접 만들지 않아야 하지만 나중에 이들 문제를 해결해야 하는 경우 어떻게 동작하는지 이해해야 한다.

이 예제에서는 DNS 레코드의 가장 일반적인 형식만 다뤘지만, 다른 레코드들도 배우고 시험해봐야 한다. 사실 다음 예제에서 DNS의 또 다른 유용한 레코드 형식인 CNAME에 대해 다룬다.

Windows 운영체제에서 호스트 이름을 DNS 서버로 가져가기 전에 이름 풀이가 발생할 수 있는 두 가지 다른 이름 풀이 기능이 있다. 예를 들어 클라이언트 컴퓨터의 host 파일 내에 이름과 IP 주소를 넣어 놓았다면 DNS 서버에 어떻게 돼 있든지 간에 그 파일에서 지정한 IP 주소로 풀이한다. 이는 host 파일이 DNS보다 높은 우선순위를 갖기 때문이다. 또한 DirectAccess 클라이언트 컴퓨터에서 사용하는 이름 확인 정책

테이블^{NRPT, Name Resolution Policy Table}이라는 특별한 테이블에서도 유사한 동작을 제공한다. 이름 풀이 요청은 DNS로 가기 전에 host 파일과 NRPT에 먼저 전달된다. 이 두 가지 테이블 중 하나에서 요청하는 이름에 대한 항목을 갖고 있다면 컴퓨터에서 이름 풀이 요청을 DNS 서버로 보내기 전에 먼저 이름 풀이를 한다. 따라서 이름이 올바로 풀이되지 않는 경우 문제에 대한 답을 찾을 때 이 두 가지 테이블을 염두에 두기 바란다.

참고 사항

- 'DNS에서 CNAME 레코드 작성과 사용' 예제

DNS에서 CNAME 레코드 작성과 사용

이제 DNS 관리 도구에 약간 익숙해졌으므로 또 다른 유형의 레코드를 만들고 시험해 보자. 이번 레코드는 CNAME이라고 하며, 쉽게 별칭 레코드로 생각하면 된다. DNS 이름에 IP 주소를 지정하는 대신, 호스트 레코드처럼 CNAME으로 DNS 이름을 취해서 또 다른 DNS 이름을 가리킨다. 이런 레코드가 왜 필요할까? 하나의 서버에 여러 서비스를 호스팅하지만 다른 이름을 사용해 연결하려는 경우 CNAME 레코드가 해결사가 될 수 있다.

준비

'DNS에서 A 또는 AAAA 레코드 작성과 사용' 예제에서 A 레코드를 만드는 데 사용한 동일한 환경을 사용한다. 레코드를 만들 DC/DNS 서버가 실행 중이다. 웹사이트와 파일 공유를 호스팅할 WEB1 서버도 동작 중이다. Windows 10 클라이언트를 사용해 CNAME 레코드를 만든 후 테스트한다.

예제 구현

CNAME 레코드를 만들고 테스트하려면 다음의 절차를 수행한다.

1. WEB1에서 웹사이트와 파일 공유를 제공한다. 현재 WEB1에 대한 유일한 DNS 레코드는 기본 A 레코드이므로, 사용자는 WEB1 이름으로 웹사이트와 파일 공유 모두에 액세스한다. 우리의 목적은 DNS에서 CNAME 레코드를 사용해 이러한 서비스에 대한 별칭을 만드는 것이다. 먼저 DNS 서버에 로그인해서 DNS 관리자를 시작한다.
2. DNS 관리자 내에서 **정방향 조회 영역**과 도메인 이름을 확장한 다음 이미 존재하는 DNS 레코드 목록을 볼 수 있다.
3. 도메인을 오른쪽 클릭하고 **새 별칭(CNAME)...**을 선택한다.
4. 사용자들이 `http://intranet`로 입력해 웹사이트를 탐색하게 하려고 한다. 따라서 CNAME 레코드에서 별칭 이름은 `INTRANET`, 그리고 대상 호스트의 FQDN에는 웹사이트를 제공하는 서버인 `WEB1.MYDOMAIN.LOCAL`을 입력한다.

```
별칭(CNAME)

별칭 이름(입력하지 않으면 부모 도메인 사용)(S):
INTRANET

FQDN(정규화된 도메인 이름)(U):
INTRANET.MYDOMAIN.LOCAL.

대상 호스트의 FQDN(정규화된 도메인 이름)(F):
WEB1.MYDOMAIN.LOCAL           [찾아보기(B)...]
```

5. 또한 `\\FILESERVER\SHARE`를 사용해 파일 공유를 접근하게 만들고 이 공유를 제공하는 서버의 실제 이름은 사용자에게 보이지 않는다. 또 다른 CNAME 레코드를 만들고 별칭 이름은 `FILESERVER`, 그리고 대상 호스트의 FQDN 필드에는 `WEB1.MYDOMAIN.LOCAL`을 입력한다.

6. 테스트 클라이언트 컴퓨터에 로그인하고 시도해본다. 사용자는 이제 인터넷 익스플로러를 열고 http://intranet을 탐색할 수 있다. 파일 탐색기를 열고 \\fileserver\share에도 접근할 수 있다.

예제 분석

이번 실습에서는 WEB1이라는 서버를 준비했다. 이 서버에서 웹사이트가 실행된다. SHARE라는 파일 공유도 제공한다. DNS 내에 두 개의 CNAME 레코드를 빠르게 만들어 사용자에게 이들 리소스에 접근하는 직관적인 이름을 사용할 수 있게 했다. 앞서의 지시를 따름으로써 사용자에게 실제 서버 이름을 감춰 알지 못하게 했다. 서버의 내부 호스트 이름을 감추는 일은 많은 조직에서 보안상 모범 사례로 고려하는 것이기도 하다.

참고 사항

- 'DNS에서 A 또는 AAAA 레코드 작성과 사용' 예제

DHCP 범위를 만들어 컴퓨터에 주소 할당

'도메인 컨트롤러와 DNS 서버, DHCP 서버의 조합 구성' 예제에서 DC라는 서버에 DHCP 역할을 설치했다. 하지만 몇 가지 구성을 하지 않으면 이 역할은 무용지물이다. 내가 일했던 대부분의 기업은 모든 서버의 NIC 속성에 직접 IP를 입력해 IP 주소를 고정으로 할당했다. 이런 방식은 서버들이 항상 동일한 IP 주소를 유지하게 한다. 그러나 자주 이동하거나 심지어 네트워크를 벗어나는 클라이언트 컴퓨터의 경우는 어떻게 할까? DHCP는 클라이언트가 현재 연결돼 있는 네트워크에서 IP 주소 정보를 얻기 위해 접촉하는 메커니즘이다.

이 방식은 DHCP 서버에서 자동으로 IP를 구성하기 때문에 사용자나 관리자가 클라이언트 컴퓨터에 IP 설정을 구성하는 일을 덜어준다. DHCP 서버에서 IP 주소를 제공하려면 범위를 구성해야 한다.

준비

Server 2016 컴퓨터에서 DHCP 역할이 설치되고 동작 중이어야 한다. 서버에서 적절한 IP 정보를 얻어올 수 있게 Windows 10 클라이언트 컴퓨터로 테스트한다.

예제 구현

DHCP 범위를 만들고 구성해 클라이언트 컴퓨터에 주소를 할당하려면 다음의 절차를 수행한다.

1. 서버 관리자 > 도구 메뉴에서 DHCP를 클릭한다. DHCP 관리 콘솔이 열린다.
2. DHCP 서버의 이름 목록이 나온 왼쪽 창을 확장한다. IPv4와 IPv6 구역이 보인다. 여기서는 IPv4 네트워크를 다루므로 IPv4를 오른쪽 클릭하고 새 범위... 옵션을 선택한다.

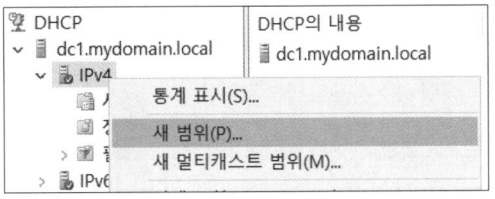

3. 새 범위 마법사 화면에서 다음을 클릭한다. 범위 이름 화면에서 선호하는 이름을 입력한다.
4. DHCP 서버에서 컴퓨터에 제공하는 IP 주소 범위를 입력한다. 서브넷 마스크 필드는 자동으로 채워진다. 단지 정확한지 확인만 하면 된다.

```
┌─ DHCP 서버 구성 설정 ─────────────────────┐
│  분배할 주소 범위를 입력하십시오.              │
│                                          │
│    시작 IP 주소(S):    192 . 168 . 20 . 50  │
│                                          │
│    끝 IP 주소(E):      192 . 168 . 20 . 99  │
└──────────────────────────────────────────┘

┌─ DHCP 클라이언트로 전파되는 구성 설정 ──────┐
│                                          │
│    길이(L):             24                │
│                                          │
│    서브넷 마스크(U):    255 . 255 . 255 . 0 │
└──────────────────────────────────────────┘
```

5. 제외 주소 및 지연 추가 화면에서 제공하고 싶지 않은 범위의 IP 주소가 있다면 여기서 지정한다. 예를 들어 .50에서 .99까지 사용하지만, 이미 프린트 서버가 .75를 사용한다면 DHCP에서 클라이언트 컴퓨터에 .75를 제공하지 않게 이 화면에서 .75를 예외로 설정한다.

6. 이제 임대 기간 필드에 시간을 설정한다. 이 기간은 클라이언트 컴퓨터에서 DHCP 새로 고침 간격이다. 특정 컴퓨터가 네트워크에서 나갔다가 임대 기간 내에 다시 들어오면 동일한 IP 주소를 받는다. 이 설정을 바꿔야 할지 결정하기 어려우면 기본 값으로 남겨뒀다가 나중에 다시 조정할 수 있다.

7. 다음으로 클라이언트 컴퓨터가 네트워크에서 받아야 하는 나머지 IP 정보를 채운다. 라우터(기본 게이트웨이)와 도메인 이름 및 DNS 서버, 필요한 경우 WINS 서버에 해당하는 필드를 채운다.

8. 마지막으로 범위 활성화 화면에서 예, 지금 활성화합니다.를 선택한다.

9. 클라이언트의 NIC에 고정 IP를 구성하지 않고 네트워크에 연결해 부팅해보자. IP 구성을 살펴보면 DHCP 서버에서 자동으로 IP 주소 정보를 잘 받았음을 알 수 있다.

```
이더넷 어댑터 이더넷:
   연결별 DNS 접미사. . . . : MYDOMAIN.LOCAL
   IPv4 주소. . . . . . . . : 192.168.20.50
   서브넷 마스크. . . . . . : 255.255.255.0
   기본 게이트웨이. . . . . : 192.168.20.254
```

예제 분석

DHCP는 대부분의 조직 네트워크 내에서 사용하는 핵심 인프라 역할 중 하나다. 여기서는 DHCP에서 할 수 있는 일 중 아주 일부만 다뤘지만, 자동으로 IP 주소를 클라이언트 컴퓨터에 제공하는 기능은 DHCP의 핵심이다. 역할을 설치하고 범위를 만드는 작업은 DHCP를 사용하는 핵심 단계다. 다음 예제에서는 DHCP 범위 내에서 할 수 있는 고급 기능 중 하나를 살펴본다.

특정 서버나 리소스에 대한 DHCP 예약 만들기

지정한 DHCP 범위에서 IP 주소를 요청하는 모든 장치는 범위 내에서 사용할 수 있는 IP를 받는다. 한 장치에서 항상 동일한 IP 주소를 받기를 원한다면 NIC 속성에서 고정 IP 주소를 직접 구성할 수 있다. 그렇지 않으면 장기간 동일한 장치에 특정 IP를 할당하는 좀 더 중앙 집중식 방식인 DHCP 예약을 사용하는 것이다. 장치에 IP를 할당할 때 DHCP의 예약을 사용하면 해당 예약 상황을 DHCP 콘솔에서 볼 수 있고, 해당 필드에 구성한 고정 IP 주소를 추적하는 데 걱정할 필요가 없어서 좋다. 이 과정에 익숙해지도록 빠른 예약을 구성하는 작업을 살펴보자.

준비

DHCP 예약을 만드는 DHCP 서버로서 Windows Server 2016 컴퓨터를 사용한다. 게다가 IP 주소 192.168.20.85를 할당 받는 예약의 수신자로 WEB1을 사용한다.

예제 구현

특정 서버나 리소스 대한 DHCP 예약을 만들려면 다음 절차를 수행한다.

1. DHCP 관리 도구를 실행한다.
2. 왼편 창에서 앞서 만든 DHCP 범위를 확장한다. 이 범위 아래에 예약이라는 폴더가 있다. 예약을 오른쪽 클릭하고 새 예약...을 클릭한다.
3. 해당 필드를 채운다. 예약 이름 필드에는 의미 있는 이름을 입력한다. 이 목적으로 예약을 원하는 IP 주소 필드에 IP 주소를 채운다. 마지막으로 중요한 정보는 MAC 주소 필드다. 여기에는 특정 IP 주소를 받기 원하는 장치의 MAC 주소다. WEB1이 Windows Server 2016 컴퓨터이므로 WEB1에서 `ipconfig /all`을 수행함으로써 MAC 주소를 얻을 수 있다.

```
이더넷 어댑터 이더넷:

   연결별 DNS 접미사. . . . :
   설명. . . . . . . . . . : Microsoft Hyper-V 네트워크 어댑터
   물리적 주소 . . . . . . : 00-15-5D-B5-82-09
```

4. WEB1에 대한 MAC 주소는 명령 프롬프트의 물리적 주소........ : 00-15-5D-B5-82-09 부분이다. 이 값으로 DHCP 예약의 마지막 부분을 채운다.

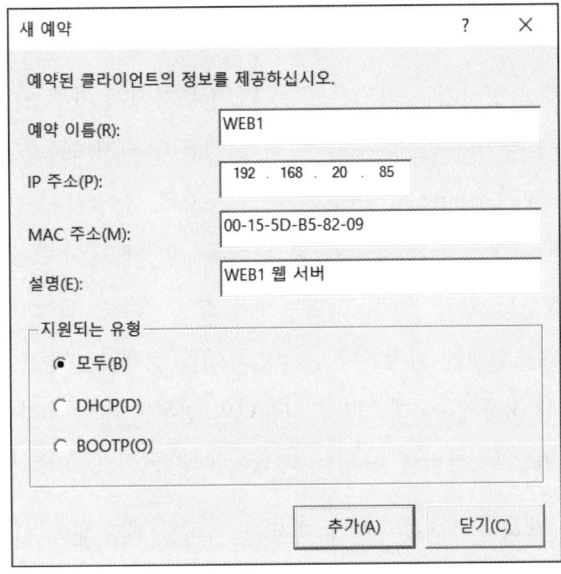

5. 추가를 클릭하면 DHCP 관리 콘솔에 새로운 예약 목록이 나타난다.
6. 이제 WEB1의 NIC를 자동으로 IP 주소 받기로 설정한다. WEB1에서 DHCP에 연결해 IP 주소를 가져오면 이제 DHCP 범위 내에서 다음으로 사용할 수 있는 IP 주소에 상관없이 미리 만든 예약 때문에 항상 192.168.20.85를 받는다.

예제 분석

일반적으로 클라이언트 컴퓨터에서 IP 주소를 자동으로 얻게 설정할 때마다 DHCP 서버를 찾아 IP 주소의 여유 목록에서 다음 주소를 가져온다. 이런 메커니즘으로 인해 DHCP 클라이언트는 정기적으로 IP 주소를 변경한다. 데스크톱 컴퓨터의 경우 보통 예약을 사용하는 시나리오가 잘 맞다. 특정 장치에 대한 IP 주소를 예약해 항상 동일한 IP 주소를 받는 것이 유리할 때가 많다. DHCP 예약을 만드는 것은 서버의 경우와 프린트 서버와 전화 통신 장비 같은 네트워크의 많은 고정 장치의 경우도 좋은 관례다.

▌ Active Directory에서 컴퓨터 계정 미리 만들기

도메인에 컴퓨터를 가입시키는 작업은 모든 IT 전문가에게 아주 일상적인 작업이며, 여러분도 이런 과정에 익숙할 것이다. 그러나 컴퓨터나 서버를 도메인에 가입시킬 때 AD 내의 일반적인 Computers 컨테이너에 자동으로 들어간다는 사실을 모를 수도 있다. 때로 아무런 문제가 없기 때문에 모든 컴퓨터가 계속 이 Computers 컨테이너 폴더 내에 있는 경우도 있다. 하지만 대부분의 경우 조직은 Computers 컨테이너를 자동으로 필터링하는 정책을 설정한다. 이 경우 이들 정책과 설정은 도메인에 가입한 모든 컴퓨터에 즉시 적용된다. 데스크톱 컴퓨터의 경우는 이런 부분이 원하는 동작일 수 있다. 그러나 새로운 서버를 구성할 때 큰 문제를 일으킬 수 있다.

DirectAccess를 실행하는 새로운 원격 액세스 서버를 배포해야 한다고 하자. 현재 Computers 컨테이너에 추가된 컴퓨터에 Windows 방화벽을 해제하는 도메인 정책이 있다. 이 경우 새 원격 액세스 서버를 켜고 간단히 도메인에 가입시킨 경우 네트워크의 일반 클라이언트 컴퓨터와 차이가 없기 때문에 즉시 정책이 적용돼 Windows 방화벽이 해제된다. DirectAccess에서는 Windows 방화벽 사용이 필요하지만, 구성을 마치기 전에 실제로 서버가 손상될 수 있다. 이런 문제를 인식하면 방화벽 무력화 정책이 적용되지 않는 다른 OU로 서버를 이동시켜야 한다. 하지만 이것이 꼭 해당 정책이 적용된 모든 변경을 되돌린다는 것을 의미하지는 않는다. 여전히 그 서버에 계속해서 문제가 발생할 수 있다.

앞서의 예가 이 예제를 따라야 할 이유다. 새로운 원격 액세스 서버의 컴퓨터 계정을 미리 만들면 도메인에 가입하기 전에 Active Directory 내에 존재하는 컴퓨터 계정을 선택할 수 있다. 컴퓨터 계정 미리 구성은 실제 서버를 가입시키기 전에 Active Directory 내에 컴퓨터의 개체를 만드는 방법이다. 이렇게 하면 도메인 가입 요청이 들어오자마자 Active Directory는 그 컴퓨터 계정을 배치할 위치를 미리 정확히 파악한다. 이 방식은 방화벽 정책이 적용되지 않는 OU 내에 해당 계정이 있는 확인하고 새로운 서버가 올바로 실행되게 할 수 있다.

준비

Server 2016 DC를 사용해 컴퓨터 계정을 미리 구성한다. 앞서의 예제에 이어 도메인에 가입할 두 번째 서버를 준비한다. 이 서버는 향후에 원격 액세스 서버로 전환할 계획이다.

예제 구현

AD 내에 컴퓨터 계정을 미리 구성하기 위해 다음 절차를 수행한다.

1. DC에서 Active Directory 사용자 및 컴퓨터 도구를 실행한다.
2. 새로운 서버를 배치하고 싶은 위치를 선택한다. Remote Access Servers라는 OU를 사용한다.
3. OU를 오른쪽 클릭하고 새로 만늘기 > 컴퓨터를 선택한다.
4. 새로운 서버의 이름을 입력한다. 도메인에 가입할 때 AD에서 이 항목과 일치하게 새로운 서버를 만들 때 할당할 호스트 이름이 일치해야 한다. 제한 사항을 설정하려면 이 화면에서 주목할 부분이 해당 도메인에 새로운 컴퓨터를 가입시킬 권한을 갖는 사용자나 그룹을 지정하는 부분이다.

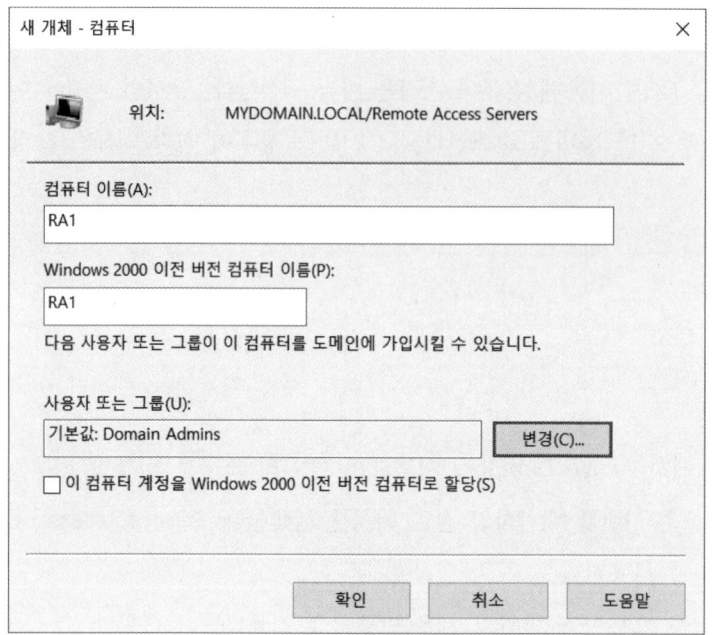

5. 확인을 클릭하면 끝난다. 이 새로운 서버에 대한 개체는 AD에 들어가며, 이 이름과 일치하는 컴퓨터 계정이 도메인에 가입할 때까지 기다린다.

6. 마지막 단계는 RA1 서버를 구축하고 다른 컴퓨터나 서버에서 했던 것처럼 도메인에 가입시키는 일이다. 그렇게 하면 새로운 항목을 만들어 Computers 컨테이너에 배치하지 않고 Remote Access Servers OU에 미리 구성한 계정을 활용한다.

예제 분석

Active Directory에서 컴퓨터 계정을 미리 구성하는 작업은 새로운 서버를 구축할 때 중요한 기능이다. 때로는 일반 컴퓨터 계정에 적용하는 기본 도메인 정책과 설정을 피하는 것이 이들 서버의 장기적인 상태에 중요하다. 새 서버를 도메인에 가입시키기에 앞서 30초 동안 AD에서 그 계정을 미리 구성하면 조직 구조에 맞게 시스템을 올바로 배치할 수 있다. 이렇게 하면 모든 작업에 대한 시스템 구성을 계속할 때 시스템이 적절하게 실행되도록 한다.

▌ PowerShell을 사용해 새로운 Active Directory 사용자 만들기

Active Directory에서 새로운 사용자 계정을 만드는 일은 아주 일반적인 작업이지만, 전통적인 방식은 마우스 클릭이 많이 필요하다. Windows Server 2016 내에서 모든 작업에 PowerShell을 사용할 수 있지만, 실제로 많은 사람은 이를 잘 사용하지 못한다. 이번 예제에서는 이 일반적인 작업을 GUI 말고 PowerShell로 수행해보자.

준비

Windows Server 2016 DC에서 PowerShell을 사용해 새로운 사용자 계정을 만든다.

예제 구현

다음의 절차를 따라 PowerShell 명령 프롬프트를 사용해 Active Directory에서 새로운 사용자 계정을 만든다.

1. 관리자 권한으로 PowerShell 명령 프롬프트를 시작한다.
2. 다음 명령을 입력해 몇 가지 매개변수로 새로운 사용자 계정을 만든다.

```
New-ADUser -Name "John Smith" -UserPrincipalName
"jsmith@mydomain.local" -SamAccountName "jsmith"
```

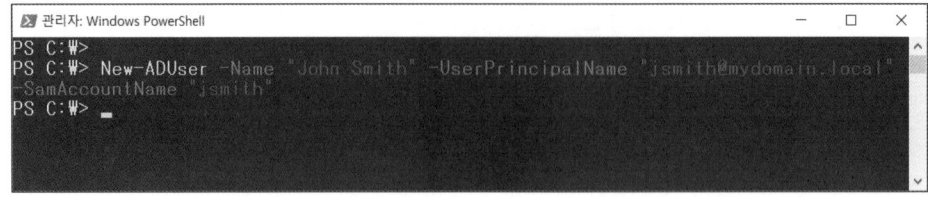

3. Active Directory 사용자 및 컴퓨터를 열면 John Smith라는 사용자 계정이 만들어졌음을 알 수 있다. 이 계정 내에는 설정한 속성이 별로 없지만, 새로운 사용자가 만들어지고 동작한다.

Enterprise Read-only D...	보안 그룹 - 유니버설	이 그룹의 구성원은 엔터프라이...
Group Policy Creator O...	보안 그룹 - 글로벌	이 그룹의 구성원은 도메인에 대...
Guest	사용자	게스트가 컴퓨터 도메인을 액세...
John Smith	**사용자**	
Key Admins	보안 그룹 - 글로벌	이 그룹의 구성원은 도메인 내의...

4. 이제 또 다른 새로운 사용자 계정을 만들어볼 텐데, 이번에는 좀 더 많은 전형적인 사용자 정보를 채우기 위해 매개변수를 더 추가한다. 앞서 만들었던 새로운 John Smith 사용자 계정이 현재 **사용 안 함** 상태인 것을 봤다. 이는 새로운 사용자 계정을 만들 때 암호를 넣지 않으면 자동으로 일어나는 메커니즘이다. 따라서 이름과 성을 포함해 정보를 좀 더 추가한다. 계정을 활성화하고 사용자가 처음 로그인할 때 암호를 변경하게 매개변수를 두 가지 더 지정한다.

```
New-ADUser -Name "Jase Robertson" -UserPrincipalName
"jrobertson@mydomain.local" -SamAccountName "jrobertson" -GivenName
"Jase" -Surname "Robertson" -DisplayName "Jase Robertson"
-AccountPassword (Read-Host -AsSecureString "AccountPassword")
-ChangePasswordAtLogon $true -Enabled $true
```

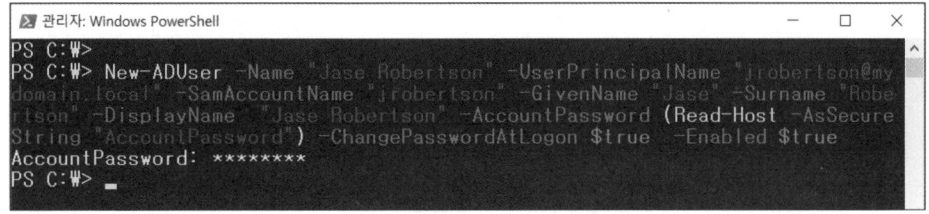

5. 다시 Active Directory 사용자 및 컴퓨터를 열고 새로운 Jase Robertson 사용자 계정을 살펴보자. 이 계정이 활성화되고 사용할 준비가 됐음을 알 수 있고, 계정 내에 좀 더 많은 정보가 채워져 있다.

6. 계정 탭으로 이동하면 PowerShell 명령에서 지정한 것처럼 다음 로그온 시 사용자가 반드시 암호를 변경해야 함이라는 체크 상자가 선택된 것도 볼 수 있다.

예제 분석

PowerShell을 사용함으로써 일반적인 작업을 위해 서버에 로그인해서 GUI를 시작하지 않고 커맨드라인 인터페이스에서 새로운 Active Directory 사용자 계정을 바로 만들 수 있다. `New-ADUser` 명령에 포함하고 싶은 특성을 모두 채우면 심하게 길어질까? 그렇다. 하지만 `New-ADUser` 명령을 활용하는 PowerShell 스크립트를 저장하고 실행하면 장기적으로 시간을 아낄 수 있을까? 물론이다! 원하는 정보를 채우는 스크립트를 작성하고 테스트하는 데 시간이 걸리더라도 스크립트를 만들고 저장했다면 새로운 계정을 만들기 위해 나중에 수정하고 신속하게 실행할 수 있다. 새로운 계정을 만들면서 기존 사용자 계정의 속성을 복사하는 데 `New-ADUser` 명령을 활용하는 방법도 있다. 그렇게 하면 새로운 사용자 계정을 만드는 시간과 노력을 아낄 수 있다.

참고 사항

다음의 TechNet 링크를 살펴보자. 이 페이지에서는 `New-ADUser` 명령 스크립트와 함께 실행할 수 있는 가능한 모든 매개변수와 구문 목록을 제공한다. 많은 옵션이 있다.

- https://technet.microsoft.com/ko-kr/library/ee617253.aspx

▌ PowerShell을 사용해 시스템 가동 시간 확인

서버가 가장 최근 다시 시작한 시간을 알아내기 위해 끊임없이 서버를 점검하고 있다는 사실을 깨달았다. 이는 대개 서버가 계획된 작업으로 재시작됐는지, 뭔가 잘못돼 계획하지 않은 시간에 재시작됐는지 여부를 알아내려는 문제 해결 과정의 일부다. 수년 동안 나는 이벤트 뷰어를 시작하고 시스템 로그가 열리기를 기다리면서 어떤 식으로든 그 로그가 손상되지 않았기를 기도한 다음, 시스템이 전날 정오까지 온라인 상태로 있었던 시간(초)을 찾았다. 이 시점을 찾은 다음 계산기를 꺼내 실제로 몇 날 몇 시간을 동작했는지 계산했다. 너무나 번거로운 복잡한 일이었다. 다행스럽게도 PowerShell을 사용해 WMI 객체를 호출하면 서버가 마지막으로 시작된 시간을 알려주는 객체가 있다. .ps1 스크립트에 몇 줄을 작성하면 서버가 재시작된 마지막 시간을 출력하는 멋진 조그만 도구를 만들 수 있다. 자, 시작해보자.

준비

Windows Server 2016 컴퓨터를 사용해 이 스크립트를 만든다.

예제 구현

다음의 절차를 따라 시스템의 마지막 부팅 시간을 보여주는 스크립트를 만든다.

1. 관리자 권한으로 PowerShell ISE를 시작한다.
2. 새로운 스크립트 파일을 열고 다음과 같은 줄을 입력한다.

```
Get-WmiObject -Class Win32_OperatingSystem -ComputerName
localhost | Select-Object -Property LastBootUpTime
```

3. 데이터가 나왔다! 그런데 알아보기가 힘들다. 정리해서 좀 더 읽기 쉽게 만들어야 한다. Select-Object 코드로 두 가지를 변경하면 데이터의 헤더를 좀 더 친근하게 변경할 뿐만 아니라 날짜와 시간의 출력을 변경해서 눈에 편하게 들어오게 할 수 있다.

```
Get-WmiObject -Class Win32_OperatingSystem -ComputerName
localhost | Select-Object -Property @{n="Last Boot Time";
e={[Management.ManagementDateTimeConverter]::ToDateTime($_.LastBoo
tUpTime)}}
```

훨씬 보기 좋다. 이쯤에서 이 스크립트를 저장하고 각 컴퓨터에서 사용할 준비가 됐다면 이제 특정 서버에서 찾고자 하는 결과를 빨리 얻을 것이다. 그러나 코드에서 보다시피 컴퓨터 이름이 localhost로 하드 코딩돼 현재 이 스크립트를 실행하는 서버나 컴퓨터가 대상이다. 이 스크립트를 실행하는 사용자가 다른 컴퓨터 이름을 입력하게 변경할 수 없을까? 원격 컴퓨터에 로그인하지 않고 이 스크립트를 사용해 원격 컴퓨터의 마지막 부팅 시간을 찾을 수 없을까? 앞서 코드를 약간 변경하면 스크립트를 실행하는 동안 사용자가 플래그로써 컴퓨터 이름을 입력하고, 두 가지 속성을 출력하게 요구할 수 있다. 컴퓨터 이름 자체에 추가 속성 식별자를 배치해 실제로 입력한 서버 이름을 찾아 마지막 부팅 시간을 출력하는 방식이 명확하다.

1. 다음의 스크립트 코드를 사용한다.

```
Param(
[Parameter(Mandatory=$true)][string]$ServerName
)
Get-WmiObject -Class Win32_OperatingSystem -ComputerName
$ServerName | Select-Object -Property CSName,@{n="Last Boot
    Time";
e={[Management.ManagementDateTimeConverter]::
ToDateTime($_.LastBootUpTime)}}
```

2. 이제 이 스크립트를 실행하면 질의할 서버 이름을 입력하라는 요청을 받는다.

3. localhost라고 입력하면 앞에서처럼 동일한 부팅 시간 정보를 받지만, 이제는 서버의 이름도 보여주는 새로운 칼럼이 출력된다.

4. 이 스크립트를 다시 실행하고, 이번에는 ServerName을 요청할 때 원격 서버의 이름을 입력한다. WEB1 웹 서버를 조회한다. 이제는 왼편 칼럼에 WEB1 서버에 대한 마지막 부팅 시간 출력을 볼 수 있다.

예제 분석

이번 예제에서 서버 이름을 요청하고 입력한 서버에 대한 마지막 부팅 정보를 출력하는 재미있는 작은 스크립트를 만들었다. PowerShell의 가장 뛰어난 특징 중 하나는 스크립트를 실행 중인 로컬 컴퓨터뿐만 아니라 원격 컴퓨터 모두에서 정보를 가져오는 기능이다. 이 기능은 이들 서버에 로그인해서 작업을 수행할 필요가 없기 때문에 시간을 아껴주고, 작업 환경의 효율성을 높여준다.

여기서 만든 스크립트의 주목할 부분은 실행하는 첫 번째 단계와 서버 이름을 입력하는 두 번째 단계를 거칠 필요가 없다는 점이다. 스크립트를 시작할 때 초기 명령에 ServerName 변수와 값을 지정할 수 있다. 예를 들어 PowerShell을 열고 다음 명령을 입력해 스크립트를 시작한다.

```
Check-BootTime.ps1 -ServerName DC1
```

이 명령은 스크립트를 시작하고 자동으로 DC1을 서버 이름으로 입력받기 때문에 서버 이름을 입력받기 위해 실행을 멈추지 않는다.

03

보안과 네트워킹

지난 수년 동안의 다양한 취약점과 위반 사항이 모든 IT 관리자의 마음 중심에 보안을 올려놨다. Windows Server 2016 환경에는 네트워크에 보안을 강화할 수 있는 기능이 많다. 이들 기능 몇 가지와 네트워크를 더 잘 이해하고 탐색하는 데 도움을 줄 수 있는 몇 가지 도구와 기법을 연습해보자. 일상적인 작업에서 도움을 주는 일반적인 네트워킹 작업 몇 가지도 살펴본다. 3장에서 다루는 내용은 다음과 같다.

- 네트워크에서 암호 복잡성 요구
- 고급 보안이 포함된 Windows 방화벽을 사용해 불필요한 트래픽 차단
- 서버의 RDP 포트를 변경해 액세스 숨기기
- Windows Server 2016 멀티호밍 구성
- Windows 라우팅 테이블에 고정 경로 추가

- 텔넷을 사용한 연결과 네트워크 흐름 테스트
- Pathping 명령을 사용한 네트워크 트래픽 추적
- NIC 팀 구성
- PowerShell을 사용한 이름 변경과 도메인 가입
- 첫 번째 서버 코어 만들기

소개

3장에서는 Windows Server 2016 컴퓨터의 네트워킹과 몇 가지 보안 기능을 사용해 환경의 보안을 강화하는 데 관련된 작업을 다룬다. 여기서 사용하려는 몇 가지 도구는 일상적인 작업에 아주 유용하며, 여기서 밟는 단계들이 Microsoft에서 이 운영체제 내에 제공하는 기능을 충분히 활용하기 위해 더 깊이 탐험하는 출발점이 되길 바란다.

네트워크에 암호 복잡성 요구

공격자들이 요즘 사용하는 도구에 의해 기업에서 사용하는 간단한 암호는 쉽게 무력화된다. 네트워크에서 복잡한 암호 요구 사항을 적용하는 방법은 아주 간단하다. 어려운 부분은 그 설정을 어디서 찾느냐 이다. 그룹 정책의 변경을 통해 복잡한 암호를 요구할 것이다. 이 책에서는 앞으로 그룹 정책 내에서 많은 작업을 수행하겠지만, 복잡한 암호 요구 사항은 다른 그룹 정책 작업과 한 덩어리로 취급하기보다는 일반적인 보안 항목으로 다루는 것이 좋다고 느꼈다. 따라서 단계별로 그룹 정책을 사용하고 이 예제를 그룹 정책 관련 장과 결합해 나중에 이 암호 정책의 구현을 변경할 수 있는 더 창의적인 방식을 제공할 것이다.

준비

그룹 정책은 Active Directory 내에서 동작하므로 도메인 환경에서 작업해야 한다. 그룹 정책으로 변경하는 작업은 도메인 컨트롤러에서 수행되며, 구현한 정책은 클라이언트 컴퓨터를 활용해 테스트한다.

예제 구현

다음의 절차들이 네트워크에서 복잡한 암호를 사용하는 데 도움을 준다.

1. 도메인 컨트롤러에서 서버 관리자 ▶ 도구 메뉴에서 그룹 정책 관리를 시작한다.
2. 포리스트 이름을 확장하고 도메인 폴더 내에서 도메인 이름을 선택한다. 도메인 이름을 확장하면 그룹 정책 개체(GPO)가 보이고 그 안에 기본 도메인 정책이 들어있다. 이 정책은 새로운 Active Directory 환경에서 자동으로 구성돼 모든 사용자 계정에 적용되는데, 이 예제의 경우는 모든 사용자에게 복잡한 암호를 요구하도록 이 GPO를 수정한다.
3. 기본 도메인 정책을 오른쪽 클릭하고 편집...을 클릭한다.

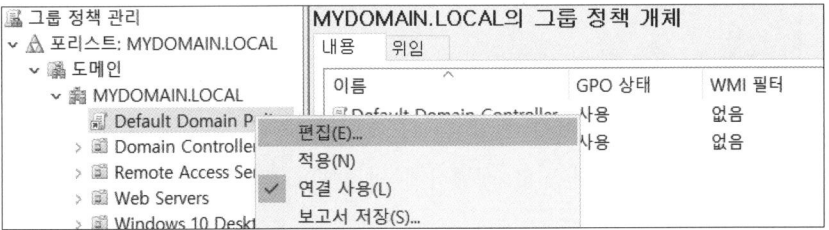

 포함된 기본 정책을 수정하지 않고 새로운 GPO를 쉽게 만들 수 있다. 새로 만들면 정책을 적용할 대상과 정책의 내용을 더 수월하게 제어할 수 있다. GPO 관리에 대한 더 자세한 내용은 9장을 참고하자. 이 예제에서 '기본 도메인 정책'을 사용하면 필요한 단계를 줄일 수 있지만, 운영 환경에서 '기본 도메인 정책'에는 절대로 실제 다른 변경을 적용하지 말자.

4. 컴퓨터 구성 > 정책 > Windows 설정 > 보안 설정 > 계정 정책 > 암호 정책을 찾는다.

5. 여기서 네트워크의 암호 요구 사항을 설정하는 옵션을 구성할 수 있다. 사용자들의 암호를 매달 바꾸게 **최대 암호 사용기간**을 30일로 설정하고, **최소 암호 길이**를 8로 올린다. 여러 가지 다른 요구 사항을 설정하는 복잡성 요구 사항 설정도 활성화한다. 해당 설정을 더블클릭하고 설명 탭을 확인하면 필요한 요구 목록이 나온다.

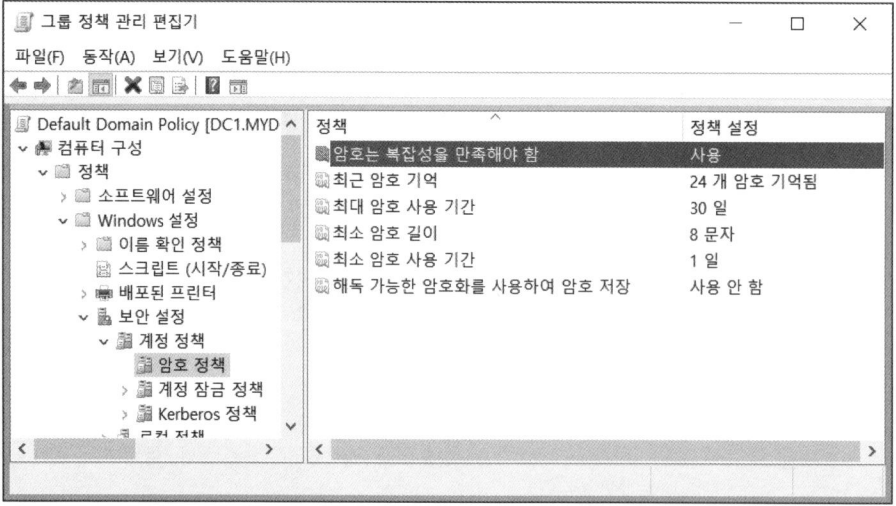

6. 이제 도메인 사용자 계정으로 컴퓨터를 로그인해보면 암호가 기준에 부합하지 않음을 알게 되고 적절하게 변경해야 함을 알 수 있다.

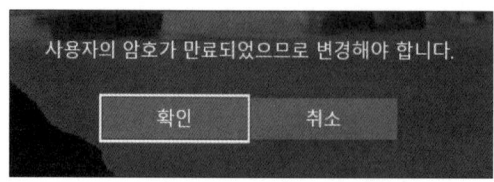

예제 분석

기본 도메인 정책에서 암호 복잡성 요구 사항을 설정하기 때문에 이 요구 사항은 전체 네트워크에 미친다. 견고한 암호 정책은 오늘날의 네트워크에서 아주 중요하며, 그룹 정책 기능의 아주 일부일 뿐이다. 이러한 간단한 설정 변경이 암호 무차별 대입 공격의 결과로 기업이 위험에 처할지 여부에 영향을 끼친다.

▌ 고급 보안이 포함된 Windows 방화벽을 사용해 불필요한 트래픽 차단

많은 네트워크에서 대다수 컴퓨터의 고급 보안이 포함된 Windows 방화벽^{WFAS}을 기본적으로 비활성화시킨 정책을 적용한 경우를 자주 접했다. 이에 관해 물어봤을 때 대개 이유가 불분명했거나 "항상 그래왔어요"라는 답을 듣기가 일수였다. Windows 방화벽이 그다지 매력적이지 않았던 때인 Windows XP/Server 2003 시절 또는 그보다 더 오래전의 잔재라고 생각한다. 요즘 운영체제에서 WFAS는 크게 향상되고 안정적이며, 이점이 많다. 서버에 불필요하거나 악의적인 트래픽이 전달되는 것을 막으려면 다른 무엇보다 이 기본 도구를 살펴보자.

준비

이 작업을 위해 Windows Server 2016 컴퓨터 두 대를 사용한다. 둘 사이의 연결을 테스트하고 기준선을 설정한 다음, 방금 테스트한 기능을 차단하는 규칙을 만든다. 그다음 테스트를 통해 변경한 설정이 기대한 대로 발생하는 트래픽을 차단하는지 확인한다. 테스트의 기준선을 설정하고 각각을 변경한 다음, 이들 동일한 테스트를 실행해 해당 규칙이 정확히 원하는 대로 동작하는지 확인한다.

예제 구현

불필요한 트래픽이 서버로 오는 것을 차단하려면 다음의 절차를 수행한다.

1. 먼저 기존 연결을 테스트한다. DC2 서버로 로그인하고 거기서 `ping web1` 명령을 수행하고 응답을 받는다. 파일 탐색기를 열고 `\\WEB1`을 탐색해 공유 폴더를 확인한다. 이 기준선 테스트는 ICMP(ping) 트래픽과 파일 액세스가 현재 WEB1의 WFAS에서 허용됨을 알려준다. 여기서는 이러한 기능에 제한을 가하고자 한다.

2. WEB1에 로그인하고 고급 보안이 포함된 Windows 방화벽을 연다. 시작 화면에서 입력하거나 실행 프롬프트를 열어 `wf.msc`를 입력해 열 수 있다.

3. WFAS 내에서 트래픽을 제어하려 할 때 왼편에 두 명의 친구인 **인바운드 규칙**과 **아웃바운드 규칙** 섹션이 있다. 서버의 관점에서 인바운드와 아웃바운드라고 생각해야 한다. 인바운드 규칙은 서버로 들어오는 트래픽을 조절하고, 아웃바운드 규칙은 서버에서 나머지 네트워크로 흘러가는 트래픽을 처리한다. 인바운드 규칙을 클릭하면 기존에 미리 구성된 규칙 목록이 나온다.

4. **인바운드 규칙**을 오른쪽 클릭하고 **새 규칙**을 클릭한다.

5. 먼저 파일 액세스를 차단하는 규칙을 만들자. **포트**를 선택하고 다음 화면에서 TCP 포트에 대한 값으로 445를 입력한다. 그다음 현재 사용 중인 RDP 액세스도 차단해야 한다. 간단하다. 다음처럼 쉼표로 구분해서 해당 포트 번호를 입력한다.

6. **연결 차단**을 선택한다.

7. 다음 화면에서 규칙을 적용할 방화벽 프로필을 선택하는데, 3개의 프로필이 모두 선택된 기본 값을 그대로 사용한다. 이렇게 하면 방화벽 프로필이 할당된 모든 NIC에 규칙이 적용된다. 서버에 NIC가 하나뿐이고 도메인에 가입돼 있다면 다른 두 개의 선택은 해제하고 도메인 프로필만 남겨둬도 된다. 이 예제는 기본 값을 사용한다.

8. 의미 있는 규칙 이름을 입력한다. 예를 들어 **파일과 RDP 액세스 차단**과 같이 입력한다.

9. 끝났다. 새로운 규칙이 생겼고 즉시 효력을 발휘한다. 이제 다른 서버에서 WEB1에 RDP로 연결하거나 파일 공유를 탐색할 수 없다.

10. 그러나 WEB1으로 ping 명령은 여전히 동작하며, 이 역시도 차단하고자 한다. ICMP 트래픽을 차단하려면 또 다른 규칙을 만들어야 한다. 이 규칙은 좀 더 복잡하다. 먼저 두 번째 인바운드 규칙을 만들고, RDP와 파일 규칙에서 사용했던 정확히 동일한 설정을 사용한다. 포트 필드에 아무거나 입력할 수 있다. 예를 들어 445 포트를 사용하더라도 잠시 후에 다시 설정할 것이기 때문에 상관없다.

11. 이제 두 가지 모두 445 포트를 차단하는 규칙이 만들어졌다. 방금 만든 최신 규칙을 오른쪽 클릭하고 속성을 선택한 다음, 이 규칙을 조금 바꿔보자.

12. **프로토콜과 포트** 탭 내에서 **프로토콜 종류** 드롭다운을 클릭하고 ICMPv4를 선택한다. 해야 할 작업은 이뿐이다. 이제 규칙을 수정했으므로 더 이상 TCP 445 포트를 차단하지 않으며, ICMPv4 트래픽을 차단한다.

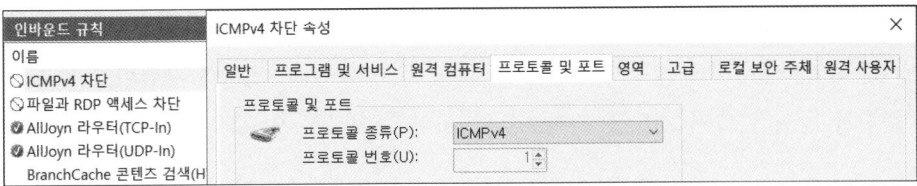

13. DC2에 다시 로그인해서 WEB1 서버에 ping 연결을 시도하면 더 이상 응답을 받지 못한다.

영역 탭을 잠깐 둘러보자. WFAS 규칙의 이 섹션을 사용하면 특정 IP 주소나 범위에만 규칙을 적용할 수 있다. 특정 서브넷이나 에지 서버의 외부 NIC에서만 파일 공유 액세스를 차단하고 싶을 수 있다. 여기서 이러한 요구 사항을 쉽게 만족시킬 수 있다.

예제 분석

고급 보안이 포함된 Windows 방화벽을 사용해 서버로 오는 원하지 않는 트래픽을 차단하는 규칙 두 가지를 만들었다. 이들 규칙은 즉시 효력을 발휘하며, 쉽게 만들 수 있다. 그룹 정책을 사용해 WFAS 규칙을 중앙에서 만들 수 있으므로, 개별 서버에 연결 규칙을 적용하기 위해 이들 서버를 직접 다룰 필요가 없다. WFAS는 10년 전의 Windows 방화벽과는 매우 다르며, 최근에 이 기능을 사용하지 않았다면 다시 고려해보기를 바란다.

▌ 서버의 RDP 포트를 변경해 액세스 숨기기

RDP를 사용하는 사람은 많다. 공격자와 봇은 모두가 사용하는 RDP를 잘 알고 있다. 인터넷에 잠재적으로 연결되는 경계 서버를 다루는 경우 RDP가 사용되면 네트워크 외부에서 서버가 열린 상태로 남겨지기 쉽기 때문에 특히 위험하다. 이렇게 되면 누구나 암호를 추측하거나 서버에 무차별 암호 대입을 시도하는 빌미를 제공하거나, 서버에 수천 번의 로그인 시도를 가함으로써 서비스 거부를 일으키게 할 수 있다.

공용 인터넷에서 잠재적인 액세스에 대한 염려 외에도 네트워크 내에서 일반 사용자가 서버에 RDP 연결을 하지 못하게 해야 할 곳도 있다. RDP 액세스를 제한할 수 있는 몇 가지 방법이 있다. 특정 서브넷에서만 RDP 연결을 허용하는 방화벽 규칙을 만들고, IT 업무 관련 컴퓨터를 이들 서브넷에 넣을 수 있다. 아니면 대상 서버에서 RDP를 구성할 때 인증 과정의 일부로 인증서를 요구하게 함으로써 인증서를 가진 사용자만 액세스를 허용할 수도 있다. 두 가지 방법은 모두 꽤 복잡하다. 나는 RDP 로그인 화면을 보지 못하게 하는 더 간단한 해결책을 선호한다.

RDP가 동작하는 포트를 변경하는 방법이다! RDP는 기본적으로 TCP 3389 포트에서 수신 대기한다. 거의 모든 클라이언트 컴퓨터에 자동으로 설치된 원격 데스크톱 클라이언트는 연결하는 서버가 3389에서 수신 대기한다고 가정하므로, 연결을 시도할 때 포트를 지정할 필요가 없다. 클라이언트에서 포트를 입력하는 필드가 없다. 따라서 3389가 기본 값이라는 것을 아는 사람(심지어 IT 종사자조차)을 만날 일은 흔하지 않다. 이점을 감안할 때 3389를 다른 값으로 변경할 수 있다면 시스템 외부의 사람에게서 보호하는 멋진 일이라고 생각한다. 민감한 서버가 있고 최소한의 접근만 보장하려 한다고 하자. 알고 있는 RDP 포트를 4822와 같은 값으로 변경해보자. 잠깐 동안은 추측해보겠지만, 곧 포기할 것이다.

준비

이 작업에는 Windows Server 2016 컴퓨터가 한 대 필요하다. WEB1에서 RDP 포트를 변경한 다음, Windows 10 클라이언트 컴퓨터에서 접근을 테스트한다.

예제 구현

다음의 절차를 따라 RDP 포트를 원하는 값으로 변경한다.

1. 레지스트리 편집기를 실행한다. 시작 화면이나 명령 프롬프트에서 regedit라고 입력한다.

2. 다음 위치를 찾는다.

HKEY_LOCAL_MACHINE\SYSTEM\CurrentControlSet\Control\Terminal Server\WinStations\RDP-Tcp

3. PortNumber라는 변수를 찾아 값을 4822로 변경한다.

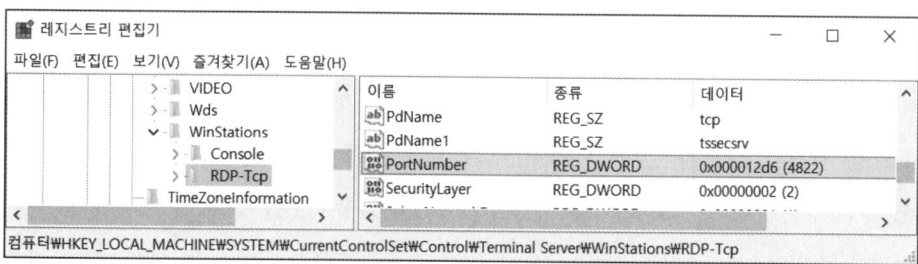

4. 서버를 다시 시작한다.
5. 이제 클라이언트 컴퓨터에 로그인하고 시작 화면에서 이름을 입력해 원격 데스크톱 연결을 연다. 명령 프롬프트에서 mstsc를 입력해 이 프로그램을 열 수도 있다. WEB1에 바로 연결을 시도하면 서버가 더 이상 표준 포트인 3389에서 수신 대기하지 않기 때문에 연결이 실패한다.
6. WEB1:4822로 입력하면 연결이 성공한다.

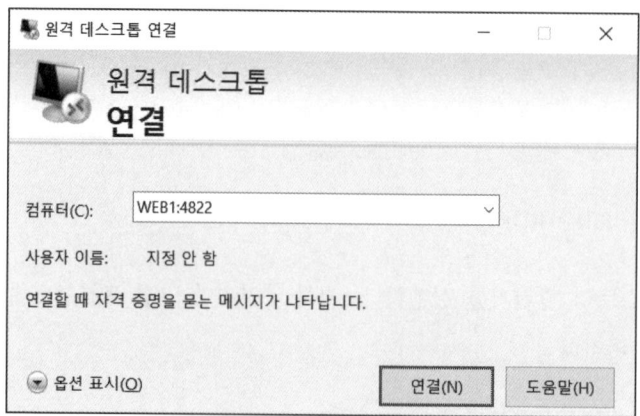

포트를 변경하고 연결할 수 없다면 Windows 방화벽 설정을 확인한다. 서버의 WFAS에 4822 포트를 허용하는 규칙을 추가해야 한다.

예제 분석

간단한 레지스트리 변경으로 서버에서 RDP 수신 포트를 조정할 수 있다. 이는 원하지 않는 RDP 연결을 막는 데 도움이 되며, 기업 네트워크의 내부와 외부 모두에서 유용하다. 이렇게 변경하고 나면 새로운 RDP 포트를 알고 원격 데스크톱 연결 도구 내에서 사용자 지정 포트를 활용하는 방법을 아는 사람만 RDP 로그인 화면을 보게 된다.

▌Windows Server 2016 멀티호밍 구성

이전엔 Windows 서버에서 하나 이상의 네트워크 카드를 요구하는 시나리오는 많지 않았다. 이들 서버가 수행하는 대부분의 역할이 접속된 단일 네트워크에서 동작했기 때문이다. 다수의 네트워크 카드가 필요한 경우는 라우터와 스위치 작업이었기 때문에 서버가 여러 네트워크에 직접 연결될 필요는 없었다. 요즘의 Windows 서버 세계에서는 여러 NIC가 동시에 다른 네트워크에 연결되는 것을 뜻하는 멀티호밍multi-homing의 이점을 취할 수 있는 많은 역할이 있다. 다중 NIC를 사용할 수 있는 일부 프록시 역할이 있다. DirectAccess와 VPN과 같은 원격 액세스 역할은 이중 NIC 설정을 권장하며, 필요한 경우 일반적인 라우터로 Windows 서버를 사용할 수도 있다.

나는 DirectAccess를 많이 다뤘고 멀티홈 서버의 네트워크 구성이 잘못된 경우를 많이 발견했다. 이 예제는 여러 개의 NIC가 있는 Windows 서버를 구성할 때 예상대로 트래픽 흐름이 일어나게 하기 위해 따라야 할 요점을 모아 놨다.

준비

이 예제에서는 동작 중인 한 대의 Windows Server 2016만 필요하다. 이 서버에는 두 개의 NIC가 있고, 각각 다른 네트워크에 접속돼 있다. 경계 구간에 놓을 원격 액세스 서버를 준비할 것이므로, 하나의 NIC는 기업 내부 네트워크에 접속되고, 반면에 다른 NIC는 인터넷에 연결된다.

예제 구현

여러 NIC가 있는 Windows 서버를 구성하려면 다음의 과정을 수행한다.

- **기본 게이트웨이는 단 하나다.** 두 개의 NIC 중 하나의 NIC 속성에서만 기본 게이트웨이를 갖게 한다. 이 부분이 현장에서 만나는 가장 흔한 실수다. 두 개의 NIC가 있다면 서버 컴퓨터에서처럼 IP 주소 설정을 단순히 채우는 것만이 능사일까? 아니다. 기본 게이트웨이의 목적은 최종 경로 또는 대체 경로다. 서버에서 네트워크 트래픽을 전송하려 할 때마다 그 트래픽을 보내는 방법을 찾고자 로컬 라우팅 테이블을 검색한다. 전송하는 IP 주소에 해당하는 특정 경로를 찾지 못하면 트래픽은 기본 게이트웨이 주소를 통해 전송된다. 따라서 연결된 NIC가 몇 개나 되더라도 서버에서 할당된 기본 게이트웨이는 하나뿐이다. 시스템에 설치된 다른 모든 NIC에서 TCP/IP 속성 내에 기본 게이트웨이 필드는 채우지 않고 그냥 남겨둔다. 그런데 인터넷에 연결된 DirectAccess 서버나 다른 많은 서버의 경우 기본 게이트웨이는 외부 NIC가 돼야 하므로, 내부 NIC의 속성에서 이 필드는 비워둔다.
- **DNS 서버를 제한한다.** 또 다른 일반적인 구성이 시스템에 설치된 모든 네트워크 어댑터에 대해 DNS 서버 주소를 정의하는 것이다. 다수의 기본 게이트웨이를 설정하는 문제처럼 문제를 일으키지는 않지만, 시스템에서 DNS 이름 풀이를 시도할 때 불필요한 속도 저하가 일어난다. 하나의 NIC에서만 DNS

서버 주소를 구성하자. 다시 한 번 DirectAccess 서버를 설정할 때의 예를 들면 DA가 동작에 필요하기 때문에 내부 NIC에 DNS 서버 주소를 구성한다. 외부 NIC에는 공용 DNS 서버를 설정하지 않고 이 필드를 비워둔다.

- **고정 IP 주소를 사용한다.** 여러 NIC가 필요한 Windows 서버에서 수행할 수 있는 역할과 기능은 이들 네트워크 카드에 고정 IP 주소를 할당해야 한다. 하나 이상의 NIC가 DHCP에서 정보를 가져오는 환경에서는 너무 많은 DNS 서버가 정의되는 상황이나 시스템에 여러 번의 기본 게이트웨이가 설정되는 상황이 쉽게 만들어진다. 알다시피 이런 상황은 바람직하지 않다.

- **NIC 바인딩의 우선순위를 지정한다.** NIC에 대한 우선순위를 설정하는 작업은 좋은 관례이므로 NIC 목록에서 대부분의 네트워크 트래픽을 처리할 것으로 예상되는 카드를 #1으로 둔다. DirectAccess 서버의 경우 내부 NIC에 항상 가장 높은 우선순위를 주는데, 다음 절차를 수행해 올바로 설정됐는지 확인해보자.

  1. 네트워크 및 공유 센터를 열고 어댑터 설정 변경을 클릭해 네트워크 연결 화면을 띄우면 시스템에 설치된 네트워크 카드를 볼 수 있다.
  2. 이제 키보드에서 Alt 키를 누르면 이 창의 상단에 메뉴가 표시된다.
  3. 고급 메뉴에서 고급 설정...을 클릭한다. 이제 내부 NIC가 맨 위에 나오는지 확인한다.

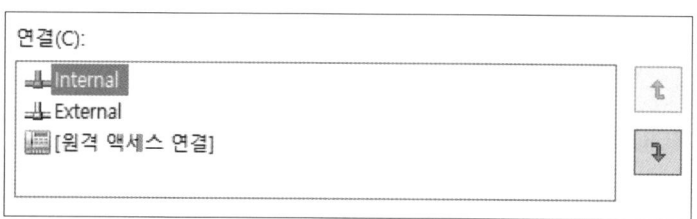

- **고정 경로 추가** 조금 전에 아마 이런 생각을 하기 시작했을 것이다. "내부 NIC에서 기본 게이트웨이가 없다면 서버에 내부 네트워크의 서브넷에 패킷을

보내는 방법을 알려주는 것은 무엇일까?" 좋은 질문이다! 기본 게이트웨이가 하나뿐이기 때문에 다른 NIC 중 하나에서 트래픽을 전송해야 할 때 Windows 라우팅 테이블에 고정 경로가 있는지 확인해야 한다. 서버는 이 테이블을 통해 각 서브넷의 트래픽을 얻는 인터페이스를 알게 된다. 이러한 경로를 추가하는 방법에 관한 구체적인 정보는 다음 예제를 확인하자.

예제 분석

두 개의 NIC를 두 개의 다른 네트워크에 접속시키기만 하면 서버를 멀티홈으로 운영할 수 있다. 까다로운 점은 이들 NIC와 운영체제를 적절히 구성해 네트워크 트래픽이 적절한 시기에 올바른 방향으로 흐르게 하는 것이다. 지금까지 설명한 규칙 목록을 잘 숙지하면 여러 가지 시나리오를 구축하고 올바른 방식으로 수행할 수 있는 견고한 토대가 마련된다. 이러한 규칙을 벗어나면 예기치 않은 동작을 낳을 수 있고, 종종 동작의 원인을 명확히 알기 힘들 수 있다. 이는 향후의 문제 해결을 어렵게 할 수 있다.

참고 사항

- 'Windows 라우팅 테이블에 고정 경로 추가' 예제

■ Windows 라우팅 테이블에 고정 경로 추가

이 예제는 앞서의 주제 바로 다음으로 살펴볼 내용이다. 둘 이상의 NIC가 있는 서버에서 작업해본 적이 없다면 Windows 라우팅 테이블을 뒤져볼 이유가 없었을 것이다. 여러 네트워크에 연결해야 하는 새로운 서버를 설정하거나 그런 시스템의 문제를 해결해야 하는 상황에 빠졌을 때 이 테이블은 갑자기 뒤져봐야 할 중요한 정보가 된다.

그렇지 않으면 Windows는 이들 서브넷에 도달할 방법을 알지 못하고 모든 트래픽을 기본 게이트웨이를 통해 보내려고 한다. 이 트래픽은 절대로 목적지에 도달하지 못할 것이므로 통신을 실패한다.

새로운 VPN 서버를 설치한다고 하자. 이 서버는 원격 클라이언트에서 트래픽이 들어오는 인터넷에 연결된 NIC가 있고, 또 다른 NIC가 내부 네트워크에 연결돼 사용자가 액세스를 해야 하는 애플리케이션 서버로 클라이언트 트래픽을 보낸다. 이 시나리오에서 기본 게이트웨이는 외부 NIC에 설정해야 한다. 내부 NIC에는 기본 게이트웨이 주소가 없으며, 도움이 없다면 Windows는 네트워크 내의 서버를 향해 트래픽을 보낼 적절한 경로를 알지 못한다.

이 예제에서 내부 NIC는 192.168.20.x 네트워크에 연결돼 있다. 이 네트워크에 물리적으로 직접 연결돼 있으므로, 이 서브넷에 존재하는 다른 서버에 자동으로 연결할 수 있다. VPN 서버가 192.168.20.5이고 도메인 컨트롤러가 192.168.20.10이었다면 추가 구성없이 도메인 컨트롤러에 연결할 수 있을 것이다. 그러나 대부분의 회사는 네트워크 내에 여러 서브넷이 있다. VPN 사용자가 192.168.1.x 네트워크에 있는 웹 서버에 연결해야 하는 경우는 어떨까? 192.168.1.8(웹 서버)를 찾기 위해 VPN 서버로 트래픽이 들어올 때 VPN 서버는 로컬 라우팅 테이블을 검사하고 192.168.1.x 네트워크에 대한 진입점이 없다는 사실을 알게 된다. 이제 이 요청을 어떻게 처리해야 할지 난감하기 때문에 기본 게이트웨이로 전송해 패킷을 외부 NIC로 다시 보낸다. 이들 패킷은 인터넷에 접속된 외부 NIC를 통해 도달할 유효한 대상이 없으므로, 트래픽은 실패한다.

VPN 클라이언트에서 192.168.1.x 네트워크 내의 자원을 요청할 때 그 트래픽이 대상 네트워크로 잘 전달되게 VPN 서버의 라우팅 테이블에 고정 경로를 정의해야 한다. VPN 서버에서 물리 네트워크 인터페이스를 통해 이들 패킷을 전송하도록 내부 NIC에 이 경로를 바인딩해야 한다.

준비

새로운 Windows Server 2016 VPN 서버를 구축한다. 이 서버에는 두 개의 NIC가 있으며, 하나는 인터넷에 연결되고 다른 하나는 내부 네트워크에 연결된다. 기업 네트워크 내에서 두 개의 서브넷이 있다. 각각은 내부 NIC가 접속하는 192.168.20.x(/24)와 웹 서버가 있는 192.168.1.x(/24)다. 물론 두 개의 내부 서브넷 사이에는 라우터가 있어 이 둘 사이에서 트래픽이 물리적으로 흘러가는 방식을 제어한다. 라우터의 IP 주소는 192.168.20.254다. VPN 서버의 내부 NIC에서 기본 게이트웨이를 구성한다면 이 주소는 192.168.20.254로 설정되며, 모든 트래픽은 다른 추가 입력 없이도 잘 동작한다. 하지만 VPN 서버가 멀티홈이며 외부 NIC에서만 기본 게이트웨이를 구성한다면 서버에서 내부 NIC를 사용해 192.168.1.x 트래픽을 192.168.20.254로 보내야 한다.

예제 구현

기본적으로 다음의 절차를 따라 VPN 서버에서 고정 경로를 만든다.

- 연결하려는 서브넷을 확인한다. 이 예제에서는 192.168.1.0이다.
- 서브넷 마스크를 확인한다. 255.255.255.0이다.
- 네트워크에 연결할 라우터의 IP 주소를 확인한다. 192.168.20.254다.
- 이 트래픽을 전달해야 하는 물리 NIC의 인터페이스 ID 번호를 확인한다. 이 번호를 얻으려면 다음과 같이 한다.

    1. 네트워크 연결을 열고 필드를 확장하면 각 NIC의 장치 이름을 확인할 수 있다.

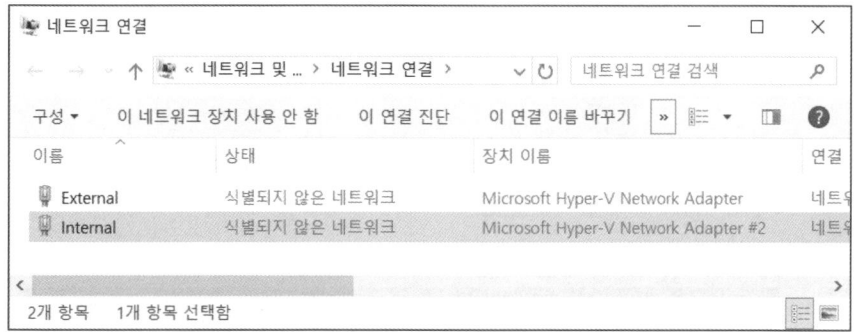

2. 이제 명령 프롬프트를 열고 route print를 입력한다. 이 명령은 전체 라우팅 테이블을 출력한다. 최상단으로 스크롤을 올리면 NIC 목록에서 인터페이스 ID 번호를 볼 수 있다.

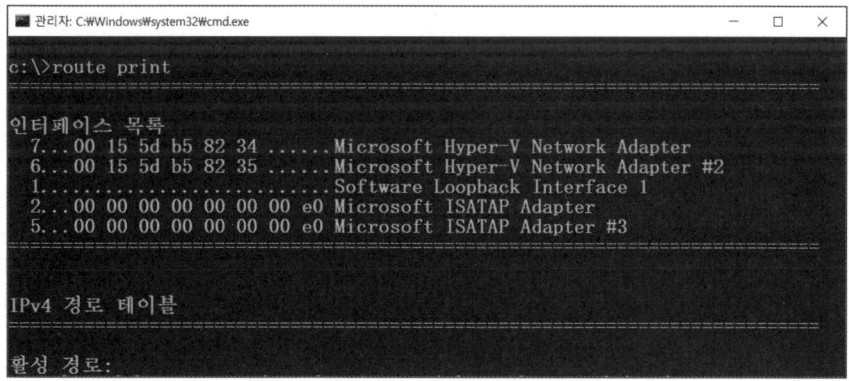

내부 NIC는 두 번째 NIC이며 Microsoft Hyper-V Network Adapter #2라는 이름을 갖는다. 경로 출력의 항목을 살펴보면 이 이름의 왼편에 번호가 나온다. 이 번호가 내부 NIC의 인터페이스 ID인데, 그림에서는 6이다.

이제 경로 구문에 함께 넣어서 바인딩할 내부 NIC에 관한 정보를 모두 알았다. 경로 추가 구문에 필요한 일반적인 형식은 route add -p <subnet> mask <mask> <gateway> if <interfaceID>다. 명령의 -p 부분은 이 경로를 계속 유지시키는 데 필요하다. -p 부분이 없다면 새로운 경로는 시스템을 다시 시작하면 사라진다.

따라서 트래픽을 새로운 192.168.1.x 서브넷에 보내는 방법을 VPN 서버에 알려주기 위해 다음과 같은 명령을 실행한다.

```
route add -p 192.168.1.0 mask 255.255.255.0 192.168.20.254 if 6
```

이 명령은 서버에 192.168.1.0/254 네트워크에 대한 새로운 영구 경로를 추가하며, 192.168.20.254 게이트웨이를 통해 이 네트워크 트래픽을 전달하고 이 경로를 내부 네트워크 인터페이스인 NIC ID 6에 바인딩한다.

예제 분석

멀티홈 서버는 하나의 NIC에서만 기본 게이트웨이를 설정한다. 따라서 다른 인터페이스를 통해 액세스해야 하는 모든 서브넷은 구체적으로 정의해야 한다. 이 새로운 경로를 추가하기 전에 서버는 192.168.1.x 네트워크에 연결할 수 없었다. 이는 라우팅 테이블에 이 서브넷에 관한 정보가 없었고, 따라서 이 서브넷으로 가려는 모든 트래픽은 인터넷에 연결된 외부 NIC에 설정된 기본 게이트웨이로 전송되고 있기 때문이다. 서버에 고정 경로를 추가함으로써 192.168.1.x로 가야 하는 트래픽이 있을 때마다 서버에서 정의된 경로를 이용한다.

네트워크에 서브넷이 많다면 블랭킷 경로 구문으로 모든 서브넷을 다룰 수 있다. 포괄적인 경로를 집계 경로 또는 슈퍼넷 경로라고도 한다. 이렇게 하면 네트워크의 각 부분마다 새로운 경로 구문을 설정할 시간을 절약할 수 있다. 예를 들어 많은

10.x.x.x 네트워크가 있고 내부 NIC를 통해 이들 네트워크의 모든 트래픽을 보내고 싶다면 다음과 같은 하나의 경로 구문으로 처리할 수 있다.

```
Route add -p 10.0.0.0 mask 255.0.0.0 10.0.0.254 if 4
```

이 경로는 내부 NIC를 통해 모든 10.x.x.x 트래픽을 전송한다. 이처럼 경로를 포괄하든지 각 경로를 하나씩 설정하든지 라우팅 테이블에서 처리해야 할 패킷을 보낼 위치에 관한 정보를 포함하기만 하면 서버 입장에서는 차이가 없다.

▌텔넷을 사용한 연결과 네트워크 흐름 테스트

ping 명령은 IT 종사자의 오랜 친구로 네트워크 연결을 빠르게 확인하는 데 사용한다. 여러분 중 몇 사람이나 가족과 이웃이 조언을 구하는 사람일까? 여러분 대부분이 그런 사람일 것이다. 누군가 여러분에게 집에서 노트북으로 인터넷을 이용하는 데 어려움을 겪고 있다고 얘기한다면 처음에 할 일은 무엇일까? 네트워크의 라우터나 웹사이트, 또 다른 컴퓨터에 ping 명령을 수행해보자. 이 방법은 두 끝점 사이에 네트워크 트래픽이 흘러가는지 여부를 테스트하는 빠르고 쉬운 멋진 방법이다. 많은 작업 공간과 기업에서 네트워크 연결 문제에 대해 이런 방식의 해결 절차를 따른다. 특정 서비스가 실행 중인지 여부를 알려주는 데 ping 응답 결과를 활용하는 모니터링 도구와 스크립트를 많이 봤다. ping 응답을 받으면 동작 중인 것이며, 시간이 만료되면 서비스가 종료된 것이 맞을까?

반드시 그렇지는 않다. 요즘 다루는 문제는 점점 더 많은 네트워크와 라우터에서 기본적으로 ICMP 트래픽을 차단하기 시작한다는 점이다. Ping = ICMP라고 할 수 있다. 더 이상 ping 테스트 결과만으로 판단할 수 없다. 네트워크 연결에서 ICMP를 차단하는 라우터나 방화벽을 통과한다면 서비스가 동작 중이더라도 ping 테스트는 시간이 만료된다. Windows 방화벽은 이제 기본으로 ICMP를 차단한다. 네트워크에서 새로운 서버를 시작하고 IP 주소를 지정하면 새로운 서버에 ping을 시도할 때 시간 만료가 발생한다. 서버에 잘못된 점이 하나도 없고 네트워크 트래픽을 보내고 받을 수 있지만, 해당 서버의 로컬 방화벽에서 들어오는 ping 요청을 차단한다.

ping은 이제 더 이상 컴퓨터 사이의 연결을 확인하는 가장 좋은 도구가 아니다. 이번 예제는 오랫동안 주변에 있었지만 많은 관리자가 제대로 활용하지 못하는 도구를 소개한다. 이 도구는 텔넷 클라이언트로, 나도 매일 사용한다. 여러분도 그렇게 해보기를 바란다.

준비

웹사이트를 실행하는 Server 2016 웹 서버를 준비한다. 로컬 Windows 방화벽에서 RDP 액세스와 파일 공유는 허용하지만, ICMP는 차단된다. 이 서버에 대해 클라이언트 컴퓨터에서 몇 가지 테스트를 수행해 서비스가 동작 중인지 확인한다.

예제 구현

다음의 절차를 따라 텔넷 클라이언트를 다뤄보자.

1. 먼저 요점을 명확히 하기 위해 테스트 클라이언트 컴퓨터에서 명령 프롬프트를 열고 ping web1 명령을 사용해 WEB1에 ping을 시도한다. ICMP가 방화벽에서 차단됐기 때문에 시간 만료 메시지가 표시된다.

2. 이제 Telnet 명령을 사용해 WEB1이 온라인 상태이며 동작 중인지 여부를 좀 더 직관적으로 확인해보자. 텔넷 클라이언트는 명령 프롬프트 내에서 기본적으로 사용할 수 없는 기능이다. 이 기능은 설치해야 하는 Windows 기능이다. 테스트에 사용할 클라이언트 컴퓨터에서 제어판 > 프로그램 > Windows 기능 켜기/끄기(또는 테스트 컴퓨터가 서버라면 서버 관리자)를 찾아 역할이나 기능 추가를 선택한다. 텔넷 클라이언트라는 기능을 설치한다. 대안으로 PowerShell 명령 프롬프트에서 간단히 텔넷 클라이언트를 설치할 수 있다.
   - Windows 서버   Install-WindowsFeature Telnet-Client
   - Windows 클라이언트   Enable-WindowsOptionalFeature

3. 이제 명령 프롬프트 내에서 telnet 명령을 사용할 수 있다. 일반적인 명령 형식은 telnet <server> <port>다. 이 명령은 지정한 포트에서 이 서버 이름에 연결을 만들어보라는 지시다.

4. WEB1에 ping을 할 수 없더라도 telnet을 사용해 80번 포트에 연결을 열 수 있다면 웹사이트가 동작 중인 상태다. 명령은 다음과 같다.

```
telnet web1 80
```

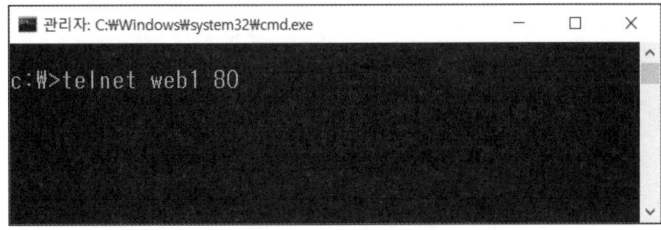

5. Enter를 누르면 명령 프롬프트 창은 깜박이는 커서만 보이는 상태로 바뀐다. 이 상태가 텔넷으로 WEB1 서버의 80번 포트에 잘 연결한 것이다.

6. 이제 telnet 192.168.20.22 3389 명령을 시도해보자. IP 주소 192.168.20.22에서 3389 포트(RDP)에 잘 연결됐다면 결과는 역시 명령 창에서 커서만 깜박이는 상태일 것이다. 여기서 IP 주소는 WEB1이다. telnet 명령에 이름이나 IP 주소를 사용할 수 있다는 점을 보이고 싶었다.

7. 그리고 마지막으로 telnet web1 53을 실행하면 어떨까? 이 명령은 시간 만료가 발생하고 깜박이는 커서도 보이지 않는다. 이 포트 53은 일반적으로 DNS에서 사용되고, WEB1 서버는 DNS 서버가 아니기 때문에 이 포트에서 응답하지 않는다. DNS를 실행하는 도메인 컨트롤러 중 하나를 쿼리하면 53번 포트에 텔넷 연결이 성공한다.

 텔넷 쿼리는 폴링 중인 대부분의 서비스를 처리하는 TCP 트래픽에서 동작한다. 텔넷에는 UDP 포트에 대한 커넥터는 없다.

예제 분석

텔넷은 서버의 특정 포트와 서비스를 쿼리할 수 있는 간단하지만 강력한 명령이다. 특정 서비스를 사용할 수 있는지 여부를 확인할 때나 몇 가지 유형의 네트워크 연결 문제를 해결할 때 단순한 ping 요청을 사용하기보다는 더 신뢰성 있는 도구인 텔넷을 사용하자. 프로그래밍 방식으로 접근해서 서버가 온라인인지 오프라인인지를 알려주는 스크립트를 작성할 경우 ping보다 telnet을 사용해 시스템이 특정 포트 번호로 제공하는 각 서비스를 쿼리할 수 있다.

▍Pathping 명령을 사용한 네트워크 트래픽 추적

네트워크 연결을 구축하거나 문제를 해결할 때 패킷이 출발지에서 목적지까지 가는 경로를 살펴보는 일은 큰 도움이 된다. 트래픽이 어디까지 전송되다가 중단됐는지 알아낼 수 있다면 그 지점에서 문제 해결에 집중할 수 있다.

네트워크 관리자가 수년 동안 사용해온 명령 한 가지가 경로 추적^{tracert}이지만 출력에는 종종 불필요한 정보가 포함되며, 한 가지 중요한 핵심 요소가 빠져있다. 즉, 경로 추적은 첫 번째 홉을 첫 번째 라우터로 표시하고 패킷이 흘러나오는 물리 NIC가 어떤 것인지 보여주지 않는다. 대부분은 하나의 NIC뿐이므로 명확하지만, 멀티홈 서버에서 작업하고 있고 특정 대상을 위한 패킷이 올바른 NIC로 흘러나가는지 간단히 확인할 경우는 어떨까? 추가한 일부 경로 구문이 적절히 동작하는지 재확인해야 하는 경우는 어떨까? `Pathping`이 해결책이다. 이 명령은 오랫동안 존재했지만, 사실상 잘 알려지지 않았다. `tracert`에서 수행하는 동일한 정보를 보여주지만, 홉과 다른 세부 정보 사이의 시간에 관한 정보는 출력이 끝날 때까지 저장된다. 이 명령을 통해 물리적 홉 자체에 명확하고 간결한 방식으로 집중할 수 있다. 더 중요한 것은 핵심 요소인 패킷이 흘러나오고 있는 NIC를 바로 보여준다. 이 도구를 알게 된 후 `tracert`는 이제 사용하지 않는다. 이젠 `Pathping`이다.

준비

이 예제는 준비할게 별로 없다. 필요한 것은 네트워크에 연결된 서버와 명령 프롬프트 창이다. `Pathping`은 모든 Windows 서버에서 사용할 수 있는 명령이며, 그냥 사용하면 된다.

예제 구현

다음과 같은 2단계로 Pathping을 사용한다.

1. 서버에서 명령 창을 실행한다.
2. pathping <서버 이름 또는 IP>를 입력한다. 출력은 다음과 같을 것이다.

```
관리자: C:\Windows\system32\cmd.exe

c:\>pathping dc1
최대 30홉 이상의
DC1.MYDOMAIN.LOCAL [192.168.20.10](으)로 가는 경로 추적:
  0  W10-CL1.MYDOMAIN.LOCAL [192.168.20.50]
  1  DC1 [192.168.20.10]

25초 동안 통계 계산 중...
            여기에 공급       이 노드/링크
홉   RTT    손실/보냄 = Pct  손실/보냄 = Pct  주소
  0                                        W10-CL1.MYDOMAIN.LOCAL [192.168.20.50]
                             0/ 100 =  0%  |
  1   0ms   0/ 100 =  0%     0/ 100 =  0%  DC1 [192.168.20.10]

추적을 완료했습니다.

c:\>
```

예제 분석

Pathping은 패킷이 목적지로 가는 경로를 살펴볼 수 있는 네트워킹 도구다. 경로 추적과 마찬가지로 잘 알려져 있지 않지만, 동일한 데이터를 더 잘 표시해준다. 여러분의 도구 상자에 ping 및 telnet과 함께 이 명령도 챙겨 놓자.

▌ NIC 팀 구성

네트워크 카드 팀 구성은 기본적으로 두 개의 NIC를 동일한 서버에 설치해서 두 개를 동일한 네트워크에 연결하고, 팀으로 묶는 것이다. 이렇게 하면 실패에 대비해 NIC

이중화를 제공하는데, 이중화는 언제나 정답이다. 간단하다. Windows Server 2016에서 마침내 이 작업을 쉽게 만들었다. 겉으로 보기에 쉬운 작업 같지만 이전 운영체제에서 이 작업은 어려움이 있었다. 그러나 2016에서는 하나의 인터페이스에서 적절히 수행할 수 있으며, 실제로 예상대로 동작을 기대할 수 있다.

준비

Windows Server 2016 컴퓨터에서 NIC 팀을 구성한다. 두 개의 NIC가 이 서버에 설치돼 있고, 아직 구성하지는 않았다.

예제 구현

다음 절차를 따라 팀 구성을 시작한다.

1. 서버 관리자를 열고 왼쪽 창에서 **로컬 서버**를 클릭한다.
2. 화면의 중간 근처에서 NIC 팀으로 표시된 구역을 확인한다. 사용 안 함이라는 단어를 클릭해 NIC 팀 구성 화면을 시작한다.

Windows 방화벽	도메인: 사용
원격 관리	사용
원격 데스크톱	사용 안 함
NIC 팀	사용 안 함
NIC1	DHCP에 의해 할당된 IPv4 주소, IPv6 사용 가능
NIC2	DHCP에 의해 할당된 IPv4 주소, IPv6 사용 가능

3. 아래 팀 구역에서 **작업** 메뉴를 드롭다운한 후 **새 팀**을 클릭한다.

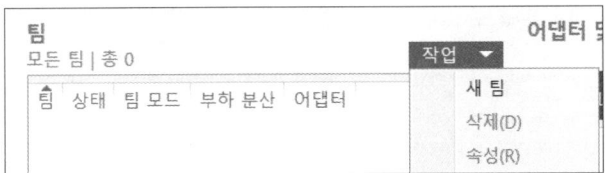

4. 새로운 팀 이름을 정의하고 팀 구성에 필요한 두 개의 NIC를 선택한다.

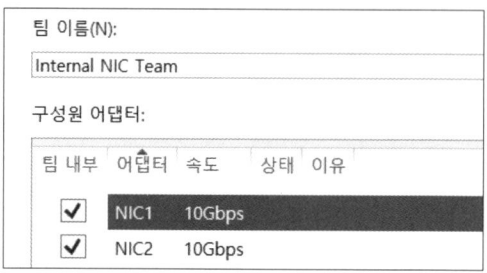

5. 끝났다.[1] NIC1과 NIC 2는 이제 한 팀이 됐고, 협력해서 동작하므로 장애가 발생할 경우 지속적인 연결을 보장한다.

6. IP 주소 정보를 정의하는 네트워크 연결 화면을 보면 물리 네트워크 카드 아래 새 항목이 있다. 이 새 항목이 서버에서 사용할 IP 주소 정보를 정의할 곳이다.

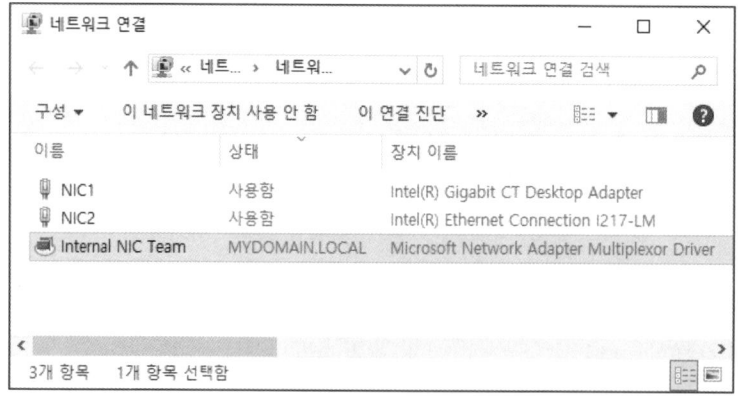

 TIP 서버에 둘 이상의 팀을 만들 수 있다. 두 개의 네트워크 연결을 갖는 멀티홈 서버를 설정할 때 4개의 NIC를 사용해 각각 두 개의 물리 네트워크 카드를 포함하는 두 개의 팀을 쉽게 만들 수 있다.

---

1. Hyper-V 가상 컴퓨터를 사용해 팀 구성을 할 경우 해당 가상컴퓨터의 어댑터 각각은 Hyper-V 외부 스위치에 연결돼야 한다. https://technet.microsoft.com/ko-kr/library/mt179272.aspx

예제 분석

NIC 팀을 만드는 것은 시간이 허락할 때 연습해두면 좋은 아주 쉬운 프로세스다. 이중화를 위한 이 옵션은 이전 운영체제에서는 안정성에 문제가 있어서 잘 사용하지 않았다. 이제 Windows Server 2016을 사용할 수 있고 이 기능을 구성하는 프로세스가 아주 단순해졌으므로, NIC 팀 구성은 모든 새로운 서버를 구축할 때 관리자의 표준 절차가 될 것으로 기대한다.

NIC 팀 구성을 하는 또 다른 이유와 이점은 대역폭을 추가로 제공할 수 있다는 점이다. 이 점이 NIC 팀을 갖춘 서버를 구축하는 이유일 수 있다. 대규모 팀을 구현하려 한다면 한 팀으로 만들 수 있는 NIC의 수는 32개로 제한되고, 하나의 서버에 만들 수 있는 팀의 수는 32개로 제한된다는 점을 기억하자.

■ PowerShell을 사용한 이름 변경과 도메인 가입

모든 서버는 호스트 이름이 필요하며 대부분 도메인에 가입해야 할 것이다. 마우스로 시스템 속성을 변경하는 작업에 익숙하지만, 이들 작업을 커맨드라인 인터페이스를 사용해 더 빠르게 수행해 본 적이 있을까? 다시 한 번 PowerShell을 사용해 이들 필요한 작업을 더 효율적으로 수행하는 방법을 알아보자.

준비

새로운 Windows Server 2016 컴퓨터를 켰다. Windows에 로그인하는 절차를 바로 끝낸 후 PowerShell을 사용해 호스트 이름을 설정하고 이 시스템을 도메인에 가입시켜보자.

예제 구현

다음 절차를 따라 PowerShell로 새로운 서버의 이름을 변경하고 도메인에 가입한다.

1. 작업 표시줄에서 PowerShell 아이콘을 오른쪽 클릭하고 관리자로 실행을 선택한다.

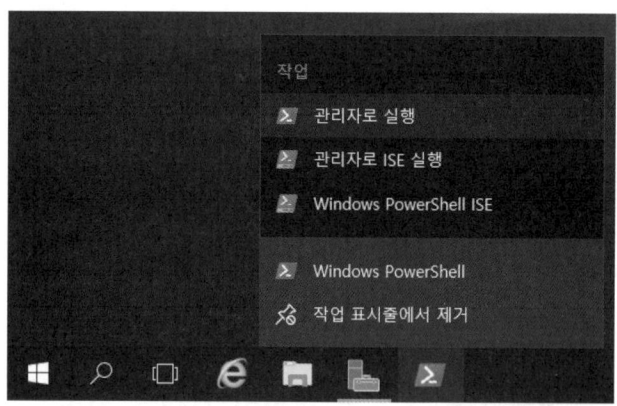

2. 새 서버 이름을 WEB2로 변경하기 위해 다음 명령을 입력한다. -Restart 플래그를 사용해 이름 변경 후 서버를 재시작한다.

```
Rename-Computer -NewName WEB2 -Restart
```

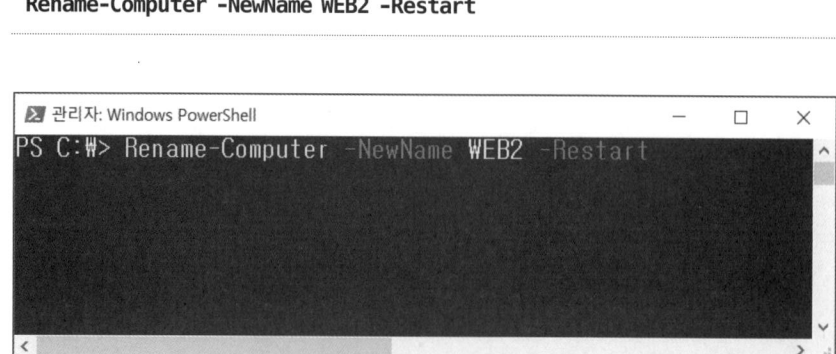

3. 이름 변경은 끝났다. 이제 WEB2가 재시작되면 PowerShell을 다시 열고 **Add-Computer** 명령을 사용해 도메인에 가입시킨다.

```
Add-Computer -DomainName MYDOMAIN.LOCAL -Credential
MYDOMAIN\Administrator -Restart
```

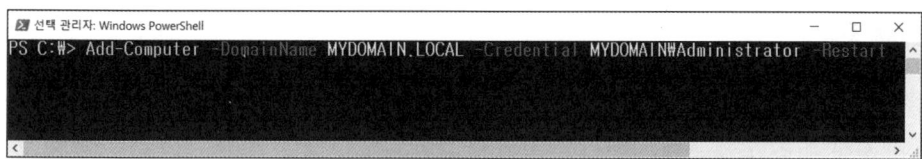

4. 도메인에 가입할 때 사용할 자격증명으로 계정을 지정했으므로, 암호를 요청 받는다. 암호를 입력하고 확인을 클릭하면 도메인에 가입되고 바로 재시작을 통해 작업을 완료한다.

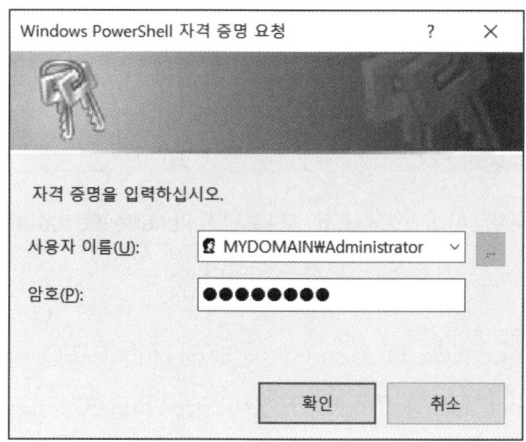

5. 다시 시작한 이후 이제 시스템 속성에서 변경된 서버의 이름과 가입한 도메인을 확인할 수 있다.

```
컴퓨터 이름, 도메인 및 작업 그룹 설정
    컴퓨터 이름:            WEB2
    전체 컴퓨터 이름:        WEB2.MYDOMAIN.LOCAL
    컴퓨터 설명:
    도메인:                MYDOMAIN.LOCAL
```

예제 분석

한 쌍의 PowerShell 명령을 통해 컴퓨터 이름을 변경하고 도메인에 가입시킬 수 있었다. 사실 이러한 기능은 서버의 콘솔에 로그인하지 않고도 가능하다. 이 명령에 몇 가지 매개변수를 추가하면 원격으로 이러한 명령을 실행할 수 있다. 예를 들어 로컬 데스크톱 컴퓨터에서 PowerShell 명령을 실행하면서 원격 서버의 IP 주소나 이름을 사용할 수 있다. 이런 방식으로 기능을 수행함으로써 서버에 로그인하지 않고도 이름을 바꾸고 도메인에 가입시킬 수 있다. 이러한 매개변수에 관한 추가 정보는 다음 절의 링크를 참고하자.

참고 사항

다음 링크를 살펴보면 이번 예제에서 사용했던 Rename-Computer와 Add-Computer 명령에 관한 더 자세한 정보를 습득할 수 있다.

- http://technet.microsoft.com/en-us/library/hh849792.aspx
- http://technet.microsoft.com/en-us/library/hh849798.aspx

▌첫 번째 서버 코어 만들기

조직에서 보안을 강화하는 가장 중요한 방법은 서버와 인프라의 보안 경계 값을 낮추거나 흔적footprint을 줄이는 것이다. 즉, 서버에서 실제로 사용되지 않는 실행 중인 서비스나 열린 포트가 있다면 특성 서비스를 끄거나 해제하는 것이다. 지금은 서비스를 해제하고 제거해서 Windows 서버를 강화하는 일이 쉬운 작업은 아니다. 운영체제에 중요한 어떤 서비스를 성급하게 꺼버리면 서버에 많은 문제가 발생할 수도 있다. 다행히도 서버의 보안을 강화하는 더 안전한 방법이 있지만, 이는 서버 구축 초기부터 계획해야 한다.

서버 코어Server Core는 Windows Server 2016의 GUI 없는 운영체제 버전이다. 모든 상호작용은 커맨드라인을 사용하거나 다른 서버에서 원격으로 수행해야 한다. 서버 코어는 Server 2016의 완전한 Windows 데스크톱 버전에 대한 대체 설치 방식이다. 도메인에 가입하고 호스팅해야 하는 역할과 서비스를 제공해 Windows 서버로 동작하는 데 필요한 기술 구성 요소를 설치하지만, 그래픽 데스크톱 인터페이스 없이 모든 작업을 해야 한다. 이렇게 하면 서버에서 보안 취약성과 공격 벡터가 크게 줄지만, 이들 서버와 상호작용하는 방법을 다시 배워야 한다. 11장에서 서버와 최근 새로 등장한 나노 서버를 다루겠지만 서버 코어는 많은 기업에서 보안을 강화하는 한 단계 도약이므로, 보안에 관해 다루는 3장에서 작업을 시작하는 것이 좋겠다. 설치 과정을 빠르게 살펴보고 인터페이스를 잠깐 확인해봄으로써 앞으로 사용할 새롭고 강화된 서버에서 사용할 콘솔에 익숙해지자.

준비

Windows Server 2016의 새로운 인스턴스를 설치하면서 전체 데스크톱 경험을 포함하는 운영체제가 아니라 서버 코어 옵션을 선택한다. 새로운 서버는 VM이며, 실제 하드웨어일 필요는 없다.

예제 구현

다음은 Windows Server 2016의 첫 번째 서버 코어 인스턴스를 시작하는 절차다.

1. 데스크톱 경험이 포함된 운영체제 버전을 설치했던 방식처럼 새로운 VM(또는 물리 서버)을 만들고 Windows Server 2016 설치 미디어를 넣는다. 설치 단계를 밟아 가면서 유일한 차이점은 Windows Server 2016 Standard의 기본 옵션을 선택하는 것이다. 물론 Datacenter 설치 옵션을 선택할 수 있지만, 여기서 중요한 부분은 다른 서버처럼 오래된 데스크톱 인터페이스를 제공하는 운영체제의 (데스크톱 환경) 버전을 선택하지 않는 것이다. 현재 기본 설치 옵션인 상단의 옵션인 Windows Server 2016의 더 안전한 서버 코어 버전을 선택한다.

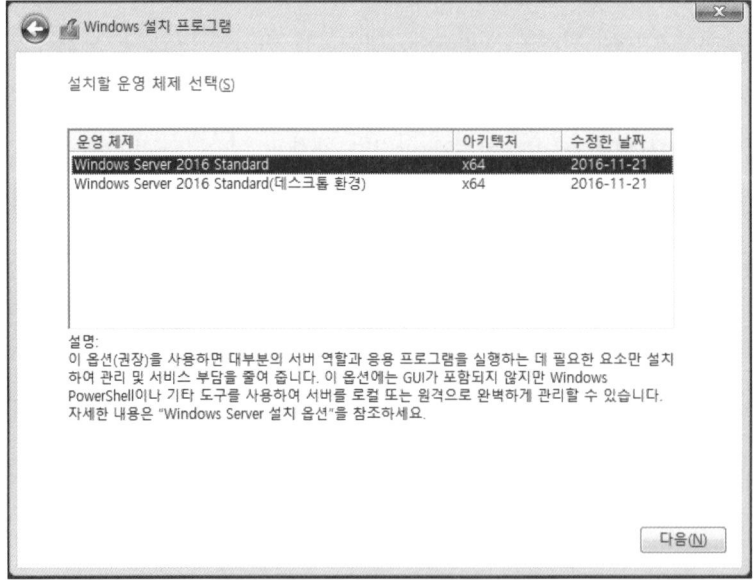

2. 설치 마법사를 모두 진행하고 새로운 서버가 부팅되면 서버 구성을 시작하는 표준 Windows 최소 설치 마법사가 나타나지 않고, 다음과 같은 간소한 화면이 등장한다.

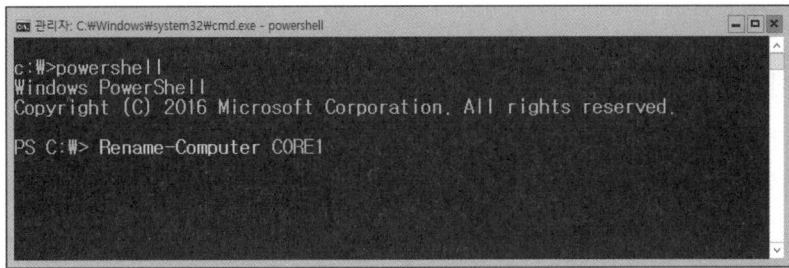

3. Ctrl + Alt + Delete를 누르면 로컬 관리자 계정에 대한 암호 설정을 요청 받은 후 전통적인 명령 프롬프트 인터페이스에서 암호를 입력한다. 이 인터페이스에서 명령 프롬프트를 사용해 새로운 서버와 상호작용하거나 **powershell**이라고 입력해 PowerShell 인터페이스로 이동한 다음 Windows Server 2016에서 PowerShell을 사용한 것처럼 작업을 시작할 수 있다.

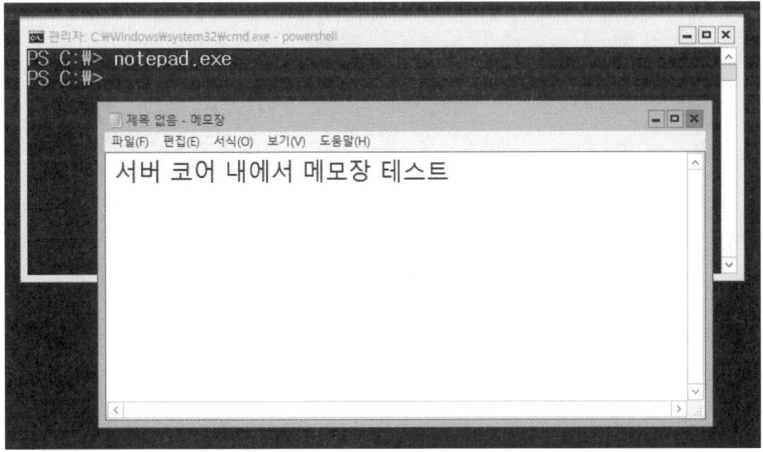

4. 지금부터 대부분의 일반적인 작업은 Windows Server 2016의 데스크톱 경험 버전에서 수행하는 작업과 동일하다. 명령 프롬프트나 PowerShell 인터페이스를 사용해 IP 주소 설정이나 서버의 호스트 이름 변경, 도메인 가입을 수행할 수 있다. 이 서버에서 실행해야 하는 Windows 역할을 설치할 수 있는 명령도 있다.

예제 분석

11장에서 서버 코어를 더 자세히 다루지만, 서버 관리자가 이 기술의 존재를 알고 매일의 작업에 사용하는 것이 중요하다. 이 예제를 통해 운영체제를 빠르게 올리고 실행하는 것은 좋은 출발점이지만, 정기적으로 서버 코어를 다루고 사용에 필요한 명령을 배우는 일이 GUI 없는 운영체제 버전과 상호작용하는 데 실제 핵심이다.

좋다는 것은 알지만 단순히 익숙하지 않기 때문에 망설이는 것이라면 이 책의 뒤에 나오는 내용을 학습하고 여러분의 인프라에 서버 코어를 도입할 수 있다. 서버 코어는 엄청난 보안 이점을 제공한다. 여러분에게 필요한 것은 일단 사용해보는 것이다.

참고 사항

- 11장, 나노 서버와 서버 코어

04

인증서 작업

인증서를 다루는 일은 내 기술 경력에서 수년 동안 피해왔던 것이다. IT의 많은 측면에서 직접 인증서를 처리할 필요가 없었다. 인증서는 네트워킹을 다루는 엔지니어에 해당되는 일이었지, 개발자나 데스크톱 지원을 맡은 사람이 할 일은 아니었다. 시대가 변했고 일반적인 인증서 유형에 대한 이해는 순식간에 지원 업무를 담당하는 모든 사람이 갖춰야 하는 능력이 됐다. 보안은 점점 더 인증서에 집중하게 되고, 웹을 통해 제공하는 애플리케이션의 수가 기하급수적으로 늘어남에 따라 이들 서비스를 보호하는 인증서를 이해하는 것이 더 중요하게 됐다.

웹사이트를 설정하는 많은 사람은 공인 인증 기관[CA, Certification Authority]의 SSL 인증서를 다루지만, 스스로가 CA가 될 수 있음을 알고 있을까? 자체 CA 서버에서 네트워크의 컴퓨터에 인증서를 발행할 수 있을까? 여기서는 네트워크에서 CA 서버로 동작하는

Windows Server 2016의 몇 가지 기능을 살펴본다. 4장에서 다루는 내용은 다음과 같다.

- 네트워크에서 첫 인증 기관 서버 설치
- 하위 인증 기관 서버 구축
- 클라이언트에 컴퓨터 인증서 발행을 위한 인증서 템플릿 만들기
- 등록을 위한 인증서 템플릿 게시
- MMC를 사용해 새로운 인증서 요청
- 웹 인터페이스를 사용한 새로운 인증서 요청
- 자동 등록을 구성해 도메인 가입된 모든 시스템에 인증서 발행
- 루트 인증서 갱신

소개

직업상 새로운 고객을 만나고 그 고객의 네트워크를 확인할 때 일반적으로 두 가지 중 하나는 사실이다. CA 서버가 없거나, 있지만 아직 사용하지 않는 경우다. 많은 사람은 인증서 수요가 많으며, 인증서를 상당히 많이 사용하는 새로운 기술이 항상 발표된다는 것을 안다. Lync, SharePoint, System Center, DirectAccess와 같은 기술이나 심지어 웹사이트를 구축하는 일에서도 요즘은 거의 인증서를 사용해야 한다. 최근 거의 모든 새로운 시스템을 배포하는 프로젝트에 들어가보면 인증서에 관한 지식이 필수임을 깨닫게 된다. 필요하지 않은 장소에서조차도 솔루션을 더 안전하게 만들거나 모범 사례를 준수하기 위해 여전히 일반적으로 권장된다.

네트워크 내에서 **공개 키 인프라**^{PKI, Public Key Infrastructure} 환경을 구축하고 일반적인 인증서를 발급하는 작업에 이를 사용한다. 4장의 끝 무렵에는 인증서 기반 기술을 사용해 작업할 때 맞닥뜨릴 수 있는 요구 사항을 준비하기 위해 자신의 환경에서 PKI를 만드는 데 익숙해야 한다.

▌ 네트워크에서 첫 인증 기관 서버 설치

인증서 작업을 시작할 때 극복해야 할 첫 번째 장애물이 서버를 적절히 배치하는 것이다. 많은 질문에 답해야 한다. 이 작업에 전용 서버가 필요할까? 기존 서버에 이 역할을 함께 배치할 수 있을까? 엔터프라이즈나 독립형 CA 중 뭘 설치해야 할까? 여러분의 환경에서 첫 번째 CA 서버를 구축하는 데 필요한 기본 사항과 가정으로 시작해보자.

AD 도메인 네트워크에서 가장 유용한 CA 서버는 엔터프라이즈다. 엔터프라이즈 CA 서버는 AD와 통합되며, 네트워크에서 컴퓨터들에게 보이고 도메인에 가입된 컴퓨터가 자동으로 신뢰한다. 일련의 CA 서버를 설정할 때 모범 사례에 관해서는 다른 의견들이 있다. 예를 들어 Microsoft에서 게시한 좋은 테스트 랩 가이드(이 예제 마지막에 참조로 나타냄)에서 독립 실행형 루트 CA와 하위 엔터프라이즈 CA를 설정한 다음, 독립형 루트를 오프라인으로 전환하는 과정을 설명한다. 이 기능의 이점은 루트가 아니라 하위 CA에서 인증서가 바로 발급되므로, 인증서 키가 해당 환경에서 손상됐다면 루트 CA가 완전히 오프라인이고 사용 가능하지 않기 때문에 손상되지 않는다. 이런 상황에서는 게시된 하위 CA와 그 인증서를 삭제하고 새로운 루트 CA를 다시 생성할 필요 없이 오프라인 루트를 올린 다음, 새로운 하위 CA를 만들어 인증서를 게시하고 다시 비즈니스를 계속할 수 있다.

앞선 모범 사례가 있거나 이런 식으로 정의된 것처럼 실제 현장에서는 루트 CA를 거의 볼 수 없다는 사실에 놀랐다. 실제로는 이런 식으로 사용하지 않는다. 그리고 직접 겪은 사례에서 오프라인 루트 CA가 문제의 원인이 됐다. 고객 환경에 일회용 암호$^{OTP,\ One-Time-Password}$가 있는 DirectAccess 인프라를 배포할 때 OTP가 올바로 동작하려면 오프라인 루트 CA가 다시 온라인 상태가 돼야 한다는 것을 알았다. 이 사례는 PKI를 구축한 모범 사례가 적당하지 않았으므로, 대신 OTP 인증 목적으로 루트 CA를 온라인으로 유지하기 위해 두 개의 중재자가 있는 독립형 루트가 되는 보조 인증서 환경을 구현했다. 이 문제로 인해 프로젝트는 상당한 지연이 발생했으며, 올바른 방식으로 인증서를 게시하는 데 필요한 세 대의 새로운 서버를 구축해야 했기 때문에 나중에 더 복잡한 인증서 인프라를 관리하게 됐다.

앞서의 설명이 혼란스럽다면 좋지 않은 설정이라는 것이다. 기업에서 온라인 루트 CA 서버를 실행 중이라면 추가 작업은 전혀 필요 없을 것이다. 항상 온라인 상태인 엔터프라이즈 루트 CA가 인증서를 다루는 최선의 방법이라고 주장하지는 않지만, 문제는 덜 일으킨다. 운영 CA 환경을 정확히 이런 식으로 운영하는 회사가 많다.

관찰했던 또 다른 실제 현장에서 대부분의 중소규모 기업은 오프라인 루트 CA 접근 방식을 사용하지 않았다. 사실 많은 소규모 기업은 리소스를 절약하기 위해 서버를 공동으로 사용하고, 또한 다른 작업을 수행하는 서버에 CA 역할을 설치했다. 대부분 CA 역할을 도메인 컨트롤러에 설치한다. 엔터프라이즈 CA 서비스는 AD와 긴밀하게 결합되기 때문에 표면상으로는 합리적으로 보이지만, 실제로는 좋은 생각이 아니다. Microsoft는 도메인 컨트롤러에서 CA 역할을 함께 서비스하는 것을 권장하지 않으므로, 할 수 있다면 그런 시나리오를 따르지 말자. 이런 까닭에 정확히 이 권고를 수행하는 수십 개의 회사를 봤고 문제가 없었으므로, Microsoft 방식을 고수하기 원한다고 생각한다. 이 예제의 끝에 제시한 링크를 살펴보면 네트워크에 가장 적합한 인증서 서버 설정에 관한 올바른 결정을 내리는 데 유용한 정보를 얻을 수 있다.

준비

이름이 CA1인 새로운 Windows Server 2016을 만들고 도메인에 가입시켜 새로운 인증서 인프라로 사용한다.

예제 구현

Active Directory 인증서 서비스를 Server 2016에 설치하려면 다음의 절차를 따른다.

1. 서버 관리자를 열고 역할 및 기능 추가 링크를 클릭한다.
2. 마법사의 단계에서 기본 설정을 선택한다. 서버 역할 화면에서 Active Directory 인증서 서비스를 선택한다.
3. 역할을 선택하면 추가 기능 설치 확인을 요청 받는다. 기능 추가를 클릭한다.

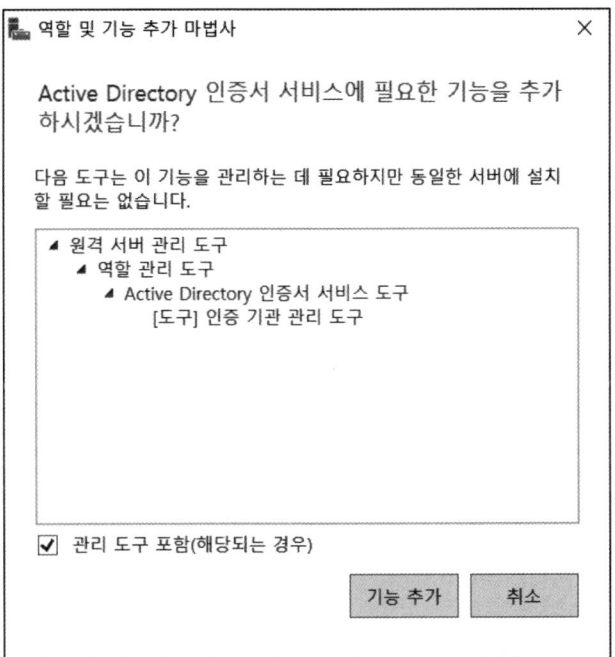

4. 다음을 몇 번 클릭해 역할 서비스 화면으로 간다. 여기서 CA 서버에서 사용할 수 있는 몇 가지 다른 옵션이 제공된다. CA의 웹 인터페이스에서 인증서를 요청할 수 있으므로, 인증 기관 웹 등록 체크 상자를 선택한다. 그다음 기능 추가를 요청하는 추가 팝업 상자가 나타난다. 기능 추가 버튼을 클릭해 이들 기능을 추가한다.

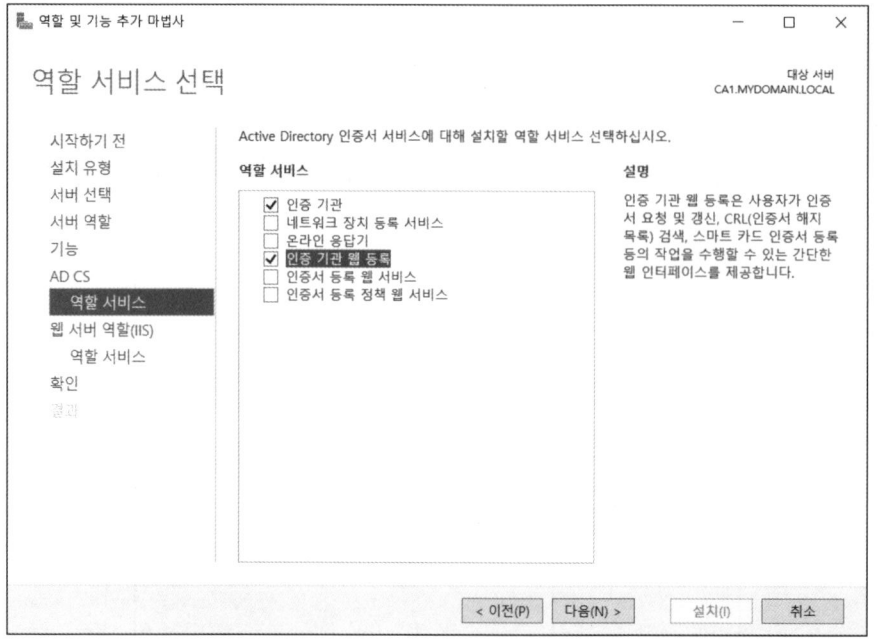

5. 마지막 페이지까지 다음을 클릭하고, 확인 페이지에서 설치 버튼을 클릭해 역할 설치를 시작한다.

6. 설치가 완료되면 설치 요약 화면 내에 대상 서버에서 Active Directory 인증서 서비스 구성이라는 링크가 보인다. 이 링크를 클릭하거나 서버 관리자 화면의 상단 근처 알림 영역의 노란색 느낌표를 클릭해 CA 역할을 계속 구성한다. 첫 번째 구성 화면에서 마법사는 로그인한 사용자의 현재 이름을 자동으로 삽입할 것이다. 이 CA 서버를 엔터프라이즈 루트 CA로 설정할 계획이므로 해당 화면에 적힌 내용처럼 로그인한 사용자가 도메인에서 Enterprise Admin 권한을 갖는지 확인해야 한다.

AD CS 서버 역할에 대한 자세한 정보를 클릭해 언제든지 다른 유형의 CA 역할과 가능한 기능에 관해 더 자세한 정보를 읽어볼 수 있다. 이 예제의 목적상 이들 전체에 관해서는 설명하지 않으며, 엔터프라이즈 루트 CA를 구성하는 작업에 초점을 맞춘다.

7. 서버에서 인증서 서비스를 시작하려면 인증 기관과 인증 기관 웹 등록 두 가지 옵션을 선택해 구성한다.

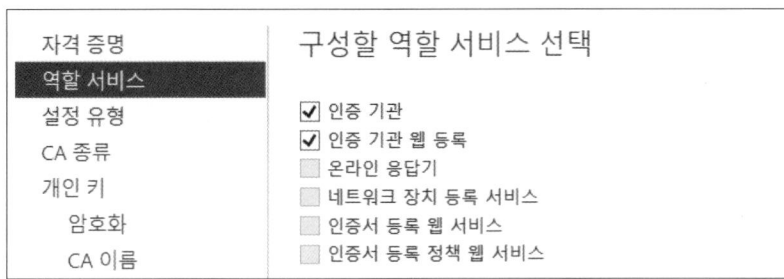

8. 엔터프라이즈 CA를 선택하고 다음을 클릭한다.
9. 루트 CA를 선택한다. 첫 번째 CA 서버이기 때문에 하위에 관해 생각하기 전에 루트를 구현해야 한다.
10. 새 개인 키 만들기를 선택한다.
11. 암호화 화면에서 CA 서버가 제공할 수 있는 암호화 옵션의 종류를 선택한다. 전형적으로 이들 설정에 관해 잘 모를 경우 기본 옵션이 최고의 선택이다. 키 길이 필드는 최소 2048로 설정해야 한다. 이 값은 최소 키 길이에 대한 새로운 업계 표준이다. 마찬가지로 최근에 해시 표준이 SHA256으로 변경됐으므로 향후 몇 년 안에 손상될 수 있는 SHA1을 인증서에 더 이상 사용해서는 안 된다.

12. 원하는 경우 이 CA에 대한 일반 이름을 수정할 수 있다. 이 이름은 어떤 식으로든 서버의 호스트 이름과 달라야 한다. 이 이름은 이 CA에서 발행한 인증서 내에서 뿐만 아니라 Active Directory 내에서 나타날 CA의 이름이다. 일반적으로 관리자는 고유 이름 접미사 필드만 남겨둔다.

13. 원하는 경우 루트 인증서의 유효 기간을 변경한다. 관리자는 종종 이 화면에서 변경할 기회를 날려버리고 기본 5년 설정으로 진행해 버리면 이 CA 서버에서 발행한 모든 인증서가 5년이라는 짧은 기간 뒤에 갑자기 무효화될 수 있다. 이 값을 10이나 20까지 올려서 오랫동안 인증서 만료를 걱정하지 않도록 하자. 유효 기간은 루트 인증서를 얼마나 자주 갱신할지를 정한다.

14. 남은 화면은 기본 값으로 계속 진행한다. 이 마법사가 끝나면 CA 서버가 실행된다.

15. 중요한 역할 설치 후 일반적으로 이 서버를 다시 시작할 일정을 정하는 것이 좋다. 시간이 허락한다면 다시 시작하자.

```
다음 역할, 역할 서비스 또는 기능이 구성되었습니다.

Active Directory 인증서 서비스

인증 기관                                    ✓ 구성을 마쳤습니다.
CA 구성에 대한 자세한 정보

인증 기관 웹 등록                            ✓ 구성을 마쳤습니다.
웹 등록 구성에 대한 자세한 정보
```

예제 분석

이 예제에서는 네트워크에 첫 번째 CA 서버를 설치했다. 설명한 것처럼 다음의 몇 가지 링크를 방문해서 읽어보면 필요한 CA의 수와 설치해야 할 곳을 결정하는 데 도움을 얻을 수 있다. 이 정보는 조직마다 다른 답일 수 있으므로, 여기서 모두에게 적용할 포괄적인 내용을 쓸 수 없다. 기본 루트 CA는 엔터프라이즈보다는 독립형이어야 하며, 인프라에 필요한 사항을 만족한다면 괜찮다. 뒤에 나오는 예제에서 인증서를 발행하는 데 사용하기 위해 주 CA에서 웹 서비스 역할 부분도 설치했다. 여러 CA 서버가 있는 환경을 구축하고 있다면 루트 기관은 웹 인터페이스가 필요하지 않을 수 있으며, 특정 하위 CA에서만 그 작업을 수행할 수 있다. 수많은 설계 방법이 있지만, 설계 방법에 대한 결정이 내려지면 실제 프로세스에 익숙해지도록 이 예제를 통해 충분한 정보를 얻길 바란다.

이 예제에서 다루지 않은 몇 가지 항목이 있다. 앞서의 단계를 따르면 CA 서버를 올리고 실행해 인증서를 발행할 준비가 됐다. 4장의 나머지 예제는 여기서 보인 것처럼 똑같이 구축한 CA를 사용한다. 하지만 필요하다면 추가로 CA 설정을 조정하기 위해 취해야 할 단계가 있다. 웹사이트용 SSL 인증서를 발행하고, 특히 인터넷에 연결된 웹 서버에서 이러한 인증서를 설치할 계획이라면 인증서 해지 목록^{CRL, Certificate Revocation List} 설정에 익숙해져야 한다. 인증서에 액세스할 때마다 클라이언트 컴퓨터는 CRL을 검사해 해당 인증서가 여전히 유효한지 확인한다. 인증서가 유효하지 않거나 어떤 식으로든 사기성이 있다면 CRL 검사는 인증서가 손상된 것으로 확인하고 연결을 허용하지 않는다. 특히 내부 PKI에서 발행한 인증서를 사용하는 웹사이트를 인터넷에 게시할 때 외부 클라이언트 컴퓨터가 명확하고 안전한 방식으로 액세스할 수 있게 CRL을 게시해야 한다. 다음 링크는 CRL에 관한 공부를 시작하는 데 유용 정보를 제공한다.

https://technet.microsoft.com/ko-kr/library/cc771079.aspx

두 번째로 참조하면 좋은 정보는 CAPolicy.inf 파일이다. 이 파일은 루트 인증서의 유효 기간, CRL에 관한 정보, CA 역할을 설치하는 동안 기본 인증서 템플릿을 로드하기 원하는지 여부와 같은 CA 서버에 대한 다양한 사용자 지정 설정을 담는다. 이러한 설정 중 관심이 있는 부분이 있다면 간단히 CAPolicy.inf 파일을 만들고 적절한 구성을 채운 후 역할 설치 전에 CA 서버의 C:\Windows 내에 넣는다. 역할 설치 마법사는 역할 설치 동안 이 파일 내의 설정을 활용해 여러분의 지정 설정을 통합한다. 이들 파일 중 하나를 허용하지 않아도 문제는 없으며, 이 예제에서 수행한 것처럼 역할은 기본 설정으로 설치된다. 그러나 일부 설정을 변경하는 데 관심이 있다면 CAPolicy.inf 파일에 대한 더 자세한 정보를 제공하는 다음 링크를 살펴보자.

https://technet.microsoft.com/ko-kr/library/jj125373.aspx

CRL을 조정하거나 CAPolicy.inf 파일 사용과 같은 작업이 인증서 환경을 올리고 실행하는 데 필요하지는 않다. 따라서 예제 자체의 단계별 구성에서 이러한 부분을 포함하지 않았다. 그러나 나는 항상 특정 주제에 관한 지식을 깊이 파고드는 것을 즐기기 때문에 여러분도 다음 링크를 읽어보고 가능하면 기능에 대한 이해를 높여보기 바란다.

참고 사항

다음은 이 주제에 관해 추가로 읽어볼 만한 좋은 링크다. 운영 네트워크에서 진행하기 전에 어떤 순서의 CA 서버가 여러분 환경에 적합한지 결정하기 위해 다음 링크에서 이 주제에 관해 살펴보기 바란다.

- https://technet.microsoft.com/ko-kr/library/dn786443.aspx
- https://technet.microsoft.com/ko-kr/library/dn786436.aspx
- https://technet.microsoft.com/ko-kr/library/hh831348.aspx

하위 인증 기관 서버 구축

하위 CA를 구축하는 것은 다른 여러 종류의 서버처럼 실제로 이중화를 목적으로 하는 것이 아니라, 루트 CA가 아닌 하위 CA에서 수행해야 하는 특정 작업이 있기 때문이다. 인증서를 많이 발행하거나 다른 종류의 인증서를 발행한다면 발행할 때 CA 서버를 구분하기 원할 것이다. IPSEC-CA에서 IPsec에 사용되는 컴퓨터 인증서를 발행하기 원하지만, 발행한 SSL 웹사이트 인증서는 WEB-CA에서 발행한 것으로 표시돼야 한다. 두 개의 독립적인 루트 CA가 최상위 수준의 권한을 갖게 구축하기보다는 ROOT-CA라고 하는 단일 루트 CA를 만들고, 이들 두 가지 CA 서버를 체인으로 루트 CA 아래에 하위 역할로 두 개의 CA 서버를 배치하게 고려해야 한다. 이는 다른 오피스나 지역을 위한 인증서를 할당하는 전용 하위 CA 서버를 갖는 지리적으로 분산된 네트워크에 유용할 수도 있다.

앞 예제에서 설명한 것처럼 하위 CA만 활용해 인증서를 발행하는 것을 권장하는 몇 가지 모범 사례 표준이 있다. 이 표준이 기업들, 특히 소규모 기업들에 항상 알맞다고 할 수는 없지만 구현할 수 있다면 좋은 아이디어다. 하위 CA 서버가 온라인 상태면 루트 CA를 오프라인으로 만들고, 하위 CA를 사용해 모든 인증서를 발행한다.

준비

도메인 네트워크 내에 있고 단일 엔터프라이즈 루트 CA가 온라인이며 실행 중이다. CA 환경에 넣을 새로운 하위 CA로 추가 서버가 필요하다.

예제 구현

새로운 하위 CA 서버를 구현하는 작업은 '네트워크에서 첫 인증 기관 서버 설치' 예제와 아주 유사하다. 하지만 중요한 차이점이 몇 가지 있으며, 여기서는 그 차이점에 초점을 맞춘다. 몇 가지 특정 단계는 여기서 간단히 언급할 것이므로, 그 단계에 대한 더 자세한 정보와 역할의 설치에 관련된 설정은 앞서의 예제를 참고하기 바란다.

1. 도메인에 가입해 놓은 새 서버에 로그인한다.
2. 이 서버에 Active Directory 인증서 서비스를 추가하는 과정을 따른다.
3. 루트 CA 서버를 구현할 때 웹 서비스 역시 설치한다. 이를 통해 네트워크 내의 브라우저에서 인증서를 요청하고 발행할 수 있다. 새로운 하위 CA에서 이러한 웹 서비스 설치 옵션이 있는데, 이는 오프라인 루트 CA를 사용할 계획이라면 꼭 수행해야 하지만 여기서는 이 작업을 하지 않는다. 사용할 수 있는 역할 서비스 목록에서 인증 기관만 사용한다.

역할 서비스
- ☑ 인증 기관
- ☐ 네트워크 장치 등록 서비스
- ☐ 온라인 응답기
- ☐ 인증 기관 웹 등록
- ☐ 인증서 등록 웹 서비스
- ☐ 인증서 등록 정책 웹 서비스

4. 역할 설치를 마친 후 대상 서버에서 Active Directory 인증서 서비스 구성 링크를 클릭한다.

5. 필요에 따라 자격증명을 입력하고 구성할 목록의 유일한 옵션인 인증 기관을 선택한다.

6. 여기서 루트 CA를 만들 때 했던 과정을 우회하기 시작한다. 도메인 통합을 원하기 때문에 여전히 엔터프라이즈 CA 설정을 선택한다.

> ⦿ 엔터프라이즈 CA(E)
> 엔터프라이즈 CA는 도메인의 구성원이어야 하며 일반적으로 온라인 상태에서 인증서나 인증서 정책을 발급할 수 있습니다.
>
> ○ 독립 CA(A)
> 독립 CA는 작업 그룹이나 도메인의 구성원이 될 수 있습니다. 독립 CA는 AD DS가 필요하지 않으며 네트워크 연결 없이 오프라인으로 사용할 수 있습니다.

7. 그러나 새로운 루트 CA 설치를 선택하는 대신, 하위 CA 옵션을 선택한다. 사실 네트워크에 이미 루트 CA가 있음을 인식했기 때문에 하위 CA가 기본값으로 선택된다. 또 다른 루트 CA를 설치할 수 있지만, 그렇게 하는 것은 이 예제의 목적이 아니다.

> ○ 루트 CA(R)
> 루트 CA는 PKI 계층에서 첫 번째 CA이며 PKI 계층에 구성된 유일한 CA일 수 있습니다.
>
> ⦿ 하위 CA(U)
> 하위 CA에는 설정된 PKI 계층이 필요하며 해당 계층에서 위에 있는 CA에 의해 인증서를 발급할 수 있는 권한을 부여 받습니다.

8. 새 개인 키 만들기를 선택한다. 일반적으로 기존 개인 키를 사용해야만 할 경우는 CA 서버를 다시 구축할 때다.

9. 암호화 설정을 선택한다. 이 부분은 루트 CA에서 구성한 것과 동일하다.

10. 새로운 하위 CA에 적절한 이름을 부여한다. 이 CA에 대해 특정 기능을 부여할 생각이라면 그에 따라 이름을 부여하는 것이 좋다. 예를 들어 이 하위 CA를 내부 웹페이지용으로 필요한 모든 SSL 인증서를 발행하는 데 사용하려는

것이므로, SSL을 포함해 이름을 붙였다.

```
이 CA의 일반 이름(C):
MyDomain-SSLCertServer
```

11. 이제 새로운 화면이 나온다. 이 새로운 서버에서 인증서를 발행하기 위해 부모 CA 서버에서 인증서를 취득해야 한다. 부모 CA에 인증서 요청 보내기 옵션을 선택하고 선택... 버튼을 사용해 루트 CA를 선택한다.

```
◉ 부모 CA에 인증서 요청 보내기(E):
   선택(L):
   ◉ CA 이름
   ○ 컴퓨터 이름
   부모 CA:  CA1.MYDOMAIN.LOCAL₩MyDomain-CertServer    선택(S)...
```

12. 다음 화면에서 필요하다면 인증서 데이터베이스 파일의 위치를 조정한다. 조정이 필요하지 않으면 다음을 클릭한 후 구성을 클릭한다.

예제 분석

네트워크에 하위 CA 서버를 설치하는 일은 첫 번째 루트 CA 서버를 구현하는 것과 아주 비슷하다. 여기서는 하위 CA에서 웹 서비스 실행이 필요하지 않아 설치를 단순화했으며, 이런 요구 사항 모두는 루트 CA에서 수행할 것이다. 이제 루트 CA를 실행하고 하위 CA를 그 아래에서 실행한다. 설치를 위해 두 서버 모두를 실행하고, 두 곳에서 모두 인증서를 발행할 것이다. 또 다른 새로운 서버에서 다시 동일한 과정을 쉽게 실행해 또 다른 하위 CA 서버를 만들어 다른 종류의 인증서를 발행하거나 이 서버를 회사의 다른 부문에서 활용할 수 있다.

참고 사항

- '네트워크에서 첫 인증 기관 서버 설치' 예제

■ 클라이언트에 컴퓨터 인증서 발행을 위한 인증서 템플릿 만들기

이 예제는 많은 새로운 인증서 관리에서 만나는 첫 번째 장애물이다. CA 서버를 올리고 실행할 수 있지만, 그다음엔 뭘 할까? 컴퓨터와 사용자에 인증서를 부여하기 전에 게시할 인증서 템플릿을 설정해야 한다. 특정 설정으로 이들 템플릿을 구성하고, 그 템플릿에 대해 인증서 요청이 발생하면 인증서 요청자가 제공한 정보를 결합한 템플릿의 정보를 기반으로 새로운 인증서가 만들어진다.

CA 역할을 서버에 추가할 때 사전 설치된 몇 가지 내장 인증서 템플릿이 있다. 일부 기업은 이러한 내장 템플릿을 활용해 인증서를 발행하지만, 자체 템플릿을 만드는 것이 더 낫다. 처음부터 다시 만들 필요는 없다. 필요에 가장 잘맞는 내장 템플릿 하나를 가져다가 특정 인증서 요구에 맞게 조정하면 된다. 이런 과정이 우리가 따라야 할 방식이다. 네트워크의 시스템 각각에 대해 IPsec 터널을 인증하려면 컴퓨터 인증서를 발행해야 한다. 이런 인증서에서 충족해야 할 몇 가지 기준이 있으며, 내장 컴퓨터 템플릿에서 필요한 거의 모든 옵션을 확인할 수 있다. 따라서 그 템플릿을 복사해 요구 사항을 충족하도록 수정한다.

준비

새로운 CA 서버를 실행하는 Server 2016 도메인 환경이 필요하다. 이 작업을 수행하기 위해 CA 서버에서 CA 콘솔을 활용한다. 만들 새로운 템플릿은 도메인의 다른 CA 서버에 자동으로 복제된다.

예제 구현

다음의 절차를 따라 새로운 인증서 템플릿을 만든다.

1. 서버 관리자 내에서 Certification Authority 관리 도구를 시작한다.
2. CA의 이름을 확장하고 인증서 템플릿을 클릭한다. 사용할 수 있는 내장 템플릿 목록이 나타난다.
3. 인증서 템플릿을 오른쪽 클릭하고 관리를 선택한다.

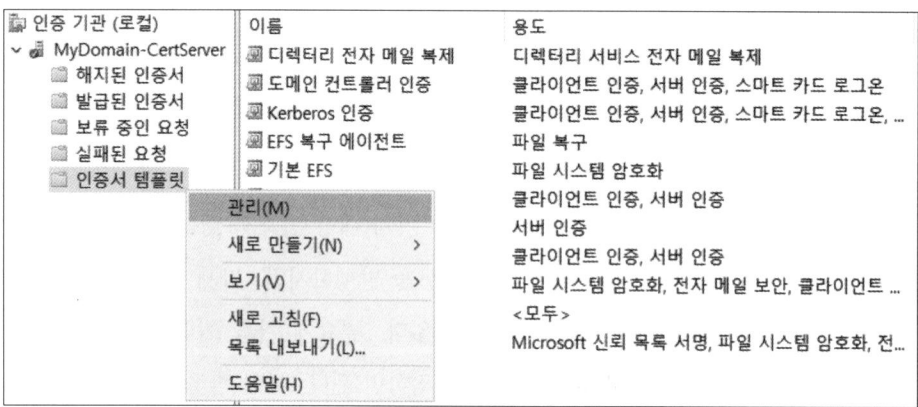

4. 컴퓨터 템플릿을 오른쪽 클릭하고 템플릿 복제를 선택한다.

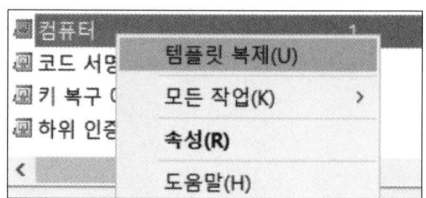

5. 이제 인증서 템플릿 내의 옵션을 조정한다. 인증서에 포함해야 하는 특성을 템플릿 속성에서 설정한다. 예를 들어 새로운 IPsec 인증서에서 포함해야 하는 유효한 몇 가지 항목을 구성해보자.

6. 만들고 있는 새로운 템플릿을 식별할 수 있게 일반 탭으로 가서 **템플릿 표시 이름**을 설정한다.

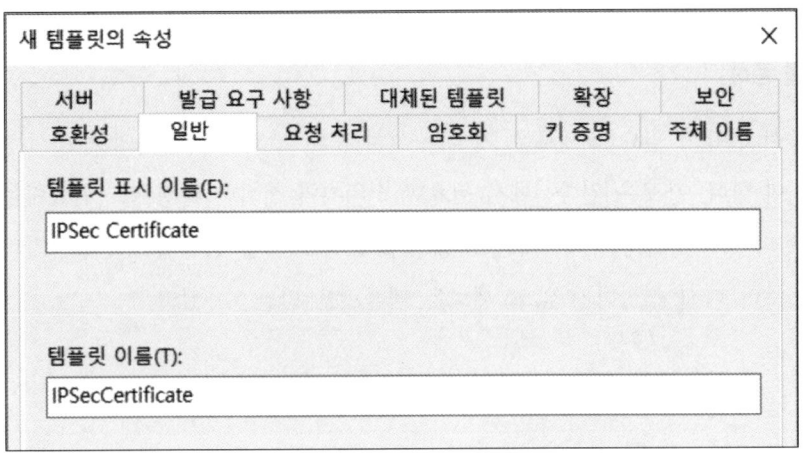

7. 동일한 탭에서 유효 기간 필드의 값을 2년으로 조정한다.
8. 주체 이름 탭에서 주체 이름 형식 필드에 일반 이름을 설정한다. 이렇게 하면 인증서의 주체 이름에 인증서를 요청하는 컴퓨터의 호스트 이름을 반영한다. 대체 주체 이름으로 DNS 이름 사용은 새로운 인증서에 대한 또 다른 요구 사항이다. 다음의 캡처 화면을 확인하자. 내장 컴퓨터 템플릿을 시작점으로 했으므로, 이 체크 상자와 필요한 또 다른 요구 사항이 이미 반영됐다.

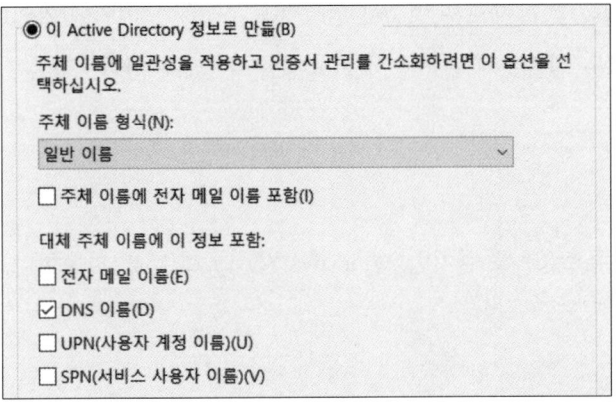

9. 확인을 클릭한다. 이제 IPsec Certificate(또는 원하는 다른 이름)라는 새로운 인증서 템플릿이 목록에 나온다.

예제 분석

인증서 발행이 필요한 새로운 기술을 설치할 때 먼저 CA 서버의 인증서 템플릿을 찾아야 한다. 새로운 인증서에서 필요한 스위치와 적절한 설정으로 템플릿을 구성해야 한다. CA 서버에서 제공하는 내장 템플릿 중 하나를 복제함으로써 각각의 옵션을 처음부터 다시 구성하지 않고 새로운 템플릿을 만들 수 있다.

등록을 위한 인증서 템플릿 게시

자주 부딪히는 가장 흔한 인증서 문제 해결 작업 중 하나는 사용자나 컴퓨터에서 인증서를 요청할 때 특정 인증서 템플릿을 사용할 수 없는 이유를 찾는 것이다. 새 인증서 템플릿을 만들었다고 해서 그 템플릿을 기반으로 인증서를 발행할 준비가 됐다는 뜻은 아니다. 새로운 템플릿을 게시해야 CA 서버에서 컴퓨터와 사용자에게 게시할 준비가 됐음을 알 수 있다. 템플릿 섹션에는 보안 섹션도 있어서 이 템플릿을 기반으로 인증서를 요청하는 접근 권한이 있는 사람과 접근 권한을 정의해야 한다. 이 예제에서는 이러한 설정을 찾고 새로운 인증서 템플릿을 구성해 도메인에 가입한 모든 워크스테이션이 새로운 템플릿에서 인증서를 요청할 수 있게 한다.

준비

엔터프라이즈 루트 CA를 설치한 Windows Server 2016을 사용한다.

예제 구현

특정 템플릿을 기반으로 한 인증서를 발행하기 위해 게시 절차를 밟고 그 템플릿의 보안 속성을 조정해야 한다.

1. 서버 관리자에서 Certification Authority 관리 도구를 시작한다.
2. 왼편 트리에서 CA 서버의 이름을 확장한다.
3. 인증서 템플릿을 오른쪽 클릭하고 새로 만들기 > 발급할 인증서 템플릿을 선택한다.

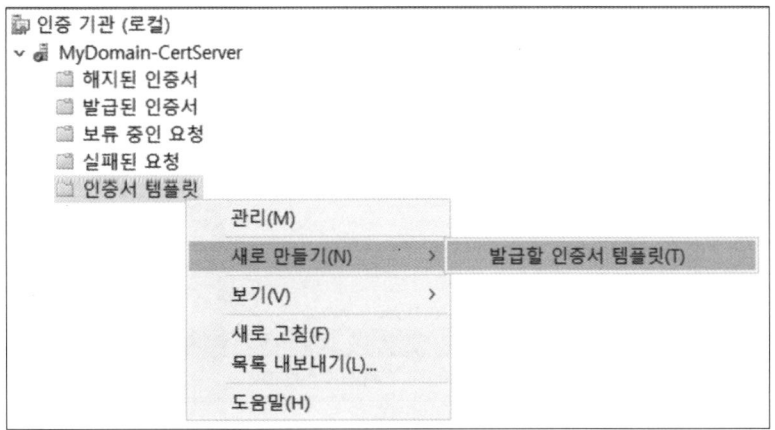

4. 해당 목록에서 여러분의 새로운 템플릿을 선택하고 확인을 클릭한다.[1] 시간이 지나도 해당 템플릿이 보이지 않는다면 명령 프롬프트에서 다음 명령을 실행해보자.

```
certutil -SetCAtemplates IPsecCertificate
```

---

[1] 만든 템플릿이 보이지 않는다면 아직 도메인 컨트롤러에 모두 복제되지 않은 것이다. 복제가 완료되는 데 8시간 정도 걸린다. 다음 링크를 참고하자.
https://technet.microsoft.com/ko-kr/library/cc754171(v=ws.11).aspx

5. 인증서 템플릿을 오른쪽 클릭하고 관리를 선택한다.
6. 수정하려는 템플릿을 찾는다. 이 예제의 경우 IPsec Certificate라는 새로운 템플릿을 수정한다.
7. 템플릿을 오른쪽 클릭하고 속성을 선택한다.
8. 보안 탭을 클릭한다.
9. 이제 요구 사항에 따라 권한을 설정해야 한다. 이번 예제의 경우 도메인에 가입한 모든 컴퓨터에 IPsec 인증서를 발행해 네트워크 내에서 IPsec 협상 동안에 사용하려고 한다. 따라서 권한에서 Domain Computers를 추가하고 등록 권한의 허용 체크 상자를 선택한다.

예제 분석

새로운 인증서 템플릿은 그 템플릿을 게시하는 몇 가지 추가 절차를 밟지 않으면 안 된다. 발행할 새로운 템플릿을 지정하는 과정을 거쳐야 하는데, 이 과정은 간단한 옵션이지만 CA 관리 콘솔 내에서 바로 확인할 수는 없다. 또한 인증서 템플릿에 설정한 권한이 인증서가 의도한 목적에 맞는지 확인해야 한다. 사용자 계정에서 인증서를 요청할 경우 사용자나 사용자 그룹을 추가하고 등록 권한을 부여해야 한다. 컴퓨터 계정이 인증서를 요청하는 경우 역시 등록 권한이 있는 적절한 그룹에 포함돼 있는지 확인해야 한다.

■ MMC를 사용해 새로운 인증서 요청

관리자가 시스템의 인증서와 상호작용하는 가장 일반적인 방법은 MMC 스냅인 도구를 통해서다. MMC는 Microsoft Management Console의 약어이며, MMC를 사용해 운영체제의 모든 기능을 관리할 수 있다. 하지만 이 도구는 잘 활용되고 있지 않으며, 몇 가지 작업에서만 선택적으로 실행하는 경우를 봤다. 인증서 요청이 이러한 작업 중 하나다.

여기서는 네트워크에 있는 새로운 서버에서 MMC 콘솔을 사용한다. 만들어 놓은 새로운 인증서 템플릿이 있으며, 이들 인증서 중 하나를 새로운 웹 서버에 발행할 것이다.

준비

서버 2106 엔터프라이즈 루트 CA 서버가 실행 중이며, 네트워크에 연결돼 있다. 이 서버에서 IPsec Certificate라는 새로운 인증서 템플릿을 구성했다. 이 템플릿을 게시하는 단계를 밟았으므로 네트워크의 컴퓨터에서 이 인증서를 요청할 수 있다. 이제 도메인에 가입한 Server 2016을 실행 중인 새로운 웹 서버에서 CA 서버에 인증서를 직접 요청하는 작업을 할 것이다.

예제 구현

다음 절차에 따라 MMC 콘솔을 사용해 새로운 인증을 요청해보자.

1. 새로운 웹 서버에서 명령 프롬프트를 열고 **mmc**를 입력한 다음, Enter를 누른다. 다른 방법으로 시작 화면에서 MMC를 열 수도 있다.
2. 이제 MMC 콘솔 내에서 파일 메뉴를 클릭한 다음, **스냅인 추가/제거**를 클릭한다.
3. 사용 가능한 스냅인 목록에서 **인증서**를 선택하고 **추가** 버튼을 클릭한다. 인증서 스냅인에 관해 몇 가지 선택 옵션이 있는 새 창이 열린다.
4. 먼저 사용자 인증서 리포지토리 또는 컴퓨터 인증서 리포지토리를 열지 선택해야 한다. 일반적으로 이 필드에서 서비스 계정을 사용하지는 않는다. 여기서 선택은 요청하는 인증서의 종류에 달렸다. 이 예제의 경우 IPsec 인증서를 찾기 때문에 **컴퓨터 계정**을 선택하고 다음을 클릭한다.

> 이 스냅인이 항상 관리할 인증서 대상:
> ○ 내 사용자 계정(M)
> ○ 서비스 계정(S)
> ● 컴퓨터 계정(C)

5. 다음 옵션에서 **로컬 컴퓨터** 설정을 사용하고 **마침**을 클릭한다.
6. 확인을 클릭한다.
7. 인증서 저장소를 불러온 MMC를 빠르게 시작할 수도 있다. 시작 ▶ 실행 또는 명령 프롬프트에서 다음 명령을 입력한다.
    - **CERTMGR.MSC** 사용자 인증서 저장소를 연다.

- **CERTLM.MSC** 컴퓨터 인증서를 연다.

8. 이제 다시 메인 MMC 콘솔로 돌아가서 인증서(로컬 컴퓨터)를 확장하고 개인용 폴더를 선택한다. 여기서 현재 설치된 인증서를 볼 수 있다.

9. 개인용 폴더를 오른쪽 클릭한 다음 모든 작업 ▶ 새 인증서 요청을 선택한다.

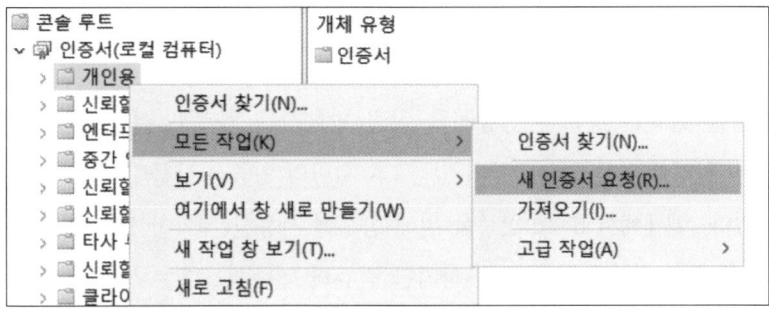

10. 다음을 클릭한다.

11. 인증서 등록 정책 선택 화면에서 Active Directory 등록 정책이 자동으로 선택돼 있다. 다시 다음을 클릭해 다음 화면으로 넘어간다.

12. 이제 사용할 수 있는 인증서 템플릿 목록이 보인다. 요청을 원하는 인증서에 대한 체크 상자를 선택하고 등록을 클릭한다.

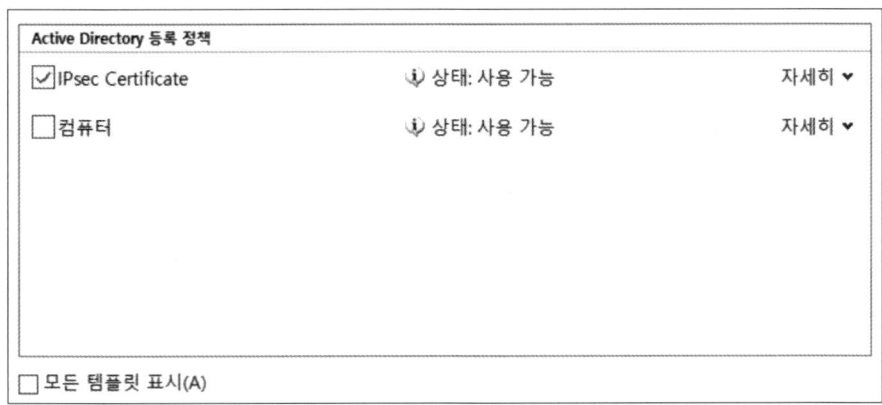

여기서 특정 템플릿을 찾고 있지만, 목록에 보이지 않는다면 **모든 템플릿 표시**를 클릭한다. CA 서버상의 모든 템플릿 목록을 표시하고 각각에 대해 현재 사용할 수 없는 이유에 대한 설명을 제공한다. 이 설명은 문제 해결에 도움을 준다.

예제 분석

MMC 콘솔 활용은 새로운 인증서를 직접 발행하는 빠르고 쉬운 방법이다. Active Directory 환경에서 등록할 권한이 있는 CA 서버의 인증서 템플릿이 보이고 쉽게 등록할 수 있다. 예제에서 IPsec 인증을 위해 향후에 사용할 계획이 있는 컴퓨터 인증서에 대한 등록 프로세스를 나타냈다. 하지만 컴퓨터 인증서보다는 사용자 수준 인증서를 발행하기 원하는 경우가 많다. 그런 경우 예제에서 컴퓨터 계정 인증서를 정의했던 곳에 사용자 계정 인증서 스냅인을 추가한다.

웹 인터페이스를 사용한 새로운 인증서 요청

새로운 인증서를 요청할 때 MMC 스냅인과 같은 도구를 사용해 직접 인증서 서비스를 질의하지 못할 수도 있다. 아니면 사용자가 사무실 밖에서 인증서를 요청할 수 있는 방법을 제공하고 싶을 수도 있다. CA 역할의 웹 서비스 부분을 사용함으로써 CA 서버에서 웹사이트를 실행할 수 있다. 이 웹사이트는 기업 네트워크 내에서 액세스되고 잠재적으로 역방향 프록시 솔루션으로 인터넷에 게시된다.

이 예제에서는 CA 역할의 웹 서비스 부분을 설치한 CA 서버에서 실행되는 웹 인터페이스를 액세스해보자. 이 웹사이트를 사용해 클라이언트 컴퓨터에서 인증서를 요청하고 획득한다.

준비

엔터프라이즈 루트 CA는 Active Directory 인증서 서비스 역할이 설치돼 있다. 이 역할을 설치하고 구성할 때 새로운 인증서를 요청하는 데 사용할 수 있게 웹 서비스 옵션을 선택했는지 확인하자.

예제 구현

이 작업은 CA 서버에 직접 로그인하지 않는다. 대신 새로운 웹 서버에 로그인한다. 이 웹 서버에서 다음의 절차를 따른다.

1. 인터넷 익스플로러를 열고 `https://<CAServerName>/CertSrv/`와 같은 링크를 탐색한다. 여기서는 다음의 URL이다.

    https://CA1/CertSrv/

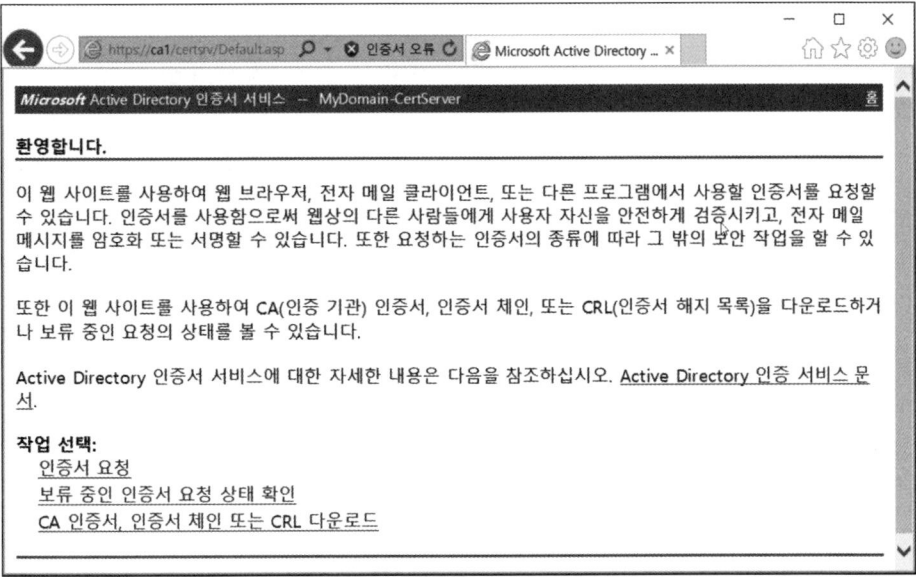

HTTPS를 사용해 사이트를 액세스하지 않으면 나중에 마법사를 실행하는 도중에 인증서 요청을 완료할 수 없다.

2. 인증서 요청을 클릭한다.
3. 사용자 인증서를 얻을 수 있는 미리 구축된 요청 링크가 표시된다. 이들 중 하나의 링크를 간단히 클릭한 후 다음 화면에서 제출을 클릭한다. 하지만 이 예제에서 좀 더 깊이 들어가기 위해 사용자 인증서가 아니라 SSL 인증서를 요청할 것이다. 이 과정을 시작하기 위해 고급 인증서 요청을 클릭한다.
4. 이 CA에 요청을 만들어 제출합니다.를 선택한다.
5. 다음 메시지와 함께 요청 화면이 나오면 예를 클릭한다.

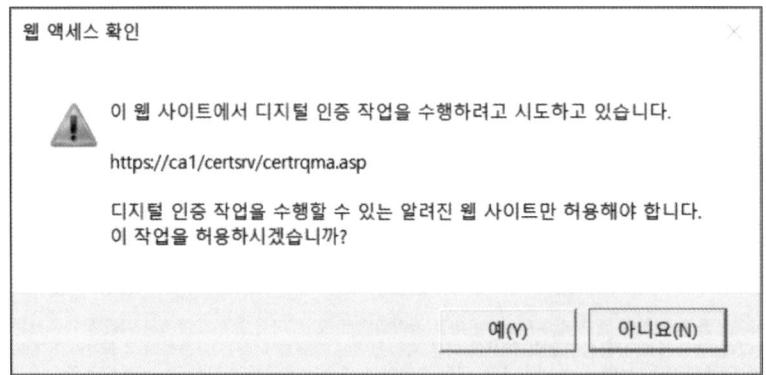

6. 인증서 요청을 위해 사용할 인증서 템플릿을 선택한다. 웹 서비스가 설치된 루트 CA 서버에서 특정 인증서 요구 사항을 포함하는 웹 서버 템플릿에서 복제한 새로운 템플릿을 설정했다. 이 템플릿 이름을 Custom Web Server라고 붙이고 등록할 수 있게 게시했다.
7. 이 인증서는 SSL 인증서이기 때문에 일반적으로 필요한 정보를 채워야 한다. 웹사이트 이름과 회사 정보를 여기에 입력했다.

8. 변경할 수 있는 나머지 옵션은 이미 원하는 대로 구성돼 있다. Custom Web Server 템플릿을 설정할 때 이들 항목 모두를 이미 기본 값으로 지정했기 때문이다. 전체 요청 내용은 다음과 같다.

9. 제출을 클릭한다.
10. CA 서버에서 입력한 정보를 기반으로 브라우저에서 새로운 인증서를 만드는 과정이 진행된다. 인증서가 발급되면 이 인증서 설치 링크를 클릭한다.

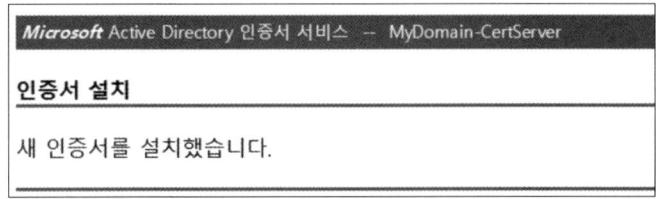

예제 분석

CA 서버에서 웹 서비스를 실행하는 것은 인증서를 요청하는 또 다른 방법을 제공하기 때문에 이점이 많다. 이 예제에서는 CA 인증서 요청 웹페이지를 빠르게 열어서 몇 가지 간단한 단계를 통해 작업할 수 있었다. 이 방법으로 새로운 웹 서버의 SharePoint 사이트에서 사용할 새로운 인증서를 다운로드할 수 있었다.

웹 서버가 기업 네트워크 내에 있기 때문에 인증서 MMC 콘솔에서 바로 이 요청을 수행할 수도 있었다. 하지만 웹 서버가 네트워킹 장비와 방화벽으로 분리돼 다른 빌딩에 있다면 이 옵션은 맞지 않다. 또는 뭔가 다른 이유로 MMC 접근을 못하는 또 다른 컴퓨터에서 인증서를 획득하려고 한다면 이 웹 서비스가 동일한 작업을 수행하는 멋진 방법이다.

자동 등록을 구성해 도메인 가입된 모든 시스템에 인증서 발행

인증에 사용할 인증서를 요구하는 수많은 새로운 기술은 대규모로 이러한 인증서를 배포해야 한다. 예를 들어 DirectAccess 인증용으로 컴퓨터 인증서를 사용하고 싶은 경우 모든 DirectAccess 클라이언트 컴퓨터에 인증서를 발행해야 한다. 네트워크에 연결된 수천 대의 노트북일 수도 있다. IPsec을 사용하는 네트워크 내에서 트래픽을 암호화하기 시작하고 이런 목적을 위해 인증서를 배포하기 원하는 경우 잠재적으로 네트워크 내의 모든 컴퓨터에 일종의 컴퓨터 인증서를 발행해야 한다. MMC 콘솔이나 CA 웹 인터페이스를 사용해 직접 발행할 수 있지만, 그다지 재미있는 상황은 아닐 것이다.

자동 등록으로 가야 한다. Active Directory에서 일종의 스위치를 올리는 것처럼 이 기능을 켤 수 있으며, 시스템 모두를 단일 도메인에 가입시켜야 하지만, 이렇게 하면 AD에서 컴퓨터에 자동으로 인증서를 발행하게 지시할 수 있다. 이 예제를 통해 이 옵션을 설정하고 테스트해보자.

준비

Active Directory 도메인 기반 Windows Server 2016 내에서 작업한다. 또한 Server 2016 엔터프라이즈 루트 CA를 이 네트워크에서 실행 중이다. 수행할 작업은 CA 서버에서 작업과 도메인 컨트롤러에서 그룹 정책 내의 작업을 결합하는 것이다.

예제 구현

도메인에서 자동 등록을 활성화하려면 다음의 절차를 따른다.

1. CA 서버에 로그인하고 Certification Authority를 연다. CA의 이름을 확장하고, 인증서 템플릿을 오른쪽 클릭한 후 관리를 선택한다.
2. 이제 자동 등록을 위해 설정하려는 인증서 템플릿을 선택한다. 여기서는 네트워크의 모든 컴퓨터에 발행하기 원하는 DA Cert라는 템플릿을 준비했다. DA Cert를 오른쪽 클릭하고 속성을 선택한다.
3. 보안 탭을 클릭한다. 여기서 이 템플릿에 대한 자동 등록 권한을 가져야 하는 사용자나 컴퓨터, 다른 개체를 구성해야 한다. 다음 화면에서 보인 것처럼 네트워크의 모든 도메인 컴퓨터에 대해 자동 등록 권한을 허용한다.

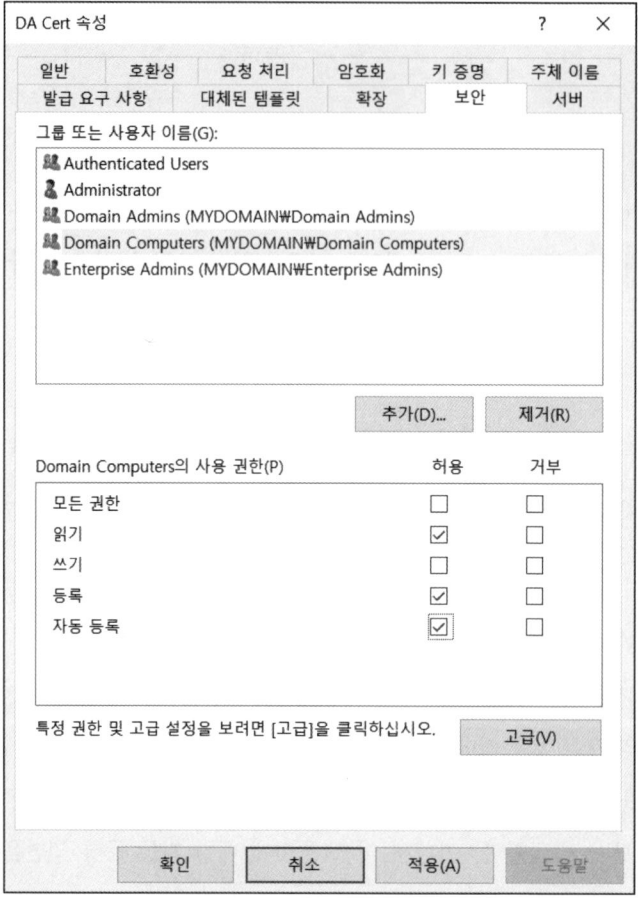

4. 확인을 클릭하고, 이제 그룹 정책으로 넘어가야 한다. 도메인 컨트롤러에 로그인하고 그룹 정책 관리 콘솔을 연다.

5. Certificate Autoenrollment Policy라는 새로운 GPO를 만든다. 이 새로운 GPO는 도메인의 최상단에 연결해 도메인에 가입된 모든 컴퓨터에 적용하게 한다. 정책이 너무 광범위할 필요가 없다면 링크를 제한하거나 GPO에 연결된 필터링으로 액세스를 줄일 수 있다.

6. Certificate Autoenrollment Policy라는 GPO를 오른쪽 클릭하고 편집...을 선택한다.

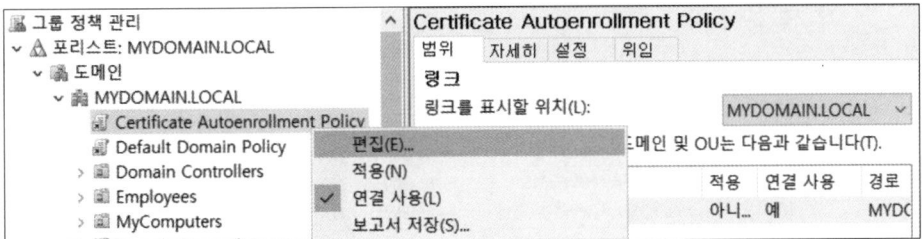

7. 컴퓨터 구성 ▶ 정책 ▶ Windows 설정 ▶ 보안 설정 ▶ 공개 키 정책을 찾는다.
8. 인증서 서비스 클라이언트 - 자동 등록을 더블클릭한다.
9. 이 정책을 사용으로 설정하고 다음 화면에서처럼 두 개의 체크 상자를 모두 선택한다.

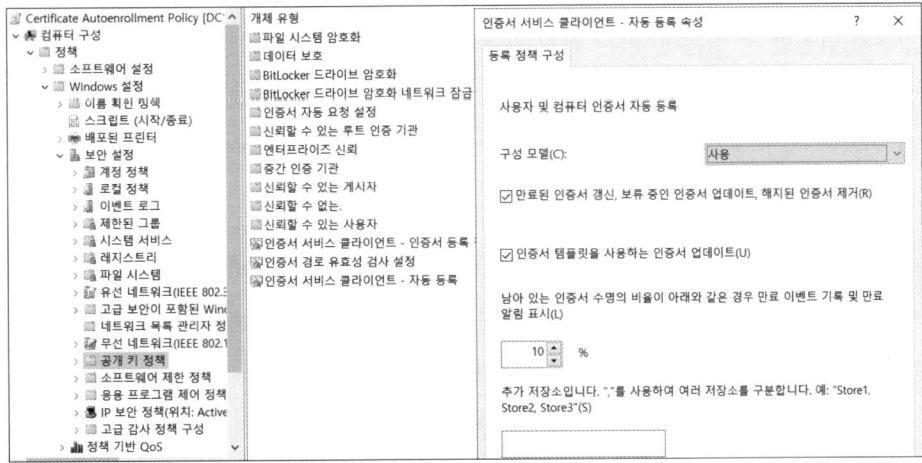

10. 확인을 클릭하자마자 이 새로운 GPO는 효력을 발휘하기 시작한다. 컴퓨터는 그룹 정책을 확인하고 GPO에 이러한 새로운 설정이 필요하다고 인식한다. 이 새로운 옵션을 적절히 설정하면 컴퓨터는 CA 서버에 확인하고 자동 등록 권한이 있는 인증서의 사본을 요청한다. 모든 도메인 컴퓨터가 DA Cert 템플릿에 대한 자동 등록 권한을 갖게 구성했으므로, 워크스테이션과 서버는 이 새로운 인증서의 사본을 즉시 받기 시작해야 한다. 다음은 이 GPO를 구성한

후 몇 분이 지난 후 CA 서버의 캡처 화면이다. 도메인 가입된 시스템에 인증서가 발행되고 있음을 볼 수 있다.

```
9    MYDOMAIN\CA1$       -----BEGIN ...   DA Cert (1.3.6.1.4.1.311...
10   MYDOMAIN\WEB1$      -----BEGIN ...   DA Cert (1.3.6.1.4.1.311...
11   MYDOMAIN\W10-CL1$   -----BEGIN ...   DA Cert (1.3.6.1.4.1.311...
```

예제 분석

자동 등록 스위치를 켜기 위해 그룹 정책을 사용했고 도메인에 가입된 시스템에 인증서의 자동 등록이 바로 시작됐다. 자동 등록을 조정할 수 있는 다른 여러 가지 방법이 있다. 그룹 정책 링크와 필터링을 통해 누가 자동 등록 정책을 시스템에 적용할 수 있는지 결정할 수 있는데, 이는 먼저 자동 등록 대상이 될 수 있는 사용자나 컴퓨터를 GPO 속성에서 정의할 수 있다는 뜻이다. 대안으로 CA 서버의 각 인증서 템플릿 내에서 권한을 지정해 여러분의 환경에서 자동 등록이 허용된 각 템플릿의 사본을 받는 사용자와 컴퓨터를 결정할 수도 있다.

이 작업에는 계획이 필수적이다. 게시해야 할 인증서가 무엇이고 인증서가 필요한 장치, 자신을 나타내기 위해 인증서가 필요한 사람에 대해 명확한 정의를 작성해야 한다. 올바른 단계를 따르지 않으면 동작하지 않거나 네트워크에 배포할 의도가 없던 수천 개의 인증서가 발행돼 상황이 악화될 수 있다. 그룹 정책은 매우 강력하며, 그 힘을 휘두르는 데는 큰 책임이 따른다.

이러한 설정을 구성한 후 네트워크에서 도메인에 가입한 컴퓨터를 다시 시작하면 온라인이 될 때 새로운 인증서가 컴퓨터의 개인 인증서 저장소에 들어간 것을 확인할 수 있다. 몇 시간이 지나면 모두에게 자동으로 인증서가 들어간다. 그룹 정책 새로고침이 일어나는 시간을 기다리기 힘들다면 해당 컴퓨터의 명령 프롬프트를 열어서 gpupdate /force 명령을 실행해 직접 정책을 새로 고침으로써 인증서를 다운로드할 수 있다.

루트 인증서 갱신

앞서 엔터프라이즈 환경에서 첫 번째 CA 서버를 구성하던 페이지를 기억해보자. 많은 기본 옵션을 그대로 사용했으므로, 루트 인증서는 자동으로 5년의 유효 기간으로 설정됐다. 5년은 긴 시간으로 보이지만, 특히 아이들이 있는 경우 5년은 순식간이다. 루트 인증서가 마침내 만료될 때 무슨 일이 일어날까? 나쁜 일들이 발생한다. 루트 인증서 만료일을 추적하고 만료 전에 갱신하고 싶을 것이다.

준비

새로운 CA 서버를 방금 구축했으므로, 루트 인증서가 곧 만료될 위험은 없다. 하지만 이 작업을 수행하는 방법을 이해하는 것이 중요하므로, 루트 인증 기관 인증서를 갱신하는 과정을 밟아볼 것이다. 이 작업은 CA 서버에서 바로 해본다.

예제 구현

다음의 절차를 따라 CA의 루트 인증서를 갱신한다.

1. 엔터프라이즈 루트 CA 서버에 로그인하고 Certification Authority 관리 콘솔을 연다.

2. CA의 이름을 오른쪽 클릭하고 모든 작업을 클릭한 뒤 CA 인증서 갱신을 선택한다.

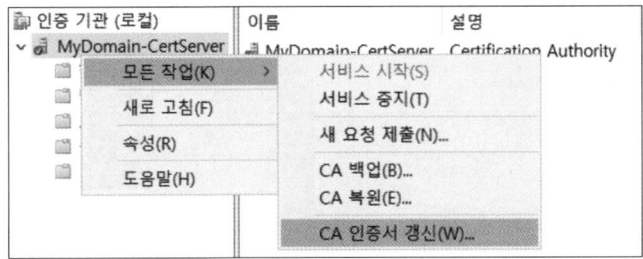

이 과정을 수행하는 동안 ADCS를 중지하지 않았다면 중지해야 한다는 요청을 받는다. **예**를 클릭해 인증서 프로세스를 일시적으로 중단한다.

3. CA 인증서 갱신 화면에서 걱정할 옵션은 하나뿐이다. 새 루트 인증서용 새로운 키 쌍을 생성할 것인지 기존 인증서를 재사용할지 여부를 선택해야 한다. 이 CA에서 많은 인증서를 게시했다면 일반적으로 아니요를 선택하고 기존 키 쌍을 재사용하자. 화면에서 볼 수 있듯이 예를 선택하고 새로운 키 쌍을 만들기 원하는 몇 가지 상황이 있으므로, 이 질문에 대한 정확한 답은 여러분이 처한 상황과 필요에 달렸다.

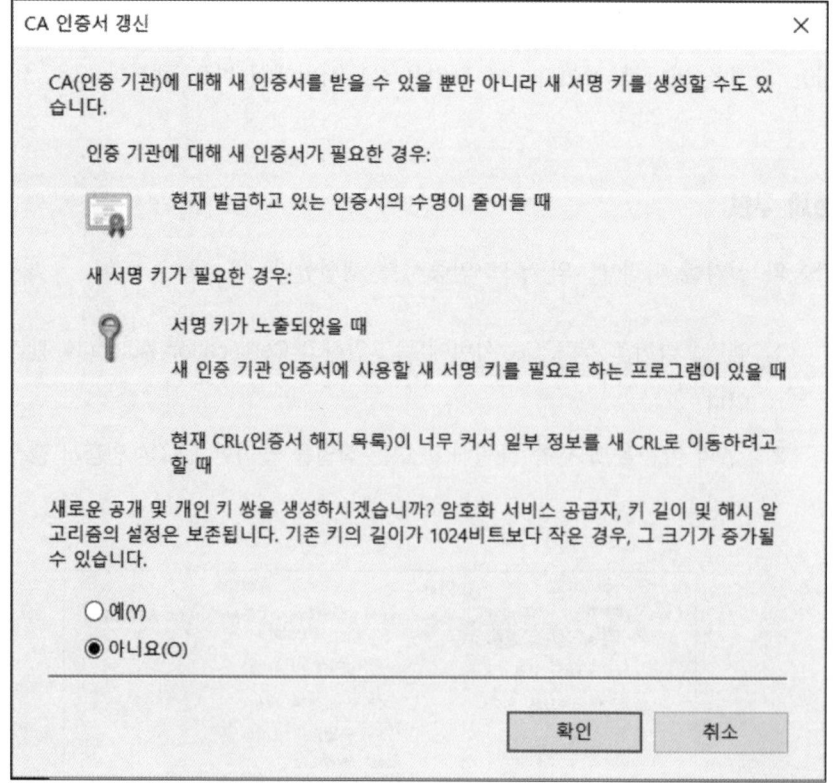

4. 확인을 클릭하면 새로운 루트 인증서가 즉시 만들어지고 그룹 정책을 통해 배포되기 시작한다.

예제 분석

최상위 루트 인증서는 PKI 인프라의 전체 상태에 중요하다. 이 인증서가 만료되면 이 CA 서버에서 발행한 모든 인증서는 즉시 무효화된다. 다행히도 이 루트 인증서를 갱신하는 일은 일반적으로 아주 쉽다. 간단히 몇 단계만 따르면 또 다시 5년이나 10년을 더 비즈니스에 집중할 수 있다. 루트 인증 기관 인증서를 갱신할 때 그룹 정책의 신뢰할 수 있는 루트 인증 기관 위치에 인증서의 새로운 사본을 저장한다. 도메인에 가입한 모든 시스템은 그룹 정책을 통해 이 목록을 자동으로 업데이트해 새로운 CA 서버를 추가하거나 기존 루트 인증서를 갱신할 때마다 그 새로운 인증서와 연결된 새로운 트러스트를 클라이언트 컴퓨터와 서버 모두에 자동으로 배포한다. 따라서 그룹 정책이 네트워크 전체에 새로운 인증서를 밀어 넣기 시작할 것이기 때문에 일반적으로 해야 할 일은 인증서를 갱신하고 느긋하게 기다리는 일뿐이다.

하지만 루트 인증 기관 인증서가 만료되고 네트워크 인증용으로 클라이언트와 서버에 사용하는 인증서를 발행했다면 루트 인증서 만료는 이들 시스템이 더 이상 네트워크에 연결하지 못하는 장애를 야기한다. 루트 인증서를 쉽게 갱신하고 백엔드를 올리고 실행할 수 있지만, 네트워크에 유효한 인증 방법이 없다면 네트워크 연결을 유효한 인증서에 의존하는 시스템은 실패할 것이다. 새로 고친 루트 인증 기관 인증서를 신뢰하는 방법을 배우기 전에 네트워크에 연결하고 그룹 정책을 업데이트하는 대체 방법을 찾아야 한다. 이 사례는 정확히 이 문제와 씨름하는 회사를 도운 적이 있기 때문에 언급하는 것이다. 이 회사의 루트 인증서가 만료되고, 그 회사의 전체 오피스와 상당수의 사람들은 DirectAccess 원격 연결 기술을 통해서만 데이터센터와 도메인에 연결했다. DirectAccess는 인증 과정의 일부로 인증서에 의존하므로, 이들 원격 시스템은 루트 인증서가 만료된 경우 네트워크와 통신할 수 없었다. 다시 원격으로 연결을 시작하기 전에 GPO 설정과 새로운 루트 인증서 사본을 가져오기 위해 다른 방법으로 네트워크에 이들을 연결해야 했다.

이 사례의 교훈 인증서가 만료되기 전에 갱신할 수 있게 일정에 넣고 관리하자.

05

인터넷 정보 서비스

웹사이트와 웹 서비스는 요즘 모든 부분에 사용된다. 클라우드 혁명으로 웹 브라우저를 통해 이전보다 더 많은 서비스를 액세스하고 있다. 클라우드는 저마다 다른 관점을 보일 수 있지만, 기업에서 흔히 살펴보는 관점은 사설 클라우드다. 이는 기업의 사용자 집단이 사용하는 웹 애플리케이션을 제공하는 데 사용되는 웹 서버의 모음을 의미한다. 사설 클라우드가 기업의 데이터센터에 있는 경우도 있고, 코로케이션 서비스를 이용하거나 로컬 데이터센터와 Azure와 같은 공용 클라우드 웹 서비스의 조합이기도 하다. 여러분에게 클라우드의 정의가 무엇이든 한 가지 변수는 동일하다. 클라우드는 관리해야 하는 웹 서버를 포함한다.

Microsoft 기술을 쓰는 모든 곳에서는 웹 서버에서 IIS^{Internet Information Services} 역할이 설치된 Windows 서버를 실행한다. IIS는 Windows Server 2016의 웹사이트 플랫폼

이며, 이 플랫폼으로 필요한 웹사이트나 웹 서비스를 모두 실행할 수 있다. 이 예제의 모음은 IIS 내에서 웹사이트가 동작하는 방식을 이해하는 견고한 토대를 제공하는 것이다. 새로운 웹 서비스를 설정하지 않더라도 관련 문제를 해결해야 할 수 있다. 콘솔과 옵션에 익숙해지고 요소들을 잘 이해하면 Windows 환경에서 서버를 관리하는 모든 이에게 큰 도움이 될 것이다.

5장에서 다루는 내용은 다음과 같다.

- PowerShell을 사용한 웹 서버 역할 설치
- 첫 번째 웹사이트 시작
- 웹사이트를 실행하는 포트 변경
- 웹사이트에 암호화 추가
- 인증서 서명 요청을 사용해 SSL 인증서 획득
- 한 서버에서 다른 서버로 SSL 인증서 이동
- 새로 갱신한 인증서를 자동으로 다시 바인딩
- IIS 서버에서 여러 웹사이트 호스팅
- 호스트 헤더를 사용해 하나의 IP 주소에서 여러 웹사이트 관리

▌ 소개

이 책을 처음부터 끝까지 읽었다면 인프라에서 작업을 테스트하고 상세히 설명하는 데 새로운 웹 서버를 많이 활용하고 있음을 봤을 것이다. 하지만 지금까지는 일반적인 네트워크 작업만 해왔고, 실제 웹 서비스는 수행하지 않았다.

5장에서 대부분의 작업은 웹 서버에서 IIS에 대한 역할을 이미 설치했다고 가정한다. 이 역할은 구체적으로 역할 목록에서 **웹 서버(IIS)**라고 하며, IIS에 추가할 수 있는 기능이 많다. 예제 전체에서 역할을 추가할 때 자동으로 선택된 기본 항목만 필요하다.

사용자에게 웹페이지를 서비스하는 역할 설치에 필요한 것은 Windows Server 2016 서버와 원하는 기능을 제공하는 사이트를 얻는 방법에 관한 지식뿐이다. 역할을 적절히 설치하려면 적절한 구성 요소를 포함하기 위해 PowerShell로 웹 서버 역할을 설치하는 예제를 먼저 살펴봐야 한다. IIS의 몇 가지 일반적인 작업에 익숙해지자.

▌PowerShell을 사용한 웹 서버 역할 설치

PowerShell을 사용해 정기적인 Windows 서버 작업 몇 가지를 수행해본 적이 없다면 지금 한번 사용해보자! PowerShell은 Windows Server 2016 운영체제 내에서 모든 작업이나 구성을 수행하는 데 사용될 수 있다. 나는 대부분의 환경에서 마우스보다는 키보드를 엄청 선호하는데, 나중에 반복적으로 사용될 수 있는 스크립트를 만들고 저장함으로써 시간을 아낄 수 있기 때문이다.

이번 예제에서는 Windows Server 2016에 역할을 추가하는 데 사용하는 `Install-WindowsFeature` 명령을 살펴본다. 5장에서 IIS를 다루기 때문에 PowerShell을 사용해 웹 서버(IIS) 역할을 설치해보자.

준비

WEB2라는 새로운 Windows Server 2016 웹 서버를 준비한다. PowerShell을 사용해 이 컴퓨터에 IIS 역할을 설치한다.

예제 구현

다음의 절차를 따라 WEB2에 웹 서버(IIS) 역할을 설치한다.

1. WEB2에 로그인하고 PowerShell 프롬프트를 관리자 권한으로 실행한다.

2. 알맞은 명령어에 역할 이름을 지정해야 하지만, 특정 역할 이름이 떠오르지 않을 수 있다. 그렇다면 설치할 수 있는 역할의 목록을 확인하는 데 도움을 얻을 수 있는 또 다른 명령을 사용해볼 좋은 기회다.

```
Get-WindowsFeature
```

3. 이 서버에 설치할 수 있는 모든 역할과 기능의 거대한 목록이 표시된다. 위로 스크롤을 해서 목록에서 웹 서버(IIS)를 찾으면 역할 이름이 Web-Server일 것이다. 이 이름을 기억하고, 동시에 여러 항목을 설치할 수 있으므로 역할 설치 시 일반 HTTP 기능도 설치하기 위해 Web-Common-Http도 메모해 놓자.

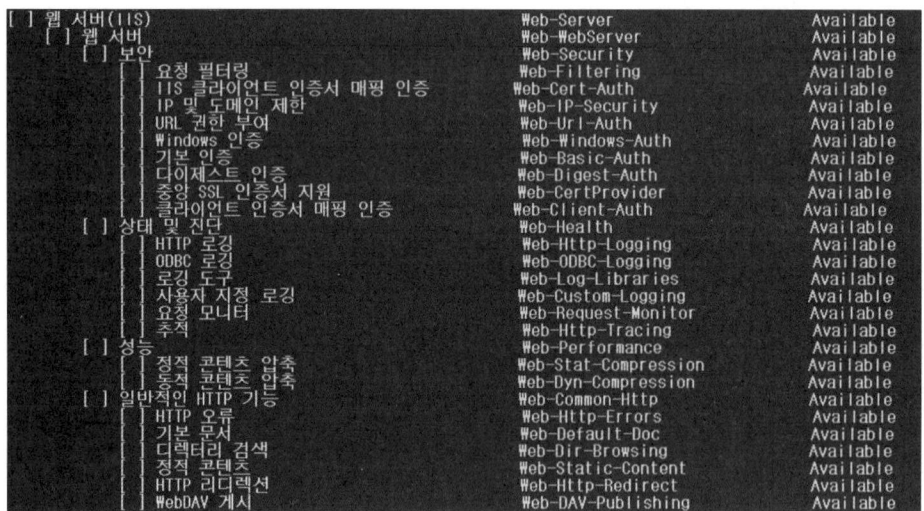

4. 이제 이들 두 가지 항목을 설치하는 PowerShell 명령을 작성한다.

```
Install-WindowsFeature Web-Server,Web-Common-Http,Web-Mgmt-
Console -Restart
```

5. 설치가 잘 끝났다. 이 예제의 결과를 다시 확인하기 위해 GUI에서 설치된 역할과 기능을 찾아보면 PowerShell을 통해 구성한 항목이 완전히 설치됐음을 알 수 있다.

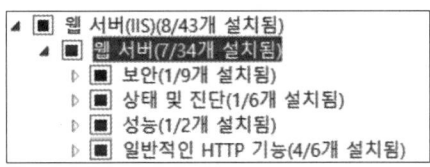

예제 분석

PowerShell에서 **Install-WindowsFeature** 명령을 사용해 역할과 기능을 서버에 쉽게 추가했다. 이는 GUI 마법사에서 이러한 옵션을 실행하는 데 비해 상당한 시간을 아껴준다. 예를 들어 동일한 작업을 해야 하는 일련의 새로운 서버들이 있다면 한 가지 명령 구문을 만들어 이러한 역할을 각 서버에 설치하고 실행할 수 있다. 서버 관리자를 시작할 필요가 전혀 없다.

참고 사항

다음은 서버에 역할을 하는 작업, 특히 **Install-WindowsFeature** 명령에 관한 추가 TechNet 문서에 대한 몇 가지 링크다. 사용할 수 있는 모든 옵션에 익숙해지자. 이 명령을 일단 사용하기 시작하면 다시 서버 관리자로 돌아가지 않을 것이다.

- https://technet.microsoft.com/ko-kr/library/cc732263.aspx
- https://technet.microsoft.com/itpro/powershell/windows/servermanager/install-windowsfeature

첫 번째 웹사이트 시작

첫 번째 웹사이트를 시작하자고는 했지만, 엄밀히 말하면 이미 첫 번째 웹사이트가 있다. 다만 쓸모없을 뿐이다. IIS 역할 설치를 마치자마자 기대한 대로 모든 부분이 잘 동작하는지 검증할 수 있게 표준 웹사이트가 자동으로 시작됐다. 이제 기본 웹사이트를 다른 것으로 대체해 이 새로운 서버를 실제로 사용해볼 것이다.

준비

새로운 Server 2016 웹 서버에서 모든 작업을 완료한다. 이 서버는 도메인에 가입되지만, 필수는 아니다. 독립형 작업 그룹 서버에서 쉽게 웹사이트를 시작할 수 있다.

예제 구현

다음 절차를 따라 새로운 IIS 웹 서버에서 첫 번째 웹사이트를 시작한다.

1. 서버 관리자를 열고 도구 메뉴에서 IIS(인터넷 정보 서비스) 관리자를 클릭한다.
2. 왼편 창에서 서버의 이름을 확장하고 사이트 폴더를 클릭한다.
3. Default Web Site를 오른쪽 클릭하고 웹사이트 관리 ▶ 중지를 클릭한다. 새로운 웹사이트를 만드는데 방해가 되는 자동으로 만들어진 웹사이트의 실행을 중지한다.

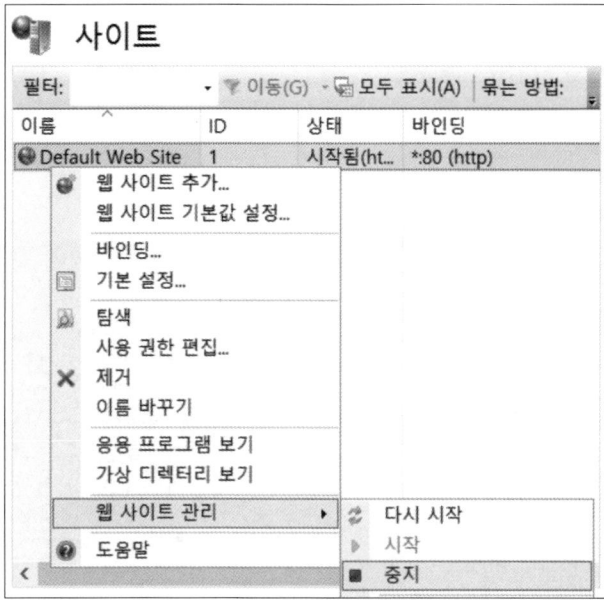

4. 새 웹사이트를 만들기 전에 사용자가 새 사이트를 탐색할 때 응답할 HTML 웹페이지 파일을 만들어야 한다. IIS 관리자를 열어 놓고 파일 탐색기로 전환한다. C:\inetpub를 찾는다. 이 폴더는 IIS에서 만든 홈 폴더이며, 웹사이트를 만드는 좋은 지점이 될 수 있다. 이 폴더 내에 새로운 페이지를 만들지 않아도 되며, 또 다른 위치나 심지어 다른 드라이브에 새 페이지를 만들 수도 있다.

5. NewWebsite라는 새로운 폴더를 만든다. 원하는 다른 이름으로 만들어도 된다.

6. 이 새 폴더 내에서 Default.htm이라는 새로운 파일을 만든다. 이를 위해 보통 마우스 오른쪽 클릭 후 새로운 텍스트 파일을 만들고, 이름을 Default.txt로 한다. 그다음 파일 확장자를 확인하고 수정할 수 있게 폴더 옵션을 조정하거나 간단히 명령 프롬프트 창을 열어 파일명을 변경한다. 어쨌든 최종 파일명으로 Default.txt를 Default.htm으로 변경해야 한다.

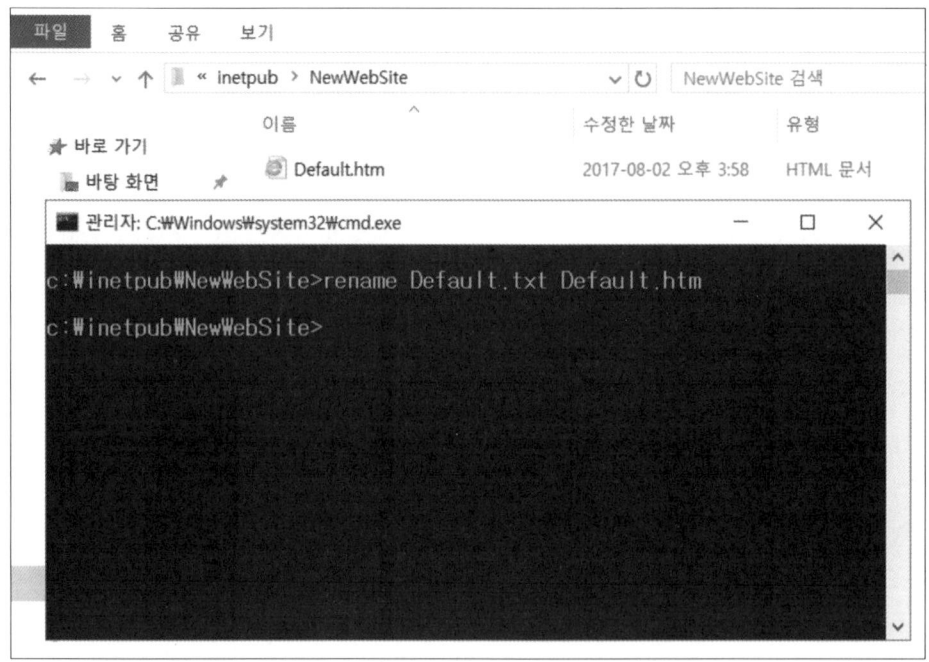

7. 새로운 Default.htm 파일을 메모장이나 또 다른 텍스트 편집 도구로 편집해 텍스트를 추가한다. 다행히도 최근 대부분의 웹 브라우저는 평문을 작성한 페이지도 잘 표시하므로, 유효한 HTML 코드를 입력하지 않아도 된다. HTML로 프로그래밍하는 방법을 알고 있다면 이 예제는 읽지 않을 것이다. 아니면 소프트웨어 설치에서 사전 구성된 웹페이지 파일이나 일련의 파일이 있을 수 있다. 이들 파일을 역시 이 폴더에 넣을 수도 있다. 이 파일에 다음과 같은 텍스트를 조금 입력할 것이다.

   축하합니다, 여러분은 새로운 웹사이트를 보고 있습니다.

8. IIS로 다시 돌아가 사이트를 만들어보자. 사이트 폴더를 오른쪽 클릭하고 웹사이트 추가를 선택한다.

9. IIS에서 사이트를 식별하기 위해 목적에 맞는 설명적인 이름으로 사이트 이름을 입력한다.
10. 실제 경로에 다음과 같은 새로운 웹사이트 위치를 선택한다.

    C:\inetpub\NewWebsite

11. 이 웹 서버에서 여러 IP 주소를 실행하고 이 새로운 사이트를 특정 IP 주소에서만 실행되게 하고 싶다면 IP 주소 필드에서 이를 선택할 수 있다. 그렇지 않고 하나의 IP를 실행하거나 이 시스템에서 구성된 모든 IP에서 새로운 사이트가 동작하길 원한다면 지정하지 않은 모든 IP 설정을 유지한다.

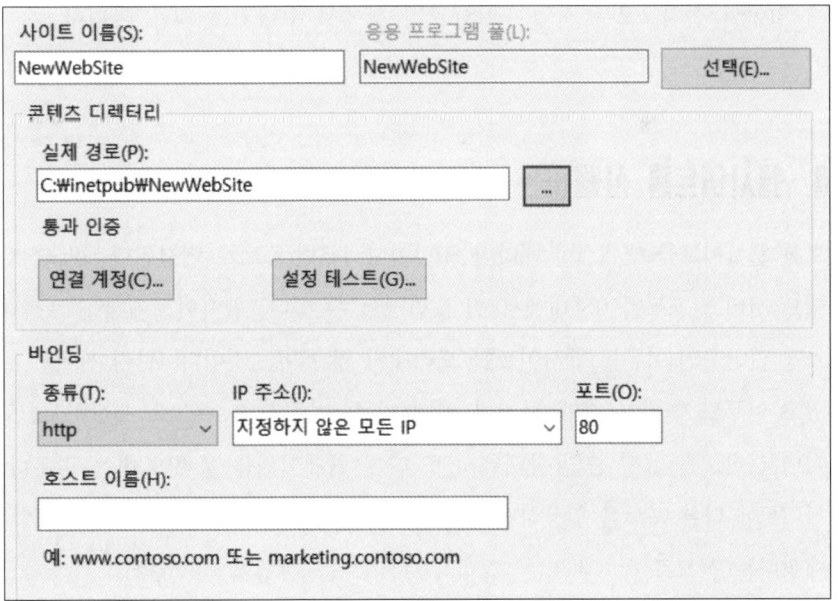

12. 확인을 클릭한다.
13. 네트워크의 또 다른 컴퓨터에서 인터넷 익스플로러를 열고 `http://<webserver>`를 탐색한다. 이 예제의 예에서는 `http://web2`다.

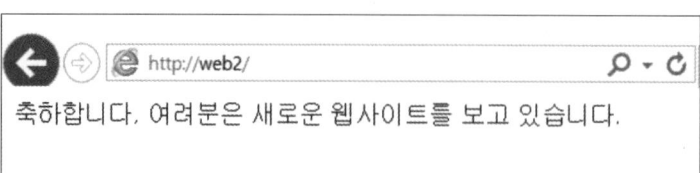

예제 분석

새로운 웹사이트를 시작하는 것은 IIS에서 할 수 있는 아주 간단한 작업이겠지만, 이 역할의 핵심 기능을 나타낸 것이다. IIS를 실행하는 주목적은 웹사이트를 게시하는 것이다. 이 작업의 위치와 웹사이트를 수정하거나 만들기 위해 파일 시스템 내의 위치를 알아야 한다. 모든 작업이 IIS 관리 창에서 수행되는 것은 아니다.

웹사이트를 실행하는 포트 변경

보통 웹사이트를 액세스할 때마다 80번이나 443번 포트로 연결된다. 필요하다면 웹사이트 서비스 포트를 IIS 내에서 쉽게 변경할 수 있다. 웹사이트에서 포트를 변경하는 가장 일반적인 이유는 웹사이트를 드러내지 않으려는 것이다. 관리 사이트 같은 것이 있고 아무도 찾지 못하게 하거나 웹 서버를 지정한 IP 주소로 제한하고, 모든 IP가 이미 사이트를 실행 중인 상태에서 또 다른 웹페이지를 올려야 하는 경우다. 새로운 사이트에 다른 포트를 활용하면 동일한 IP 주소를 사용해 각 포트에 하나의 사이트를 매핑하는 식으로 두 개(또는 그 이상) 사이트를 실행할 수 있다.

웹사이트를 실행하는 포트를 변경하려는 이유가 무엇이든 이 작업의 절차를 따라 해 보면서 또 하나의 도구를 익혀보자.

준비

IIS 역할이 설치된 Windows Server 2016이 필요하다. 이 서버에는 이미 웹사이트가 실행 중이다. 현재 이 웹사이트는 기본 80번 포트를 사용하지만, 81번 포트로 변경하고 클라이언트에서 이 웹사이트의 접근을 테스트한다.

예제 구현

웹사이트 수신 대기 포트를 변경하는 절차는 다음과 같다.

1. 서버 관리자의 도구 메뉴에서 IIS(인터넷 정보 서비스) 관리자를 연다.
2. 왼편 창에서 웹 서버의 이름을 확장하고 사이트 폴더를 클릭한다.
3. 웹사이트를 오른쪽 클릭하고 바인딩을 선택한다.

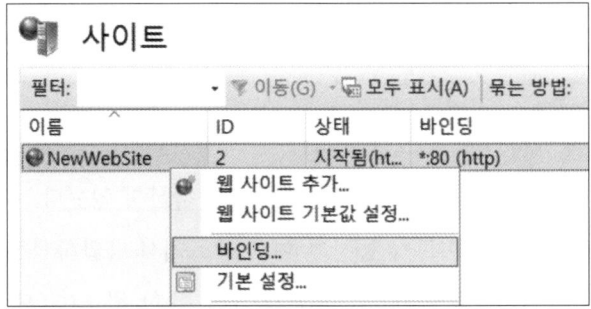

4. 현재 80번 포트를 표시하는 http 바인딩을 선택하고 **편집...** 버튼을 클릭한다.
5. Port 필드를 81로 변경한다. 물론 이는 한 가지 예일 뿐이다. 이 필드에 이 서버에서 사용하지 않는 다른 유효한 포트 번호를 입력할 수 있다.
6. 확인을 클릭한 다음 닫기를 클릭한다.
7. 포트 변경은 웹사이트에 바로 반영된다. 80번 포트에서는 더 이상 수신 대기 하지 않는다. 네트워크의 클라이언트 컴퓨터로 이동해 인터넷 익스플로러를 열어 이 변경 사항을 테스트해보자.

8. 이전 웹사이트 주소 http://web2를 방문해보자.

> 이 페이지를 표시할 수 없습니다.

9. 80번 포트로 접근했기 때문에 웹사이트가 열리지 않는다. 대신 동일한 URL에 특정 포트를 포함해야 한다. http://web2:81을 시도해보자.

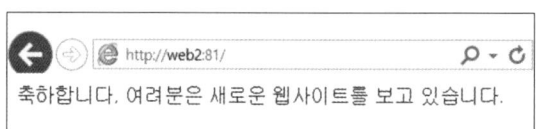

예제 분석

간단한 변경으로 IIS 내에서 웹사이트 액세스에 사용되는 포트를 쉽게 조정할 수 있다. 웹사이트의 바인딩에서 포트 번호를 변경한 후 해당 웹사이트는 새로운 포트에서 수신 대기하도록 변경되고, 더 이상 이전 포트에서 동작하지 않는다. 포트를 변경하지 않고 동일한 화면에서 웹사이트가 동시에 여러 포트에서 응답하게 바인딩을 추가할 수 있다. 예를 들어 일반적인 접근을 위한 HTTP와 민감한 정보가 있는 페이지에 암호화된 액세스를 위한 HTTPS를 원한다면 80번과 443번 포트 모두에 대한 바인딩을 만들 수 있다.

웹사이트 포트를 변경할 때 주목할 한 가지 중요한 점이 있다. 포트 변경은 해당 웹사이트에 접속하는 웹 연결의 끝부분에 특정 포트 번호를 포함해야 한다는 점이다. 또한 네트워크나 웹 서버 자체에서 방화벽을 실행 중이라면 이들 방화벽의 설정을 조정해야 새 포트로 트래픽이 안전하게 통과할 수 있다.

▌웹사이트에 암호화 추가

웹사이트를 사용해 인터넷에 데이터를 전달하는 작업은 오늘날 기본 기술이다. 심지어 가장 간단한 새로운 도구나 시스템을 설치하는 작업도 소프트웨어 다운로드나 업데이트가 필요하거나 웹사이트에 정보를 등록하는 작업이 필요할 것이다. IT 전문가는 HTTP와 HTTPS 웹사이트에 익숙하고 둘 사이의 중요한 차이점을 잘 이해해야 한다. 그러나 지금은 웹사이트를 실행 중이므로, 웹 서버와 클라이언트 컴퓨터 사이에 주고받는 데이터를 보호할 수 있게 HTTPS를 어떻게 적용할 수 있을까?

웹 개발자의 작업은 보통 웹사이트에 HTTPS를 언제 호출할지 알려주는 것이므로, 실제 웹사이트 콘텐츠에 관해 크게 염려할 필요가 없다. 하지만 서버 관리자는 웹사이트가 HTTPS로 웹사이트에서 호출되면 웹 서버에서 트래픽을 적절하게 처리할 수 있어야 한다.

준비

이 작업에는 실행 중인 Server 2016이 필요하다. 이 서버는 현재 IIS에서 실행 중인 간단한 웹사이트가 있다. 예제의 일부는 웹사이트에서 실행하기 원하는 SSL 인증서를 선택하는 것이므로, 이 예제는 해당 인증서가 서버에 이미 설치됐다고 가정한다. 인증서 자체를 얻는 데 도움이 필요하면 '인증서 서명 요청을 사용해 SSL 인증서 획득' 예제를 참고하자.

예제 구현

다음의 절차를 따라 HTTPS용 웹사이트를 구성한다.

1. 서버 관리자 내의 도구 메뉴에서 IIS(인터넷 정보 서비스) 관리자를 시작한다.
2. 왼편 창에서 웹 서버 이름을 확장하고 사이트 폴더를 클릭한다.

3. 웹사이트에서 오른쪽 클릭하고 바인딩...을 선택한다.

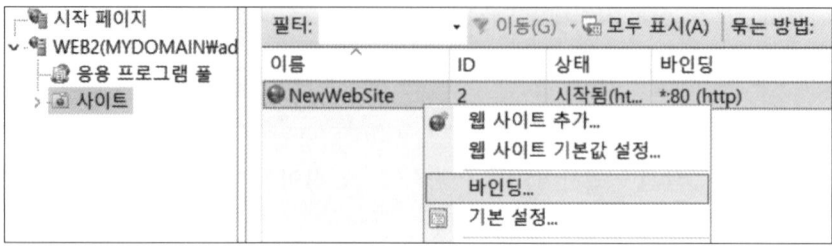

이 사이트가 새 웹사이트이므로 현재 하나의 바인딩 목록뿐이다. 이 바인딩은 HTTP 전용 웹사이트인 80번 포트용이다. HTTPS를 통해 이 사이트를 액세스하려고 하면 실패한다. HTTPS용 포트는 443이므로, 443번 포트를 사용하는 새로운 바인딩을 추가해야 한다. 새로운 관리자가 기존 바인딩을 편집해 80을 443으로 변경하는 실수를 저지르는 것을 본 적이 있다. 이렇게 하면 웹사이트는 443번 포트에서만 수신 대기하거나 HTTPS를 통해서만 요청을 수락한다. 이는 어떤 경우는 바람직할 수 있지만, 대부분의 경우는 그렇지 않다. 일반적으로 웹사이트는 HTTP와 HTTPS 요청 모두에 응답해야 한다.

4. 추가... 버튼을 클릭한다.
5. 종류 필드를 https로 변경한다. 포트 필드가 443으로 자동 변경된다.
6. 이 새로운 바인딩이 특정 IP 주소에서만 동작하기 원한다면 그 주소를 선택한다. 그렇지 않으면 서버에 존재하는 모든 IP 주소에서 새로운 리스너가 활성화되도록 **지정하지 않은 모든 IP 값** 설정을 남겨둔다.
7. IIS에서 이 웹사이트에 대한 요청을 인증하는 데 사용하기 원하는 SSL 인증서를 선택한다. 터널에서 웹사이트 이름으로 지정된 SSL 인증서로 유효성이 검증되기 때문에 HTTP 트래픽은 암호화되고 안전해진다. 서버에 SSL 인증서를 설치하면 목록에서 선택해 HTTPS 바인딩을 만들 수 있다.

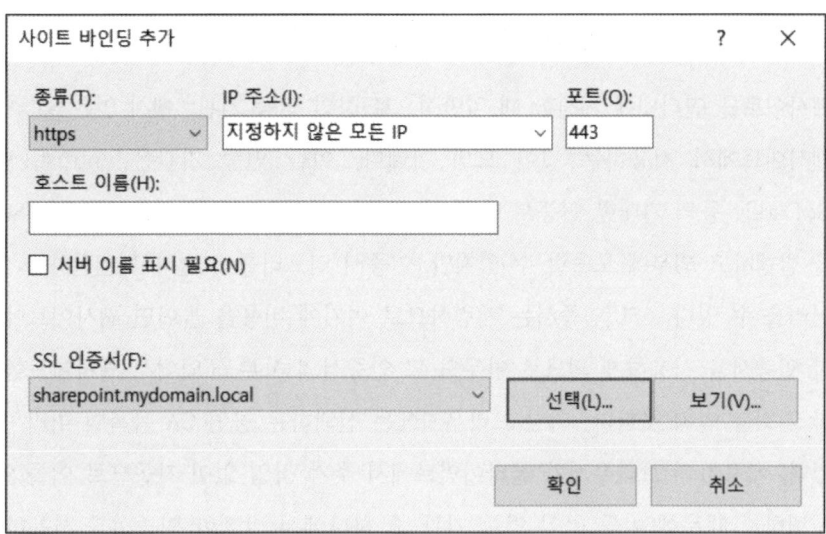

8. 확인을 클릭하고 나서 닫기를 클릭한다. 이제 HTTPS 바인딩이 이 웹사이트에서 활성화된다.

예제 분석

이 예제에서는 IIS 관리 콘솔을 사용해 새로운 웹사이트에 두 번째 바인딩을 추가했다. 이 새로운 바인딩은 HTTPS 트래픽을 허용한다. 이 웹사이트의 일부를 HTTP로 실행하고 더 민감한 페이지는 HTTPS로 실행하려는 것이다. 따라서 HTTP와 HTTPS 트래픽 모두를 활성화해서 이 사이트와 성공적인 흐름을 일으키는 두 번째 바인딩을 만들었다. 이 예제의 과정에서 웹사이트가 들어오는 HTTPS 트래픽을 검증하는 데 사용하는 SSL 인증서를 선택해야 한다. 이 서버에서 웹사이트용으로 SSL 인증서를 설치했다. 이 인증서를 목록에서 간단히 선택했다.

▌ 인증서 서명 요청을 사용해 SSL 인증서 획득

웹사이트를 인터넷에 게시할 때 일반적으로 공인 인증 기관[CA]에서 얻은 SSL 인증서를 웹사이트에서 사용하는 것이 모범 사례다. 이들 인증 기관은 Entrust, Verisign, GoDaddy 등의 거대한 인증서 발행 기관이다. 자체 PKI 인프라를 사용해 SSL 인증서를 발행하고 외부에 노출할 수 있지만, 인증서 인프라를 적절하고 안전하게 설정하기 어려울 수 있다. SSL 인증서는 저렴하므로 여기에 비용을 들이면 웹사이트에서 고유한 인증서를 사용하게 되므로 아무도 그 인증서의 사본을 얻어서 웹사이트를 스푸핑할 기회를 얻지 못한다. 최신 브라우저에는 신뢰하는 공인 CA 목록이 미리 만들어져 있다. 사용자의 브라우저가 클라이언트에서 추가 작업 없이 자동으로 이들 인증서를 신뢰하기 때문에 이들 공인 인증 기관 중 하나에서 발행한 인증서를 사용하는 것이 좋다.

CA의 웹사이트 중 하나에 로그인하고 새로운 인증서를 구매하기는 쉽지만, 까다로운 부분이 있다. 일단 몇 단계를 거쳐야 하고 인증서에 관한 정보를 입력해야 한다. 물론 회사 정보와 사이트에 사용할 이름도 요청한다. 그다음 인증서 서명 요청[CSR, Certificate Signing Request]을 요청하고 붙여 넣을 커다란 빈 텍스트 상자나 CSR을 직접 업로드할 수 있는 업로드 기능을 제공한다. 이 부분이 많은 새로운 관리자가 다음 단계로 넘어가기 위해 고심하는 곳이다.

CSR은 웹 서버에서 만들어야 하는 파일이다. 이 파일에는 인증서를 만들 때 CA에서 사용하는 정보를 포함한다. 이 작업을 수행할 때 CSR의 정보를 인증서에 바인딩해 인증서가 명확히 지정한 웹 서버용으로 만들어졌음을 보장한다. 이 예제에서는 CSR을 함께 생성하기 때문에 해당 화면이 나올 때 처리할 수 있을 것이다.

준비

Server 2016 웹 서버에서 실행 중인 IIS를 사용해 CSR을 생성한다. 이 서버가 작업을 실행하는 데 필요한 유일한 인프라다.

예제 구현

공인 CA에서 새로운 인증서를 요청하기 위해 웹 서버에서 CSR을 만들어야 한다. 다음의 절차를 따른다.

1. IIS(인터넷 정보 서비스) 관리자를 시작한다.
2. 왼편 창에 서버의 이름을 클릭한다.
3. 서버 인증서 애플릿을 더블클릭한다. 현재 서버에 설치된 인증서를 표시한다.

4. 화면 오른쪽 근처의 인증서 요청 만들기라는 작업을 클릭한다.
5. 웹사이트가 실행되는 DNS 이름을 갖는 일반 이름을 채운다. 사용자가 이 사이트를 액세스하려고 브라우저에 입력하는 이름이다.

6. 조직은 회사나 조직의 이름이다. 보통 이 정보는 CA의 파일에 있는 정보와 일치해야 하므로, 이미 갖고 있는 또 다른 인증서를 확인하고 동일한 정보를 입력해야 한다.
7. 조직 구성 단위에는 원하는 정보를 입력한다. 나는 종종 Web이라는 단어를 입력한다.
8. 구/군/시와 시/도에 입력하고 이 화면을 마무리한다. 예를 들어 경기도와 같은 단어의 전체 철자를 입력한다. 이 정보에 약어를 입력하는 것은 좋지 않다.

일반 이름(M):	www.contoso.com
조직(O):	Phrygia Lab
조직 구성 단위(U):	Web
구/군/시(L):	Gyeonggi
시/도(S):	Yongin
국가/지역(R):	KR

9. 다음을 클릭한다.
10. 비트 길이를 2048로 올린다. 이 값은 일반적으로 업계의 새로운 최소한의 표준으로 고려한다.

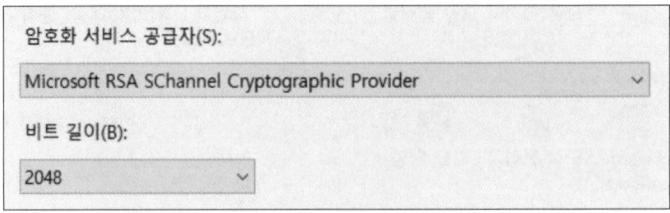

11. 다음을 클릭한다.
12. 새로운 CSR을 저장할 위치와 이름을 입력한다. 보통 텍스트(.txt) 파일로 설정한다. 확장자를 포함해 전체 파일명을 지정해야 한다. 이렇게 하지 않으면

파일이 네버랜드neverland로 사라질 것이다.

13. 마침을 클릭하고 새로운 파일을 살펴보자. 문자와 숫자가 무작위로 나열된 것처럼 보일 텐데, 이것이 정상이다.

14. 이제 새로운 SSL 인증서를 위한 공식 요청을 위해 공인 CA의 웹 인터페이스에서 이 새로운 CSR을 사용해 진행할 수 있다. CSR 요청을 받을 때 그 시스템에 CSR 파일의 내용을 붙여 넣기 한다. 이번이 CSR이 필요한 마지막 시점이다.

> **TIP** 각 인증 기관은 이 과정을 다르게 처리하지만, 일반적으로 거쳐야 하는 일련의 단계를 웹사이트를 통해 수행한다. 많은 CA가 비용을 지불하지 않고 테스트해보도록 15 또는 30일의 트라이얼 인증서를 생성할 수 있게 한다.

15. CA에서 여러분의 요청과 CSR을 검증한 후 새로운 인증서를 다운로드할 수 있는 링크를 발행한다. 그 링크를 따라가서 파일을 다운로드하고 웹 서버에 복사한다.

16. 인증서 파일을 서버에 확보하면 IIS에서 이 파일을 가져오기해야 한다. 서버 인증서 섹션으로 다시 돌아가서 **인증서 요청 완료...**를 클릭한다.

17. 새로 다운로드한 인증서 파일을 지정하고 **이름** 필드에 원하는 이름을 입력한다. 이 이름에 IIS 내에 이 새로운 인증서를 제공할 수 있는 설명적인 이름을 붙이면 나중에 웹사이트 바인딩에 인증서를 할당할 때 인증서를 쉽게 확인할 수 있다. 기본 값은 개인 저장소에 이들 인증서를 저장하는 설정이다.

[인증서 가져오기 대화상자 이미지]

18. 확인을 클릭하면 끝이다. 새로운 인증서가 설치됐고 사용할 준비가 됐다.

예제 분석

이번 예제에서는 선호하는 공인 인증 기관에서 새로운 SSL 인증서를 요청했다. 이 인증 기관에서 인증서를 받기 위해 웹 서버에서 CSR을 발행했다. CSR을 생성했다면 간단히 이 파일의 내용을 복사하고 CA 기관에서 제공하는 웹 인터페이스에 붙여 넣은 다음, 그 CSR을 기반으로 한 새로운 인증서를 다운로드한다. 다운로드하고 난 후 새로운 인증서 파일을 웹 서버로 다시 가져오기해 웹사이트에서 사용할 수 있게 했다.

한 가지 주목할 중요한 내용이 있다. 서버에 새로운 인증서를 설치한 후 그 인증서를 더블클릭해 열어보자. 인증서 속성의 메인 페이지에 '사용자가 이 인증서와 일치하는 개인 키를 갖고 있습니다.'라는 메시지를 확인해야 한다. 이 메시지는 인증서의 **일반** 탭의 하단 근처에 표시된다. 이 메시지가 보이지 않는다면 CSR을 사용한 작업에 문제가 있었다는 것이며, 또 다른 새로운 인증서의 사본을 요청하는 프로세스를 시작해야 한다. SSL 인증서에 해당하는 개인 키를 보유하는 것이 웹사이트를 올바로 동작시키는 데 중요하다.

■ 한 서버에서 다른 서버로 SSL 인증서 이동

한 웹 서버에서 또 다른 웹 서버로 SSL 인증서를 이동하거나 복사해야 할 경우가 많다. 조직의 네트워크용으로 와일드카드 인증서를 구매했다면 수많은 다른 서버에 동일한 인증서를 사용해 여러 웹사이트와 DNS 이름을 검증할 것이다. 특히 이름이 부여된 인증서를 사용하는 경우도 동일한 사이트를 호스팅하는 여러 대의 웹 서버에서 일종의 부하 분산 방식으로 사용할 수 있게 설정할 수 있다. 이런 경우 클라이언트의 트래픽을 잠재적으로 모두 허용할 수 있으므로 각 웹 서버에서 동일한 SSL 인증서가 필요하다.

한 서버에서 다른 서버로 인증서를 이동하거나 복사할 때 올바른 방법과 잘못된 방법이 있다. 한 서버에서 다른 서버로 인증서를 복사하는 작업에 익숙해지도록 시간을 조금 할애해 보자.

준비

Windows Server 2016이 설치된 온라인 상태의 컴퓨터 두 대를 준비한다. 이 서버들은 동일한 웹사이트를 제공하는 웹 서버가 된다. 두 대의 서버 모두에 IIS를 설치한다. 필요한 SSL 인증서를 주 서버에 설치한다. 이제 주 서버에서 인증서를 내보내고 두 번째 서버로 잘 가져와야 한다.

예제 분석

다음의 절차를 따라 한 서버에서 다른 서버로 인증서를 복사한다.

1. 주 웹 서버에서 서버 관리자의 도구 메뉴에서 IIS(인터넷 정보 서비스) 관리자를 시작한다.

2. 왼편 창에서 서버의 이름을 클릭한다.
3. 서버 인증서 애플릿을 더블클릭해 이 시스템에 현재 설치된 인증서를 확인한다.
4. 이 예제의 경우 이 서버에 설치된 주 웹사이트용 SSL 인증서를 사용한다. 인증서를 오른쪽 클릭한 다음 내보내기...를 선택한다.

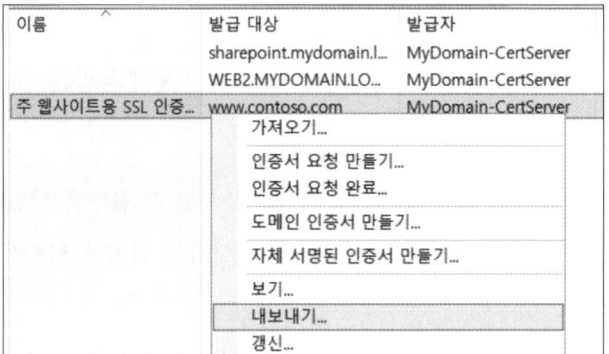

5. 이 내보낸 파일을 저장할 위치를 선택하고 파일을 보호하는 데 사용할 암호를 입력한다.

6. 확인을 클릭하면 PFX 파일이 만들어져 바탕 화면(또는 원하는 다른 위치)에 저장된다. 이제 이 PFX 파일을 두 번째 웹 서버에 복사한다.
7. 두 번째 서버에서 IIS 관리 콘솔을 열고 동일한 서버 인증서 애플릿을 실행한다.
8. 가운데 창에서 오른쪽 클릭하고 가져오기...를 선택한다. 다른 방법으로 오른편 창에서 가져오기... 작업을 선택할 수도 있다.
9. 인증서의 위치를 찾아 PFX 파일을 보호하는 데 사용한 암호를 입력한다.
10. 확인을 클릭하기 전에 두 번째 서버에서 인증서를 내보낼 수 있기를 원하는지 여부를 결정한다. 나중에 다시 인증서를 내보낼 계획이라면 이 설정이 필요하다. 그렇게 할 이유가 없다면 이 체크 상자를 해제한다. 이 인증서를 내보내게 허용 체크 상자를 해제하면 네트워크에서 이 인증서를 얻는 위치를 제한할 수 있다. 잠재적으로 내보낼 수 있는 곳이 많을수록 인증서를 가져올 기회가 더 많아진다.

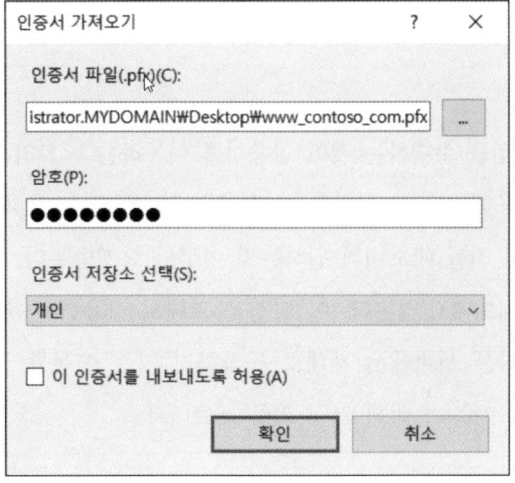

11. 확인을 클릭하면 이제 인증서가 설치되고 IIS 창 내에서 볼 수 있다.
12. 이 인증서를 더블클릭하고 모든 부분이 올바르게 보이는지 속성을 확인한다. 하단에 "사용자가 이 인증서와 일치하는 개인 키를 갖고 있습니다."라는 메시

지가 보이는지 확인한다. 이 메시지가 빠져있다면 내보내기하는 동안 작업이 올바로 수행되지 않았고 그전에 수행한 인증서 내보내기에서 개인 키가 포함되지 않은 것이다. 주 서버를 다시 방문해서 두 번째 서버의 인증서에서 개인 키 정보를 포함하게 다시 내보내기 해야 한다. 그렇지 않으면 올바로 동작하지 않는다.

> 유효 기간(시작) 2017-08-03 부터 2019-08-03
>
> ⚷ 사용자가 이 인증서와 일치하는 개인 키를 갖고 있습니다.

예제 분석

IIS 관리 콘솔을 사용해 SSL 인증서를 가져오기 및 내보내기했는데, 이 과정을 이해하면 아주 단순하고 간단한 작업이다. 중요한 부분은 내보내기에서 개인 키 정보를 포함해야 하는 것이다. 그렇지 않으면 인증서에서 트래픽을 적절하게 검사할 수 없다.

IIS를 사용해 이 작업을 수행하는 것이 인증서를 이동하는 최고의 방법이다. 인증서용 MMC 스냅인을 사용해서도 이 작업을 할 수 있지만, 좀 더 복잡하다. 이 콘솔을 사용하려고 한다면 개인 키를 내보내기 원하는지 여부를 요청받는다. 기본 옵션은 아니오이므로 개인 키를 내보내지 않는다. 이 설정을 그대로 사용하는 흔한 실수를 범한 뒤 인증서를 설치한 다른 서버에서 제대로 동작하지 않는 이유를 궁금해 하는 경우를 많이 봤다. 반드시 예를 선택해 개인 키를 내보내자.

■ 새로 갱신한 인증서를 자동으로 다시 바인딩

인증서는 만료된다. 대부분의 경우 기업들은 주로 1년짜리 단기간용 SSL 인증서를 구입한다. 이는 매년 각 인증서를 갱신해야 한다는 뜻이다. 하지만 인증서의 새로운 사본을 웹 서버로 다운로드하고 설치하는 것만으로 계속 동작하지는 않는다. 간단히 새 인증서를 서버에 설치하는 것만으로 IIS에서 웹사이트의 트래픽을 검증하는 데 이 인증서를 사용하는 것이 아니다. 이전 인증서를 삭제해도 IIS 내에서 갑자기 나타난 새로운 인증서가 사이트에 바인딩돼 사용을 시작해야 한다고 알려주는 동작이 없다. 따라서 직접 추가 변경을 항상 수행해야 했다. 인증서를 교체할 때마다 IIS로 가서 웹사이트에서 바인딩을 변경한다. 이런 방식은 자동 등록과 같은 기능을 통해 인증서 자동 갱신이 있을 때 특히 더 괴로움을 가중시킨다. 서버 수준에서 자동으로 갱신되기 때문에 나중에 처리하면 되고 인증서를 갱신하기 위해 더 이상 해야 할 일이 없다고 잘못 생각할 수 있다. 그런데 이는 사실이 아니다. 지금까지는 항시 IIS에 가서 직접 바인딩을 변경했다. 이젠 걱정할 필요가 없다. 새로운 미래가 펼쳐졌다.

IIS 팀은 Windows Server 2016의 새로운 IIS 버전에서 이 문제를 해결하기 위한 간단하고 강력한 변경을 가했다. 사실 이 기능은 서버 2012 R2에서 사용할 수 있었지만, 아무도 현업에서 이 기능을 사용하지 않았으며, 대부분의 사람들에게는 완전히 새로운 기능이다. 이 새 기능을 인증서 리바인딩이라고 하며, 활성화시키면 IIS에서 자동으로 새로운 인증서 설치를 인식하고, 만료된 인증서 대신 새로운 인증서 사본을 사용할 적절한 웹사이트를 자동으로 다시 바인딩한다. 이 옵션을 켜고 끄는 방법을 알 수 있게 관련 인터페이스를 살펴보자. 이 기능이 동작하는 방식을 이해할 수 있게 내부도 조금 살펴본다.

준비

Windows Server 2016 웹 서버에서 이 작업을 수행한다. IIS를 설치했고 이미 SSL 인증서를 바인딩해서 실행하는 HTTPS 웹사이트가 있다.

예제 구현

다음 절차를 따라 IIS 웹 서버에서 인증서 리바인딩을 사용한다.

1. 서버 관리자의 도구 메뉴에서 IIS(인터넷 정보 서비스) 관리자를 시작한다.
2. 왼편 창에서 웹 서버의 이름을 클릭한다.
3. 서버 인증서 애플릿을 더블클릭한다.
4. 오른편 창에서 갱신된 인증서의 자동 리바인딩 사용이라는 작업을 클릭한다.

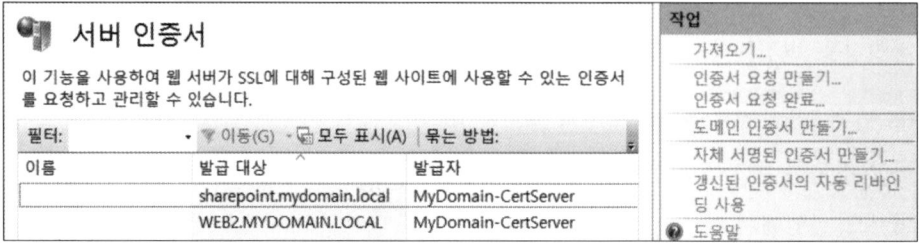

5. 이것으로 끝났다. IIS는 이제 갱신된 인증서의 설치를 인식하게 구성됐으며, 새로운 인증서를 사용할 수 있게 웹사이트를 자동으로 리바인딩한다. 이제 이 프로세스가 실제로 동작하는 방법을 잠깐 살펴보자.
6. 명령 프롬프트나 시작 화면에서 Taskschd.msc를 시작하자. 이 명령은 Windows 작업 스케줄러를 실행한다.
7. 왼쪽 창의 항목에서 작업 스케줄러 라이브러리 ▶ Microsoft ▶ Windows ▶ CertificateServicesClient를 선택한다.

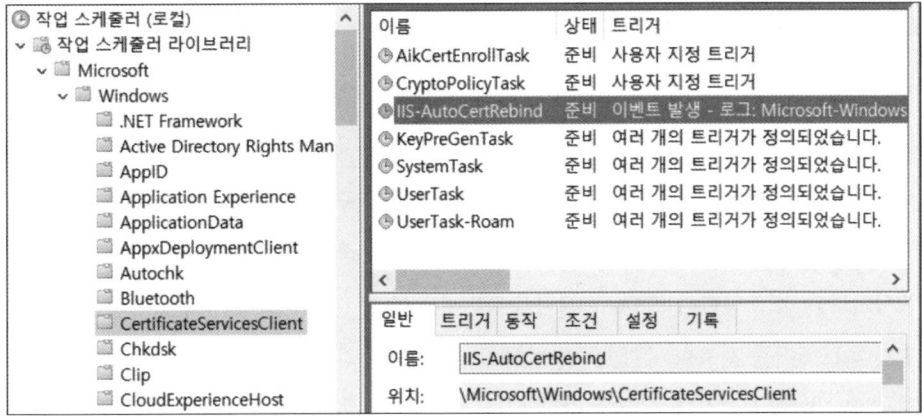

8. 여기서 IIS-AutoCertRebind라는 예약 작업 목록을 확인할 수 있다. 이 작업이 인증서 리바인딩의 마술이다. Server 2016 시스템에서 인증서가 추가되거나 갱신될 때 이벤트가 기록된다. 이 이벤트가 기록될 때 이 예약 작업이 실행돼 인증서에 관한 IIS의 정보를 사용해 새로운 인증서에 웹사이트를 다시 바인딩한다.

9. IIS로 다시 돌아가서 갱신된 인증서의 자동 리바인딩 사용 안 함 작업을 클릭하면 목록에서 예약 작업이 사라진다.

예제 분석

인증서 리바인딩은 실제로 IIS 내에서 활성화하는 간단한 작업이지만, 하루의 운명을 좌우할 수 있다. 이 기능을 사용하면 Windows 내에 예약 작업을 만들어 IIS 웹사이트를 새로운 인증서와 바인딩하는 명령을 트리거할 수 있다. 이 작업은 새로운 인증서가 설치되거나 갱신될 때 Windows에서 기록한 이벤트에 의해 트리거 된다. 인증서 리바인딩을 사용하고 자동 등록을 통해 인증서 배포의 구성이 자동으로 발생하게 하면 이제 네트워크 내에서 실제로 자동화된 인증서 갱신 시스템을 갖게 되는 것이다.

▍IIS 서버에서 여러 웹사이트 호스팅

웹 서버를 올리고 IIS 역할을 구현해 웹사이트를 호스팅하는 작업은 의미 있는 첫걸음을 내딛은 것이다. 웹사이트의 규모와 중요성에 따라 동일한 웹사이트의 여러 사본을 서비스하는 다중 웹 서버를 실행하고, 웹 서버들 간에 부하 분산을 구성해야 한다. 다른 한 편으로 웹사이트가 실제로 서버의 리소스를 아주 적게 사용할 수 있으므로, 새로운 웹사이트를 호스팅한다고 해서 세금을 더 내는 것은 아니다. 현재 유휴 상태에 있는 추가 하드웨어를 사용할 수 있는 방법이 있을까? 다수의 서버를 가동해야 할 경우 추가 웹사이트나 웹 서비스를 실행할 수도 있다. 좋은 소식은 IIS에서 동시에 다른 여러 웹사이트를 호스팅할 수 있다는 점이다. 리소스가 남아도는 서버를 찾아 추가 웹사이트를 만들면 동일한 물리 서버에서 여러 웹사이트를 서비스할 수 있다.

다른 포트를 사용하거나 다수의 IP 주소를 사용하는 방식으로 동시에 동일한 IIS 서버에서 다수의 웹사이트를 호스팅할 수 있다. 이 두 가지 방법을 살펴보자.

준비

WEB1 서버에서 IIS를 사용해 여러 웹사이트를 호스팅한다. DNS를 통해 이들 웹사이트의 이름도 만든다.

예제 구현

다음의 절차를 따라 동일한 IIS 서버에서 다수의 웹사이트를 호스팅한다.

1. 먼저 IIS에서 서비스할 동일한 사이트를 만들어야 한다. 'c:\inetpub' 폴더 내에서 간단히 4개의 폴더를 만든다. 각 폴더에는 약간의 텍스트가 포함된 간단한 Default.htm 파일이 있다. 이런 방식으로 IIS 내에서 다른 사이트에 다른 웹페이지를 제공할 수 있으며, 나중에 IIS에서 다른 웹페이지 모두를 서비스하

고 있다는 것을 입증하기 위해 개별로 접근해볼 수 있다.

2. 이제 IIS(인터넷 정보 서비스) 관리자를 열고 사이트 폴더를 찾는다. 사이트를 오른쪽 클릭하고 **웹사이트 추가...**를 선택해서 새로운 웹사이트를 만드는 과정을 거친다. 이 과정을 3번 더 수행한다. 적절한 폴더를 선택해 각 사이트에서 올바른 페이지를 서비스하게 만든다.

3. 현재는 웹 서버에 IP 주소가 하나뿐이다. 따라서 IIS에서 하나의 IP 주소에서 여러 웹사이트를 호스팅하려면 각각 고유한 포트 번호에서 각 웹사이트를 실행하는 접근 방식을 취해야 한다. **웹사이트 추가** 화면을 구성할 때 각 사이트의 바인딩 섹션 아래에서 고유 포트 번호를 확인한다. 이렇게 하면 각 사이트가 고유 포트 번호에서 실행되기 때문에 4개의 웹사이트 모두 동시에 동일한 IP 주소를 사용해 접근할 수 있다.

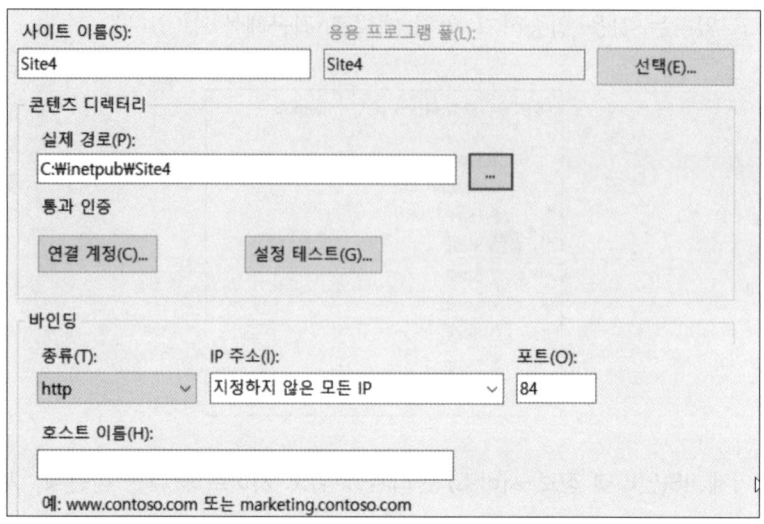

4. 이제 4개의 웹사이트 모두 시작됐고, 각각 자체 고유 포트 번호에서 실행 중임을 알 수 있다.

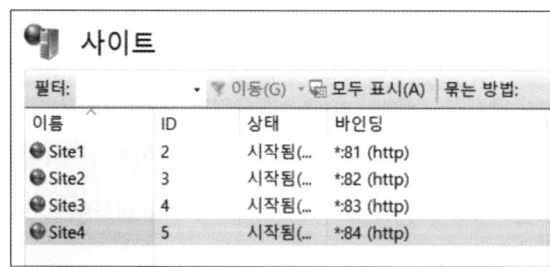

5. 네트워크의 클라이언트 컴퓨터에서 이제 다음 링크를 사용해 접근할 수 있고, IIS 서버에서 서비스되는 4개의 다른 웹페이지를 확인할 수 있다.

- http://web1:81
- http://web1:82
- http://web1:83
- http://web1:84

6. 웹사이트를 액세스하고 싶을 때 사용자가 특정 포트 번호를 입력하는 것은 적절한 방법은 아니므로, 다른 방식으로 WEB1 서버의 다른 4가지 웹사이트를 호스팅해보자. 다른 포트 번호를 사용하는 대신, 이제 각각 고유 IP 주소로 각 웹사이트를 호스팅하는 접근 방법을 시도한다. 먼저 WEB1 서버의 NIC 속성을 열고 이들 웹사이트를 호스팅하는 데 사용할 수 있는 3개의 추가 IP 주소를 넣는다.

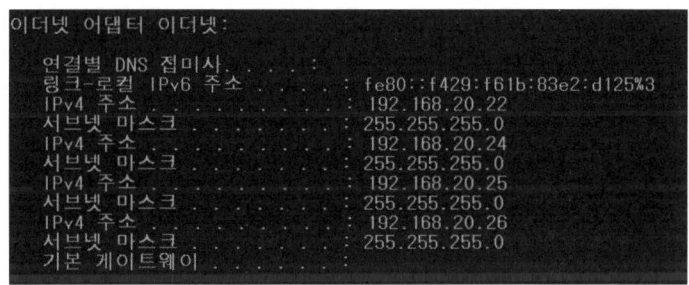

7. 이제 다시 IIS 내에서 각 웹사이트를 오른쪽 클릭하고 바인딩…을 선택해 각 웹사이트에서 자체 고유 IP 주소와 함께 기본 포트 80을 다시 사용하게 바꾼다.

8. 4개의 웹사이트에서 자체 고유 IP 주소를 실행한다면 네트워크에서 각 사이트가 고유한 DNS 이름을 갖게 DNS 호스트 레코드 역시 만들 수 있다. 이러한 4가지 새로운 DNS 이름이 사이트가 실행되는 해당 IP 주소를 가리키게 하면 클라이언트 컴퓨터는 이제 네트워크에서 각 호스트 이름으로 웹사이트를 액세스할 수 있다.

- http://site1.mydomain.local
- http://site2.mydomain.local
- http://site3.mydomain.local
- http://site4.mydomain.local

Site1	호스트(A)	192.168.20.22
Site2	호스트(A)	192.168.20.24
Site3	호스트(A)	192.168.20.25
Site4	호스트(A)	192.168.20.26

예제 분석

하나의 웹 서버에서 여러 웹사이트를 호스팅하면서 액세스를 분할하는 데 포트 수준이냐 IP 주소 수준이냐를 결정하는 것과 상관없이 동시에 여러 사이트를 호스팅함으로써 웹 서버의 제한을 어느 정도 확장할 수 있다는 것을 알아야 한다. IIS는 이러한 리소스의 분할을 다루는 것 이상의 능력이 있으며, 하드웨어에서 그 작업을 지원하는 한 추가 웹 리소스가 필요할 때 서버를 계속 설치하는 수평 확장 대신 이 방법으로 수직 확장을 지속하면 실행 중인 서버의 수를 줄일 수 있다.

■ 호스트 헤더를 사용해 하나의 IP 주소에서 여러 웹사이트 관리

앞서 살펴봤듯이 각 사이트에 대해 개별 IP 주소를 할당해 IIS 내에서 여러 웹사이트를 구성하는 것은 아주 간단하다. 하나의 웹 서버에서 둘 이상의 사이트를 실행하는 것은 일반적인 일이며, 이는 웹 서버가 각 사이트에 여러 IP 주소를 구성했다는 뜻이다. 하지만 이렇게 하지 못할 때가 있다. 예를 들어 인터넷에 연결된 웹 서버에서 작업하고 있는 데 사용할 수 있는 공인 IP 주소의 양에 제한이 있는 경우가 있다. 이런 경우 하나의 IP 주소에서 여러 웹사이트를 호스팅해야 하지만, 사용자가 특정 포트 번호를 입력해야 올바른 웹사이트를 액세스하는 것은 불편하다고 생각한다.

이런 경우에 호스트 헤더를 이용해야 한다. 호스트 헤더를 웹사이트에서 구성해 클라이언트에서 들어오는 특정 요청에 해당 사이트가 응답하게 할 수 있다. 이러한 헤더 요청은 웹 서버에서 트래픽을 구분하고 사용자에게 IIS 내의 적절한 사이트로 안내하는 데 도움을 준다. IIS 내부에서 두 개의 웹사이트를 설정하고 동일한 IP 주소와 포트를 활용하게 구성해보자. 포트가 동작하는 한 모든 부분이 표준으로 유지되길 원하므로 두 사이트 모두 80번 포트를 활용하지만, 웹 서버에 설정해 사용할 수 있는 IP 주소는 하나뿐이다.

준비

Server 2016 웹 서버의 IIS 내에서 작업을 수행한다. 설정을 모두 마치면 웹사이트에 대한 연결을 테스트하는 데 클라이언트 컴퓨터를 활용한다.

예제 구현

다음의 절차를 따라 하나의 IP 주소를 공유하는 두 개의 웹사이트를 만들고 호스트 헤더를 사용해 트래픽을 분할한다.

1. 웹 서버에서 **파일 탐색기**를 열고 C:\Websites라는 새로운 폴더를 만든다. 이 폴더 내에서 Site1과 Site2라는 두 개의 새로운 폴더를 만든다.
2. 각 폴더 내에서 Default.htm 파일을 새로 만든다. 이제 두 개의 다른 Default.htm 파일 중 하나는 Site1 폴더에 넣고 다른 하나는 Site2 폴더에 넣는다. 이 두 사이트가 예제 웹사이트다.
3. 이들 Default.htm 파일 각각에 약간의 텍스트를 입력한다. 어떤 텍스트를 작성했든지 테스트할 때 올바로 동작하는지 알 수 있게 이들 웹사이트를 구분할 수만 있으면 된다.

4. 서버 관리자의 도구 메뉴에서 IIS(인터넷 정보 서비스) 관리자를 시작한다.
5. 왼쪽 창에서 웹 서버의 이름을 확장한다. 그다음 사이트 폴더에서 오른쪽 클릭하고 웹사이트 추가를 선택한다.
6. 사이트 이름을 Site1로 하고 이 웹사이트 위치로 C:\Websites\Site1을 선택한다. 호스트 헤더로 동작 중인지 입증할 수 있게 IP 주소 필드 드롭다운을 클릭해 이 시스템의 하나뿐인 IP 주소를 선택한다. 지금 하는 작업은 동일한 IP 주소와 포트 조합으로 두 개의 웹사이트를 실행하려는 것이다.
7. 새로운 영역인 호스트 이름 필드를 사용한다. 이 필드는 이 웹사이트에 대한 요청이 들어오는 DNS 이름이다. 따라서 사용자가 브라우저에서 입력하는 DNS 이름을 여기에 입력해야 한다. 여기서는 mysite1.mydomain.local을 사용한다.

8. 확인을 클릭하면 웹 서버에서 첫 번째 웹사이트를 실행한다.

9. 이제 앞서와 동일한 과정을 한 번 더 거치지만, 이번에는 Site2에 대한 정보를 지정한다. 동일한 IP **주소**와 **포트**를 선택하지만 **호스트 이름** 필드에는 다른 이름을 지정한다.

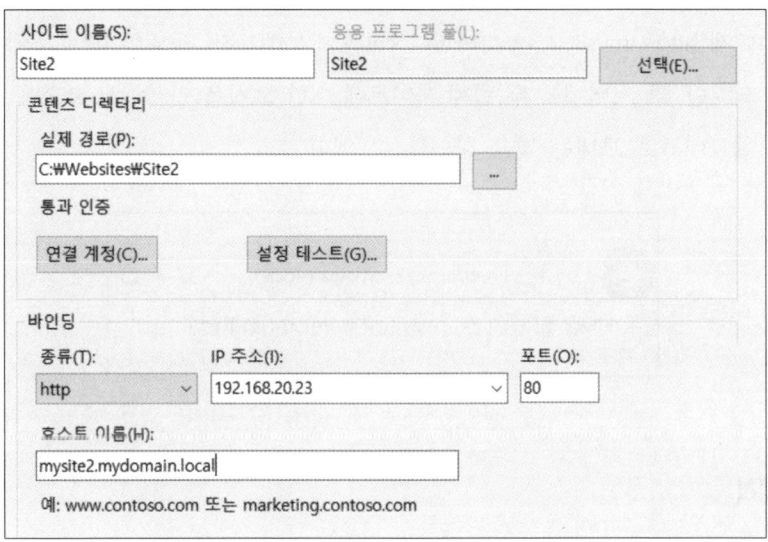

10. 이제 두 개의 웹사이트를 만들었고, 두 사이트 모두 같은 웹 서버의 동일한 IP 주소와 포트에서 실행 중이다. 클라이언트 컴퓨터에서 이들 웹사이트를 찾을 때 IIS가 사이트를 구분할 정도로 똑똑한지 테스트해보자.

 이들 웹사이트에 대한 DNS 레코드가 필요하다. mysite1.mydomain.local과 mysite2.mydomain.local용 호스트 레코드를 만들어야 하며, 두 가지 모두 해당 웹 서버의 IP 주소인 192.168.20.23을 가리켜야 한다.

11. 클라이언트 컴퓨터에서 http://mysite1.mydomain.local을 방문해보자. 웹 서버의 Site1 폴더에 있는 Default.htm 파일의 텍스트를 확인할 수 있어야 한다.

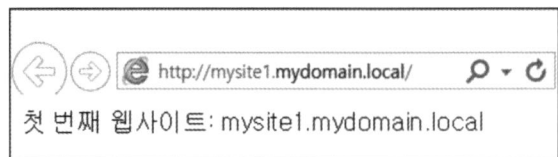

첫 번째 웹사이트: mysite1.mydomain.local

12. 이제 http://mysite2.mydomain.local을 방문해보자. 동일한 IP 주소에서 실행 되지만, 웹 서버에서 두 번째 사이트에 대한 요청을 인식해서 요청을 두 번째 웹사이트로 보내는 것을 확인할 수 있다.

두 번째 웹사이트: mysite2.mydomain.local

예제 분석

IIS 내에서 웹사이트를 설정할 때 서로 다른 호스트 헤더를 활용하면 동일한 IP 주소와 포트 번호에서 여러 사이트를 게시할 수 있다. 이는 IP 주소가 제한돼 있거나 다른 이유로 웹 서버에 여러 IP 주소를 구성할 수 없는 곳에서 매우 유용하다. IIS는 다른 호스트 이름이 들어오는 동일한 IP와 포트의 웹 요청을 클라이언트 컴퓨터에서 요청한 호스트 헤더 이름을 기반으로 적절한 웹사이트에 요청을 전달할 수 있다. 이들 웹페이지에 대한 요청은 이름을 사용해야 적절하게 동작한다는 사실이 중요하다. 둘 이상의 다른 사이트에서 IP 주소를 공유함으로써 브라우저에서 웹사이트의 IP 주소를 입력해 동작을 기대할 수 없다.

06

원격 액세스

Windows Server 2016에서 Microsoft는 원격 액세스를 바라보는 완전히 새로운 방식을 들고 나왔다. 기업들은 역사적으로 원격 사용자를 네트워크에 연결하는 데 대규모 네트워킹 벤더가 내놓은 어플라이언스에서 제공하는 전통적인 SSL VPN과 같은 서드파티 도구에 의존했다. Microsoft 중심 소프트웨어를 실행하는 우리는 원격 근무자를 연결하는 데 Microsoft 기술에 의존한다. 더 나아가 이들 기술은 Server 2016 운영체제에 포함돼 있으며, 전통적인 VPN에서 제공하는 기능 이상으로 향상된 기능을 제공한다.

일반적인 VPN이 원격 액세스 공간에 여전히 적합하며, 좋은 소식은 Server 2016에서도 VPN을 사용할 수 있다는 것이다. VPN을 설정하는 몇 가지 예제가 있지만, 6장의 초점은 DirectAccess[DA]다. DA는 일종의 자동 VPN 같은 것이다. 사무실에 연결하기 위해 사용자가 할 일은 없다. 인터넷에 연결될 때마다 자동으로 기업 네트워크에 연결된다. DirectAccess는 도메인에 가입된 Windows 7과 Windows 8, Windows 10 시스템을 데이터 액세스와 이동하는 컴퓨터의 관리를 위해 네트워크에 다시 연결하는 놀라운 방식이다. DA는 실제로 2008년경에 나왔지만, 첫 번째 버전은 인프라 요구 사항이 높아 널리 사용되지 못했다. Server 2016은 완전히 새로운 일련의 이점을 제공하며, 과거보다 더 쉽게 구현했다. 여전히 DirectAccess를 들어본 적이 없는 서버와 네트워킹 관리자가 많으므로, 여기에 관련된 몇 가지 일반적인 작업을 함께 살펴보는 데 시간을 들일 것이다.

6장에서 다루는 내용은 다음과 같다.

- DirectAccess 계획 관련 질문과 답변
- DirectAccess나 VPN, 두 가지의 조합 구성
- DirectAccess에서 사용할 그룹 정책 개체 준비
- DirectAccess의 보안 확장을 위한 인증서 인증 요청
- 자체 시스템에 네트워크 위치 서버 구축
- DirectAccess 서버에서 네트워크 부하 분산 사용
- 기존 DirectAccess 서버에 VPN 추가
- 만료되는 IP-HTTPS 인증서 교체
- DirectAccess와 VPN 연결 상태 보고

소개

Windows Server 2016에서 사용할 수 있는 두 가지 원격 액세스가 있다. 원격 액세스 역할을 구현하는 가장 일반적인 방식은 도메인 가입된 Windows 7과 8, 10 클라이언트 컴퓨터에게는 DirectAccess, 나머지는 VPN을 제공하는 것이다. DA 컴퓨터는 전형적으로 회사 소유 기업 자산이다. DirectAccess가 회사 자산용인 이유 중 하나는 클라

이언트 컴퓨터가 도메인에 가입돼야 DA 구성 설정이 GPO를 통해 클라이언트에 적용되기 때문이다. 가정용 및 개인용 컴퓨터를 도메인에 가입하고 싶지는 않을 것이다.

따라서 VPN은 Windows XP나 비도메인 가입 Windows 7/8/10과 같은 낮은 수준의 클라이언트와 네트워크에 액세스하기 원하는 가정 및 개인용 장치에 사용된다. 전통적인 VPN 리스너는 PPTP와 L2TP, SSTP와 같은 사용 가능한 모든 일반 프로토콜을 사용하므로, 스마트폰과 태블릿 같은 장치를 네트워크에 연결할 수도 있다.

Server 2016 원격 액세스 역할 내에서 사용할 수 있는 웹 응용프로그램 프록시[WAP, Web Application Proxy]라는 세 번째 기능이 있다. 이 기능은 DirectAccess와 VPN과 달리 원격 컴퓨터를 네트워크에 연결하는 데 사용되지 않는다. WAP은 오히려 내부 웹 리소스를 인터넷에 게시하는 데 사용된다. 예를 들어 네트워크에서 Exchange와 SharePoint 서버를 실행하고, 외부 사용자가 연결할 인터넷에 웹 기반 리소스에 대한 액세스를 게시하기 원한다면 WAP은 이러한 리소스에 대한 액세스를 게시할 수 있는 메커니즘이다. 이처럼 인터넷에 게시하는 기술 용어가 역방향 프록시며, WAP이 그처럼 동작할 수 있다. 또한 ADFS 프록시로도 동작할 수 있다.

WAP 역할에 관한 더 자세한 정보는 다음 링크를 방문해보자.

https://technet.microsoft.com/ko-kr/library/dn584107.aspx

DirectAccess 계획 관련 질문과 답변

DirectAccess 설정에 관한 대부분의 혼란스런 부분 중 하나는 설정을 수행하는 다른 방법이 많다는 것이다. 일부는 좋은 아이디어지만, 일부는 그렇지 않다. 예제를 시작하기 전에 성공적인 DA 배포를 안내하는 데 도움을 주는 일련의 질문과 답변을 다룬다. DirectAccess를 설정할 때 항상 나오는 일련의 질문 중 하나는 "DA 서버에 IP 주소를 어떻게 할당합니까?"이다. 이 질문은 상당히 부담스러운데, DA를 구현하는 방법과 활용할 기능, 심지어 DA 서버의 보안을 강화하는 방법에 따라 답변이 다르기 때문이다. 몇 가지 질문을 하고 이러한 질문에 대한 잠재적인 답변을 제시하며, 각 결정의 영향을 알아보자.

- DirectAccess를 사용해 연결할 수 있는 클라이언트 운영체제는 무엇일까?
  Windows 7 Ultimate, Windows 7 Enterprise, Windows 8.x Enterprise, Windows 10 Enterprise 또는 Education. 이 목록에 Professional SKU는 빠져 있다. Windows 7과 Windows 8, Windows 10 Pro에서는 DirectAccess 연결 구성 요소를 포함하지 않는다. 이는 처음 박스를 푼 서피스 프로 태블릿에서는 DirectAccess를 활용할 수 없다는 뜻이다. 하지만 이제 많은 기업에서 서피스 태블릿에 Windows 10 Enterprise를 설치해 서피스 엔터프라이즈로 전환하고 있다. 이 작업은 서피스 프로를 DA 클라이언트로 만든다. 사실 이 글을 엔터프라이즈 태블릿으로 전환해 DirectAccess에 연결한 서피스 프로에서 쓰고 있다.

- DirectAccess 서버에서 하나 또는 두 개의 NIC가 필요할까?
  기술적으로 어느 쪽이든 설정할 수 있다. 하지만 실제로는 DirectAccess가 두 개의 NIC 구현을 염두에 두고 설계된 기술이다. 단일 NIC DirectAccess는 종종 개념증명$^{PoC, proof-of-concept}$ 테스트를 할 때나 고려하며, 현장에서는 단일 NIC 구현이 많은 문제를 일으키는 것을 봤으므로 운영 환경에서 사용은 권장하지 않는다. 하나는 인터넷에 연결되고, 나머지 하나는 내부 네트워크에 연결하는 두 개의 네트워크 카드를 사용하자.

- DirectAccess 서버는 도메인에 가입돼야 하는가? 그렇다!

- DirectAccess는 사이트 간 장애 조치 기능이 있는가?
  그렇다. Windows 8.x와 10 클라이언트 컴퓨터는 이 기능을 이용할 수 있다. 이 기능을 다중 사이트 DirectAccess라고 하며, 지리적으로 분산된 다중 DA 서버가 다중 사이트 어레이에 함께 묶일 수 있다. Windows 8.x와 10 클라이언트 컴퓨터는 각각의 진입점을 추적하고, 필요에 따라 사용자 환경에서 사이트를 전환할 수 있다. Windows 7 클라이언트는 이 기능을 갖고 있지 않으며, 항상 주 사이트로 연결된다.

- Microsoft 문서에서 본 6to4와 Teredo, IP-HTTPS란 무엇인가?

  6to4와 Teredo, IP-HTTPS는 모두 IPv6 트랜지션 터널링 프로토콜이다. DA 클라이언트와 DA 서버 사이의 인터넷을 통해 이동하는 모든 DirectAccess 패킷은 IPv6 패킷이다. 내부 네트워크가 IPv4라면 이들 패킷이 DirectAccess 서버에 도달할 때 이들 패킷은 DNS64와 NAT64라고 하는 특별한 구성 요소에 의해 IPv4 패킷으로 바뀐다. 이들 기능이 기업 네트워크 내에서 필요시 IPv6에서 IPv4로 패킷 변환을 처리하는 동안 핵심은 연결의 인터넷 부분을 통과하는 모든 DirectAccess 패킷이 항상 IPv6라는 것이다. 인터넷의 대다수가 여전히 IPv4이므로, 인터넷을 지나가는 IPv4 패킷 내에 IPv6 패킷을 터널링해야 한다는 뜻이다. 이 작업을 수행하는 것이 6to4와 Teredo, IP-HTTPS다. 6to4는 IPv6 패킷을 IPv4 헤더에 캡슐화하고 프로토콜 41을 사용해 인터넷으로 실어 나른다. Teredo는 마찬가지로 IPv6 패킷을 IPv4 헤더에 캡슐화하지만, UDP 포트 3544를 사용해 패킷을 전송한다. IP-HTTPS는 IPv4 내에 IPv6를 캡슐화한 다음, HTTP 내에서 TLS로 암호화해 근본적으로 인터넷을 통과하는 HTTPS 스트림을 만든다. 이는 TCP 포트 443을 활용하는 다른 HTTPS 트래픽과 같다. 이 두 가지 종류의 터널을 통과하는 DirectAccess 트래픽은 DirectAccess 자체가 IPsec으로 보호 받으므로 항상 암호화된다.

- Teredo를 사용한 클라이언트 연결을 허용하는 것이 좋을까?

  대부분의 경우 여기서 대답은 '예'이다. 이 결정에서 가장 중요한 요인은 아마도 여전히 Windows 7 클라이언트를 실행하는지 여부일 것이다. 환경에서 Teredo를 사용할 때 클라이언트 컴퓨터에 IP-HTTPS 프로토콜을 통해 연결하기보다는 Teredo를 사용해 연결할 기회를 제공하는 것이다. IP-HTTPS는 연결을 위한 일종의 다목적용 프로토콜이지만, Teredo는 사용할 수 있는 경우 클라이언트에서 선호하는 프로토콜이다. Windows 7 클라이언트의 경우 Teredo는 IP-HTTPS보다 약간 더 빠르다. 따라서 서버 사이드에서 Teredo를 사용한다는 의미는 Windows 7 클라이언트(Teredo를 통해 연결하는 클라이언트)의 응답 시간이 더 빠르며, DirectAccess 서버의 부하가 줄어든다는 것이다. 이는 Windows 7 클라이언트가 IP-HTTPS를 통해 연결할 때 모든 트래픽을 두 번 암호화하기 때문이다. 이는 DA 서버에서 들고나는 모든 트래픽을 두 번 암호화/복호화한다는 뜻이다. Windows 8과 10에서는 IP-HTTPS 성능을 Teredo와 같은 정도로 향상시켰으므로, Windows 8 이상으로 완전히 업그레이드한 환경에서는 Teredo를 사용하게 하는 추가 작업이 특별한 이점을 주지는 못할 것이다.

- NAT 뒤에 DirectAccess 서버를 배치할 수 있을까?

  그렇다. 하지만 단점이 있다. DirectAccess가 NAT 뒤에 있으면 Teredo가 동작하지 않는다. Teredo를 사용해야 할 경우 DA 서버는 두 개의 연속 공인 IP 주소를 설정한 외부 NIC를 갖춰야 한다. Windows 7 클라이언트를 사용한다면 속도는 늦어지고 DirectAccess 서버의 부하는 증가한다.

- 독립형 DirectAccess 서버에는 얼마나 많은 IP 주소가 필요할까?

  어쨌든 하나의 NIC 구현을 권장하지 않기 때문에 하나의 NIC 구현은 언급하고 싶지 않다. NAT 뒤에 외부 NIC를 배치하거나 다른 이유로 DA를 IP-HTTPS만으로 제한하는 경우 하나의 외부 주소와 하나의 내부 주소가 필요하다. 외부 주소는 공인 주소 또는 사설 NAT가 적용된 DMZ 주소가 될 수 있다. 내부도 동일하다. 내부 IP 또는 DMZ IP가 될 수 있다. 하지만 양쪽 NIC가 동일한 DMZ에 연결되지 않는다. Teredo 연결을 가능하게 하는 더 나은 설치 시나리오를 위해 외부 NIC에서 두 개의 연속 공인 IP 주소와 내부 NIC에서 단일 내부 IP가 필요하다. 이 내부 IP는 내부나 DMZ 중 하나일 수 있지만, 공인 IP는 Teredo가 동작하게 공개돼야 한다.

- 내부 PKI가 필요할까?

  그럴지도 모른다. Windows 7 클라이언트를 연결하고자 한다면 답은 '예'다. Windows 8 이상을 사용한다면 기술적으로 내부 PKI가 필요하지 않다. 그러나 어쨌든 PKI를 사용해야 한다. 단순한 하나의 Windows CA 서버일 수 있는 내부 PKI를 사용하는 것은 DirectAccess 인프라의 보안을 크게 높인다. 6장을 학습하는 동안 연결을 더 강하고 안전한 터널을 만드는 인증 프로세스의 일부로 인증서를 구현하는 일이 얼마나 쉬운지 알게 될 것이다.

▌DirectAccess나 VPN, 두 가지의 조합 구성

이제 원격 액세스 기술을 구현하는 방법에 관한 몇 가지 일반적인 아이디어가 있다. 어니서 시작해야 할까? Windows 서버에서 실행하기 원하는 대부분의 서비스는 역할 설치로 시작하지만, 원격 액세스의 구현은 그 전에 시작한다. 새로운 서버를 구해서 Microsoft 원격 액세스 서버를 설정하는 과정을 시작해보자.

준비

모든 작업은 새로운 Windows Server 2016에서 수행한다. 두 개의 NIC로 네트워킹을 수행하므로, 이 서버에는 두 개의 NIC가 설치돼 있다. 단순화를 위해 내부 NIC는 기업 네트워크에 연결되고 외부 NIC를 인터넷에 연결한다. 외부 NIC는 DMZ에 연결할 수 있다.

예제 구현

다음 절차를 따라 새로운 서버를 원격 액세스 서버로 전환한다.

1. 서버에 IP 주소를 할당한다. 내부와 외부 네트워크 모두에 연결된 멀티호밍 시스템이므로, 3장의 'Windows Server 2016 멀티호밍 구성' 예제의 단계를 따른다. 가장 중요한 부분은 기본 게이트웨이가 외부 NIC가 되게 하는 것임을 기억하자.
2. 새로운 서버를 도메인에 가입한다.
3. IP-HTTPS 리스너용으로 사용할 예정인 SSL 인증서를 DirectAccess 서버에 설치한다. 이 인증서는 보통 공인 CA에서 구매한 인증서다.
4. 인증용으로 클라이언트 인증서를 사용할 계획이라면 DirectAccess 서버에 내부 CA의 인증서를 복사해야 한다.

> DirectAccess의 구성을 시작하기 전에 인증서가 적합한지 확인해야 한다. 이런 방식은 마법사가 처음 실행할 때 이들 인증서에 관한 정보를 자동으로 가져올 수 있다. 인증서가 없거나 적합하지 않으면 보안에 좋지 않은 자체 서명 인증서를 사용하게 설정해야 한다.

5. 서버 관리자를 사용해 원격 액세스 역할을 설치한다. 이전 단계를 완료한 후에만 이 작업을 수행해야 한다.
6. 나중에 여러 대의 DirectAccess 서버에서 부하 분산을 할 계획이라면 네트워크 부하 분산이라는 기능도 설치해야 한다.
7. 역할과 기능을 선택한 후 설치하기 원하는 원격 액세스 역할 서비스를 선택한다. 기업 네트워크에 다시 연결되는 원격 업무 지원이 목적이므로 DirectAccess 및 VPN(RAS)를 선택한다.

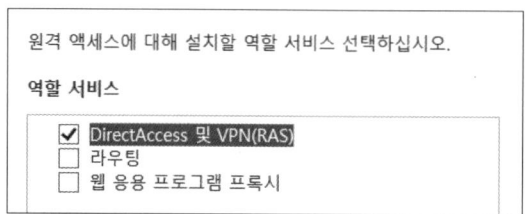

8. 이제 역할이 잘 설치됐으므로 서버 관리자의 상단 근처에 노란색 느낌표 기호 알림이 보일 텐데, 이 알림은 완료해야 할 사후 배포 구성이 일부 있음을 가리킨다.

 시작 마법사 열기를 클릭하지 않도록 하자.

9. 안타깝게도 서버 관리자는 여러분이 시작 마법사(GSW)를 시작하는 것이 논리적인 다음 단계라고 믿게 만든다. 하지만 DirectAccess 설정을 구성하기 위한 메커니즘으로 GSW를 사용하는 것은 족집게로 마시멜로우를 굽는 것과 같다. 원격 액세스 설정을 구성하면서 모든 가능한 옵션을 확인해야 나중에 혼란을 겪지 않으므로, 다음의 방식으로 구성을 시작하자.
10. 서버 관리자의 도구 메뉴를 클릭한 다음, 원격 액세스 관리 콘솔을 시작한다.
11. 창의 왼편에서 구성 > DirectAccess와 VPN을 찾는다.
12. 두 번째 링크인 원격 액세스 설정 마법사 실행을 클릭한다. 다시 한 번 얘기하지만 맨 위의 옵션은 성가신 시작 마법사를 실행한다. 이 마법사를 실행하지 않도록 하자. 이 예제의 '예제 분석' 절에서 이유를 설명한다.

> 원격 액세스 설정 마법사 실행
> 이 마법사를 사용하여 사용자 지정 설정으로 DirectAccess와 VPN을 구성합니다.

13. 이제 결정해야 할 선택지가 있다. DirectAccess나 VPN을 각각 단독으로 구성하는가? 아니면 두 가지의 조합으로 구성하는가? 배포하기 원하는 옵션을 간단히 클릭한다. 선택한 다음 일련의 단계(1~4단계)를 완수해야 한다. 이 일련의 미니 마법사에서 DirectAccess와 VPN 명세의 나머지를 안내한다. 이 예제는 이들 마법사에 포함된 모든 옵션을 다루지는 못하지만, 적어도 이제 DA/VPN 서버를 설정하는 올바른 방법을 알았을 것이다.

예제 분석

Server 2016에 포함된 원격 액세스 기술은 뛰어난 기능이지만, 초기 구성은 혼란을 줄 수 있다. 이 예제에 나열된 절차를 따르면 성공적인 배포를 위한 올바른 경로를 확인하고, 나중에 문제가 발생하지 않게 한다. 시작 마법사에서 제공하는 단축 배포 방법을 사용하지 않게 하는 이유는 두 가지다.

- GSW는 DirectAccess를 설정하면서 많은 옵션을 건너뛰므로, 실제로 설정을 마친 후 어떻게 동작하는지 전혀 알지 못한다. DA를 올리고 실행 중일 수 있지만, 내부에서 인증하거나 동작하는 방식을 알지 못한다. 갑자기 동작이 중단이라도 되면 나중에 이 문제를 해결하기 힘들어지는 잠재적인 위험을 안게 된다.
- GSW는 설정 과정에서 시간과 노력을 아끼기 위해 보안의 관점에서는 나쁜 관례들을 채용했다. 예를 들어 GSW 사용은 보통 DirectAccess 서버에서 클라이언트 인증서 없이 사용자를 인증하게 만드는데, 이는 모범 사례가 아니다. NLS 웹사이트를 자체에서 호스팅하는 것도 모범 사례가 아니다. GSW를 활용해 DirectAccess를 구성하는 사람들에겐 클라이언트 연결 설정을 포함하는 GPO가 도메인 컴퓨터 그룹에 적용될 때 보안 필터링이 수행된다. 이 정책을 노트북과 같은 모바일 하드웨어에만 적용하게 제한하는 WMI 필터도 있지만, GPO 필터링 설정 내에서 살펴보는 일은 끔찍하게 느껴질 수 있다. 모든 노트북에 즉시 DA 연결 설정을 시작하고 싶지 않을 수 있지만, 이는 정확히 GSW에서 수행하는 일이다. 최악의 경우 GSW는 웹 트래픽, 심지어 인터넷에서 들어오는 트래픽을 검사하는 자체 서명 SSL 인증서를 만들고 사용할 것이다. 이 방식은 바람직한 경험이 아니며, 시작 마법사를 클릭하는 것이 최선이 아니라는 확신을 주는 가장 중요한 이유다.

▍ DirectAccess에서 사용할 그룹 정책 개체 준비

DirectAccess의 가장 큰 장점은 클라이언트 컴퓨터에서 연결하는 데 필요한 모든 연결 설정이 **그룹 정책 개체**(GPO, Group Policy Objects) 내에 포함됐다는 것이다. 이는 새로운 클라이언트 컴퓨터를 건드리지 않고도 DirectAccess 연결 클라이언트로 전환할 수 있다는 뜻이다. 적절하게 구성하고 나면 해야 할 일은 새로운 컴퓨터 계정을 Active Directory 보안 그룹에 추가하는 것뿐이며, 자동 그룹 정책 새로 고침 사이클(대개 90분)이 일어나면 이 새로운 노트북은 기업 네트워크 외부로 나갈 때마다 DirectAccess를 통해 연결된다.

GPO로 특정 사전 단계를 진행하지 않게 선택할 수 있으며, 이때 DirectAccess는 여전히 동작한다. DA 구성 마법사의 끝에 이르면 두 개의 새로운 GPO를 Active Directory 내에 만든다는 알림을 받는다. 한 GPO는 DirectAccess 서버 설정을 포함하는 데 사용되고, 다른 GPO는 DirectAccess 클라이언트 설정을 포함하는 데 사용된다. 마법사에서 이들 GPO의 생성을 처리하게 하면 GPO를 만들고 연결한 다음, 필터링하고 자동으로 설정을 채운다. 사람들은 이런 식으로 작업을 수행하고 이후로 마법사가 이들 GPO를 관리하게 하며 행복해 한다.

그렇지만 GPO에 대한 어느 정도의 직접 제어를 유지하는 것이 바람직할 수 있다. 새로운 DA 환경을 설정하지만 자격증명이 GPO를 만들 권한이 없다면 마법사는 두 가지 GPO를 만들지 못한다. 이 경우 GPO를 만들기 위해 Active Directory 팀의 누군가와 같이 작업해야 한다. GPO를 직접 관리하는 또 다른 이유는 이들 정책의 배치를 보다 잘 제어할 수 있기 때문이다. DA 마법사에서 GPO를 만들게 할 때 도메인의 최상위 수준에 GPO를 연결한다. 이들 GPO에 보안 필터링을 설정해 도메인의 모든 부분에 적용되지는 않지만, 그룹 정책 관리 콘솔을 열 때 도메인의 최상위 수준에 DA 정책이 항상 표시된다. 이런 모습이 바람직하지 않을 때가 있다. 따라서 이런 이유로 GPO를 직접 만들고 관리해 GPO를 안전하게 원하는 위치에 배치하고 연결할 수 있다.

준비

DirectAccess 마법사 자체는 DA 서버에서 실행되지만, 이 예제의 작업은 아니다. 구성할 그룹 정책 설정은 모두 Active Directory 내에서 완료되며, 도메인 컨트롤러에서 작업을 수행한다.

예제 구현

다음 절차를 따라 DirectAccess 사용을 위한 사전 단계인 GPO를 준비한다.

1. 도메인 컨트롤러에서 그룹 정책 관리 콘솔을 시작한다.
2. 포리스트 ▶ 도메인 ▶ 도메인 이름을 찾는다. 여기에 그룹 정책 개체라는 목록이 나온다. 이 목록을 오른쪽 클릭하고 새로 만들기를 선택한다.
3. 새로운 GPO에 DirectAccess Server Settings와 같은 이름을 붙인다.
4. 새로운 DirectAccess Server Settings GPO를 클릭하면 자동으로 범위 탭이 열린다. 보안 필터링 섹션을 조정해 이 GPO가 DirectAccess 서버에만 적용되게 해야 한다. 이 작업은 각 GPO의 해당 설정이 다른 컴퓨터에 잘못 적용되지 않게 하는 중요한 단계다.
5. 목록에 채워진 Authenticated Users를 제거한다. 이 목록은 비어 있어야 한다.
6. 추가... 버튼을 클릭하고 DirectAccess 서버의 컴퓨터 계정을 검색한다. 여기서는 RA1이다. 기본적으로 이 창은 사용자 계정만 검색하므로, 이 필터링 목록에 서버를 추가하기 전에 개체 유형 버튼을 클릭해 컴퓨터를 포함해야 한다.
7. 보안 필터링 목록은 이제 다음 그림과 같다.

8. 이제 GPO의 자세히 탭을 클릭한다.

9. GPO 상태를 사용자 구성 설정 사용 안 함으로 변경한다. 여기서 사용하는 GPO는 컴퓨터 수준 설정만 포함하고 사용자 수준에는 아무것도 없기 때문에 이렇게 수행한다.

10. 마지막으로 할 작업은 GPO를 적절한 컨테이너로 연결하는 것이다. 보안 필터링을 사용했으므로 GPO는 RA1 서버에 설정을 적용하지만, 연결을 만들지 않으면 GPO는 어떤 곳에도 적용되지 않는다. RA1 서버는 Remote Access Servers라는 OU 내에 있으므로, Remote Access Servers OU를 오른쪽 클릭하고 기존 GPO에 연결을 선택한다.

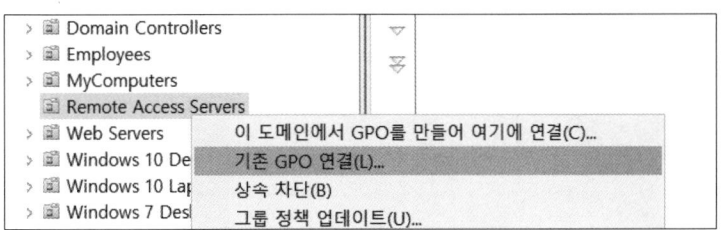

11. 사용 가능한 GPO 목록에서 새로운 DirectAccess Server Settings를 선택하고 확인 버튼을 클릭한다. 이 작업은 연결을 만들고 GPO를 동작 상태로 전환한다. 아직 GPO 내에 아무런 설정도 안했기 때문에 서버에서 어떤 변경은 일으키지 않는다. DA 구성 마법사는 필요한 설정으로 GPO를 채운다.

12. 이제 DirectAccess Client Settings처럼 또 다른 GPO를 만드는 단계를 반복한다. 동일한 방식으로 클라이언트 설정 GPO를 설정하고자 한다. 필터링을 통

해 DirectAccess 클라이언트 컴퓨터를 포함하게 만든 Active Directory 보안 그룹에만 적용한다. 이들 컴퓨터 계정을 포함하는 적절한 컨테이너에 GPO를 연결한다. 예를 들어 클라이언트 GPO를 다음과 같이 설정할 수 있다.

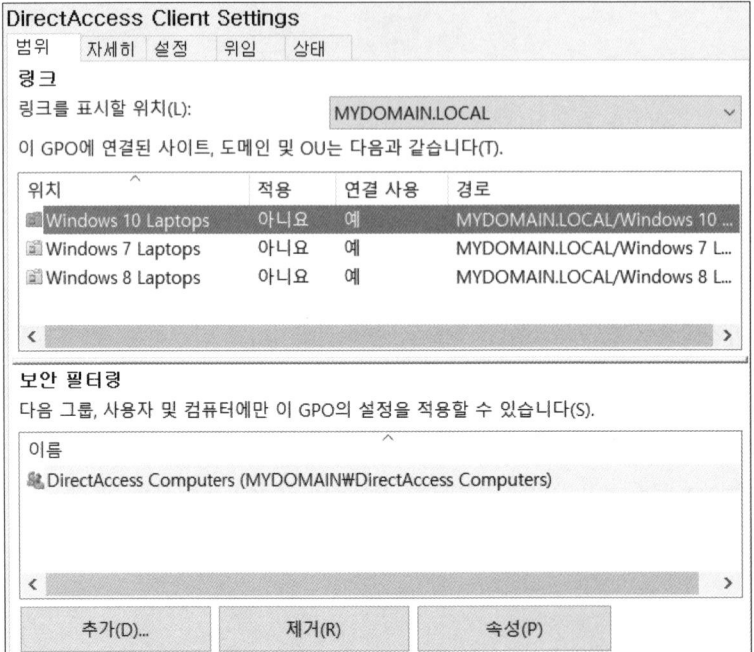

예제 분석

Active Directory에서 GPO를 만드는 것은 간단한 작업이지만, 연결과 보안 필터링을 올바로 구성하는 것이 중요하다. 이러한 DirectAccess 연결 설정이 실제로 설정이 필요한 컴퓨터에만 적용되게 주의하지 않으면 네트워크 내부에서 내부 서버와 원격 액세스 연결 설정이 동작하지 않는 문제를 겪을 수 있다.

여기서 핵심 요소는 DirectAccess Server Settings GPO를 DA 서버에만 적용하고, DirectAccess Client Settings GPO는 네트워크에서 연결을 허용할 DA 클라이언트

컴퓨터에만 적용하는 것이다. 여기서 모범 사례는 이 GPO를 특정 Active Directory 보안 그룹에만 적용해 해당 그룹의 컴퓨터 계정을 완전히 제어하는 것이다. 해당 OU 연결에만 기반을 두고 클라이언트 GPO를 위해 필터링에서 전체 OU를 포함하는 사람들을 일부 봤지만(앞서는 AD 그룹만 사용), 이렇게 하면 나중에 액세스 목록에서 컴퓨터를 추가하거나 제거하기 훨씬 어렵다.

DirectAccess의 보안 확장을 위한 인증서 인증 요청

DirectAccess 클라이언트 컴퓨터는 기업 네트워크로 IPsec 터널을 구축할 때 인증 과정의 일부로 인증서를 요구한다. Server 2008 R2와 UAG$^{\text{Unified Access Gateway}}$에서 제공한 DirectAccess의 초기 버전에서 이들 인증서는 DirectAccess가 동작하는 데 필요했다. 인증서 설정은 실제로 전혀 큰 문제가 아니다. 네트워크에 CA 서버가 있다면 이미 비용 없이 필요한 인증서를 발행할 준비가 된 것이다. 그러나 불행히도 필수 사항이 아니라 인증서를 권장 사항으로 해달라는 요청과 관련해 Microsoft에 불만이 쏟아졌고, 그래서 터널을 인증하는 데 사용할 수 있는 KerberosProxy라는 메커니즘을 Windows 8과 서버 2012에서 새로 만들었다. 이 메커니즘으로 DirectAccess 터널을 컴퓨터 인증서 없이 구축하고 초기에 인증 과정을 더 쉽게 설정할 수 있지만, 보안은 전반적으로 약화된다.

여기서는 설치할 때 인증서를 활용하는 것을 강력히 권장한다. 설정하기 어렵지 않으며, 이들 인증서를 사용하면 터널 인증을 더 강력하게 만든다. 나아가 많은 사람이 운영체제의 선택권이 없을 수 있으므로, 여전히 이들 인증서를 설치해야 한다. 클라이언트 사이드에서 모두가 Windows 8 이상인 간단한 DirectAccess 시나리오만이 앞서 말한 인증서의 우회 방법을 사용할 수 있다. DirectAccess를 통해 Windows 7에서 연결하려는 사람은 인증서를 사용하게 구현해야 한다. Windows 7 액세스 외에 부하 분산이나 다중 사이트, 2단계 인증과 같은 DirectAccess의 고급 기능을 사용하려는 사용자는 이러한 인증서를 활용해야 한다. 이들 시나리오 중 하나를 사용하는 경우 인증서가 권장 사항이 아닌 요구 사항이 된다.

경험에 따르면 거의 모든 사용자가 여전히 Windows 7 클라이언트로 DirectAccess를 연결하고 있고, 부하 분산된 서버로 DA 환경을 이중화하는 것이 좋다. 이는 초기에 인증서가 필요한지 여부를 떠나 처음부터 인증서를 사용한 인증을 바로 설정해야 함을 강조한다. 나중에 인증서가 필요할 때 변경할 수도 있지만, 나중에 DA 환경을 실행 중인 상태에서 인증서를 통합하는 것보다는 처음부터 인증서를 설치하는 것이 더 쉽다.

준비

인증서를 배포하려면 네트워크에 CA 서버를 실행 중이어야 한다. 인증서를 적절한 위치에 배포하고 나면 나머지 작업은 Server 2016 DirectAccess 서버에서 수행한다.

예제 구현

다음의 절차를 따라 DirectAccess 터널 인증 과정의 일부로 인증서를 사용하게 만든다.

1. 첫 번째로 해야 할 작업은 DA 서버와 모든 DA 클라이언트 컴퓨터에 인증서를 배포하는 것이다. 이 작업을 수행하는 가장 쉬운 방법은 내장 컴퓨터 템플릿에서 복제한 새로운 템플릿을 CA 서버에 만드는 것이다. DirectAccess에 사용하는 사용자 지정 템플릿을 만들 때마다 다음의 기준을 맞춘다.
    - 인증서의 주체 이름은 컴퓨터의 일반 이름(컴퓨터의 FQDN)과 일치시킨다.
    - 인증서의 주체 대체 이름^{SAN}은 컴퓨터의 DNS 이름(또한 컴퓨터의 FQDN)과 일치시킨다.
    - 인증서는 클라이언트 인증과 서버 인증 모두에 대한 용도로 제공해야 한다.

2. 이들 인증서의 실제 배포를 위해 이 책의 다른 두 개의 예제를 살펴보기 바란다. 이들 인증서는 4장의 'MMC를 사용해 새로운 인증서 요청' 예제에서 설명한 것처럼 Microsoft 관리 콘솔^{MMC}을 사용해 직접 발행할 수 있다. 아니면 4장의 '자동 등록을 구성해 도메인 가입된 모든 시스템에 인증서 발행' 예제에서 설명한 것처럼 자동 등록 기능을 활성화해 직접 관리 작업을 줄일 수 있다.

3. 이제 DirectAccess 클라이언트와 서버에 배포할 인증서가 준비됐으므로, 주 DirectAccess 서버에 로그인하고 원격 액세스 관리 콘솔을 시작한다.

4. 왼편 상단 구석의 구성을 클릭한다. 이제 1단계 ~ 4단계까지 표시된다.

5. 2단계 아래의 편집을 클릭한다.

6. 이제 다음을 두 번 클릭하거나 인증이라는 단어를 클릭해 인증 화면으로 바로 건너뛴다.

7. 컴퓨터 인증서 사용이라는 체크 상자를 선택한다.

8. 이제 클라이언트 인증서를 발행한 인증 기관 서버를 지정해야 한다. 중간 인증 기관을 사용해 인증서를 발행한 경우 해당 체크 상자를 선택한다. 그렇지 않은 경우 대부분의 인증서는 루트 CA에서 발급되며, 이 경우 찾아보기 버튼을 클릭하고 목록에서 CA를 찾는다.

이 화면은 사람들이 목록에서 인증서 자체를 선택해야 하는 것처럼 보이기 때문에 혼란을 준다. 여기서 선택하는 것은 인증서가 아니다. 이 목록에서 실제로 선택하는 것은 인증서를 발행한 CA 서버다.

9. 인증 화면에서 적절한 선택을 한다. 예를 들어 인증을 위해 클라이언트 인증서가 필요할 때가 많은데, 이는 DirectAccess를 통해 연결하고자 하는 Windows 7 컴퓨터가 있을 때다. 이런 경우라면 Windows 7 클라이언트 컴퓨터에서 DirectAccess를 통한 연결 사용에 대한 체크 상자를 선택한다.

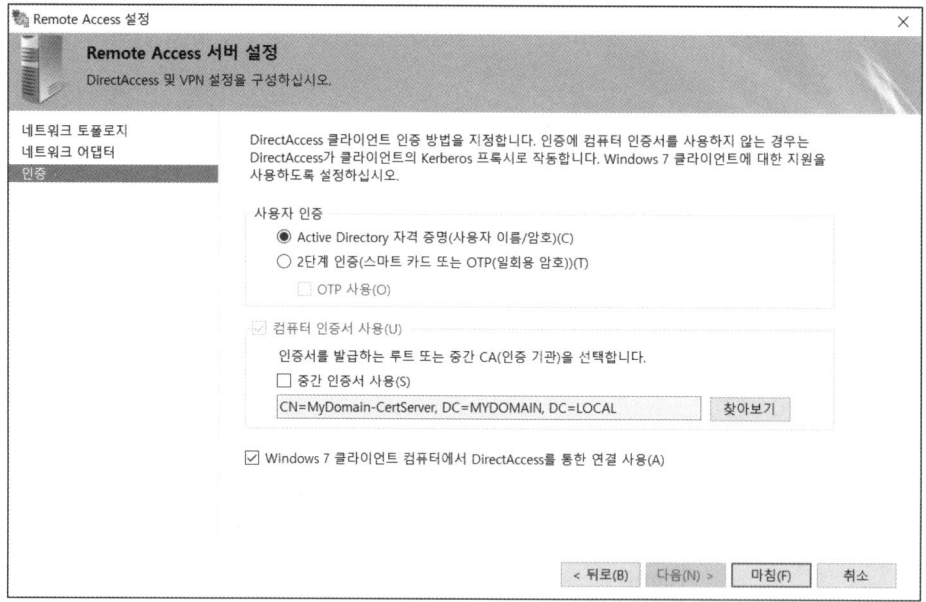

예제 분석

DirectAccess 터널 인증 프로세스의 일부로 인증서를 사용하는 것이 대부분의 환경에 좋은 선택이다. 인증서를 사용하면 솔루션의 보안을 강화하고, 고급 기능을 사용할 수 있다. 대부분의 기업에서 이러한 인증서가 필요한 주요 동인은 DirectAccess를 통한 Windows 7 클라이언트 연결을 가능하게 하는 것이지만, DirectAccess를 사용하는 모두가 이들 인증서를 사용하기를 권장한다. 인증서는 배포가 간단하고 구성하기 쉬우며, 내부 CA 서버에서 직접 발급한 인증서가 있는 컴퓨터만 DirectAccess 진입점을 통해 연결할 수 있다면 더 안심할 수 있다.

▌자체 시스템에 네트워크 위치 서버 구축

DirectAccess를 구성할 때 기본 설정을 빠르게 끝내거나 나쁜 선택으로 시작 마법사를 사용한 경우 네트워크 위치 서버$^{NLS,\ Network\ Location\ Server}$는 DirectAccess 서버 자체에서 바로 실행된다. 이런 방식으로 NLS를 사용하는 것은 권장하지 않는다. NLS는 별도의 웹 서버에서 실행해야 한다. 사실 부하 분산이 적용된 DirectAccess 서버 설정처럼 나중에 더 고급 기능을 수행하고자 한다면 어쨌든 NLS를 다른 서버로 이동해야 하므로, 처음에 작업을 제대로 해야 한다.

NLS는 요구 사항이 아주 단순하지만 중요한 요구 사항이다. 단지 웹사이트일 뿐이며, 사이트의 콘텐츠가 무엇이든지 여러분의 네트워크 내에서만 실행돼야 한다. 외부에서 접근할 수는 없다. 사실 이 사이트는 내부에서만 액세스를 원하기 때문에 외부에서 사용할 내용은 없다. 이 NLS 웹사이트는 DirectAccess 클라이언트 컴퓨터가 사무실 내부에 있는지 외부에 있는지 파악할 때 사용되는 메커니즘의 핵심이다. NLS 웹사이트를 볼 수 있다면 이들 컴퓨터는 네트워크 내부에 있고, DirectAccess 이름 풀이는 해제돼 실제로 DA를 끌 수 있다. NLS 웹사이트를 보지 못한다면 이들 컴퓨터는 기업 네트워크 외부에 있는 것이며, DirectAccess 이름 풀이를 활성화한다.

NLS 웹사이트를 설정할 때 알아야 할 사항에는 다음과 같은 두 가지가 있다.

- 첫 번째는 HTTPS가 돼야 하며, 따라서 유효한 SSL 인증서가 필요하다. 이 웹사이트가 네트워크 내에서만 실행되고 도메인 가입된 컴퓨터에서 접근해야

하므로, 이 SSL 인증서는 내부 CA 서버에서 발행한 것을 간편하게 사용할 수 있다.
- 두 번째는 여러 번 부딪혔던 문제인데, 기존 IIS 시작 화면 페이지가 NLS 웹사이트에 적합하지 않기 때문에 발생한 것이다. 표준 IIS 웹 서버를 설정하고 NLS를 기본 웹사이트로 사용한다면 연결이 잘 동작하는 경우도 있고 그렇지 않은 경우도 있다. 이런 사실을 감안하고 만약의 경우를 대비해 항상 직접 만든 특정 사이트를 설정한다.

따라서 새로운 DirectAccess 환경에서 NLS 웹사이트를 설정할 때 항상 정확한 프로세스를 따라야 한다.

준비

NLS 웹사이트는 Server 2016에서 실행되는 IIS 서버에서 호스팅된다. 대부분의 작업은 이 웹 서버에서 이뤄지지만, DNS 레코드도 만들고 작업에 도메인 컨트롤러도 활용한다.

예제 구현

새로운 네트워크 위치 서버 웹사이트를 함께 설정해보자.

1. 먼저 이 웹사이트에 사용할 내부 DNS 이름을 결정하고 도메인의 DNS에서 설정해야 한다. nls.mydomain.local을 사용하고 이 이름과 웹 서버의 IP 주소를 매칭시킨 일반적인 호스트(A) 레코드를 만든다.
2. 이제 웹 서버로 로그인하고 이 새로운 웹사이트에 간단한 콘텐츠를 만든다. C:\NLS라는 새로운 폴더를 만든다.

3. 새로운 폴더 내에 Default.htm 파일을 새로 만든다.
4. 이 파일을 편집해 약간의 텍스트를 입력한다. 다음과 같은 내용을 입력했다.

DirectAccess에서 사용하는 NLS 웹사이트 입니다. 이 내용을 삭제하거나 수정하지 마세요!

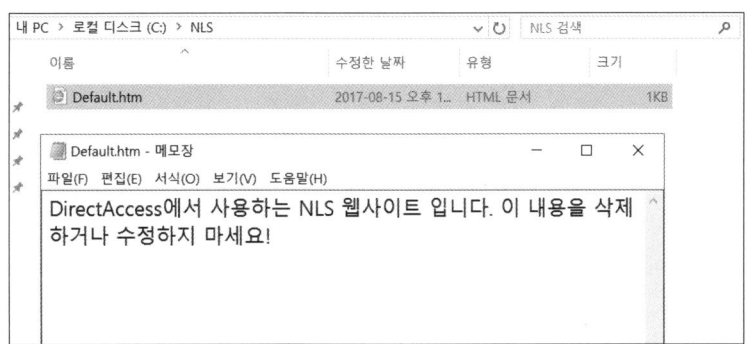

5. 이 웹사이트는 HTTPS를 사용해야 하므로, 실제 웹사이트를 설정하기 전에 이 사이트에 사용해야 하는 SSL 인증서를 얻어야 한다. 이 인증서는 내부 CA 서버에서 나오므로, 웹 서버에서 MMC를 열고 이 작업을 수행한다.
6. MMC를 열었다면 인증서 모듈 스냅인을 추가한다. 컴퓨터 계정을 선택하고 열기 원하는 인증서 저장소를 물어보면 로컬 컴퓨터를 선택한다.
7. 인증서(로컬 컴퓨터) > 개인용 > 인증서를 찾는다.
8. 인증서 폴더를 오른쪽 클릭하고 모든 작업 > 새 인증서 요청...을 선택한다.
9. 다음을 두 번 클릭하면 내부 CA 서버에서 사용할 수 있는 인증서 템플릿 목록이 나타난다. 웹사이트 인증서를 요청하는 데 적절한 템플릿이 보이지 않으면 CA 서버에서 설정을 살펴보고 올바른 템플릿을 발행하게 구성됐는지 확인한다.
10. 여기서 사용할 템플릿은 앞서 만든 Custom Web Server다. 이 템플릿은 웹 서버 인증서이므로 인증서 발행을 요청할 때 추가 정보를 제공해야 한다. 따라서 이 인증서를 등록하려면 추가 정보가 필요합니다. 설정을 구성하려면 여기를 클릭하십시오.라는 링크를 클릭한다.

11. 주체 이름 상자 아래 형식 드롭다운 메뉴를 클릭한 다음 일반 이름 옵션을 선택한다.

12. 값 필드에 웹사이트의 일반 이름을 입력한다. 여기서는 `nls.mydomain.local`이다.

13. 추가 버튼을 클릭하면 다음 화면처럼 CN 값이 오른편으로 이동한다.

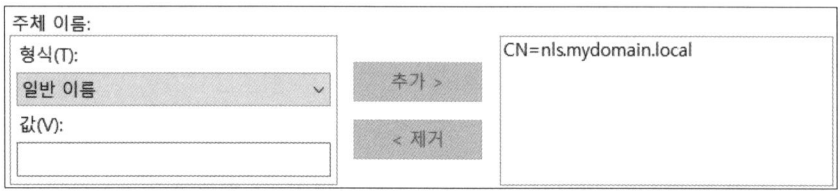

14. 확인을 클릭한 다음 등록 버튼을 클릭한다. 이제 `nls.mydomain.local`로 들어오는 트래픽을 인증하는 데 사용하는 SSL 인증서를 여러분의 인증서 저장소에 넣었다.

15. IIS(인터넷 정보 서비스) 관리자를 열고 사이트 폴더를 찾는다. IIS에서 자동으로 설정한 기본 웹사이트를 제거해 충돌하지 않게 한 다음, 자체 NLS 웹사이트 만든다.

16. 웹사이트 추가 버튼을 클릭한다.

17. 다음 화면에서 보인 것처럼 정보를 채운다. 물론 목록에서 자체 IP 주소와 SSL 인증서를 선택해야 한다.

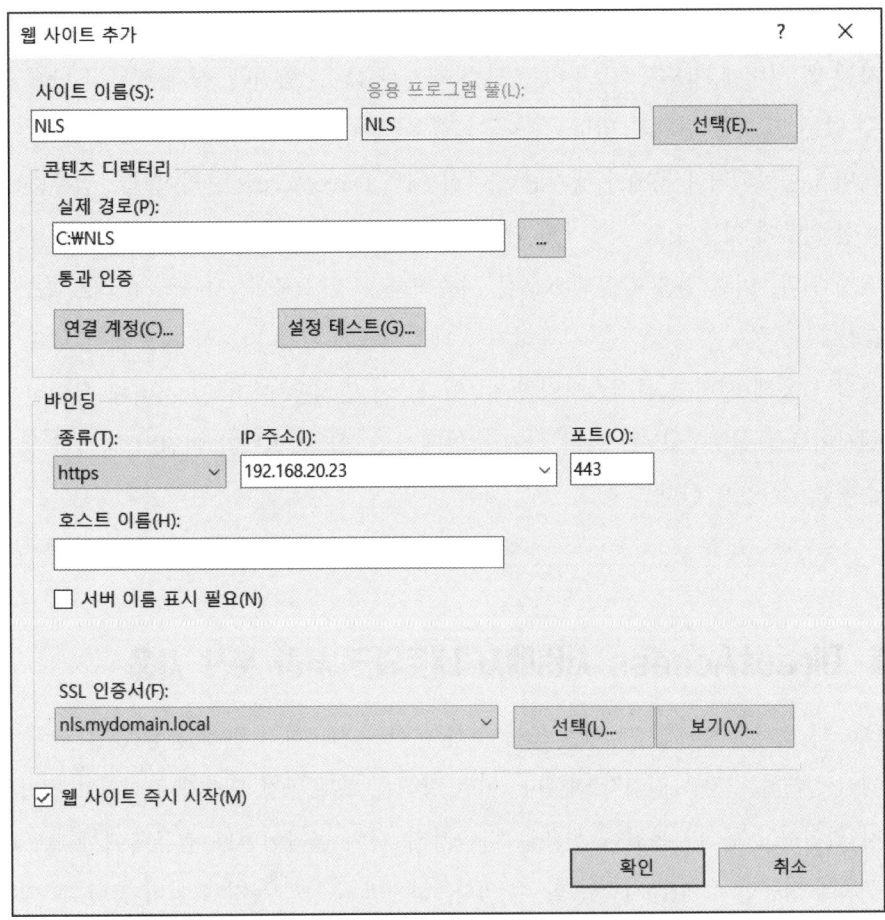

18. 확인 버튼을 클릭하면 이제 네트워크에서 NLS 웹사이트가 잘 실행된다. 네트워크의 클라이언트 컴퓨터에서 브라우저를 열고 https://nls.mydomain.local을 액세스할 수 있어야 한다.

예제 분석

이번 예제에서는 DirectAccess 환경에서 사용할 기본 네트워크 위치 서버 웹사이트를 구성했다. 이 사이트는 DA 클라이언트 컴퓨터가 기업 네트워크의 내부 또는 외부에 있는지 확인할 때 사용된다. 이 예제는 NLS에 대한 요구 사항을 만족시키고, 실제로 자체 웹 서버에 NLS를 호스팅하는 모범 사례로 볼 수 있지만, 실제로는 더 낫게 만들 수 있는 또 다른 단계가 있다. 현재 이 웹 서버는 NLS의 단일 실패 지점이다. 이 웹 서버가 종료되거나 문제가 생기면 사무실 내의 DirectAccess 클라이언트 컴퓨터는 사무실 외부에 있는 것으로 여기게 되므로 NLS 문제가 정리될 때까지 이름 풀이 문제를 겪게 된다. 이런 점을 감안해 NLS를 이중화하는 것이 좋다. Microsoft 네트워크 부하 분산^{NLB, Network Load Balancing}을 사용하거나 네트워크에 사용 가능한 하드웨어 로드 밸런서를 사용해 서버를 클러스터링할 수 있다. 이 방식은 여러 웹 서버에 동일한 NLS 웹사이트를 실행하고, 웹 서버 실패 상황에서도 클라이언트가 여전히 적절한 동작을 수행할 수 있게 한다.

▌ DirectAccess 서버에서 네트워크 부하 분산 사용

DirectAccess를 설계할 때 배열 또는 부하 분산을 시도하기 전에 항상 단일 서버 환경에서 실행하는 것을 먼저 고려했다. 이런 방식은 모든 환경 요소가 준비되고 동작하는지 확인하고 좀 더 복잡한 설계로 나아가기 전에 클라이언트 컴퓨터에서 DA 터널 구축에 성공할 수 있는지 검증할 수 있다. 하지만 구성과 동작 확인이 끝난 후 일반적인 다음 단계는 또 다른 새로운 서버를 켜고 이중화를 구축해 새로운 원격 액세스 솔루션을 제공하는 것이다.

부하를 분산하기 위해 두 대의 비슷한 서버를 함께 묶는 것을 **클러스터링**이라 하며, DirectAccess 세계에서 관리자들이 이렇게 지칭하는 것을 들었지만 DA 서버의 부하 분산은 실제로 Windows 클러스터링과 아무런 관련이 없다. 원격 액세스 역할과 네트워크 부하 분산 기능 모두 원격 액세스 서버에 설치할 때 서로 통신하고 액티브/액티브 공유 구성을 실행하는 데 필요한 모든 부분을 이미 갖춘 것이다. 운영체제는 Windows NLB를 사용해 적절한 대상으로 트래픽을 보내지만, NLB 내의 모든 부분은 원격 액세스 관리 콘솔에서 구성된다. 이렇게 설치하면 다른 원격 액세스 설정과 함께 이들 NLB 설정을 관리하는 데 사용되는 멋진 시각적 콘솔이 제공된다.

DirectAccess가 단일 서버에서 구성하고 나면 실제로 이 NLB를 구성하는 몇 가지 빠른 설정 마법사가 있다. 하지만 이 옵션은 장황해서 너무 혼란스러울 수 있는데, 특히 DirectAccess에서 패킷을 전송하는 방식에 충분히 익숙하지 않다면 더 혼란을 준다. 따라서 기존 DA 서버에서 배열을 만들고 두 번째 노드를 그 배열에 추가해보자.

준비

기존 RA1 서버가 이미 DirectAccess를 실행 중이므로 이 서버를 사용한다. 이 서버와 새로운 서버인 RA2 서버 모두 Windows Server 2016을 실행한다. 두 서버 모두 원격 액세스 역할과 네트워크 부하 분산 기능을 설치했다. 두 대의 서버는 도메인에 가입했고 DirectAccess에 사용하기 위해 설치된 인증서(SSL과 IPsec)를 갖고 있다. 동일한 SSL 인증서가 두 서버 모두에 설치됐다. 두 서버에서 부하를 분산하고 양쪽 시스템에 대한 모든 요청이 동일한 공용 DNS 이름에서 들어오고 있으므로 두 서버는 그 인증서를 공유할 수 있다.

DirectAccess 서버가 가상 컴퓨터라면 한 가지 아주 중요한 필수 구성 요소가 있다. VM의 NIC 설정으로 가서 MAC 주소 스푸핑 사용 옵션을 선택해야 한다. 각 NIC에서 이 체크 상자를 선택하지 않으면 부하 분산된 배열을 만들 때 네트워크 트래픽이 모두 동작하지 않는다.

예제 구현

이 예제의 목적상 RA1이 외부 NIC에 두 개의 공인 IP 주소를 할당해야 하는 Teredo를 사용하도록 구성됐다고 가정한다. 이는 NLB를 설정할 때 거쳐야 하는 가장 복잡한 구성이기 때문에 이렇게 사용한다. 동일한 절차를 외부 NIC의 단일 IP에 적용한다. 두 개의 IP를 대신하는 하나의 가상 IP^{VIP}만 구성한다는 뜻이다.

1. 먼저 어떤 IP 주소를 어디에 사용할지 명확히 이해해야 한다. 어떤 구성이든 시작하기 전에 중요한 정보를 확보하고 이해해야 한다. 현재 RA1 IP 주소는 다음과 같다.
   - **외부 IP**   1.1.1.10과 1.1.1.11
   - **내부 IP**   1921.68.20.61
2. 현재 RA1에서 실행 중인 이들 3개의 IP는 가상 IP^{VIP}로 전환한다. 이들 주소는 양쪽 DirectAccess 서버 사이에서 공유될 IP 주소다. 이들 IP의 역할을 변경할 것이므로 내외부의 새로운 전용 IP^{DIP}를 RA1과 RA2 모두에 부여해야 한다.
3. 새로운 IP 주소 할당은 다음과 같다.
   - **외부 VIP(공유)**   1.1.1.10과 1.1.1.11
   - **내부 VIP(공유)**   192.168.20.61
   - **RA1 외부 DIP**   1.1.1.12
   - **RA1 내부 DIP**   192.168.20.62
   - **RA2 외부 DIP**   1.1.1.13
   - **RA2 내부 DIP**   192.168.20.63
4. 따라서 요약하자면 Teredo(이중 공인 IP)를 사용해 2 노드 DirectAccess 서버 부하 분산 배열을 만들 때 총 공인 IP 주소 4개와 내부 IP 주소 3개가 필요하다.
5. RA1에서 지금은 VIP를 그대로 둔다. DirectAccess 마법사에서 나중에 이들을 변경한다.
6. 새로운 RA2 서버에서 NIC에 최종 DIP 주소를 설정한다. 따라서 이 예제에서는 외부 NIC는 1.1.1.13으로 설정하고, 내부 NIC는 192.168.20.63으로 설정한다.

7. RA2와 같은 DirectAccess 배열 노드 서버나 나중에 해당 배열에 추가하기 원하는 DA 서버에서는 다음의 4단계만 밟는다.
    - IP 주소 할당
    - 도메인 가입
    - 인증서 설치
    - 원격 액세스 역할과 네트워크 부하 분산 기능 추가
8. 이 구성의 나머지는 RA1의 원격 액세스 관리 콘솔에서 수행한다.
9. 주 DirectAccess 서버인 RA1에서 원격 액세스 관리 콘솔이 열린다.
10. 왼쪽 창에서 구성 > DirectAccess 및 VPN을 찾는다.
11. 이제 오른편 작업 창에서 하단에 있는 부하 분산 사용을 선택한다.

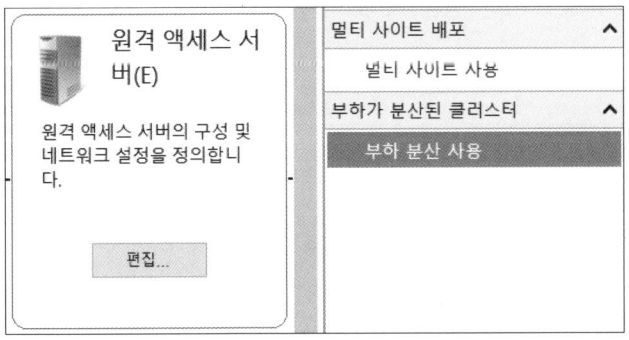

12. 다음을 클릭한다.
13. Windows NLB(네트워크 부하 분산) 사용을 선택한다. 외부 부하 분산 장치가 있는 경우 사용하는 옵션도 있다. 대부분의 고객이 하드웨어 부하 분산 장치를 사용할 수 있을 때도 내장 NLB를 활용한다.
14. 다음 화면은 외부 전용 IP 주소다. 이 화면에서 종종 혼란을 일으키고 실수를 한다. 이 화면의 텍스트를 읽어보면 NIC에 할당된 현재 IP 주소가 이제 VIP로 사용될 것이라고 말한다. 이 화면에서 VIP에 관한 어떤 것도 지정할 필요가 없다. 대신 이 화면과 다음 화면에서 수행하는 작업은 이 서버의 물리 NIC에

할당할 새로운 DIP를 지정하는 것이다. 먼저 외부 DIP 화면에서는 RA1에서 사용되는 새로운 공인 IP를 지정한다.

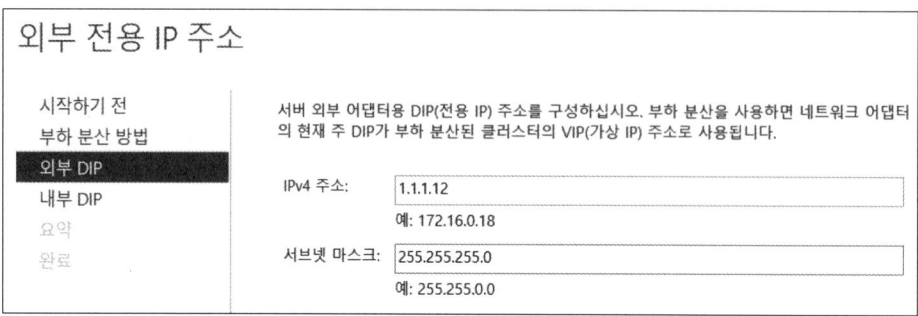

15. 다음 화면에서, 동일한 작업을 수행하지만 이번에는 내부 NIC다. 현재 IP 주소 192.168.20.61은 공유 VIP로 변환되고, 따라서 RA1의 내부 NIC에 할당할 새로운 내부 DIP를 지정해야 한다.

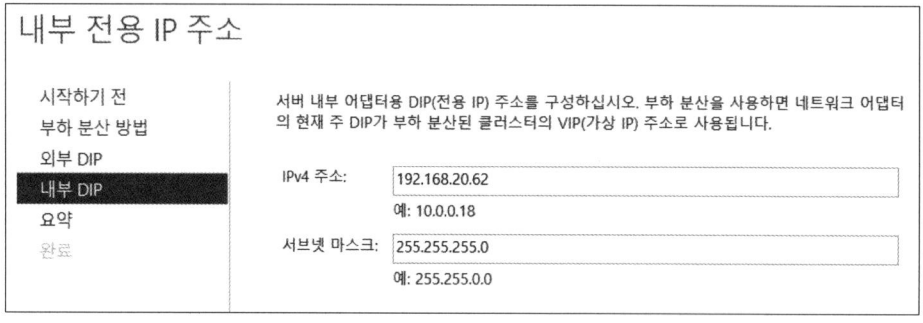

 이제 이 마법사를 시작하기 전에 IP 주소 목록을 결정하는 것이 중요한 이유를 알았을 것이다.

16. 다음을 클릭한 다음, 요약 화면의 모든 내용이 올바르다면 커밋 버튼을 클릭한다. 이렇게 하면 GPO 설정에 반영되고 RA1 서버에 변경 사항을 적용한다. 아직 RA2에는 이들 화면에서 지정한 어떤 작업도 수행하지 않았음을 기억하

자. 이제 액티브 배열이 있지만, 지금까지 멤버는 RA1뿐이다.

17. 이제 주 구성 화면 내로 돌아와 오른편 작업 창 하단의 부하가 분산된 클러스터 > 서버 추가 또는 제거를 선택한다.

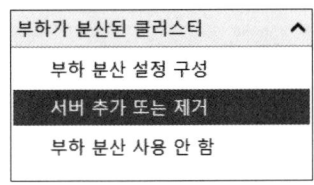

18. 서버 추가... 버튼을 클릭한다.
19. 두 번째 서버의 FQDN을 입력한다. 여기서는 RA2.MYDOMAIN.LOCAL이다. 그 후 다음을 클릭한다.
20. 정확한 IP 주소 정보를 갖고 필요한 인증서가 있는 두 번째 원격 액세스 서버를 적절히 구성했다면 네트워크 어댑터 화면에서 필요한 모든 정보를 자동으로 채운다. 이 정보가 맞는지 다시 한 번 확인하고 다음을 클릭한다.

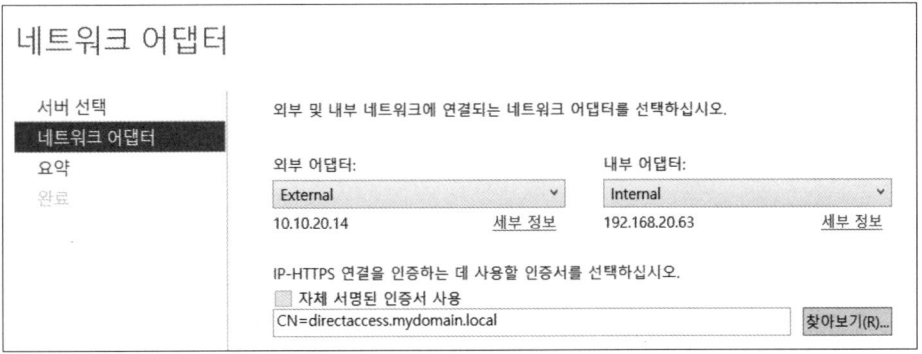

21. 요약 페이지에서 모든 부분이 올바르다면 추가 버튼을 클릭한다.
22. 닫기를 클릭한다. 그다음 서버 추가 또는 제거 화면으로 다시 돌아오면 목록에서 두 대의 원격 액세스 서버를 볼 수 있다. 계속해서 커밋 버튼을 클릭해 두 번째 노드 추가를 마무리한다.

서버 이름	외부 어댑터	내부 어댑터	VPN 고정 풀
RA1.MYDOMAIN.LOCAL	External	Internal	
RA2.MYDOMAIN.LOCAL	External	Internal	

서버 추가 또는 제거

부하 분산 클러스터에서 서버를 추가하거나 제거하십시오. 클러스터에 서버가 적어도 하나는 있어야 합니다.

두 번째 노드를 추가한 후 항상 양쪽 서버에서 모든 NIC의 설정이 예상한 IP 주소로 설정됐는지 확인하자. 종종 마법사에서 VIP와 DIP 모두를 제대로 설정하지 못하는 경우를 발견했고, 나중에 이들 주소를 직접 추가했었다. 각 NIC는 이제 이 예제의 초기에 정리한 주소 목록처럼 특정 DIP를 갖게 됐다. 이들 DIP 외에 각 서버의 외부 NIC는 두 개의 외부 VIP, 각 서버의 내부 NIC는 내부 VIP를 갖는다. NIC의 TCP/IPv4 속성은 IP 주소를 과다 구성한 것 같지만, 이는 부하 분산된 DirectAccess 배열이 성공한 것이며, 정상이다.

예제 분석

Windows Server 2016에서 DA 서버를 부하 분산하는 기능은 놀라우리만치 멋진 기능이다. 이중화는 모든 좋은 솔루션의 핵심이며, 액티브/액티브 장애 조치 상황을 위해 이 배열을 구성하는 작업은 간단하다. NLB를 활성화시키는 마법사는 다른 모든 DirectAccess 설정과 함께 중앙에서 처리하지만, 처음 실행할 때는 혼란스러울 수 있다. 네트워크 트래픽을 처리하는 작업을 하는 다른 시스템과 마찬가지로 IP 주소 부여와 라우팅을 올바로 계획하는 것이 DirectAccess NLB 배포를 성공시킬 수 있는 핵심 요인다. 바라건대 이 예제가 원격 액세스 서버에서 주로 수행하는 작업을 둘러싼 질문에 명쾌함을 줄 수 있다면 좋겠다.

배열을 만든 후 원격 액세스 관리 콘솔 내에서 몇 가지 화면을 살펴보면 약간 바뀐

것을 알 것이다. 설정을 변경하는 구성 서버의 상태를 확인하는 운영 상태, 어떤 클라이언트가 연결됐는지를 확인하는 원격 클라이언트 상태 화면을 액세스할 때 이제 해당 노드가 각각 나열된 것을 볼 수 있다. 이제 개별 노드 이름을 클릭해 배열에서 특정 서버에 해당하는 화면에서 정보를 확인하거나 부하 분산된 클러스터라는 구역을 클릭해 배열 멤버들 모두에 공유되는 정보를 살펴볼 수 있다.

한 가지 중요한 사항이 더 있다. 이제 부하 분산된 배열을 설정하고 실행하고 있으므로 세 번째 노드를 추가하는 작업 역시 쉽다. DirectAccess 배열은 회사가 성장함에 따라 규모를 확장할 수 있으며, 필요한 경우 8대의 노드 서버까지 확장 가능하다. 부하 분산된 클러스터 〉 서버 추가 또는 제거 작업을 통해 간단히 이 배열에 서버를 추가할 수 있다.

▮ 기존 DirectAccess 서버에 VPN 추가

보통 대부분의 관리자가 새로운 원격 액세스 역할을 구성하면서 DirectAccess만 배포 옵션을 선택한다. 처음에는 이 서버가 DA용으로만 사용되거나 DA 역할을 통해 모든 클라이언트 연결을 처리할 것이라고 생각한다. 이는 일부 조직에는 해당될 수 있지만, 원격 액세스 진입점에서 DirectAccess와 VPN을 구성하면 꽤 많은 이점을 누릴 수 있다. 기업 네트워크에 스마트폰이나 개인용 태블릿을 연결해야 할 수도 있다. 아니면 집 컴퓨터나 맥으로 원격 연결을 할 수 있는 기능을 제공하고 싶을 수도 있다. 이런 시나리오는 DirectAccess의 범위를 벗어나며 VPN 연결의 형태가 필요하다.

운영 서버를 많이 변경하면 위협에 노출될 수 있으므로 올바른 옵션을 선택해야 한다. 원격 액세스 서버에서 IP 주소를 할당하는 작업이 항상 쉽지만은 않으므로 DirectAccess 서버를 DirectAccess + VPN 서버로 전환할 때 추가 IP 주소 지정이 수반되는 일은 당연하다. 실제로는 한 가지만 수행하면 된다. VPN에서는 DA 클라이언트용으로 이미 구성해서 실행 중인 공인 IP 주소를 공유할 수 있으므로 다행히도 VPN을 서버에 추가하고자 할 때 NIC를 다시 구성할 필요는 없다. 먼저 네트워킹을 변경해야 하므로 운영 DA 서버에서 VPN 역할을 바로 추가해보자.

준비

Remote Access 역할이 설치된 새로운 DirectAccess 서버에서 작업을 수행한다.

예제 구현

다음 절차를 따라 기존 2016 DirectAccess 서버에 VPN 기능을 추가한다.

1. 서버 관리자 내의 도구 메뉴에서 원격 액세스 관리 콘솔을 연다.
2. 왼쪽 창에서 구성 > DirectAccess 및 VPN을 찾는다.
3. 이제 오른편에서 VPN 관련 버튼들이 있는 구역을 확인한다. 계속해서 VPN 사용을 클릭한다.

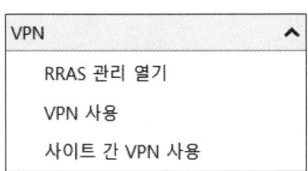

4. 이 서버에서 VPN 설정을 구성할 것인지 묻는 팝업 메시지를 받는다. 계속해서 확인을 클릭한다. 그러면 원격 액세스 서버가 몇 가지 과정을 수행한 후 VPN 연결을 포함하도록 GPO를 수정하고 필요한 설정을 다시 구성한다.
5. 이제 서버에서 VPN이 활성화됐지만 아직 클라이언트 컴퓨터에 제공할 IP 주소 지정을 구성하지 않았다. 주 구성 화면으로 돌아왔다면 2단계 아래의 편집... 버튼을 클릭한다.

6. Remote Access 서버 설정 마법사의 왼편 세로 메뉴에서 4번째의 VPN 구성을 클릭한다.
7. VPN 클라이언트가 내부 DHCP 서버에서 IP 주소를 받기 원하면 기본 라디오 버튼 설정을 그대로 둔다. 특정 IP 주소의 범위를 지정해 클라이언트 컴퓨터에 제공하기 원한다면 **고정 주소 풀에서 주소 할당** 라디오 버튼을 선택하고 주어진 필드에 주소 범위를 지정한다.

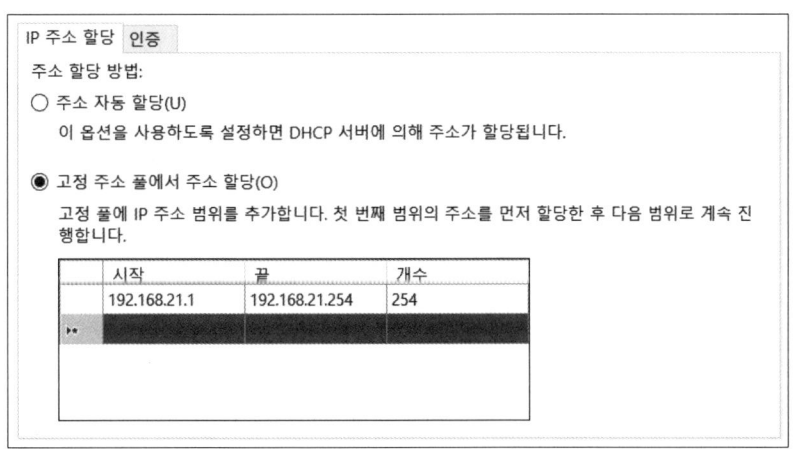

이처럼 정적 범위를 지정할 때 원격 액세스 서버는 이들 주소를 VPN을 사용해 연결하는 클라이언트 컴퓨터에 제공하기 시작한다. 하지만 이들 클라이언트 컴퓨터는 내부 자원에 연결하려면 약간의 추가적인 네트워킹을 고려해야 한다. VPN 클라이언트에 IP 주소를 할당하는 정적 주소 풀을 만들 때 다음과 같은 두 가지 규칙을 마음에 새겨야 한다.

- 클라이언트에 제공할 주소 풀은 원격 액세스 서버의 내부 라우팅 테이블에 존재하지 않는 서브넷에서 나와야 한다. 예를 들어 현재 내 네트워크가 10.0.0.x라면 VPN 클라이언트는 10.0.1.x에서 할당 받는 식이다.
- 이 다른 서브넷을 위한 기본 경로를 설정해 원격 액세스 서버의 내부 IP 주소를 다시 가리켜야 한다. 이런 작업 없이는 VPN 클라이언트의 트래픽이

10.0.1.x 서브넷으로 갈수 있지만, 그 서브넷에서의 응답은 VPN 클라이언트 컴퓨터로 다시 돌아가는 방법을 알지 못할 것이다. 10.0.1.x 서브넷에서 기본 경로 설정을 통해 원격 액세스 서버의 내부 NIC로 가는 길을 만들면 이런 문제를 해결할 수 있다.

예제 분석

DirectAccess 서버에서 VPN 활성화 작업은 하나의 작업이지만, 몇 단계의 추가 구성 단계 없이는 VPN을 제대로 사용할 수 없다. 이 예제를 사용하면 원격 액세스 서버에서 VPN을 사용하고 구성하는 데 필요한 정보를 갖게 되고, DirectAccess에 연결하는 요구 사항을 만족시키지 못하는 컴퓨터를 연결할 수 있다. 현장에서 많은 기업이 DirectAccess를 통해 모든 컴퓨터를 연결하려는 이유는 DirectAccess가 클라이언트 사이드를 처리하는 더 쉬운 기술이면서 도메인 가입된 시스템을 관리하는 더 나은 기술이기 때문이다. Windows 7이나 8, 10이 아닌 컴퓨터를 연결해야 하는 상황에 직면한다면 Server 2016 운영체제에서 기존 VPN 연결 옵션도 알고 있는 것이 좋다.

만료되는 IP-HTTPS 인증서 교체

DirectAccess는 여러 가지 다른 방식으로 인증서를 활용하는 기능을 제공한다. DA를 구성하는 방법에 따라 인증서를 사용하거나 사용하지 않을 위치가 다르지만, 모든 DirectAccess 구현에서 하나의 공통 변수는 IP-HTTPS다. 이것은 DA 서버에서 항상 사용해야 하는 전환 기술이며, 올바로 동작하는 데 SSL 인증서가 필요하다. IP-HTTPS 트래픽은 인터넷에서 들어오므로 IP-HTTPS 수신기용으로 사용된 SSL 인증서를 공인 CA에서 항상 구입하길 권장한다.

SSL 인증서는 특정 기간 동안만 유효하다. 보통 이들 인증서는 1, 2, 3년 단위로 구매한다. 이는 결국 DirectAccess에서 인증서를 갱신하고 새로운 인증서를 인식하며 활용하는 방법을 알아야 한다는 뜻이다. IP-HTTPS는 IIS 내부에서 웹 수신기를 사용하므로, 인증서를 변경해야 할 때 IIS 내에서 작업한다는 생각은 당연한 가정이다. 하지만 이는 잘못된 가정이다. 더 좋지 않은 행동은 실제로 IIS 내의 사이트를 들어가서 인증서 바인딩을 변경하고 잠깐 동안 동작하게 하는 작업이다. 여기는 인증서를 변경하는 올바른 장소가 아니다. 간단히 IIS 내에서 바인딩을 변경한다면 변경은 결국 되돌려지고 다시 돌아가서 이전 인증서를 사용하게 된다. 불행히도 DA 서버가 되돌아가서 이젠 만료된 인증서를 사용하기 때문에 이 작업을 통해 원격으로 연결할 수 없는 모든 사용자에게서 주기적으로 전화를 받을 것이다.

이 예제를 통해 최근에 구매하고 서버에 설치한 새로운 인증서를 활용하게 DirectAccess를 구성해보자.

준비

Windows Server 2016 원격 액세스 서버에서 동작하는 DirectAccess를 준비한다. IP-HTTPS에 사용하는 SSL 인증서가 곧 만료돼 CA에서 새로 갱신했다. 이 인증서의 새로운 사본은 이미 서버 자체에 다운로드돼 설치됐으므로, 이제 DirectAccess에서 이 인증서를 사용하기 시작하려면 어디를 조정해야 하는지 알아야 한다.

예제 구현

다음의 절차를 따라 IP-HTTPS 수신기용 새로운 인증서를 사용할 DirectAccess 구성을 조정한다.

1. DirectAccess 서버에서 원격 액세스 관리 콘솔을 연다.
2. 왼편 창에서 구성 > DirectAccess 및 VPN을 찾는다.

3. 2단계 아래의 편집... 버튼을 클릭한다.

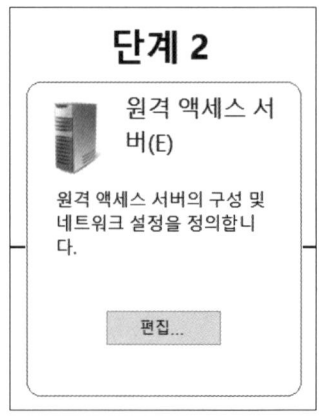

4. 다음을 클릭한다.
5. 이제 현재 IP-HTTPS에 할당된 인증서를 표시한다. 이 인증서는 곧 만료된다. 계속해서 찾아보기... 버튼을 클릭한다.

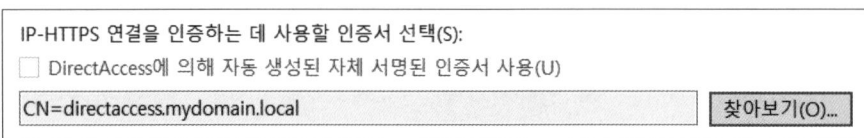

6. 이제 간단히 새로 열린 사용 가능한 인증서 목록에서 새로운 만료 일자가 있는 새 인증서를 선택한다.
7. 다음을 여러 번 클릭해 2단계의 마법사를 마친다.

> IP-HTTPS 인증서는 각 노드별로 설정해야 한다. 여러 DirectAccess 서버로 배열을 만든 경우 주 서버의 콘솔에서 모든 변경을 수행하지만, 각 서버에 인증서는 설치한 다음 **구성** 내의 각 노드에서 별도로 인증서를 변경해야 한다.

8. 이 시점에서는 현재 구성에 아직 아무런 변경도 적용되지 않는다. 변경을 적용하려면 원격 액세스 관리 콘솔 하단 근처에 있는 마침... 버튼을 눌러야 한다.

9. 검토한 모든 내용이 적절하다면 **적용**을 클릭해 변경 사항을 반영한다. 새로운 인증서가 이제 적절한 위치에 설정되고 IP-HTTPS 연결을 검증하는 작업을 수행한다.

예제 분석

IP-HTTPS에서 사용하는 SSL 인증서를 바꾸는 일은 모든 DirectAccess 서버 관리자가 정기적으로 꼭 해야 하는 작업이지만, 1년에 한 번 하는 작업이다. 보통 인증서 만료날짜가 지날 때까지 이 설정이 구성의 어디에 있는지 까맣게 잊어버릴 수 있다. 이 예제가 그런 걱정을 덜어줬으면 좋겠다.

변경한 후 새로운 인증서가 실제로 지금 시스템에 존재하는지 알고 싶어서 나는 네트워크 외부에서 인증서를 항상 확인한다. 네트워크 외부의 인터넷에서 컴퓨터를 사용한다면 DirectAccess 서버의 공용 DNS 레코드에서 더미 사이트를 검색해본다. 예를 들어 서버에서 사용하는 공용 DNS 레코드가 directaccess.contoso.com이라면 https://directaccess.contoso.com/test를 찾아본다. 요청한 이 페이지는 실제로 존재하지 않기 때문에 404 에러를 예상하지만, 404 에러를 확인하면 웹 트래픽을 검사하는 데 사용한 인증서를 확인할 수 있다(사용하는 브라우저에 따라 다를 수 있다. 나는 웹 트래픽 검사에 사용한 인증서를 확인하는 작업에 주로 크롬을 사용한다). 인증서를 클릭해 **자세히** 탭에 나와 있는 세부 내용에서 최신 유효 날짜가 있는 새로운 인증서인지 확인한다. 나아가 이 테스트 웹사이트를 탐색할 때 인증서 경고 메시지를 만난다면 이는 인증서와 관련한 문제가 있으며, 좀 더 자세히 조사해야 한다는 신호다.

DirectAccess와 VPN 연결 상태 보고

Microsoft에서 최신 원격 액세스 역할을 내어놓으면서 제공한 큰 이점 중 하나가 보고 기능이다. 이전엔 누가 연결 중인지, 연결해서 무엇을 했는지, 언제 연결했는지 알기 어려웠다. 즉, 원격 세션에 대한 이력 보고가 없었다. 새로운 버전에서 이 모든 변화는 연결하는 사람, 연결 빈도, 연결된 동안 수행하는 작업에 관한 얼마간의 정보까지를 보여주는 멋진 인터페이스를 제공한다. 이 예제에서는 이들 인터페이스를 살펴보고 쓸 수 있는 정보를 살펴본다. 기본적으로는 활성화되지 않은 이력 보고를 사용하는 방법도 확인한다.

준비

이 예제와 관련된 모든 작업은 DirectAccess와 VPN 클라이언트를 모두 서비스하는 Windows Server 2016 원격 액세스 서버에서 수행한다.

예제 구현

Server 2016에서 사용 가능한 원격 액세스 보고 옵션에 익숙해지려면 다음 절차를 따른다.

1. 서버 관리자 내의 도구 메뉴에서 원격 액세스 관리 콘솔을 연다.
2. 왼편 창에서 원격 클라이언트 상태를 찾는다. 여기서 현재 연결된 장치와 사용자 목록을 모두 확인한다. 여기서는 DirectAccess 연결과 VPN 연결을 모두 보여준다.

3. 특정 연결을 클릭하면 아래에 추가 데이터가 표시된다. 사용자가 DirectAccess 나 VPN 중 어떤 방식으로 연결했는지, 연결에 관한 좀 더 상세한 정보를 쉽게 확인할 수 있다.

4. 왼편 하단을 살펴보면 액세스 세부 정보라는 영역이 있으며, 사용자와 컴퓨터가 액세스한 내부 자원이 무엇인지도 확인할 수 있다.

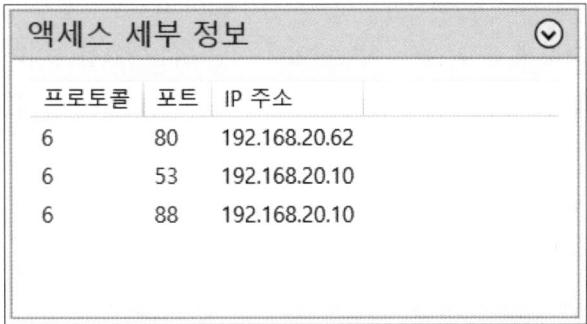

5. 이 화면이 연결로 가득 찰 정도로 환경의 규모가 크다면 상단의 검색 상자를 이용하면 편하다. 검색하려는 정보를 간단히 입력하고, 검색 창의 결과는 검색 조건으로 필터링한다.

6. 화면에 더 많은 데이터를 표시하고 싶다면 기존 열 이름 아무데서나 오른쪽 클릭하고 추가 열을 선택해 보이거나 숨길 수 있다.

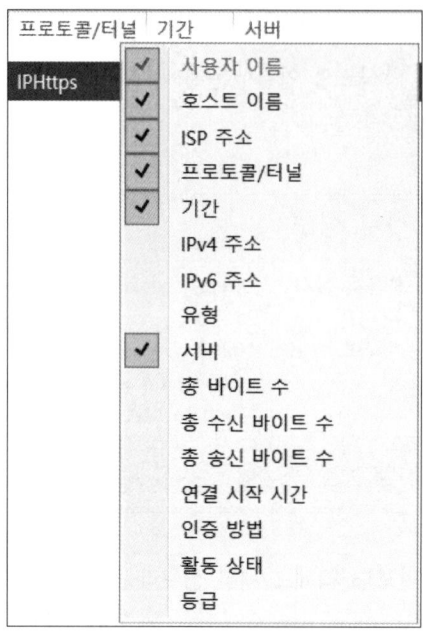

7. 이 모든 정보는 훌륭하다. 그러나 이 데이터를 이력 통계로 다시 살펴보고 싶다면 어떻게 해야 할까? 지난날이나 지난주의 연결을 보고 싶을 수도 있다. 지난달에 연결이 얼마나 많았는지 보고서를 작성해야 할지도 모른다. 왼편 창에서 보고를 클릭하면 원하는 작업을 시작할 수 있다.

8. 보고 기능은 기본적으로 비활성화돼 있으므로 여기서는 아직 아무런 데이터를 갖고 있지 않다. 대신 계정을 구성해야 한다는 메시지를 표시하고 있다. 이 메시지 링크를 클릭한다.

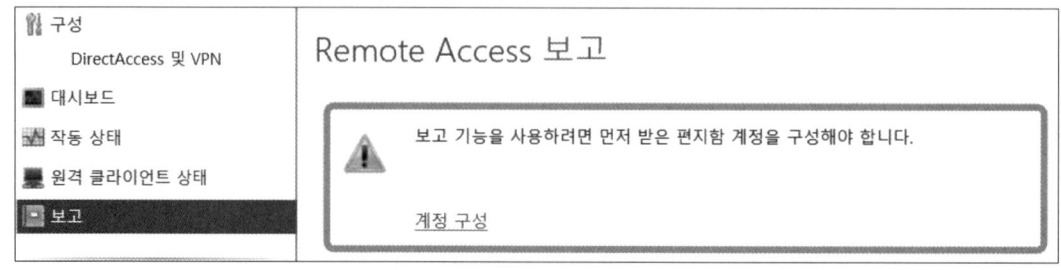

9. 이제 RADIUS 계정 사용이나 받은 편지함 계정 사용, 또는 두 가지 옵션 모두를 선택할 수 있다. RADIUS 계정은 RADIUS 서버를 설정하고 이런 종류의 데이터를 받을 준비가 됐음을 의미한다. 이 옵션을 사용하는 고객은 많이 보지 못했다. 대신 대부분 DirectAccess 서버 자체의 윈도우 내부 데이터베이스^{WID, Windows Internal Database}에 바로 모든 데이터를 작성하는 받은 편지함 계정 사용을 선택한다.

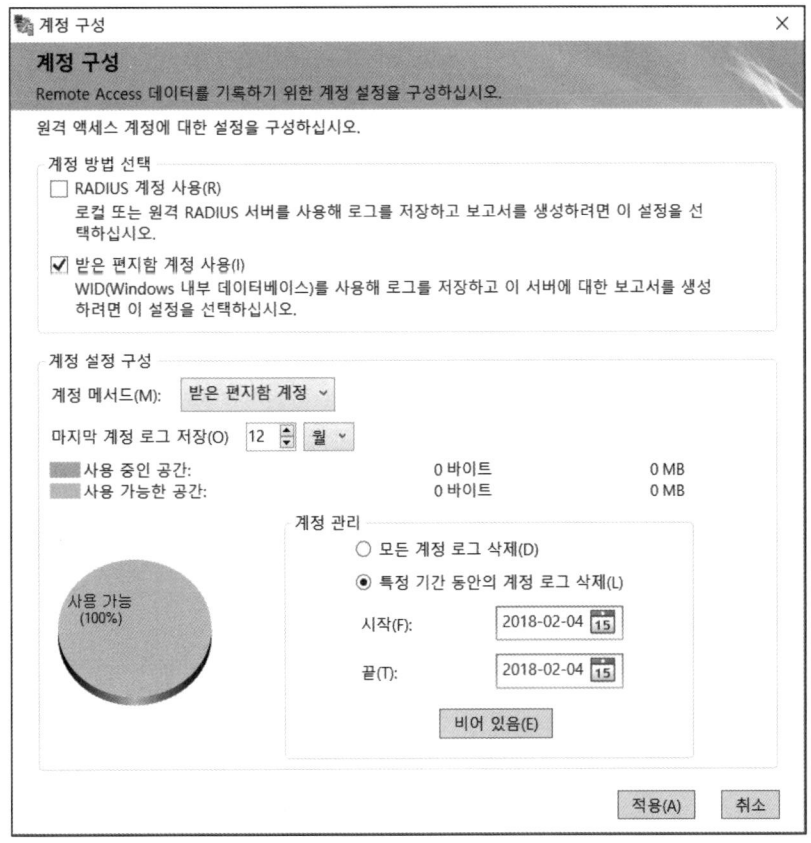

10. 선택했다면 적용을 클릭한다. 보고 화면은 날짜 범위를 선택하고 이력정보를 가져올 수 있는 추가 옵션이 있는 부분을 제외하고는 원격 컴퓨터 상태 화면과 아주 비슷하다.

예제 분석

사용자 연결 데이터의 보고는 대부분의 원격 액세스 시스템에 중요하다. 특히 연결 이력에 대한 데이터를 포함한 것은 모든 원격 액세스 관리자가 사용할 훌륭한 기능이다. 간단한 구성 변경으로 이러한 DirectAccess와 VPN 연결을 추적하도록 Windows 원격 액세스 서버를 설정하고 나중에 데이터에 대한 보고서를 실행하고 저장할 수 있다.

07

원격 데스크톱 서비스

원격 데스크톱 서비스^{RDS, Remote Desktop Services}는 로컬 워크스테이션에 애플리케이션과 데이터가 존재하지 않아도 사용자에게 애플리케이션과 데이터를 제공하는 뛰어난 방식이다. 이전엔 터미널 서비스로 알려졌으며, 이 기술은 기업이 중앙 원격 데스크톱 서버에서 모든 데이터와 앱을 제어하면서 사용자가 자신의 워크스테이션으로 연결해 이들 항목을 액세스할 수 있게 한다. 사용자에게 이 정보를 제공하는 두 가지 기본 방식이 있다. 첫 번째는 원격 세션을 통한 방식인데, 사용자가 **원격 데스크톱 세션 호스트**^{RDSH, Remote Desktop Session Host} 서버에 로그인하고 이 서버에서 호스팅되는 세션에 연결하는 것이다. 이 세션은 사용자에게 완전한 데스크톱 컴퓨터와 같은 룩앤필을 제공하며, 전체 바탕 화면과 시작 버튼이 있어서 그 세션 내에서 애플리케이션을 시작할 수 있다. 세션 내에서 문서도 저장할 수 있으므로 모든 것을 중앙 집중식으로 관리할 수 있다. 실제 현장에서 RDS를 이런 식으로 사용하며, 여기서는 주요 관리 작업에 초점을 맞춰 설명한다.

RDS를 통해 사용자에게 데이터를 제공하는 두 번째 방식이 RemoteApp이다. 이 방식은 전체 데스크톱 세션이 아니라 사용자의 컴퓨터에 원격으로 애플리케이션만 제공할 수 있는 담백한 기능이다. 사용자에게 제공하는 액세스를 제한하고 이러한 리소스에 액세스하기 위해 밟는 단계를 단순화하는 멋진 방식이다.

RDS 환경은 그 자체로 한 권의 책을 쓸 수 있을 정도로 잠재적으로 많은 서버를 포함할 수 있다. 그런 점을 고려해 테스트할 수 있는 간단한 RDS 환경을 만들고 이와 같은 환경에서 유용한 몇 가지 일반적인 관리 작업에 대한 지식을 설명한다.

7장에서 다루는 내용은 다음과 같다.

- 단일 서버 원격 데스크톱 서비스 환경 구축
- RDS 환경에 RDSH 서버 추가
- 원격 데스크톱 세션 호스트 서버에서 애플리케이션 설치
- 로컬 리소스의 리디렉션 해제
- RDS에서 또 다른 세션 섀도잉
- 리디렉션에 사용할 프린터 드라이버 설치
- 유지 관리를 위해 RD 세션 호스트 서버 제거
- 워드패드를 RemoteApp으로 게시
- 로그온/로그오프 스크립트로 사용자 로그인 추적

▮ 소개

RDS 환경을 만드는 다양한 구성 요소를 잠깐 소개하고자 한다. 완전한 RDS 배포에 수반되는 설치와 모든 구성 요소의 사용에 대해 다루지는 않지만, 적어도 구성 요소와

기능에 대해서는 알아야 한다.

- **원격 데스크톱 세션 호스트** 대부분의 흔한 RDS 서버의 형식이며, 사용자가 연결하는 프로그램과 세션을 호스팅한다. 환경의 규모에 달렸기 때문에 현재 대부분 이 서버를 실행할 것이다.
- **원격 데스크톱 연결 브로커** RDS 서버용 로드 밸런서와 같다. 사용자를 RDSH 서버 전체에 고르게 분산시키고, 사용자가 새로운 세션을 만들지 않고 기존 세션을 다시 연결하는 데 도움을 준다.
- **원격 데스크톱 라이선싱** 네트워크에서 RDS 사용에 필요한 라이선스를 관리하는 일을 담당한다.
- **원격 데스크톱 게이트웨이** 인터넷에서 RDS 환경으로 사용자를 원격 연결하게 할 수 있는 게이트웨이 장치. 예를 들어 가정의 사용자는 RD 게이트웨이에서 제공하는 연결을 활용해 업무 정보를 액세스할 수 있다.
- **원격 데스크톱 웹 액세스** 사용자가 Windows 7 또는 8, 10 컴퓨터에서 로컬 시작 메뉴를 사용해 바탕 화면과 애플리케이션을 액세스할 수 있게 한다. 사용자는 웹 브라우저를 통해 애플리케이션을 액세스하는 데 이 구성 요소를 활용할 수도 있다.
- **원격 데스크톱 가상화 호스트** Hyper-V와 통합한 역할로, 사용자에게 가상 데스크톱 세션을 제공한다. 여기서 차이점은 이들 사용자에게 제공된 리소스는 RDSH처럼 공유된 리소스가 아니라 Hyper-V에서 제공된다.

이 역할들 중 대다수는 하나의 서버에 배치할 수 있어 예제를 수행하는 데 간단한 RDS 환경으로도 가능하다. 사용자와 서비스가 계속 늘어나면 이 역할들을 분산하고 가능한 한 이중화를 고려하는 것이 좋다.

▌ 단일 서버 원격 데스크톱 서비스 환경 구축

RDS를 아직 사용하고 있지 않는 환경이라면 역할을 어디서 설치하고 어떻게 배치하는지 이해하는 것이 좋다. 이 예제에서는 많은 원격 데스크톱 역할을 하나의 서버에 설치하는 과정을 살펴본다. 설치를 마치면 사용자가 원격 데스크톱 세션에 연결하고 활용할 수 있는 RDS 서버를 갖게 된다.

준비

Windows Server 2016을 사용해 RDS 역할을 설치한다. 이 서버는 이미 도메인에 가입돼 있다.

예제 구현

다음 절차를 따라 처음으로 간단한 RDS 서버를 시작하는 데 필요한 역할을 직접 설치해본다.

1. 서버 관리자를 열고 **역할 및 기능 추가** 링크를 클릭한다.
2. 다음을 클릭해 설치 유형 화면으로 넘어간다. 지금까지 해온 일반적인 설치와는 조금 다르게 진행한다. 이 화면에서 대부분은 큰 고민 없이 다음으로 넘어갔다. 그러나 원격 데스크톱 서비스는 이 화면에서 선택해야 한다.
3. 원격 데스크톱 서비스 설치 옵션을 선택한다. 그 뒤 다음을 클릭한다.

> ◉ **역할 기반 또는 기능 기반 설치**
> 역할, 역할 서비스 및 기능을 추가하여 단일 서버를 구성합니다.
>
> ○ **원격 데스크톱 서비스 설치**
> VDI(가상 데스크톱 인프라)에 필요한 역할 서비스를 설치하여 가상 컴퓨터 기반 또는 세션 기반 데스크톱 배포를 만듭니다.

4. 기본 설정인 **표준 배포**를 그대로 사용하고 **다음**을 클릭한다. 이번에는 하나의 서버만 구성할 것이므로 이 화면에서 **빠른 시작** 옵션을 선택할 수 있다. 설치할 수 있는 다른 서비스를 살펴보고 싶기 때문에 여기서는 단축 경로를 선택하지 않고 나중에 여러 RDS 서버를 가질 수 있게 설치 옵션을 열어 놓는다.

5. 이 RDS 서버에서 전통적인 데스크톱 세션에 대한 액세스를 제공하고 Hyper-V와 통합하지 않는다. 따라서 배포 시나리오 화면에서 **세션 기반 데스크톱 배포**를 선택한다.

> 사용자가 가상 데스크톱, RemoteApp 프로그램 및 세션 기반 데스크톱에 연결할 수 있도록 원격 데스크톱 서비스를 구성할 수 있습니다.
>
> ○ 가상 컴퓨터 기반 데스크톱 배포(V)
>   가상 컴퓨터 기반 데스크톱 배포를 사용하면 사용자가 게시된 RemoteApp 프로그램 및 가상 데스크톱을 포함하는 가상 데스크톱 컬렉션에 연결할 수 있습니다.
>
> ● 세션 기반 데스크톱 배포(S)
>   세션 기반 데스크톱 배포를 통해 사용자가 게시된 RemoteApp 프로그램 및 세션 기반 데스크톱을 포함하는 세션 컬렉션에 연결할 수 있습니다.

6. 이제 설치에 필요한 역할 서비스의 요약 화면이 표시된다. 선택한 옵션을 기준으로 목록에서 원격 데스크톱 연결 브로커와 원격 데스크톱 웹 액세스, 원격 데스크톱 세션 호스트가 표시된다. 다음 몇 개의 화면에서 이들 역할에 사용될 서비스를 정의한다.

7. 지금은 한 서버에 모든 부분을 설치할 것이므로 **서버 풀** 목록에서 하나뿐인 서버를 간단히 오른편의 **선택됨** 상자로 이동한다. 이동을 위해 RD 연결 브로커 페이지에서 가운데 화살표 버튼을 클릭한다.

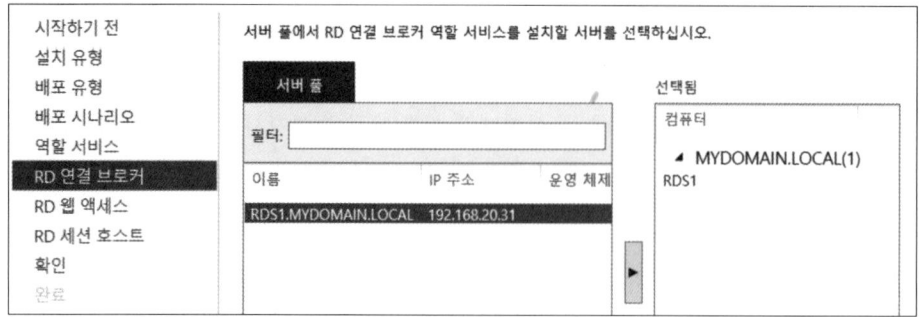

8. 이제 다음 두 화면에서도 동일한 작업을 수행한다. 이 예제에서는 RDS1이라는 서버를 사용하므로, RD 웹 액세스 서버와 RD 세션 호스트 서버 모두에 대해 이 서버를 사용한다.

9. 확인 화면으로 넘어가면 수행할 작업에 관한 요약 정보가 표시된다. 여기서는 3개의 RDS 서비스 모두 RDS1 서버에 설치된다. 아래의 필요한 경우 자동으로 대상 서버 다시 시작 체크 상자를 선택한 다음 배포 버튼을 클릭한다.

예제 분석

이번 예제를 따라 첫 RDS 환경을 올리고 실행할 수 있었다. 이제 사용자는 RDS1 서버에서 제공하는 가상 세션에 연결하고 액세스할 수 있다. 로그인을 위해 사용자는 클라이언트 컴퓨터에서 원격 데스크톱 연결 도구를 시작하고, 서버 이름에 RDS1을 입력하거나 웹 브라우저를 열고 https://rds1/rdweb으로 간다. 어느 쪽이든 Windows 10 바탕 화면과 비슷한 룩앤필의 바탕 화면 세션을 시작한다. RDS 서버에서 제공되는 이 바탕 화면 내에서 애플리케이션을 시작하고 문서를 저장하며, 로컬 데스크톱 컴퓨터가 아닌 서버 자체에서 모든 것을 실행하고 저장한다. 이 한 대의 간단한 RDS 서버 구현에서 시작해 점점 더 많은 서버와 늘어나는 사용자 부하를 처리할 목적으로 추가 RDS 역할을 구축할 수 있다.

RDS 환경에 RDSH 서버 추가

대부분의 RDS 구현은 단일 서버 또는 최소한 하나의 RDSH로 시작한다. 여기서 역할을 설정해 연결에 성공하면 다음 단계는 자연스레 RDSH 서버를 추가해 더 많은 사용자를 수용하는 것이다. 아니면 다른 RDSH 서버에서 다른 유형의 사용자(그리고 이들의 애플리케이션)를 분리하고 싶을 수 있다. 이유야 어떻든 RDS 환경에 서버를 추가해야 할 시기가 있다. 두 번째 서버를 추가하면서 이 과정이 어떻게 이뤄지는지 확인해보자.

준비

Windows Server 2016을 실행하는 하나의 RDS 서버가 있다. 서버 이름은 RDS1이며, 이미 RD 연결 브로커, RD 세션 호스트, RD 웹 액세스 역할을 수행 중이다. 이제 RDS1의 관리 인터페이스를 사용해 두 번째 RDSH 서버를 인프라에 추가한다. 새 서버의 이름은 RDS2이며, 이미 도메인에 가입돼 있다.

예제 구현

다음의 절차를 따라 새로운 RDSH 서버를 기존 RDS 환경에 추가한다.

1. 기존 RDS 서버인 RDS1에서 서버 관리자를 실행한다.

> 새로운 RDS2 서버를 RDS1에서 실행 중인 **서버 관리자**의 인스턴스에 추가해야 한다. 이 단계를 수행하기 전까지는 RDS1에서 RDS2를 수정할 수 없다.

2. 관리할 다른 서버 추가 링크를 클릭한다.

```
2  역할 및 기능 추가
3  관리할 다른 서버 추가
4  서버 그룹 만들기
```

3. RDSH로 전환할 새로운 서버의 이름을 입력한다. 이 예제에서는 서버 이름을 RDS2다. 그 다음 화살표를 클릭해 이 서버를 **선택됨** 목록에 추가하고 확인을 클릭한다.

4. 이제 다시 서버 관리자의 메인 페이지로 돌아와 창의 왼편에서 원격 데스크톱 서비스 목록을 클릭한다. RDS에 대한 관리 인터페이스가 나타난다. 배포 개요에서 현재 RDS 배포 모습을 자체 생성한 다이어그램으로 표시한다. 현재 서버로는 테스트만 하고 네트워크 외부에서 액세스하지 않을 것이므로, RD 게이트웨이와 RD 라이선싱 옆에 더하기 기호가 보인다. 이 기호는 이들 역할을 아직 구성하지 않았음을 표시하며, 구성하고 싶다면 이 더하기 기호를 클릭하면 요청을 따르면 된다. 현재는 이들 서비스에 대한 요구 사항이 없으므로, 지금은 이를 무시한다.

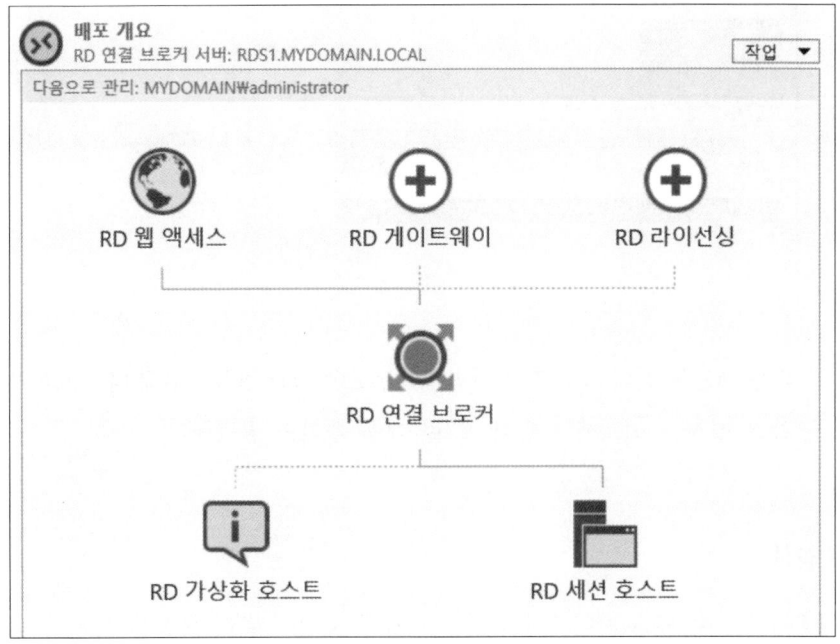

5. 새로운 RDSH 서버를 추가하려면 이 창의 오른쪽 상단에서 RD 세션 호스트 서버 추가 링크를 클릭한다.

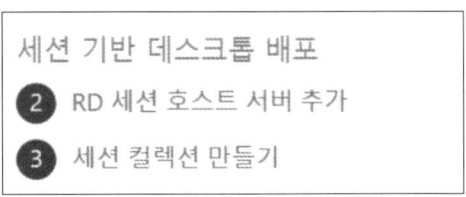

6. 앞서 이 예제에서 **서버 관리자**에 새로운 서버를 추가했으므로, 이제 이 서버를 선택할 수 있다. 새로운 RDS2 서버를 선택하고 화살표를 클릭해 **선택됨** 칼럼으로 이동한다.

7. 다음 버튼을 클릭하고, 확인 화면에서 필요에 따라 원격 컴퓨터 다시 시작이라는 체크 상자를 선택해야 한다. 그런 다음 추가를 클릭한다.

예제 분석

이 예제에서는 주 RDS 서버에서 원격 데스크톱 서비스 관리 콘솔을 사용해 새로운 서버를 원격 데스크톱 세션 호스트RDSH 서버로 전환했다. 이 RDSH는 RDS 인프라의 일부이며, 중앙 관리 플랫폼에서 관리할 수 있다. RDS 환경에서 이것이 환경에 들어온 서버에 새로운 역할을 추가하는 일반적인 방식이다. 보통 중앙 관리 콘솔을 사용해 RDS에서 많은 작업을 수행하는데, 이는 변경이나 업데이트를 할 때 RDS 인프라의 큰 그림을 보기 쉽기 때문이다.

▌ 원격 데스크톱 세션 호스트 서버에서 애플리케이션 설치

Windows 서버를 가져와 RDS 환경 내에서 사용될 RDSH 서버로 전환하자마자 이 서버에서 애플리케이션이 동작하는 방식은 크게 바뀐다. 프로그램과 앱을 RDSH에 설치할 때마다 먼저 특별한 설치 모드로 들어가야 한다. 프로그램 인스톨러를 시작하기 전에 서버를 설치 모드로 전환해 여러 사용자가 동시에 실행할 수 있는 방식으로 애플리케이션을 설치하는 것이 중요하다. RDSH 서버에서 수십 개의 다중 사용자 세션을 호스팅한다는 점을 기억하자.

설치 모드 사용은 RDSH로 전환하기 전에 실제로 서버에 어떤 프로그램도 설치하지 않아야 RDSH에서 애플리케이션이 적절히 동작한다는 뜻이다. 해당 역할을 구성하고 나면 설치 모드를 사용하는 동안 앱을 안전하게 설치할 수 있다. 서버를 RDSH로 전환하기 전에 설치한 프로그램은 제대로 동작하지 않을 수 있으므로 프로그램을 제거했다가 다시 설치해야 할 수 있다. 프로그램 설치 동안 설치 모드를 호출할 수 있는 몇 가지 다른 방법이 있다. 두 가지를 한 번 살펴보자.

준비

RDSH 서버에서 프로그램을 설치해야 한다. 이 컴퓨터는 Windows Server 2016을 실행하고 이미 RDS 환경의 일부다. 물론 시작 시키려는 애플리케이션 인스톨러 파일도 필요하다.

예제 구현

RDSH에서 프로그램을 적절히 설치하는 한 가지 방법은 제어판을 사용해 애플리케이션을 설치하는 것이다.

1. 시작 버튼을 오른쪽 클릭하고 제어판을 선택한다.
2. 프로그램을 클릭한다.
3. 원격 데스크톱 서버에 응용 프로그램 설치라는 버튼을 클릭한다.

4. 다음을 클릭하면 애플리케이션 인스톨러 파일의 위치를 지정할 수 있다.

5. 다음을 클릭하면 프로그램이 설치될 것이다. 설치가 끝나면 설치 모드 마법사 화면에서 마침 버튼을 클릭해 RDSH를 다시 실행 모드로 돌려 정상 작동 준비를 한다.

RDSH를 설치 모드로 바꾸는 두 번째 방법은 명령 프롬프트를 사용하는 것이다.

1. 시작 버튼을 오른쪽 클릭하고 **명령 프롬프트(관리자)**를 선택해 실행한다.
2. change user /install을 입력하고 Enter를 누른다.

3. 이제 프로그램 인스톨러 파일을 찾아 실행한다. 일반적인 서버나 컴퓨터에서 하는 동일한 방식으로 설치 단계를 밟는다.
4. 프로그램 설치가 끝나면 다시 명령 프롬프트로 돌아와서 change user /execute를 입력한다. 그런 다음 Enter를 누른다. 이렇게 하면 RDSH는 특별한 설치 모드를 빠져 나와 다시 일반 실행 모드로 돌아간다.

 서버를 자동으로 재시작해도 **실행 모드**로 돌아간다. 따라서 애플리케이션 인스톨러가 설치 프로세스의 일부로 재시작을 요구하면 RDSH는 부팅할 때 **실행 모드**로 돌아가므로, 이런 경우에는 명령을 직접 입력할 필요가 없다.

예제 분석

RDSH에 애플리케이션을 설치할 때 먼저 특수한 설치 모드로 들어가야 한다. 이렇게 하면 설치되는 프로그램의 특정 부분을 다시 매핑해 동시에 많은 사용자가 실행하고 활용할 수 있게 한다. 이 예제에서 설명한 방법 중 하나를 사용해 애플리케이션을 설치하는 것이 RDS 환경에서 사용자에게 애플리케이션을 성공적으로 제공하는 데 중요하다.

설치하는 동안 아무도 RDSH에 로그인하지 않게 한다. 새로운 서버를 구축할 때는 보통 모든 부분이 설치되고 구성될 때까지는 어느 누구도 연결을 허용하지 않기 때문에 작업이 쉽다. 그러나 운영 RDSH에서 새로운 프로그램을 설치하거나 기존 프로그램을 업데이트해야 한다면 설치 모드로 전환해 이들 실행 파일을 시작하기 전에 서버에 로그인한 사용자가 없는지 확인해야 한다. RDS 서버 팜을 실행하고 애플리케이션의 유지 관리나 설치를 위해 서버 중 하나 또는 일부를 제거하고자 한다면 '유지 관리를 위해 RD 세션 호스트 서버 제거' 예제를 확인하자.

기존 애플리케이션에 업데이트를 설치할 때도 RDSH를 설치 모드로 전환하는 것에 대해 언급했다. 이는 중요한 내용이다. 하지만 정기 Windows 운영체제를 업데이트하기 위해 서버를 설치 모드로 전환할 필요는 없다. 서버가 일반적인 실행 모드라도 업데이트를 올바로 설치할 수 있다.

로컬 리소스의 리디렉션 해제

RDS 내에서 사용자가 가상 세션, 특히 원격으로 연결하는 동작에 관한 훌륭한 기능 중 하나가 로컬 리소스 리디렉션이다. 이 기능은 사용자가 가상 세션 내에서 현재 세션을 시작한 로컬의 리소스를 액세스할 수 있게 하기 때문에 로컬 컴퓨터와 RDS 세션 사이에서 복사 및 붙여 넣기 기능이 동작하는 클립보드, 그리고 로컬 하드 드라이브와 RDS 세션 사이에서 문서를 저장할 수 있는 드라이브 리디렉션과 같은 동작이 가능하다. 가장 일반적으로 사용하는 리소스 리디렉션 중의 하나가 프린터인데, 사용자는 자신의 RDS 세션 내에서 기업 네트워크의 서버에 있는 자료를 자신이 연결된 로컬 네트워크의 프린터에 직접 연결해 출력할 수 있다. 예를 들어 누군가는 가정용 프린터에서 업무 문서를 출력해야 할 경우도 있다.

이 리디렉션 기술은 아주 유용하지만 보안과 정책 관점에서 바람직하지 않을 때가 있다. 대부분의 조직은 기업 네트워크 내에서 기업 데이터를 유지해야 하고, 외부로 이동할 수 없다고 기술한 보안 정책을 갖고 있다. 대부분의 의료 환경에서 엄격한 표준으로 데이터를 안전하게 보호하게 한다. 이는 해당 데이터가 로컬 컴퓨터로 복사돼 붙여 넣기를 할 수 없고, 문서는 RDS 세션 외부에서 저장될 수 없으며, 문서 출력도 허용하지 않는다는 뜻이다.

보안 정책에 기술된 경우 이러한 기능을 사용할 수 없어 실망할 수 있지만, 리디렉션을 사용하지 못하게 하는 작업은 쉽다. 이러한 설정이 어디에 있는지 배워보자.

준비

Server 2016 RDSH 서버에 로그인한다. 이 서버는 일부 민감한 정보를 호스팅하고 있어 사용자가 로컬 컴퓨터에 문서를 저장할 수 없고 로컬 프린터에 문서를 출력할 수 없으며, 클립보드 내에서 데이터를 RDS 세션에서 로컬 컴퓨터로 이동할 수 없어야 한다.

예제 구현

다음의 절차를 따라 RDSH 컬렉션에서 이러한 리디렉션 기능을 해제한다.

1. 서버 관리자를 열고 원격 데스크톱 서비스를 클릭해 RDS 환경의 관리 기능을 연다.
2. 현재는 양쪽 RDSH 서버를 포함하는 하나의 RDSH 컬렉션만 목록에 나온다. 이 컬렉션은 모든 사용자가 민감한 정보를 액세스할 때 연결할 수 있다. 컬렉션의 이름을 클릭한다. 이 예제에서는 MyDomain RDSH Servers다.
3. 화면의 상단 근처에서 속성이라는 섹션을 찾는다. 작업 드롭다운 상자를 클릭한 다음 속성 편집을 클릭한다.

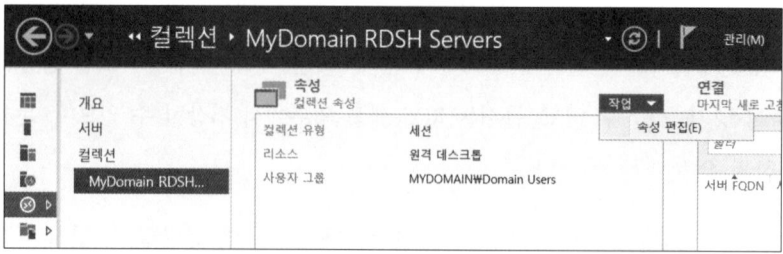

4. 클라이언트 설정을 클릭한다.
5. 현재 리디렉션할 수 있는 항목이 표시된다. 해제하고 싶은 리디렉션을 각각 해제한다. 이 예제에서는 드라이브와 클립보드, 클라이언트 프린터 리디렉션 허용의 체크를 해제한다.

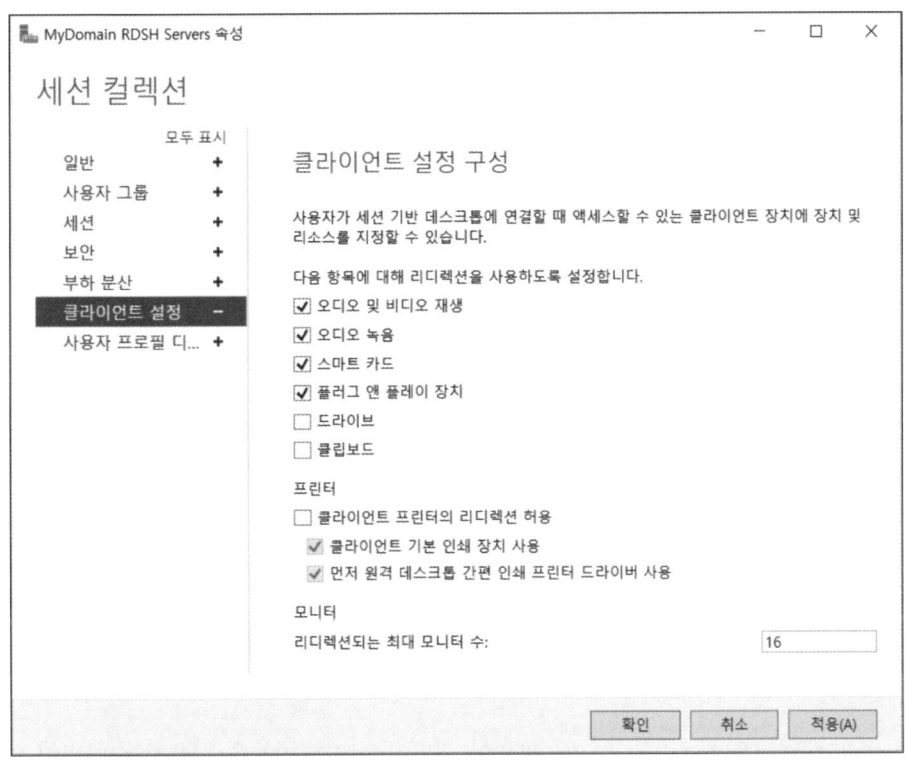

6. 확인을 클릭하면 이들 리디렉션된 리소스는 클라이언트 컴퓨터에서 이 RDSH 세션에 연결할 때 더 이상 사용할 수 없다.

예제 분석

로컬 컴퓨터와 RDS 세션 사이를 왔다 갔다 하면서 데이터를 이동하는 기능을 사용자에게 제공하는 기능이 멋지게 보이지만, 바람직하지 않을 때가 있다. 몇 가지 간단한 체크 상자를 통해 이들 기능을 모조리 해제해 보안 정책을 준수하고 민감한 데이터를 보호할 수 있다. 이러한 설정의 위치에 익숙하다면 해당 설정을 사용하거나 해제하는 작업은 직관적이며 수행하기 쉽다. 좋은 점은 이러한 설정을 언제든지 변경할 수 있다는 것이다. RDS 환경을 만드는 동안 이런 부분을 결정할 필요는 없다. 나중에 이들 옵션 중의 몇 가지를 사용하거나 해제하려고 결정한다면 운영 RDS에서 언제든지 변경할 수 있다.

■ RDS에서 또 다른 세션 섀도잉

회사의 원격 사용자에게서 전화를 받았다고 하자. 사용자들은 현재 호텔에 있고 애플리케이션을 실행하는 방법을 알아내려고 씨름하고 있다. 이 애플리케이션은 로컬 컴퓨터에 설치되지 않았으며, 이들은 RDS 사용자이고 이 앱을 액세스해야 할 때마다 네트워크의 RDSH 서버에서 가상 세션과 연결한다. 암호를 요청해서 RDSH에 그 암호로 로그인해서 문제를 해결하는 방법을 고려할 수도 있다. 그러나 안타깝게도 암호 요청은 회사 보안 정책을 심각하게 위반하는 것이다. 대신 일종의 온라인 회의 소프트웨어를 사용해 그들의 노트북 화면을 공유해서 해당 문제를 고쳐볼 수 있다. 그러나 그 방법은 회의 소프트웨어를 설치하고 전화로 사용 방법을 설명해야 한다.

더 나은 해결책을 찾을 수 없을까? RDS의 섀도잉^{Shadowing} 기능을 사용하는 방법이 있다. 사용자가 이미 로그인한 RDSH 서버에 로그인한다면 간단히 이들의 세션을 섀도잉해서 이들이 보고 있는 것을 볼 수 있다. 그다음 함께 문제를 해결할 수 있다. 여러분이 문제를 제어하고 고칠 수 있으며, 다음번에 이런 문제로 또다시 전화하지 않게 사용자들이 이 문제를 해결하는 방법을 기록하고 배울 수도 있다.

이 예제는 RDS 섀도잉이 이전 버전의 터미널 서버에서도 항상 사용할 수 있는 기능이었기 때문에 특별히 여기에 포함했지만, 서버 2012 RDS에서 제거됐다. 반가운 소식이 있다. 서버 2012 R2에서는 열화와 같은 성원에 힘입어 이 기능이 다시 돌아 왔으며, Windows Server 2016에서도 여전히 제공하고 있다.

준비

원격 사용자가 RDS1이라는 RDSH 서버의 가상 세션에 로그인한다. 이 서버는 Windows Server 2016 컴퓨터로 RDS 인프라의 일부다.

예제 구현

원격 사용자를 돕기 위해 RD 세션을 섀도잉해보자.

1. 먼저 사용자가 로그인한 동일한 RDSH 서버에 로그인해야 한다. 컴퓨터에서 **원격 데스크톱 연결**을 열고 연결하려는 서버 이름을 입력한다.
2. 이제 RDSH로 로그인하고 작업 표시줄을 오른쪽 클릭한 다음 **작업 관리자**를 연다.

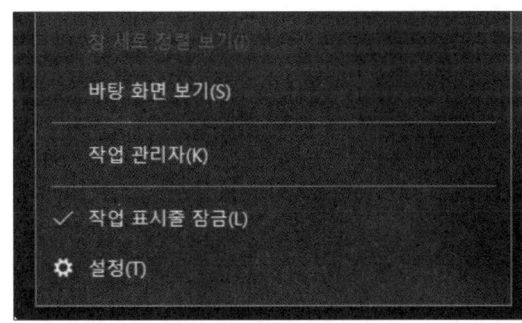

3. 자세히를 클릭해 서버에 관한 더 자세한 정보를 확인한다.
4. 사용자 탭으로 이동한다.
5. 열 제목 중 하나를 오른쪽 클릭하고 ID 열이 보이게 선택한다.

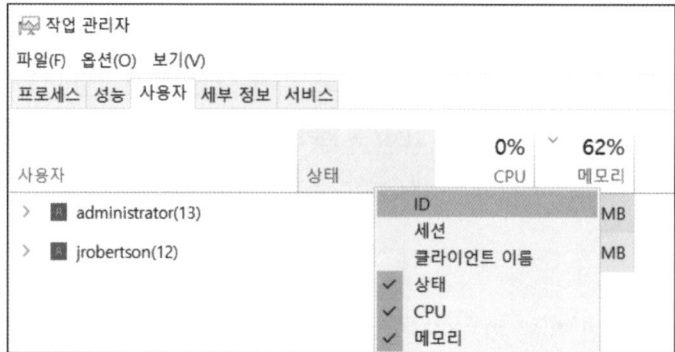

6. 작업 관리자를 열어 두고 연결하려는 사용자 이름과 ID 번호를 확인한다.

7. 이제 명령 프롬프트를 열고 mstsc /shadow:<id>7. /control 명령을 입력한다. 이 예에서 jrobertson 사용자는 작업 관리자에서 볼 수 있듯이 ID가 3이므로, 다음의 명령을 사용한다.

```
mstsc /shadow:3 /control
```

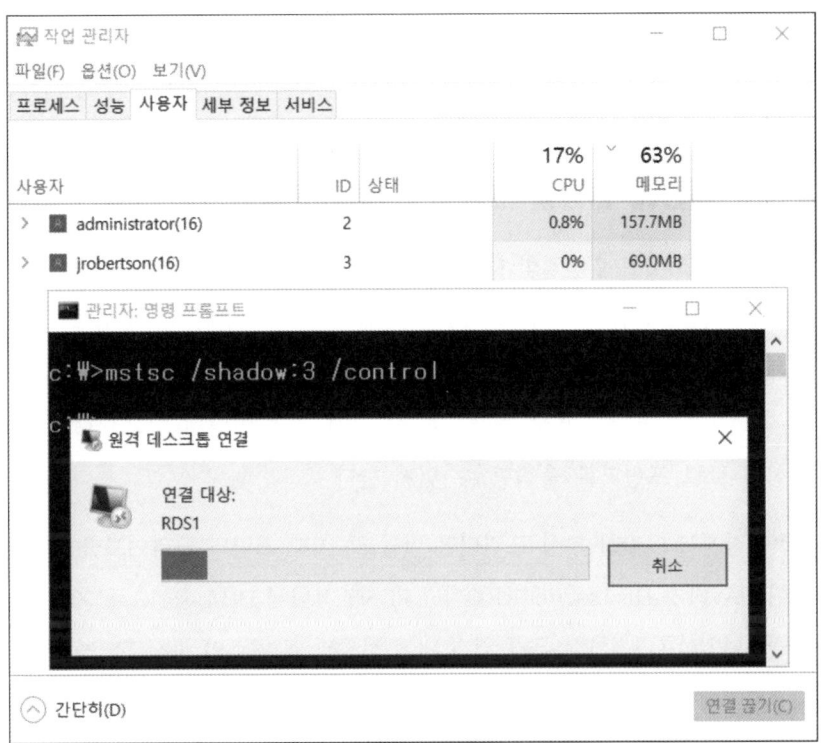

8. 이 명령은 여러분이 사용한 ID 번호의 RD 세션의 섀도잉 세션을 시작하므로, 섀도잉하려는 사용자에 대한 올바른 ID를 사용해야 한다. /control 스위치를 사용했으므로 그 사용자의 세션 내에서 자신의 마우스와 키보드를 사용할 수 있다.

예제 분석

Server 2016에서 섀도잉은 이전 버전의 터미널 서버에서 사용한 것처럼 아주 쉽지는 않지만, 이 기능이 서버 2012에서 빠진 후 돌아왔다는 것만으로도 반가운 일이다. RDS 섀도잉은 다른 사람의 화면을 공유하고 필요시 여러분의 키보드와 마우스로 제어하면서 도움을 줄 수 있으므로 문제 해결이나 협업에 사용하기 좋은 도구다. 동일한

RD 세션을 두 사람이 공유하면 많은 상황에서 매우 유용하다. 한번 사용해보자.

▌ 리디렉션에 사용할 프린터 드라이버 설치

사용자가 RD 세션에 연결할 때 클라이언트와 서버를 알맞게 구성했다면 그 연결에서 RD 세션과 로컬 컴퓨터 사이의 프린터 리디렉션을 설정하려고 한다. 특히 로컬 컴퓨터에 설치된 모든 프린터가 사용자의 RD 세션 내에서 별도 프린터로 구성되는 것이다. 이 기능은 액세스해서 출력하고 싶은 전 세계 어디에 있는 정보라도 사용자가 자신의 로컬 프린터로 출력할 수 있게 한다.

RD 연결에서 이러한 가상 프린터를 만들 때 실제 프린터 드라이브를 사용한다. 예를 들어 프린터가 HP LaserJet 4100이고 RDSH 서버에 HP LaserJet 4100 드라이버가 설치됐다면 그 프린터가 사용자 세션 내에 설정될 때 기존의 공식 드라이버를 활용한다. 사용자에게 프린터가 있는 상태에서 드라이버가 없는 RDSH 서버에 로그인하면 기본적으로 그 프린터는 설치되지 않는다. RDSH 서버 컬렉션에서 프린터 리디렉션을 사용 또는 해제하는 동일한 구성 페이지의 설정이 부분적으로 도움이 된다. 그 화면에서 **먼저 원격 데스크톱 간편 인쇄 프린터 드라이버 사용** 옵션을 선택하면 특정 프린터에 대한 실제 드라이버가 없을 때 일반 드라이버를 사용하지만 그 프린터에서 작동할 수도 있고 작동하지 않을 수도 있다. 이는 프린터 드라이버가 없을 때 문제를 해결하는 데 도움을 줄 수 있지만 문제를 항상 해결하는 것은 아니다.

사용자가 실제 출력할 수 있게 하는 최선의 방법은 RDSH에 실제 드라이버를 설치하는 것이다. 이 예제의 요점이 뭘까? 프린터 드라이버를 설치하는 방법을 모르는 사람이 있을까? 이 예제를 작성한 이유는 대부분의 프린터 드라이버 소프트웨어 패키지는 완전한 기능을 갖춘 애플리케이션이고, 이 패키지에서 제공하는 것의 4분의 1은 필요하지 않기 때문이다. 드라이버 설치 패키지는 RDS에서 사용하는 데 필요한 공간보다 더 많은 공간을 소비하며, 사용자 세션 내에서 잠재적으로 표시되는 실제 애플리케이션을 설치하는 방법은 혼란을 줄 수 있다는 사실을 고려해야 한다. 그럼 해결 방안은 뭘까? 이들 드라이버 패키지에서 간단히 드라이버 파일을 추출해 이들만 사용해 Windows에 드라이버를 설치하는 것이다. 무슨 말인지 한번 살펴보자.

준비

Windows Server 2016을 실행하는 RDSH 서버에 프린터 드라이버를 설치한다. 이 예제에서는 최근에 고객을 위해 설치한 적이 있는 브라더의 MFC-J625DW 프린터를 사용한다. 브라더는 일반적으로 드라이버 자체만 포함하는 간단하고 작은 파일을 다운로드할 수 있게 제공한다.

예제 구현

이 프린터 드라이버를 RDSH에 다운로드하고 설치해 프린터 리디렉션에 사용해보자.

1. 먼저 RDSH 서버에 드라이버 파일을 다운로드한다. 클라이언트가 아니라 서버의 운영체제에 맞는 드라이버를 선택한다. 따라서 Windows Server 2016을 선택한다. 목록에서 Windows Server 2016을 지원하지 않는 특정 프린터 모델을 볼 수 있다. 실제 운영체제에 해당하는 드라이버를 사용할 수 없는 경우 최신 Windows 버전의 드라이버를 사용하면 동작한다. 여기서는 Windows Server 2016 드라이버를 다운로드해 설치한다. 대안으로 Windows Server 2012 R2 64비트 드라이버 역시 설치할 수 있다.

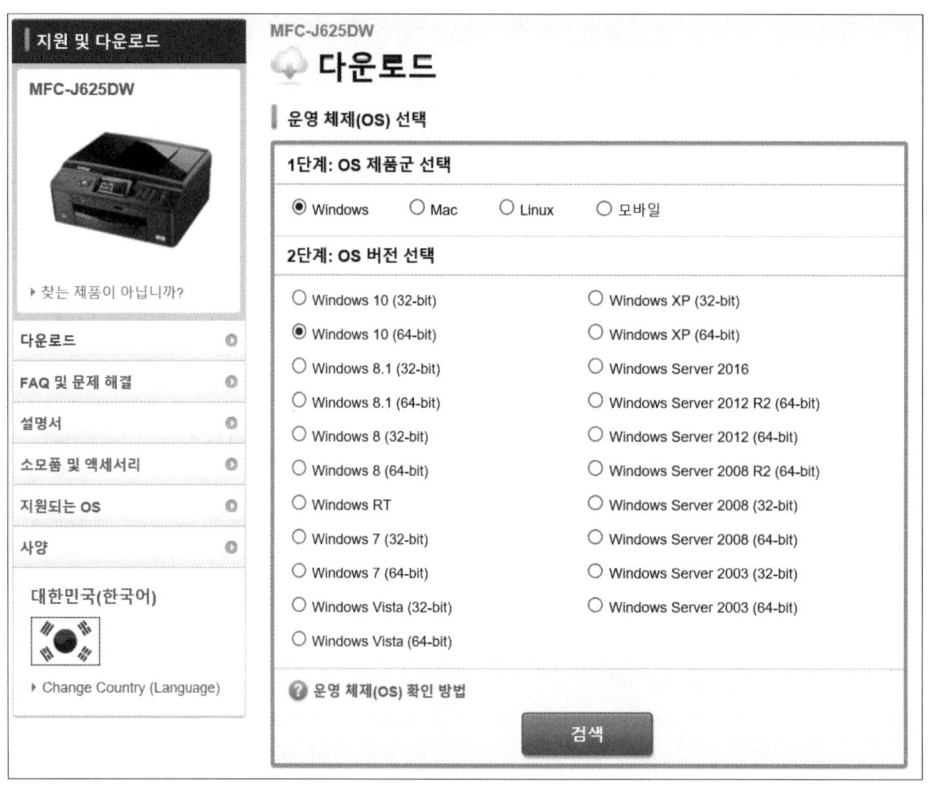

2. 드라이버 다운로드에 사용할 수 있는 몇 가지 다른 옵션을 볼 수 있다. 첫 번째로 제시되는 드라이버 크기는 23.04MB이므로 서버에 해당하는 기본 드라이버만 제공된다. 페이지 조금 아래 프린터 추가 마법사 드라이버 옵션을 클릭한다. 다시 페이지 아랫부분에 EULA에 동의 및 다운로드 버튼을 클릭하면 드라이버가 다운로드된다.

 대부분의 다운로드한 드라이버는 더블클릭해 해당 파일을 추출할 수 있다.

3. 시작 버튼을 오른쪽 클릭하고 제어판을 선택한다.
4. 하드웨어 > 장치 및 프린터 보기를 선택한다.
5. 목록에서 기존 프린터를 클릭한 다음, 작업 표시줄의 상단에 인쇄 서버 속성이라는 버튼을 클릭한다.

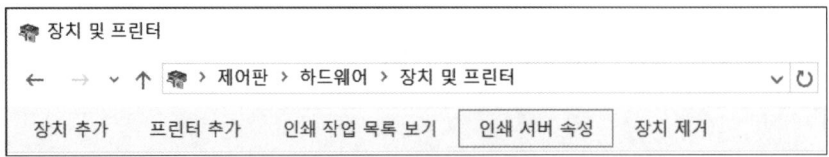

6. 드라이버 탭을 찾는다. 이 탭에서는 현재 서버에 설치된 프린터 드라이버 목록을 표시한다. 추가... 버튼을 클릭한다.

7. 다음 버튼을 두 번 클릭한다. Windows Server 2016은 64비트만 제공되므로 프로세서 선택 화면에서 x64만 선택된 것을 확인한다.

8. 이제 디스크 있음 버튼을 클릭하고 다운로드한 드라이버 파일의 위치를 찾는다. 드라이버 폴더의 루트에 일반적으로 INF 파일이 있다. 이 파일을 찾을 때까지 조금 뒤져야 할 수도 있지만, 파일은 항상 INF 파일이다.

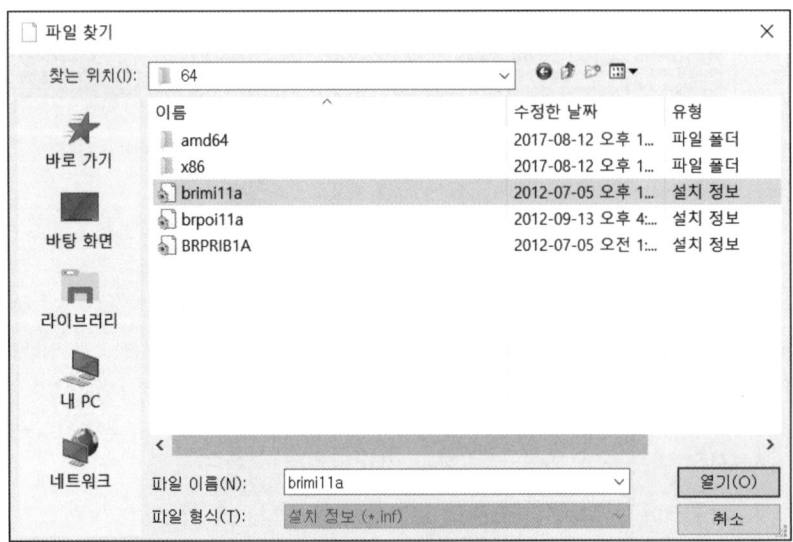

9. INF 파일을 선택했다면 프린터 드라이버 추가 마법사에서 INF 파일 내에 포함된 드라이버 목록을 표시한다. 설치하려는 프린터 드라이버를 선택하고 다음을 클릭한다.

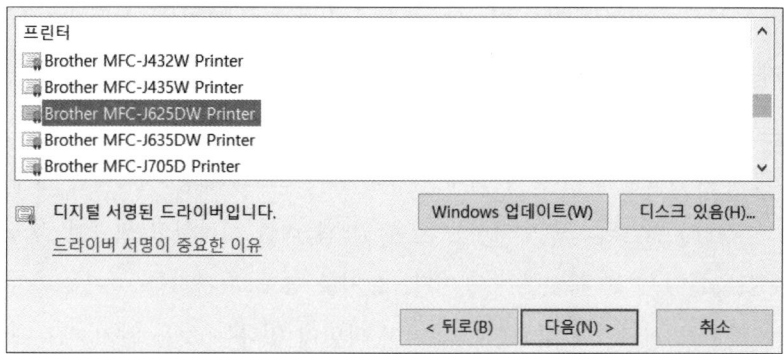

10. 마침을 클릭하면 드라이버가 설치된다. 이제 이 서버에 설치된 프린터 드라이버 목록에 이 프린터가 나와야 한다.

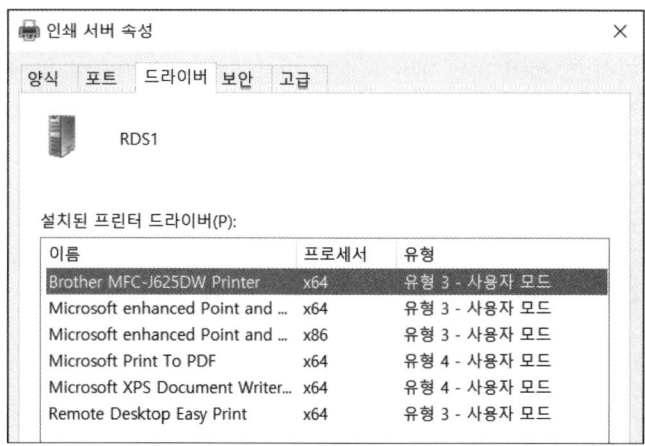

예제 분석

RDSH 서버에 프린터 드라이버를 설치하는 일은 프린터 리디렉션이 허용되는 환경에서는 아주 일반적인 작업이다. 추출하기 쉽고 필요한 실제 드라이버 파일만 포함하는 간단한 실행 압축 파일을 사용해 봤다. 이런 유형의 드라이버 다운로드는 이 예제의 목적에 아주 잘 맞다.

이러한 드라이버 설치를 점점 더 많이 경험함에 따라 이 목적에 맞게 간단한 드라이버 패키지를 제공하는 업체와 그렇지 않은 업체를 알아가기 시작할 것이다. 궁극적으로 소프트웨어는 항상 간단한 드라이버 파일을 포함한다. 하드 드라이브의 임시 위치 어느 곳에 파일들을 풀어 놓기 위해 커다란 설치 프로그램을 시작하는 경우도 있다. 이런 상황에서 일반적으로 수행하는 일은 인스톨러를 시작하고 필요한 각 단계를 밟아 파일을 풀어 놓고 확인하는 것이다. 설치를 통해 패키지를 풀어놓고 나면 서버 하드 드라이브 어딘가에 필요한 드라이버 파일이 있다는 것을 알기 때문에 더 이상 소프트웨어를 설치하기 위한 마법사를 실행할 필요가 없다. 이들 파일을 찾아야 한다. FileMon과 같은 유틸리티를 사용하면 최근에 수정된 파일 위치를 확인하는 데 도움을 주며, 보통 temp 폴더에 숨긴 드라이버 파일을 추적하는 빠른 방법이다. 이 파일을 찾았다면 드라이버 설치 목적을 위해 영구적인 폴더로 이들 파일을 복사해서 붙여 넣기하고, 설치 마법사는 취소한 다음, 대신 이 예제의 단계를 따라 직접 설치한다.

유지 관리를 위해 RD 세션 호스트 서버 제거

때때로 RDSH 서버에서 유지 관리를 수행해야 한다. 업데이트 설치나 새로운 애플리케이션 설치, 물리적인 유지 관리를 위한 서버 종료 등이 가까운 시일 내에 일어날 수 있다. 한 컬렉션에 여러 대의 RDSH 서버가 있고 한 대를 간단히 오프라인시켜야 한다면 사용자 부하는 결국 RD 브로커에서 아직 온라인 상태인 RDSH 서버로 새로운 연결을 전송하지만, 서버를 종료할 때 로그인됐던 모든 사용자에게 고통을 안겨줄 수 있다. RDSH에 플래그를 붙여 새로운 사용자 연결을 받을 수 없게 하고 기존의 연결을 일정 시간에 걸쳐 자연스럽게 종료시키는 방법이 사용자 친화적이다. 이는 NLB 세계에서 일종의 드레인 중지 작업과 같다.

RDSH를 사용할 수 없다는 플래그를 붙이고 브로커에서 들어오는 새로운 연결을 유지시키기 위해 RDS에 포함된 설정을 살펴보자. 유지 관리를 완료한 후 다시 사용자 연결을 받을 수 있게 변경 사항을 되돌리기도 할 것이다.

준비

두 대의 RDSH 서버로 RDS 환경을 만들었다. 이들 서버를 RDS1과 RDS2라고 하며, RDS2에서 유지 관리를 수행해야 한다. 모든 작업은 RDS1의 원격 데스크톱 관리 콘솔에서 수행한다.

예제 구현

다음의 방법을 따라 RDS2로 들어오는 새로운 사용자 연결을 중지한다.

1. 서버 관리자를 열고 왼편 창에서 **원격 데스크톱 서비스**를 클릭한다.
2. **컬렉션 ▶ MyDomain RDSH Servers**를 선택한다. 이 컬렉션은 이 예제에서 사용하는 환경의 컬렉션 이름이다. 컬렉션이 다른 이름이라면 그것을 클릭해야 한다.
3. 아래로 스크롤해 **호스트 서버** 섹션을 찾는다. 여기에는 컬렉션의 멤버인 RDSH 서버 목록이 표시된다.
4. 유지 관리를 수행해야 하는 RDSH 서버를 오른쪽 클릭한다. 여기서는 RDS2다.
5. **새 연결 허용 안 함**을 클릭한다.

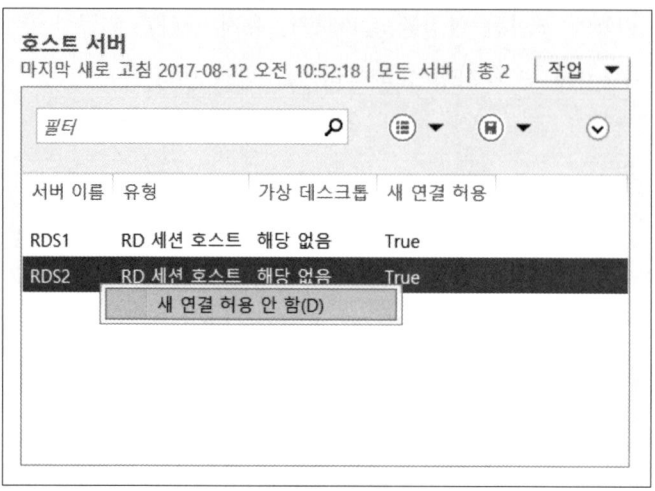

6. 이렇게 하면 모든 새로운 연결을 RDS1으로 보내거나 컬렉션의 다른 RDSH 서버로 보낸다. 그 다음 유지 관리가 끝나고 컬렉션에 RDS2를 다시 돌려놓을 준비가 되면 간단히 서버 이름을 다시 오른쪽 클릭하고 이번에는 **새 연결 허용**을 선택한다.

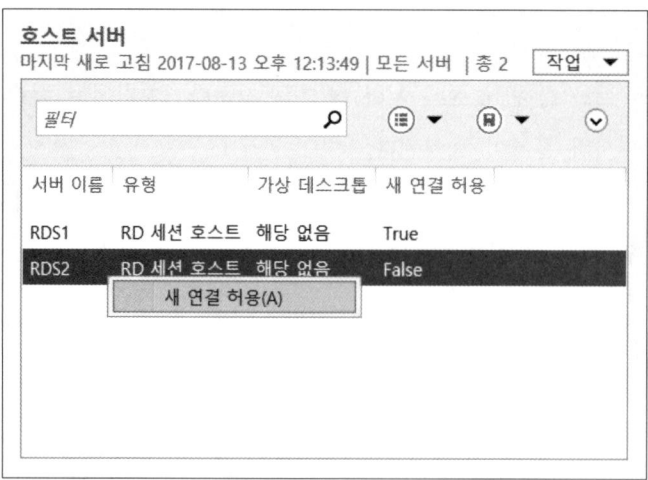

예제 분석

이 간단한 옵션은 RDS 인프라 내에서 유지 관리를 고려할 때 아주 유용한 유틸리티다. 특정 RDSH에 새로운 연결을 허용하지 않는다고 해도 기존 사용자가 여전히 로그인돼 있기 때문에 즉시 유지 관리를 사용할 수 있다는 뜻은 아니다. 새로운 연결이 해당 서버로 요청되지 않게 한 것뿐이다. 유지 관리를 수행하기 전에 서버에 존재하는 남은 연결을 자연스럽게 해소할 시간 계획이 필요하다.

워드패드를 RemoteApp으로 게시

7장의 예제 대부분은 RDSH에서 제공하는 전체 데스크톱 세션에 초점을 맞췄는데, 이는 현장에서 사용되는 가장 일반적인 RDS 시나리오이기 때문이다. 추가적으로 간략히 살펴보려는 한 부분이 RemoteApp 게시다. 이 기능은 전체 데스크톱 세션이 아니라 RDSH 서버에서 원격 사용자에게 개별 애플리케이션을 게시할 수 있다. RemoteApp은 사용자의 컴퓨터에 있는 다른 프로그램처럼 보이게 만드는 이질감이 없는 애플리케이션용 창이다. 샘플 애플리케이션을 설정하고 클라이언트 컴퓨터에서 이를 테스트해보자. 이 기능을 간단히 시연하기 위해 애플리케이션으로 워드패드를 게시하고 시작한다.

준비

RemoteApp으로 워드패드를 게시하는 작업은 RDS1이라는 Server 2016 RDSH에서 수행한다. 이 애플리케이션을 게시한 다음 이 애플리케이션의 액세스를 테스트하기 위해 클라이언트 컴퓨터도 사용한다.

예제 구현

다음의 절차를 따라 워드패드를 RemoteApp으로 게시한다.

1. RDS1에서 서버 관리자를 시작하고 왼편 창에서 원격 데스크톱 서비스를 클릭한다.
2. 이 새로운 애플리케이션을 게시하려는 RDSH 서버의 컬렉션을 찾는다. 이 예제에서는 컬렉션 > MyDomain RDSH Servers를 선택한다.
3. 이 창의 중앙 근처에 RemoteApp 프로그램이라는 섹션이 있다. 이 창의 중간에서 RemoteApp 프로그램 게시라는 링크를 클릭한다.

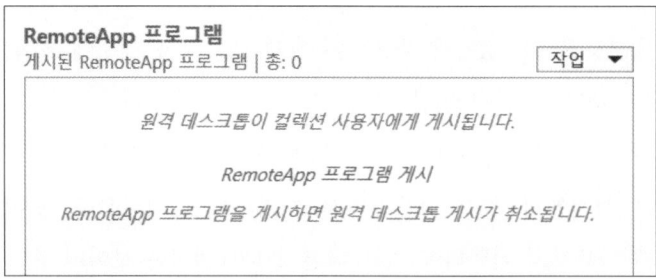

4. 마법사는 이제 서버를 뒤져서 사용할 수 있는 애플리케이션 목록을 표시한다. 이 목록에서 워드패드를 찾는다. 하단에서 찾을 수 있을 것이다. 워드패드를 선택하고 다음을 클릭한다.

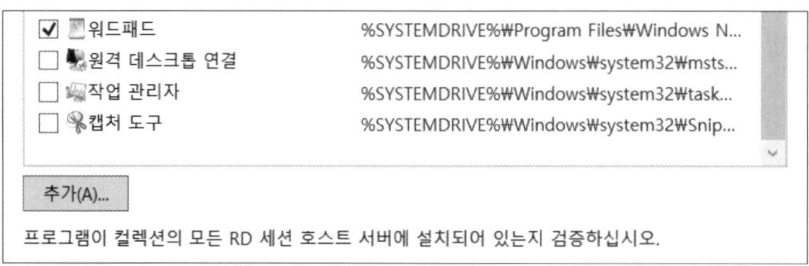

5. 확인 화면에서 게시를 클릭한다.
6. 이제 워드패드 애플리케이션을 게시했으므로 클라이언트 컴퓨터에 로그인해 이 애플리케이션을 접근할 수 있는지 테스트하자.
7. 클라이언트 컴퓨터에서 웹 브라우저를 열고 다음 URL을 찾아간다.

```
https://RDS1/RDweb
```

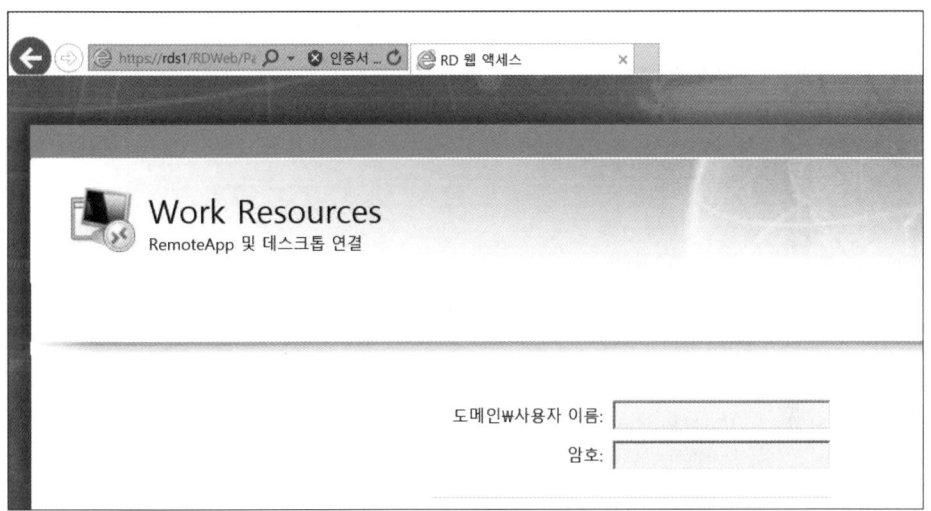

8. 자격증명을 입력하면 RDS 환경에 사용할 수 있는 게시된 리소스가 보인다. 예상한 대로 이제 여기에 워드패드가 보인다.

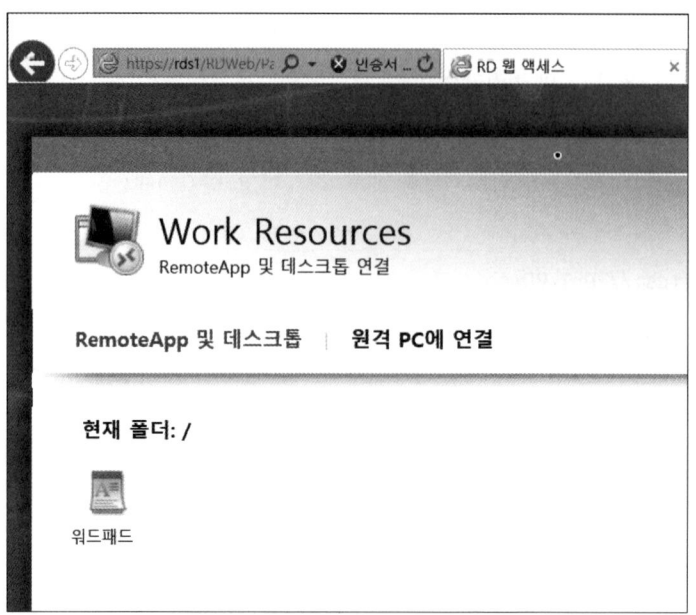

9. 워드패드 아이콘을 클릭하면 클라이언트 컴퓨터에서 실행된다.

예제 분석

RDS 환경에 로그인할 때 사용자가 전체 데스크톱에 대한 액세스를 받아야 할 경우 개별 애플리케이션을 게시하는 옵션이 있다. 이 옵션은 직원이 액세스하는 리소스를 제한하는 경우나 특정 프로그램과 데이터에만 액세스가 필요한 벤더나 일시적인 권한 할당이 필요한 경우에 유용하다. 이 데모는 간단히 Windows 내에 포함된 워드패드 프로그램을 사용했지만 RDSH 서버에 설치한 다른 애플리케이션도 동일한 과정을 거치면 이렇게 사용할 수 있다.

애플리케이션을 컬렉션의 모든 RDSH 서버에 설치해야 한다.

▎ 로그온/로그오프 스크립트로 사용자 로그인 추적

RDS라고 부르기 전에 RDS를 다뤄온 경험에 비춰 거의 모든 고객이 어떤 사용자가 RDSH 서버에 연결하는지 보고할 수 있는 기능이 있는지 물어본다는 사실을 알고 있다. 이상적으로 고객은 로그인하는 사람들의 목록으로 이력을 확인하고 때로는 사용자가 서버를 로그오프한 시점에 관한 데이터도 보고 싶어 한다. 이 정보를 수집하는 데 도움을 줄 수 있는 Windows 내의 자체 기능은 Windows 보안 이벤트 로그뿐이지만 원하는 정보를 찾기까지 불편하고 지저분한 과정을 거쳐야 한다. 이렇게까지 번거롭게 해야 할 필요가 없다. 그럼 여기서 해결책이 뭘까? 내가 찾은 로그인과 로그아웃 정보를 기록하는 가장 쉬운 방법은 사용자가 로그온과 로그오프를 할 때마다 실행되는 스크립트를 작성해서 활용하는 것이다. 이 작업은 RDSH 서버 각각에서 수행하며, 간단하다. 함께 시도해보고 내가 일반적으로 하는 작업에 대한 아이디어를 이해한 다음, 특정 요구 사항에 기반을 두고 조정하면 된다.

준비

여기서 원격 데스크톱 세션 호스트인 RDS1 서버에서 두 개의 스크립트를 만든다. 수행할 모든 내용은 Windows Server 2016 내에 다 있다.

예제 구현

다음 절차를 따라 RDSH 서버에 대한 사용자 로그인에 관한 정보를 기록한다.

1. RDS1에 로그인하고 새로운 배치 파일을 만든다. 여기서는 이전 방식의 배치 파일 스크립트를 만들지만, 동일한 기능을 PowerShell로도 만들 수 있다. 하지만 한 줄짜리 코드로 만든 배치 파일로 원하는 작업을 충분히 할 수 있다. 다음의 스크립트를 만들었다.

   ```
   C:\Reporting\Logon.bat
   ```

2. 이제 이 스크립트를 오른쪽 클릭하고 편집을 선택해 메모장에서 열었다.
3. 다음 텍스트를 입력한다.

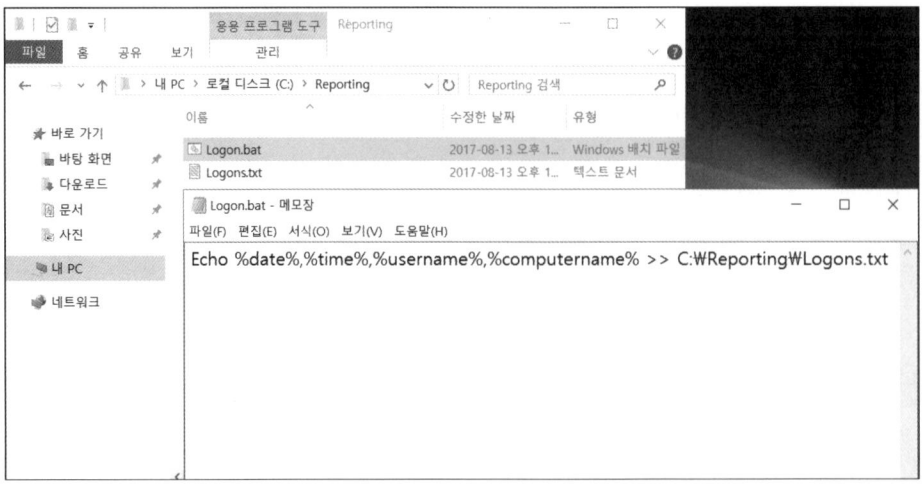

4. 이제 로그온 스크립트를 복사해 다음 폴더 내에 붙여 넣기 한다.

C:\Windows\System32\grouppolicy\user\scripts\logon.

 이 폴더가 없다면 이 폴더 구조를 만들어야 한다.

5. 이제 gpedit.msc를 열고 사용자 구성 ▶ Windows 설정 ▶ 스크립트(로그온/로그오프)를 찾는다. 여기서 로그온 스크립트를 지정한다.

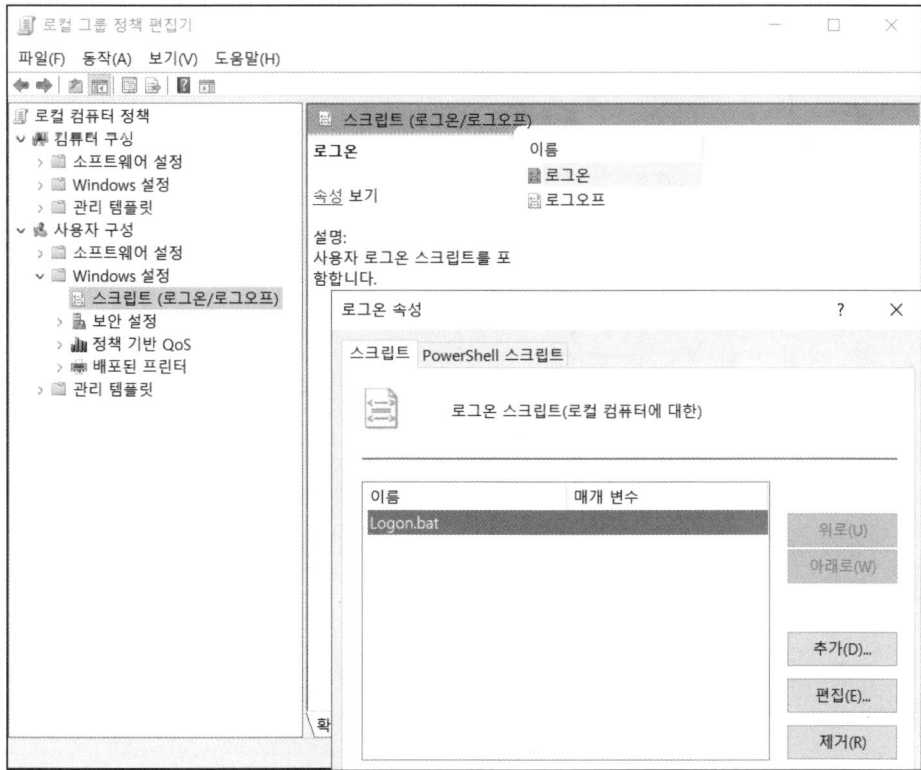

6. 이 한 줄의 명령으로 Logons.txt 파일에 로그인하는 현재 날짜와 시간, 사용자의 로그인 이름, RDSH 서버 이름과 같은 많은 데이터를 기록한다. 다른 사용자 계정으로 RDS1에 로그인해본 다음, 이 텍스트 파일을 열어보자. 이제 기록된 정보를 확인할 수 있다.

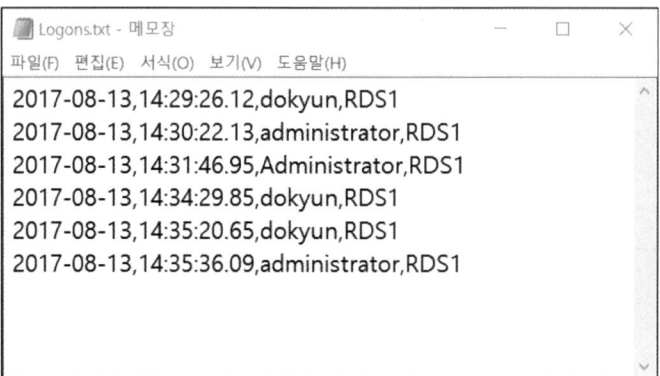

 나중에 이 텍스트 파일을 엑셀에서 가져와 추가적인 조작과 분석 작업을 수행할 때를 위해 데이터를 콤마(,)로 분리한다.

대안으로 로그온과 로그오프 각각에 대해 하나씩 두 개의 별도 배치 파일을 활용할 수 있다. 나는 로깅을 각 사용자별로 하나씩 여러 개의 작은 텍스트 파일로도 분할할 수 있기 때문에 이 방식을 좋아한다. 이렇게 하면 각 사용자 이름으로 일어나는 로그온과 로그아웃을 빠르게 확인할 수 있다. 다음은 이 작업을 수행하는 방법의 예다.

1. 로그온 스크립트

```
Echo LOGON,%date%,%time%,%username%,%computername% >>
    "C:\Reporting\%username%.log"
```

2. 로그오프 스크립트

   ```
   Echo LOGOFF,%date%,%time%,%username%,%computername% >>
      "C:\Reporting\%username%.log"
   ```

3. 새로운 로그온 스크립트를 다음 위치에 넣는다.

   ```
   C:\Windows\System32\grouppolicy\user\scripts\logon
   ```

4. 새로운 로그오프 스크립트를 다음 위치에 넣는다.

   ```
   C:\Windows\System32\grouppolicy\user\scripts\logoff
   ```

5. gpedit.msc 내에서 로그온과 로그오프 스크립트 모두에 각 스크립트를 지정한다. 이들 정책은 앞서 설명했던 동일한 위치에 있다.

6. 정확한 위치에 로그온 및 로그오프 스크립트를 복사하고 gpedit 내에서 지정했다면 여러 계정으로 RDS1 서버를 로그온 및 로그오프해보자. 몇 번 시도하고 난 뒤 C:\Reporting 폴더 내를 확인해보자. 이제 여기에 각 사용자 이름당 하나씩 여러 개의 파일이 만들어진 것을 알 수 있다. 각 텍스트 파일 내에서 해당 사용자가 수행한 로그온과 로그오프 모두에 대한 타임스탬프 목록을 확인할 수 있다. 이렇게 간단한 스크립트로 꽤 깔끔한 데이터 수집이 가능하다.

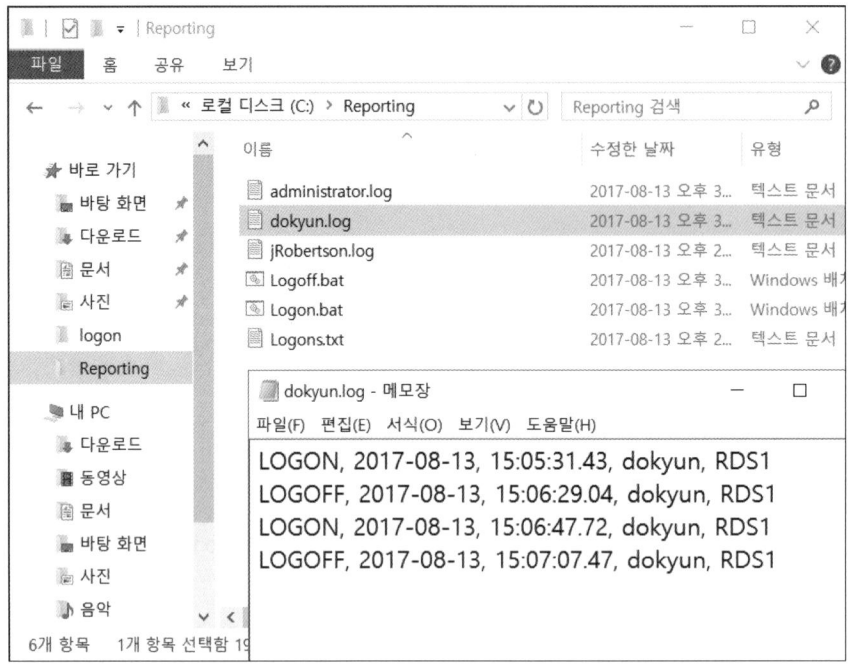

예제 분석

RDSH 서버에서 아주 간단한 로그온 및 로그오프 스크립트를 활용해 로그인/로그오프한 사용자와 로그인/로그오프한 대상 서버, 로그인/로그오프한 시간에 관한 정보를 보고할 수 있다. 이러한 보고용 스크립트를 각 RDSH 서버에 통합한 후 중앙 위치에 모든 보고서를 저장하면 사용자 계정이 사용된 추적 정보를 생성하는 기능을 크게 개선할 수 있다. 이는 RDS를 사용하는 사람들 사이의 일반적인 질문이므로, 이 예제를 통해 조직에 중요한 정보를 더 잘 수집할 수 있기를 바란다.

08

모니터링과 백업

서버를 모니터링하고 백업하는 일은 대개 쉽게 간과하거나 잊어버리는 재미없는 작업이다. 모든 것이 잘 돌아갈 때는 몇 주간이나 서버가 적절하게 백업되는지 여부를 생각조차 하지 않을 수도 있다. 아주 큰 기업을 제외하고는 대개 전문 백업 관리자나 성능 모니터링 전문가가 없다. IT에서 모두가 다양한 역할을 하며, 이들 역할이 항상 겹쳐 있는 것은 아니다.

위에서 핵심 문장은 '모든 것이 잘 돌아갈 때'다. 불행히도 이 상태가 영원할 수는 없다. 하드웨어가 실패하거나 멀웨어의 침해를 받을 수도 있고, 파일이 사고로 삭제될 수도 있다. 서버의 상태를 모니터링하고 백업이 견고한지를 확인하는 것과 같은 상당한 주의를 기울이는 단조롭고 따분한 일이 갑자기 중요도에 따라 보류했던 일에서 중요한 업무로 변한다.

좋은 소식은 모니터링과 백업이 Windows Server 2016에서 더 쉬워졌다는 것이다. 인프라의 이런 영역을 효율적이며 자동화하기 위해 존재하는 몇 가지 도구를 함께 살펴보자.

8장에서 다루는 내용은 다음과 같다.

- 빠른 모니터링 도구로 서버 관리자 사용
- 새로운 작업 관리자를 충분히 활용
- Windows 성능 모니터로 시스템 성능 평가
- Format-List를 사용해 PowerShell 데이터 출력 수정
- Windows Server 백업을 사용해 전체 시스템 백업 구성
- Windows 백업 파일에서 데이터 복구
- IP 주소 관리를 사용해 사용된 IP 주소 추적
- Windows Server 2016에서 바이러스 검사

소개

데이터 백업과 성능 모니터링 같은 기능을 수행할 수 있는 많은 서드파티 도구들이 있고, 이 때문에 운영체제에서 제공하는 도구보다 나은 작업을 수행할 것이라고 가정하기 쉽다. 이런 점을 고려하면 백업과 모니터링을 추가로 비용을 들여야 하는 범주로 종종 분류한다. 기업에 따라서는 분명히 이런 도구에서 이점을 얻기도 하기 때문에 이런 기능을 위한 모든 애드온 도구가 불필요하다고 논쟁하려는 것이 아니다. Server 2016을 깊이 탐구하고 추가 애드온 없이 스스로 해낼 수 있는 방법을 발견하는 사람은 많은 비즈니스에서 요구하는 사항을 만족시킬 수 있으리라 생각한다.

▍빠른 모니터링 도구로 서버 관리자 사용

오래전 학교에서 IT를 배운 사람에게는 변화가 버겁다. 알다시피 마우스보다는 키보드를, 그래픽 인터페이스보다는 커맨드라인을 선호하는 사람이 있다. 서버 2012에서 시작한 서버 관리자는 많은 것을 변화시켰다. 많은 관리자가 서버 관리자를 사용해보기도 전에 싫어하는 경우를 봤다. 낯설어 보이고 애플리케이션이라기보다 링크로 가득 차 보였다. 우리가 사용했던 서버 관리자보다 확실히 웹 앱 인터페이스에 더 가깝다.

이 예제를 사용해 서버 관리자에 존재하는 중요한 데이터를 확인하고 실제로 Microsoft에서 어떤 유용한 정보 때문에 서버에 로그인할 때마다 자동으로 열리게 하는지 살펴보자.

준비

필요한 것은 서버 관리자를 사용할 Windows Server 2016뿐이다. 사용하는 서버는 도메인에 가입돼 있고 운영 시스템에서 데이터를 더 잘 다룰 수 있게 몇 가지 역할이 설치돼 있다.

예제 구현

다음의 절차를 따라 서버 관리자가 수행하는 몇 가지 기능을 살펴본다.

1. 서버 관리자를 연다. 서버에 로그인하면 서버 관리자가 자동으로 열릴 것이다. 그렇지 않다면 시작 메뉴 내에서 서버 관리자 버튼을 클릭한다.
2. 일반적으로 서버 관리자의 상단에 서버 관리자 시작이라는 제목의 섹션이 있다. 이 섹션의 하단 오른쪽 구석에는 숨김이라는 버튼이 있다. 이 버튼을 클릭해 화면의 이 섹션을 숨긴다.

3. 이제 이 화면의 정보를 살펴보자. 설치한 각 서비스 아래 녹색 막대는 모든 부분이 문제없이 작동하고 있는지 여부에 대한 첫 번째 표시다. 모든 부분이 녹색으로 표시돼야 잘 작동하고 있음을 가리킨다.

4. 이제 어떤 부분이 원활하게 실행되지 않을 때 어떻게 보일지를 묘사하기 위해 AD DS 서비스를 고의로 중단시킬 것이다. 운영 서버에서 이 작업을 수행하면 안 된다. 여기서는 테스트 서버에서 DFSR을 중단시켰고, 이제 서버 관리자에서는 다음과 같은 화면이 표시된다.

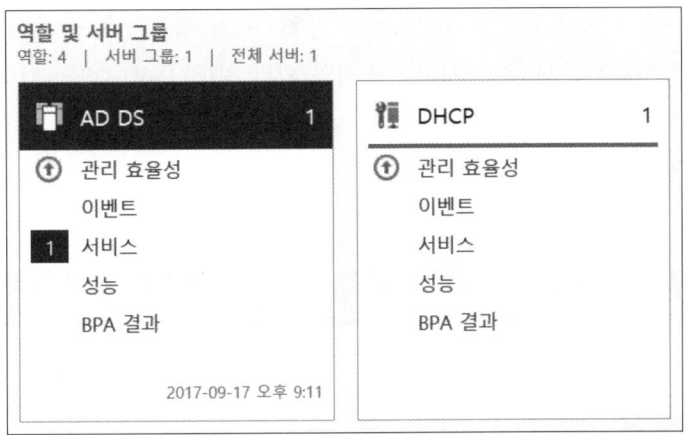

5. 한 개의 알림이 있는 서비스 버튼을 클릭하면 무슨 일이 있었는지 자세한 내용을 볼 수 있다. 바로 여기에서 경고 메시지를 오른쪽 클릭하고 서비스 시작이라는 복구 방법을 선택한다.

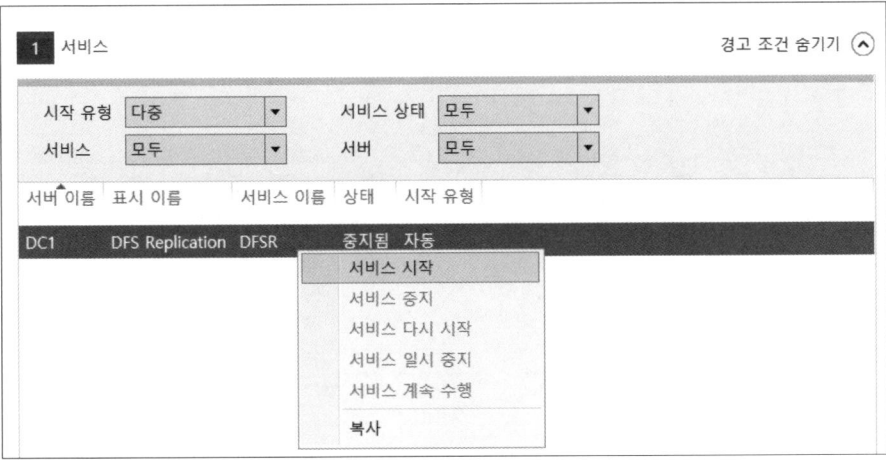

6. 이 화면의 하단 근처에 AD DS(으)로 이동이라는 버튼이 있다. 이 버튼을 클릭하면 이동하는 화면은 서버 관리자의 왼편 창에서 AD DS를 클릭한 경우와 같다. 이 화면에서 AD DS 역할에 관한 정보와 이 역할이 가진 문제를 확인할 수 있다.

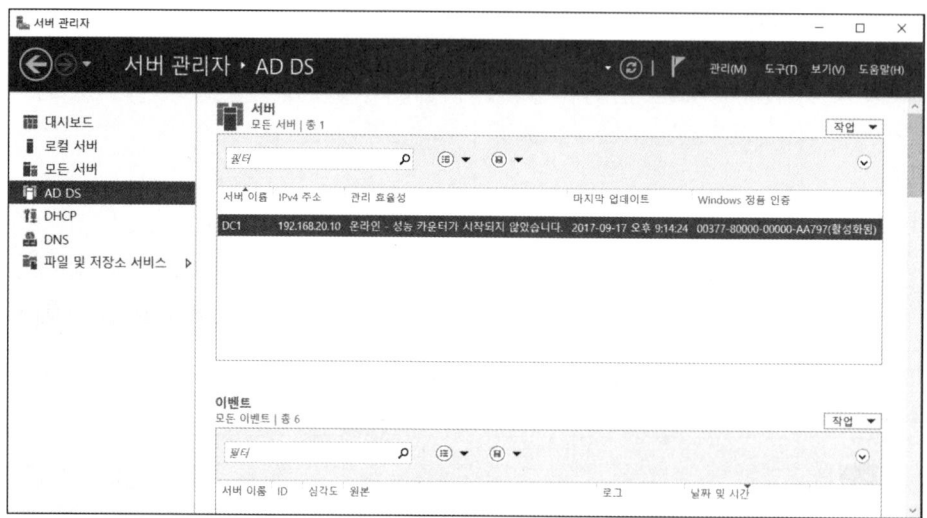

 서버에 설치한 모든 역할은 **서버 관리자**의 왼편 창에서 역할 섹션에 바로가기 링크가 있다. 각 역할을 클릭하면 그 역할에 대한 정보와 이벤트가 표시된다.

7. 이제 왼편 창에서 **로컬 서버**를 클릭한다. 여기에는 운영체제의 많은 문제를 해결하고 서버의 일반적인 상태를 검토하는 데 도움을 주는 항목들이 있다. 이 페이지를 아래로 스크롤하면 별도 이벤트 뷰어 창을 열지 않고도 이 서버에서 발생하는 이벤트의 목록을 확인할 수 있다.

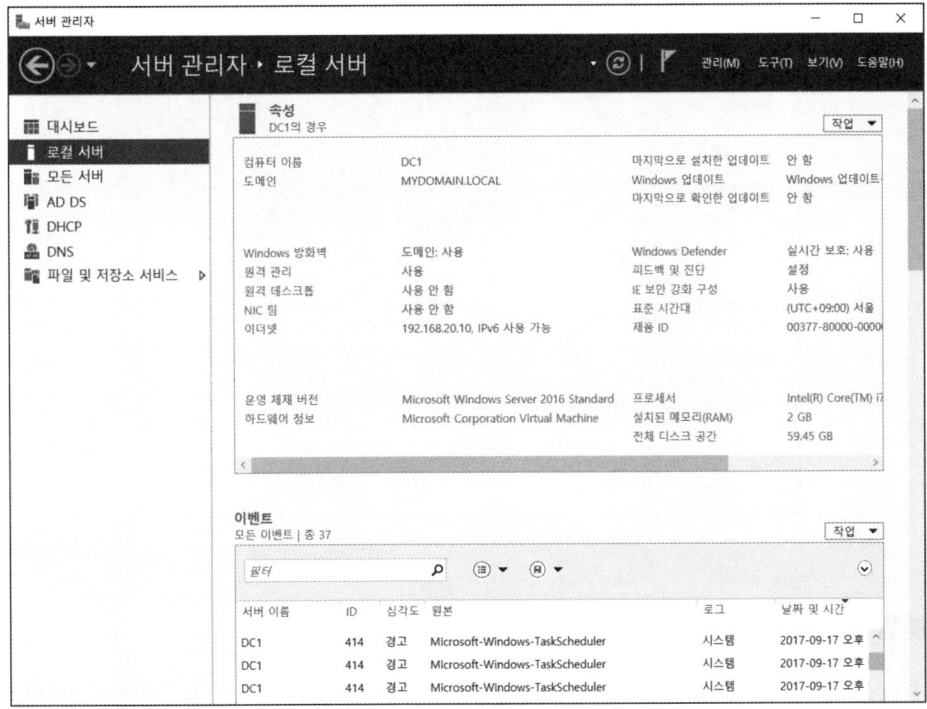

8. 로컬 서버 화면 내의 많은 항목은 추가 구성 창을 열어주는 링크다. 예를 들어 IE 보안 강화 구성은 현재 **사용함**이라고 돼 있는데, **사용함**을 클릭하면 이 서버에서 IE 보안 강화 구성 설정을 구성하는 속성 페이지가 팝업된다.

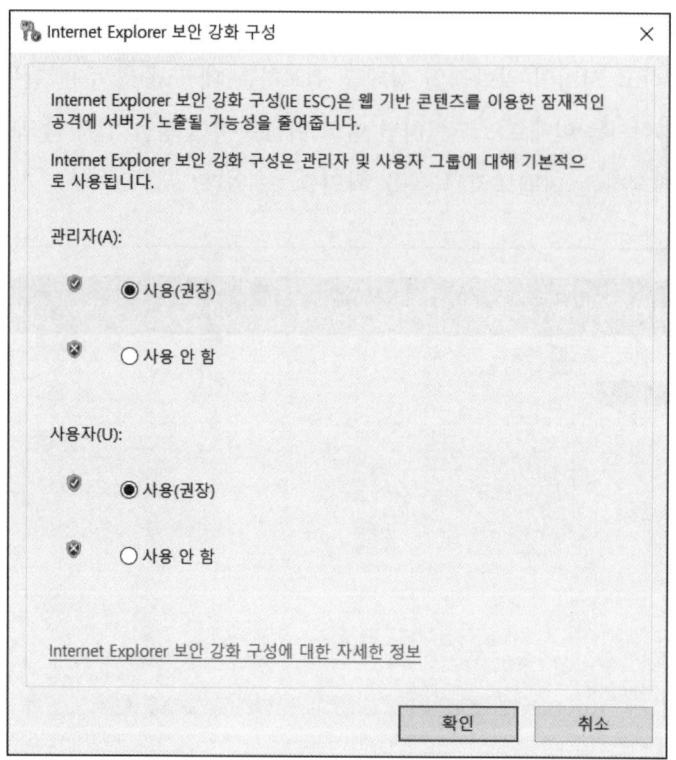

예제 분석

서버 관리자를 사용하면 서버를 모니터링하는 데 도움을 주는 정보를 빠르게 파악할 수 있다. 이 예제는 서버 관리자에서 가져올 수 있는 데이터의 한 가지 샘플일 뿐이므로 여기를 지속적으로 살펴보면서 인프라의 환경을 개선하길 바란다. 또 다른 궁극의 유용한 옵션은 서버 관리자에 여러 서버를 추가해 모니터링할 수 있다는 점이다. 상단 근처의 관리 메뉴와 서버 추가 기능을 사용한다면 서버 관리자 창에 시스템을 추가할 수 있다. 이렇게 하면 서버 관리자에서 로그인한 로컬 서버뿐만 아니라 이들 원격 서버에 관한 정보를 가져와 하나의 창에서 모두 표시한다. 이런 방식으로 한 서버의 서버 관리자를 사용해 전체 서버 인프라를 모니터링하고 유지 관리할 수 있다.

새로운 작업 관리자를 충분히 활용

흔히 Ctrl + Alt + Delete을 사용해 작업 관리자를 열고 문제가 있는 애플리케이션을 종료하려고 한다. Windows Server 2016에서 제공하는 작업 관리자를 사용해 동일한 인터페이스에서 더 많은 작업을 수행할 수 있다. 이 예제를 통해 작업 관리자의 완전한 이점을 누릴 수 있는 몇 가지 기능을 살펴보자.

준비

Windows Server 2016에 로그인한다. 이 예제의 유일한 시스템 요구 사항은 이것뿐이다.

예제 구현

다음의 절차를 따라 작업 관리자에 관해 좀 더 배워보자.

1. 작업 표시줄에서 오른쪽 클릭한 다음 **작업 관리자**를 선택해 실행한다. 이 방법은 Ctrl + Alt + Delete 키 조합을 사용하지 않고 작업 관리자로 들어가는 대체 방법이다. 사실 원격 서버를 관리하기 위해 가상화 콘솔이나 RDP를 사용할 때 키보드를 사용해 **작업 관리자**를 잘못 열기 쉽기 때문에 작업 표시줄 오른쪽 클릭의 사용을 선호한다.
2. 이제 작업 관리자의 간단한 버전에서 애플리케이션을 선택하고 **작업 끝내기**를 클릭해 강제로 종료할 수 있다. 좀 더 자세한 내용을 보려면 하단 근처에서 **자세히** 링크를 클릭한다.

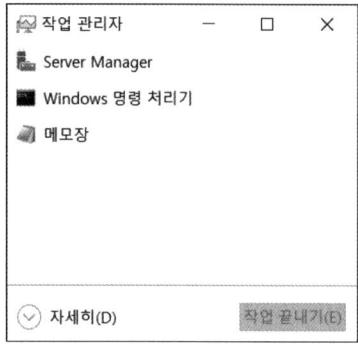

3. 이제 좀 더 좋아졌다! 한눈에 모든 애플리케이션을 볼 수 있고 각 애플리케이션이 소비하는 리소스가 얼마나 되는지도 알 수 있다. 여기서 동작이 굼뜨고 CPU나 메모리를 많이 소모하는 애플리케이션을 쉽게 식별할 수 있다. 백그라운드 프로세스도 표시하기 때문에 멀웨어나 악의적인 프로세스를 찾는 데 큰 도움을 준다.

4. 세부 정보와 서비스 탭은 척보면 바로 알 수 있다. 세부 정보는 서버에서 리소스를 소모하는 각 프로세스에 관한 정보를 자세히 보여준다. 서비스 탭은 서버에 설치된 서비스 목록과 현재 상태를 보여준다.

5. 사용자 탭을 클릭한 다음, 사용자 이름 옆에 있는 화살표를 클릭하면 보기를 확장한다. 각 사용자 이름 아래에는 이 사용자가 실행한 애플리케이션이 나온다. 실행 중인 프로그램의 정렬된 목록은 원격 데스크톱 세션 호스트처럼 특히 동시에 많은 사용자 연결을 호스팅하는 서버에 로그인했을 때 좋다.

사용자	상태	2% CPU	68% 메모리
∨ Administrator(18)		0%	209.2MB
Application Frame Host		0%	2.9MB
Client Server Runtime Pro...		0%	1.0MB
Console Window Host		0%	5.0MB
Host process for WinRM p...		0%	70.4MB
Runtime Broker		0%	1.3MB
Server Manager		0%	76.1MB
Shell Infrastructure Host		0%	2.9MB
Task Manager		0%	7.7MB
Windows 로그온 응용 프...		0%	1.1MB
Windows 명령 처리기		0%	0.3MB
Windows 셸 환경 호스트		0%	0.1MB
Windows 작업을 위한 호...		0%	0.9MB
Windows 작업을 위한 호...		0%	2.3MB
Windows 탐색기		0%	8.2MB
검색		0%	0.1MB
데스크톱 창 관리자		0%	24.7MB
메모장		0%	1.7MB

6. 이제 성능 탭을 확인한다. 이 화면이 이전 버전보다 훨씬 나아졌다고 느낄 것이다. 왼편에서 다른 성능 카운터를 클릭하면 다른 세부 내용이 나온다. 그래프를 오른쪽 클릭하면 몇 가지 추가 옵션이 나온다. 그래프 요약 보기를 클릭하면 작업 관리자 창이 화면 구석에 실행시켜 놓을 수 있는 더 작은 그래프 전용 모드로 바뀐다. 이 데이터의 사본을 취해서 문제 해결이나 모니터링 목적으로 사용하려면 복사를 선택하면 된다.

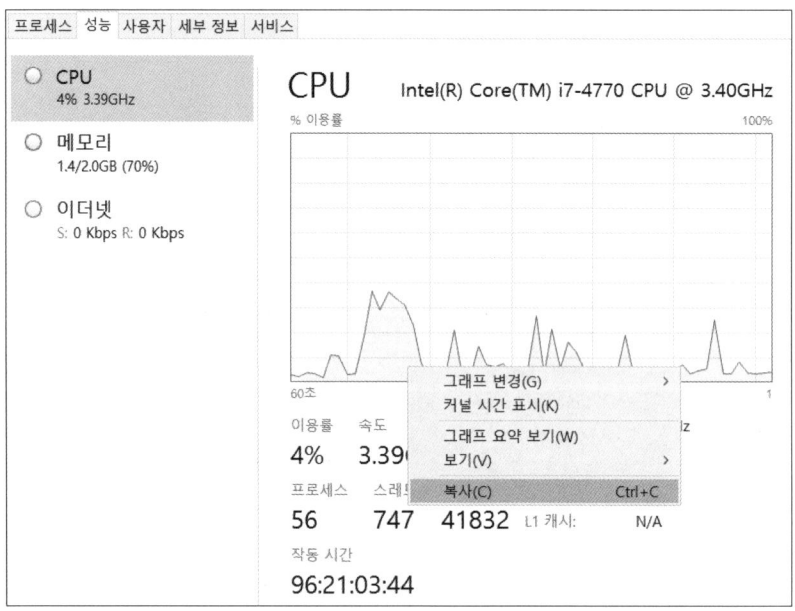

7. 작업 관리자 화면 하단에서 리소스 모니터 열기를 클릭한다. 이 새로운 리소스 모니터는 하드웨어 리소스와 사용 현황을 모니터링하기 위한 더 확장성 있는 도구가 됐다. 이 도구는 실시간으로 하드웨어를 모니터링하는 데 아주 유용하다.

예제 분석

Server 2016에서 제공하는 새로운 작업 관리자는 실시간으로 시스템 성능을 모니터링하는 데 유용한 추가 정보를 많이 제공한다. 새로운 Server 2016 컴퓨터를 관리하기 시작하면서 정보를 빠르게 액세스해야 할 때 이 도구의 새로운 레이아웃에 익숙하도록 인터페이스를 다루는 데 시간을 조금 들이자.

▌Windows 성능 모니터로 시스템 성능 평가

작업 관리자과 새로운 리소스 모니터가 시스템 성능을 실시간으로 모니터링하는 좋은 유틸리티지만, 나는 더 확장성 있는 모니터링 요구에 맞는 성능 모니터를 선호한다. 종종 애칭으로 부르는 Perfmon은 미리 정의한 일정한 주기로 특정 데이터를 수집하는 데 사용하는 데 뛰어나다.

특정 서버가 오동작하거나 실행이 느려지고 있다는 보고서가 책상에 올라왔다고 하

자. 로그인할 때까지는 모든 기능이 정상적으로 보인다. 이벤트 뷰어 외에는 문제가 발생한 시간 동안에 일어난 일일 조사할 옵션이 많지 않다. 문제는 다시 발생할 수 있으며, 성능 도구를 미리 계획한다면 이벤트가 끝날 때까지 데이터를 보지 못하더라도 서버의 동작을 잡아낼 수 있다.

준비

이 예제의 환경에서 Windows Server 2016 서버를 모니터링한다. 성능 모니터는 기본적으로 Windows의 일부라서 설치할 필요가 없다.

예제 구현

다음 절차를 따라 성능 모니터를 사용한 서버 성능 데이터를 수집한다.

1. 명령 프롬프트를 열거나 실행 상자에 perfmon을 입력한다. 다음과 같은 성능 모니터 도구를 시작한다.

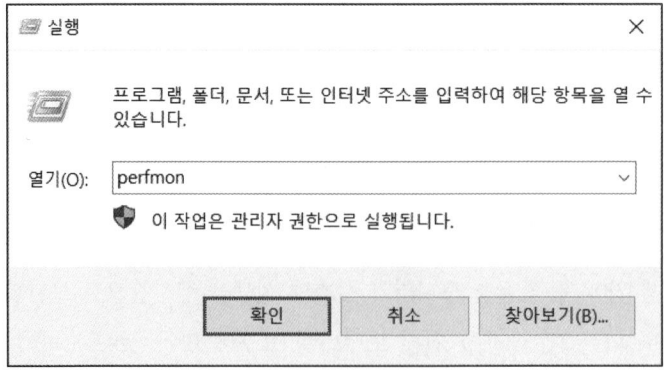

2. 왼쪽 창에서 모니터링 도구 > 성능 모니터를 찾는다. 기본적으로 프로세서에 관한 실시간 데이터를 볼 수 있다.

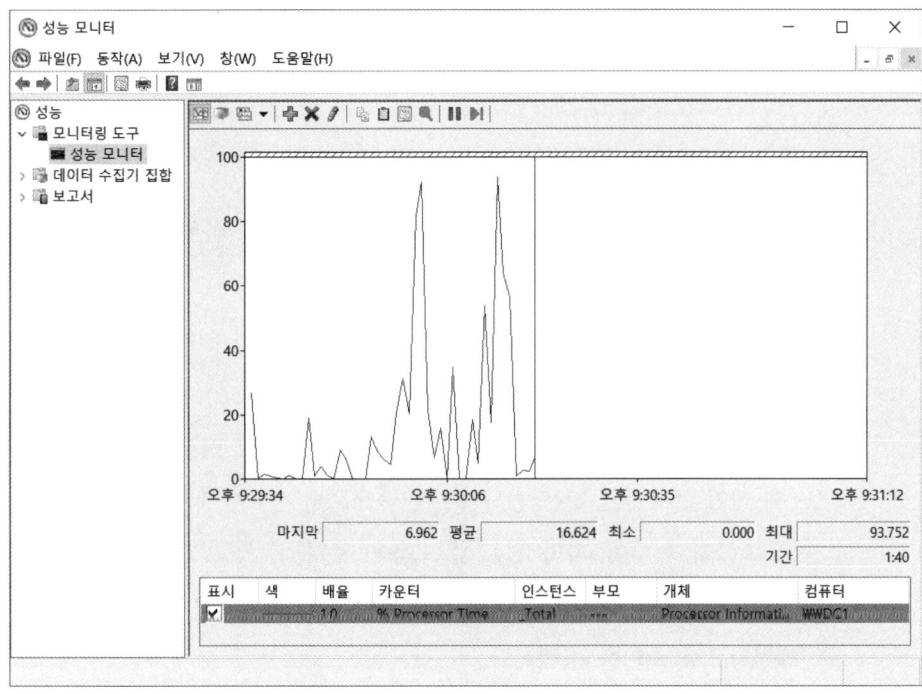

3. 데이터 수집기 집합 〉 사용자 정의를 찾는다. 이 폴더를 오른쪽 클릭하고 새로 만들기 〉 데이터 수집기 집합을 선택한다.

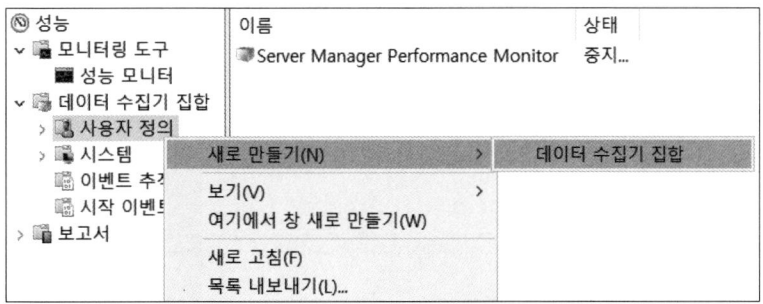

4. 새로운 데이터 수집기 집합 이름을 입력하고 수동으로 만들기(고급)이라는 라디오 버튼을 선택한다. 그 뒤 다음을 클릭한다.

5. 성능 카운터 체크 상자를 선택하고 다음을 클릭한다.

6. 추가... 버튼을 클릭해 이 서버에서 계속 추적하기 원하는 성능 카운터를 추가한다.

7. 이 서버를 평가하기 위해 다음의 카운터를 추가한다.

    - Processor | % Processor Time   CPU가 얼마나 바쁘게 동작 중인지 알려준다.

    - Memory | Available MBytes   사용 가능한 RAM이 얼마나 되는지 알려준다.

    - Memory | Page Writes/sec   Windows에서 가상 메모리를 만들기 위해 페이징 파일을 찾는 빈도를 알려줌으로써 시스템에서 물리 메모리가 부족한지 여부를 파악하는 데 도움을 준다.

8. 보다시피 추가할 수 있는 다른 카운터가 많다. 여기서는 3가지 카운터만 살펴볼 예정이므로 **확인**을 클릭한다.

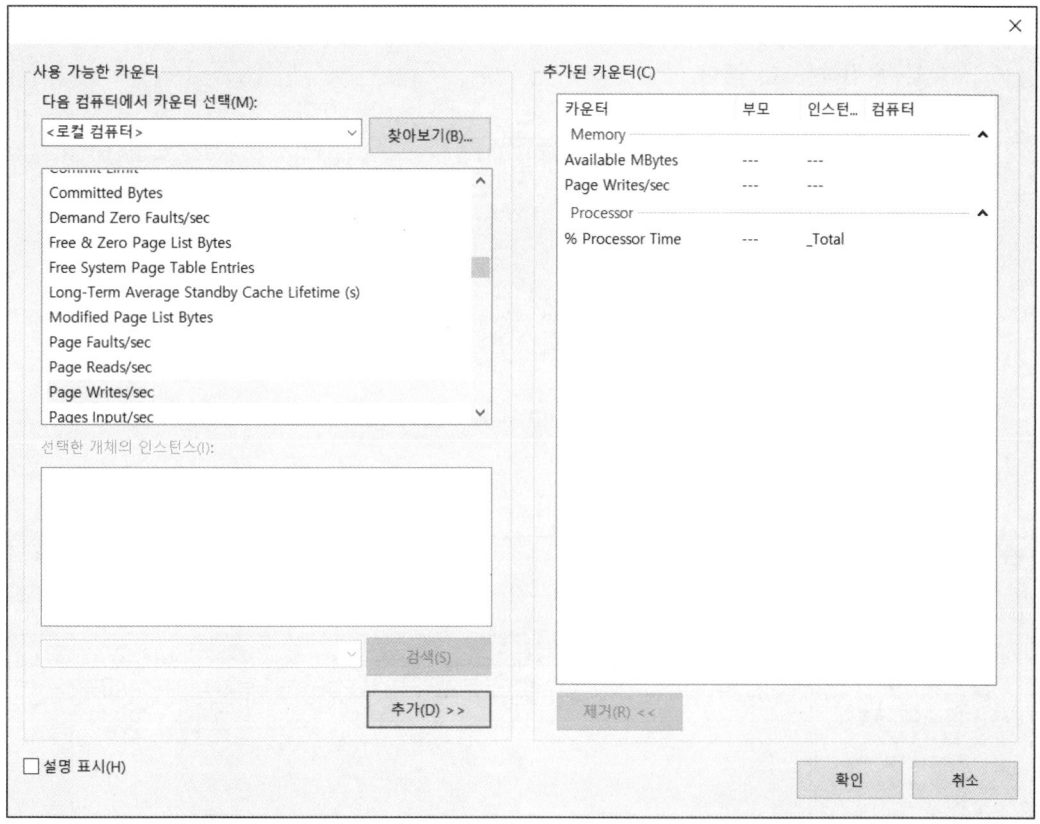

9. 다시 새 데이터 수집기 집합 설정 마법사로 돌아오면 이제 3개의 카운터가 목록에 표시된다. 다음을 클릭한다.

10. 원하는 경우 데이터를 저장할 위치를 변경하다. 다음을 클릭한다.

11. 마법사의 마지막 화면에서 이 데이터 수집기 집합에 대한 속성 열기 라디오 버튼을 선택한다. 그다음 마침을 클릭한다.

12. 일정 탭을 찾아 추가 버튼을 클릭해 시작 시간 필드에 선호하는 시간을 설정한 다음 성능 카운터를 수집한다.

13. 시작 시간을 설정했다면 일정한 시간이 지난 후 수집을 중지하기 위해 데이터 수집기 집합을 직접 중지하거나 중지 조건을 사용할 계획을 세운다. 일정과

중지 조건 탭의 조합을 사용하는 방법은 특정 시간 범위(예, 하루)에 대해 데이터를 수집하는 데 좋다.

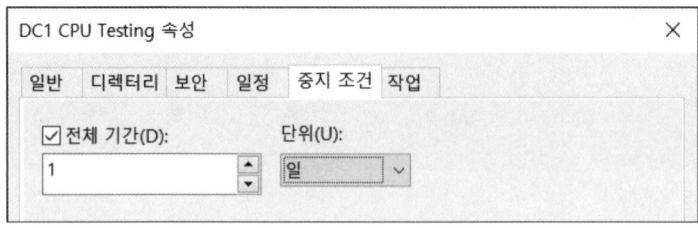

14. 이제 데이터를 조금 수집했으므로 보고서 > 사용자 정의로 가서 지정한 기간 동안 저장했던 데이터를 확인한다.

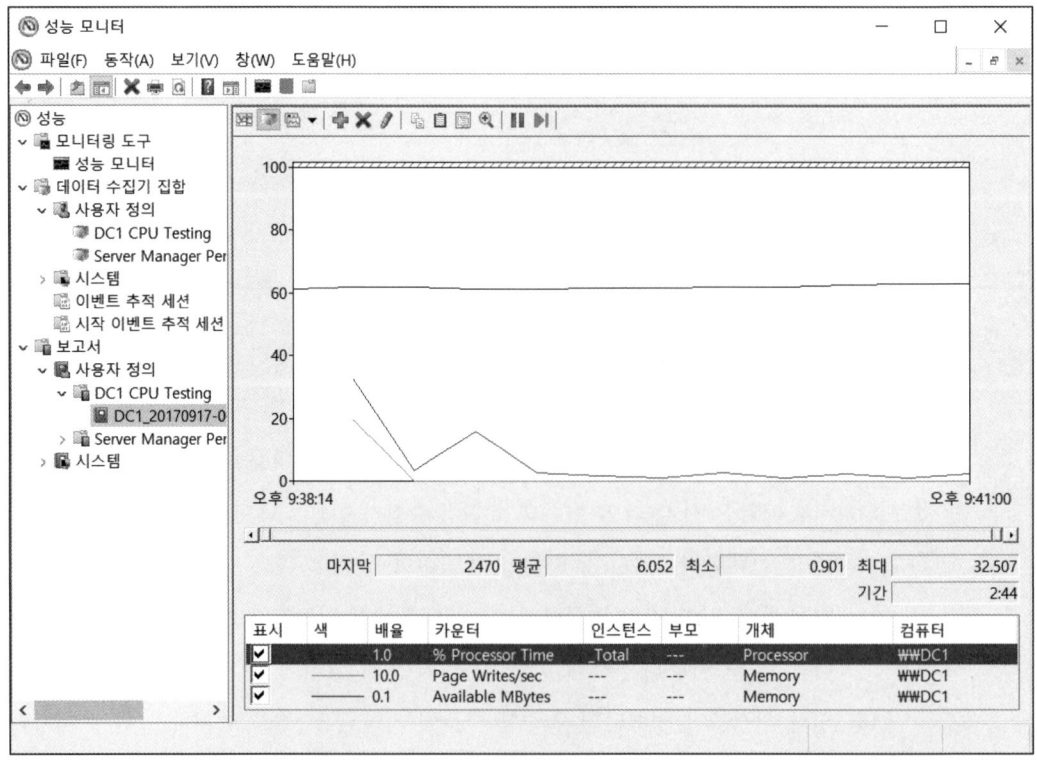

예제 분석

성능 모니터는 하드웨어와 서버 성능 데이터를 수집하는 좋은 도구다. 모니터링하고 싶은 리소스를 매우 세부적으로 식별하는 기능은 아주 유용하다. 수집 시간에 일정 기능을 결합하면 성공적인 서버 모니터링을 위한 예제가 준비된다. 새로운 서버 설치 후 베이스라인으로 성능 모니터 데이터 집합을 실행하는 것이 좋다. 이 방식은 해당 보고서를 가진 상태에서 나중에 사용자 부하가 증가할 때 비슷한 보고서를 비교해 특정 서비스나 사용자가 시스템에 끼치는 영향을 살펴볼 수 있다.

▮ Format-List를 사용해 PowerShell 데이터 출력 수정

특정 명령에서 데이터를 다르게 더 많이 표시하는 데 사용할 수 있는 특별한 PowerShell 명령이 있다. 이 명령은 Format-List며, 작업 도구에 관한 가능한 한 많은 정보를 찾는다면 PowerShell에 확실히 익숙해져야 한다. PowerShell은 Windows 서버의 다른 많은 측면을 모니터링하는 데 자주 사용되며, Format-List의 자세한 내용을 알게 된다면 PowerShell 커맨드라인에서 모니터링 기능을 수행할 때 살펴볼 출력 정보를 만드는 데 분명히 도움을 받는다.

보통 `dir` 명령이 현재 디렉터리 내의 파일과 폴더의 목록을 표시한다는 것을 알고 있다. 이 기능은 명령 프롬프트나 Powershell에서 동작한다. `dir` 정보의 출력을 수정하는 데 Format-List를 사용하면서 사용법을 학습해보자.

준비

Windows Server 2016 컴퓨터 중 하나에서 이들 명령을 PowerShell 프롬프트에서 실행한다.

예제 구현

Format-List를 사용해 다른 2개의 PowerShell 명령에서 출력하는 정보를 수정해보자.

1. 관리자 권한으로 PowerShell을 실행한다.
2. 파일을 포함하는 위치를 찾는다. 여기서는 문서 폴더에 몇 개의 파일을 저장했으므로 cd documents를 입력해 문서 폴더를 탐색한다.
3. dir을 입력하고 Enter를 누른다. 간단한 파일 목록과 각 파일에 대한 약간의 정보를 포함하는 dir 명령의 일반적인 출력을 확인한다.

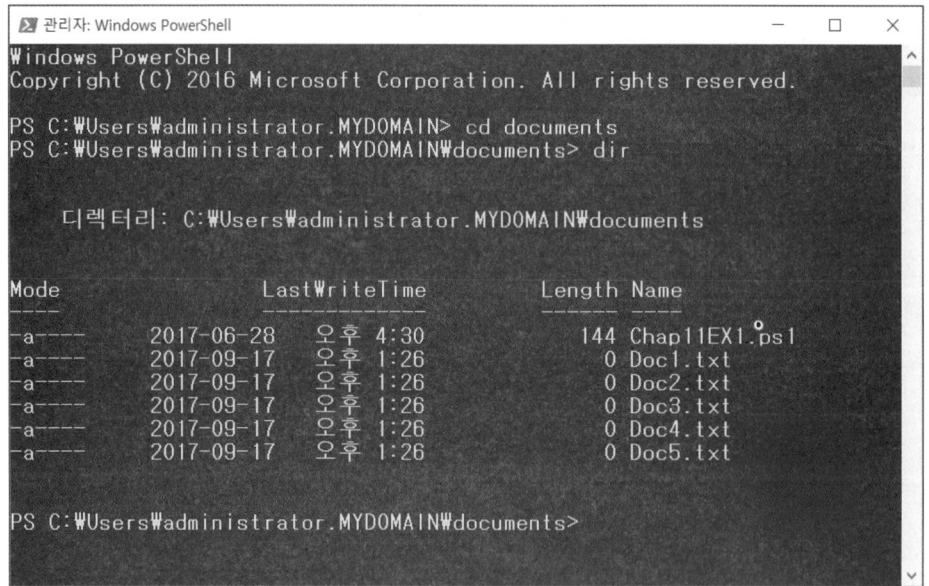

4. 이제 간단한 dir 대신 Dir | Format-List를 입력해보자.
5. 더 많은 데이터가 표시된다. 보다시피 Format-List로 파이프를 간단히 추가하면 dir 명령을 향상시켜 이들 파일에 관한 더 많은 정보를 제공한다.

```
Name           : Doc5.txt
Length         : 0
CreationTime   : 2017-09-17 오후 1:26:39
LastWriteTime  : 2017-09-17 오후 1:26:24
LastAccessTime : 2017-09-17 오후 1:26:39
Mode           : -a----
LinkType       :
Target         : {}
VersionInfo    : File:             C:\Users\administrator.MYDOMAIN\documents\Doc5.txt
                 InternalName:
                 OriginalFilename:
                 FileVersion:
                 FileDescription:
                 Product:
                 ProductVersion:
                 Debug:            False
                 Patched:          False
                 PreRelease:       False
                 PrivateBuild:     False
                 SpecialBuild:     False
                 Language:
```

6. Format-List를 사용하면 데이터 출력을 또 다른 기본 형식으로 조정하지만, 더 많은 정보를 포함한다. 특정 명령의 출력에서 모든 내용을 확인하려면 명령의 끝에 *를 추가한다. 한번 시도해보자.

7. `Dir | Format-List *` 명령을 입력한다.

8. 이제 이들 파일에 대한 다른 출력 정보를 얻는다.

```
BaseName         : Doc5
Target           : {}
LinkType         :
Name             : Doc5.txt
Length           : 0
DirectoryName    : C:\Users\administrator.MYDOMAIN\documents
Directory        : C:\Users\administrator.MYDOMAIN\documents
IsReadOnly       : False
Exists           : True
FullName         : C:\Users\administrator.MYDOMAIN\documents\Doc5.txt
Extension        : .txt
CreationTime     : 2017-09-17 오후 1:26:39
CreationTimeUtc  : 2017-09-17 오전 4:26:39
LastAccessTime   : 2017-09-17 오후 1:26:39
LastAccessTimeUtc: 2017-09-17 오전 4:26:39
LastWriteTime    : 2017-09-17 오후 1:26:24
LastWriteTimeUtc : 2017-09-17 오전 4:26:24
Attributes       : Archive

PS C:\Users\administrator.MYDOMAIN\documents>
```

9. 예제를 마무리하기 전에 Format-List를 또 다른 명령으로 테스트해서 파일 정보에서만 동작하는 것은 아닌지 확인해보자.

10. Get-Date 명령을 사용해 현재 날짜와 시간을 확인한다. 엄청 간단하다.

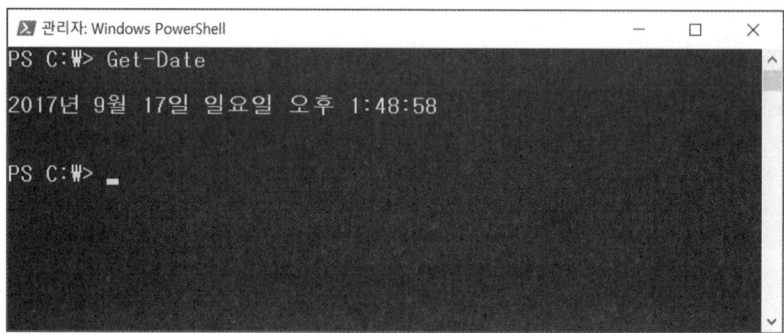

11. 이제 Get-Date | Format-List를 시도해보자.

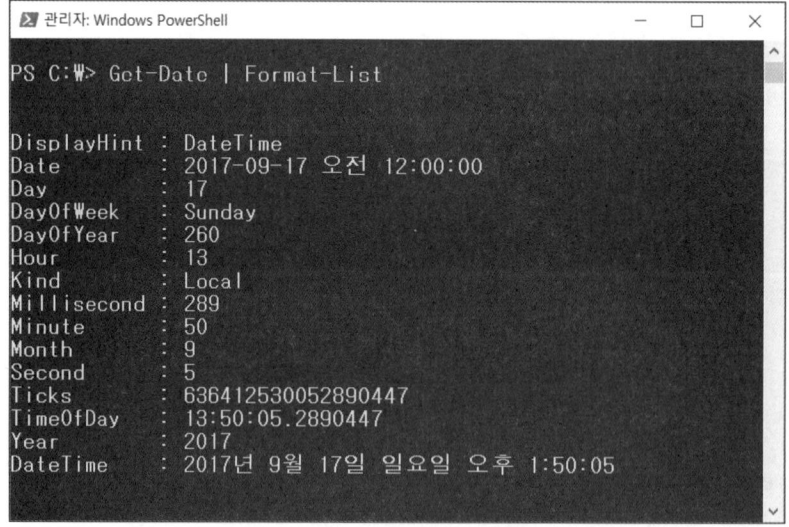

예제 분석

이 예제에서 살펴본 것처럼 모든 명령의 끝에 Format-List 명령을 사용하는 방식은 시스템 타임스탬프와 파일 정보에서 NIC 설정과 시스템 구성 요소에 관한 특정 정보에 이르기까지 보통 원래 명령에서 사용 가능한 정보보다 더 많은 정보를 표시하는 데 도움을 주기 때문에 좋다. Format-List를 무기로 챙겨 놓으면 작업을 수행하는 데 사용할 수 있는 풍부한 정보를 얻기에 좋다.

Windows Server 백업을 사용해 전체 시스템 백업 구성

좋은 백업 솔루션을 사용하는 것은 요즘의 IT 세계에서 기업 서버 환경을 관리하는 데 너무나 중요하다. 파일 복사 백업에서 상시 대기 모드의 예비 서버에 이르기까지 여러분의 특정 백업 계획을 설계하기 위한 잠재적인 옵션은 제한이 없다.

많은 서드파티 도구와 기술이 모든 서버의 여러 가지 이전 버전을 유지하면서 동시에 백업하는 기능을 제공하지만, 이들 도구는 비용과 구현의 복잡성 때문에 선뜻 선택하기에 망설여질 때가 있다. 잠시 시간을 들여 Microsoft에서 무료로 제공하고 Server 2016 운영체제에도 있는 내장 백업 솔루션에 익숙해지는 시간을 가져보자.

준비

Windows Server 2016 웹 서버에 로그인한다. 내장 Windows Server 백업 도구로 이 서버의 전체 이미지를 만들어볼 것이다.

예제 구현

다음 절차를 따라 내장 Windows Server 백업을 사용해 Windows Server 2016을 백업한다.

1. 서버 관리자를 열고 역할 및 기능 추가 링크를 클릭한다. 이 마법사를 따라가면서 Windows Server 백업이라는 기능을 설치한다. 역할이 아니라 기능이므로 기능 화면에서 찾아야 한다.
2. 시작 메뉴에서 Windows Server 백업을 시작하거나 서버 관리자의 도구 메뉴에서 시작한다.

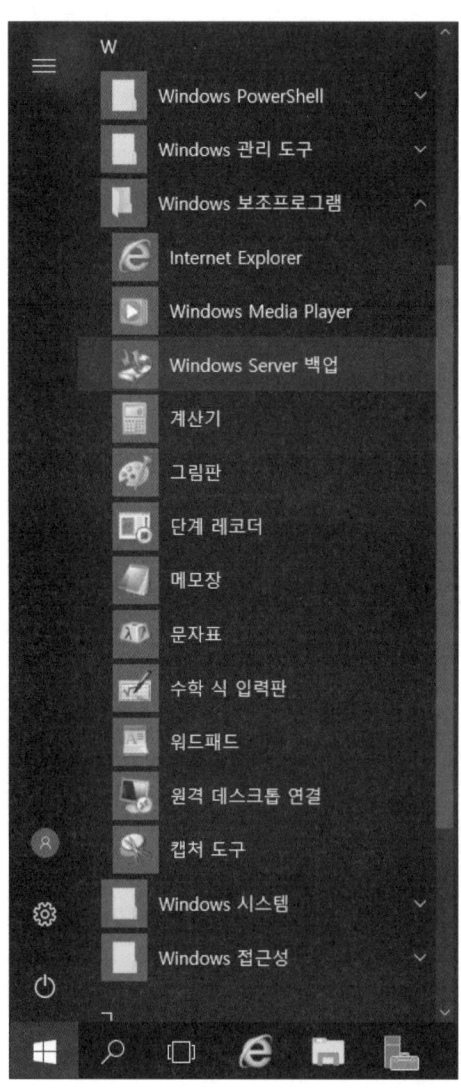

3. 왼편 창에서 **로컬 백업**을 선택한다.
4. 그런 다음에 화면의 오른편으로 보면 **백업 일정...** 작업을 클릭하고 다음을 클릭한다.
5. 백업 구성 선택 화면에서 **전체 서버**를 선택한다. 특정 항목만 백업하고 싶다면 **사용자 지정**을 선택할 수 있다.

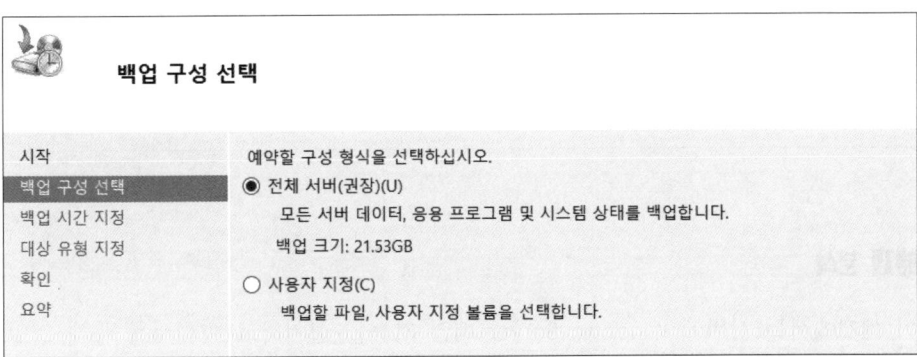

6. 이들 백업을 얼마나 자주 실행할지 일정을 지정한다. 여기서는 매일 아침 2시에 실행하게 설정한다.

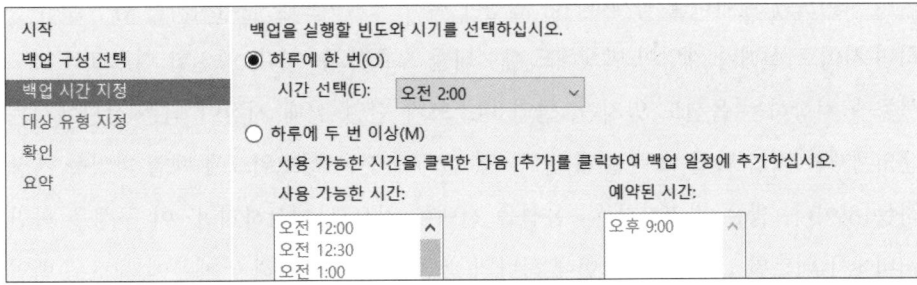

7. 텍스트에서 볼 수 있듯이 백업을 저장하는 좋은 방식은 서버의 전용 하드 디스크를 사용하는 것이다. 하지만 여기서는 설치된 여유 드라이브가 없으므로 **볼륨에 백업**을 선택하고 백업을 위한 저장소 컨테이너로 현재 데이터가 없는 별도 파티션인 D 드라이브를 지정한다.

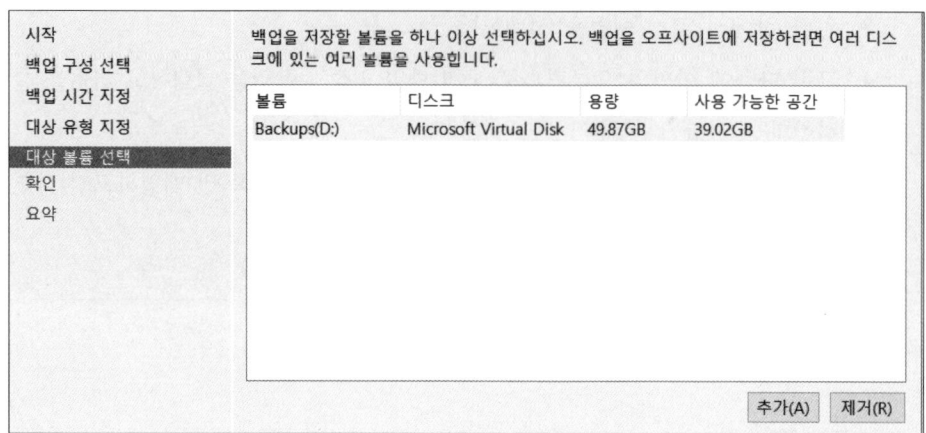

예제 분석

이 예제에서는 서버에 Windows Server 백업 기능을 설치하고 마법사를 통해 일일 전체 백업 일정을 설정했다. 간단한 과정이지만 백업 파일의 저장소 위치는 고려해야 할 사항이다. 전용 하드 디스크가 백업을 저장하는 최적의 솔루션이다. 이런 방식은 드라이브가 실패할 때 다른 물리 디스크에 모든 백업 파일이 존재한다. 물론 또 다른 물리 사이트에 데이터를 복제하거나 일정에 따라 드라이브를 순환시키는 옵션을 구성하면 사이트 실패나 재앙이 발생해도 데이터를 보호할 수 있다. 동일한 디스크의 별도 볼륨에 저장하는 옵션도 있지만, 물리 디스크가 단일 실패 지점이 되는 상황에서는 운영체제와 백업 파일 모두 잃게 된다. 세 번째 옵션은 네트워크에 백업 파일을 저장하는 것이다. 많은 관리자가 이 옵션을 선택할 것으로 예상하지만, 이 구성을 하면 서버에서 네트워크 위치에 한 번에 하나의 백업 파일만 저장하기 때문에 새로운 백업 프로세스마다 덮어쓴다는 점을 기억해야 한다.

백업 콘솔 내에서 아직 건드리지 않은 사용할 수 있는 두 번째 작업이 있다. 애드혹 백업이나 필요에 따라 직접 백업을 수행하려면 **한 번 백업...**이라는 작업을 시작한다. 이 작업을 사용하면 언제든지 직접 백업 사본을 만든다.

Windows 백업 파일에서 데이터 복구

백업이나 백업 일정을 만드는 것이 충분히 쉽지만, 이들 백업 파일 중 하나에서 정보를 복원하는 프로세스는 어떨까? 이 부분이 실제로 중요한 작업이다. 어제 만든 백업 파일에서 일부 데이터를 복원하는 프로세스를 실행해보자. 일부 데이터가 손상되거나 사고로 삭제됐을 수 있다. 복구가 필요한 이유야 어떻든, 백업 파일에서 일부 데이터를 복원하면서 이 인터페이스를 익혀보자.

준비

Server 2016 웹 서버에서 작업한다. 이 서버는 Windows Server 백업 기능을 설치하고 구성했다고 가정한다. 서버의 전체 백업을 만들었고, 이제 그 백업 파일에서 데이터 일부를 복구해야 한다.

예제 구현

다음 절차를 따라 Windows Server 백업 유틸리티를 사용해 서버를 복원한다.

1. Windows Server 백업 관리 인터페이스를 연다. 시작 메뉴나 서버 관리자의 도구 메뉴에서 시작할 수 있다.
2. 왼쪽 창에서 로컬 백업을 선택한다.
3. 화면의 오른편 근처에서 복구... 작업을 클릭한다.

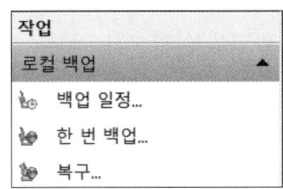

4. 백업 파일이 이 서버의 볼륨 중 한 곳에 바로 저장돼 있으므로, 이 서버를 선택하고 다음을 클릭한다.

5. 이제 다시 복원할 수 있는 유효한 백업 파일을 가진 날짜를 가리키는 굵은 글씨체의 날짜가 표시된 달력이 나타난다. 이전에 실행했던 백업을 선택하고 다음을 클릭한다.

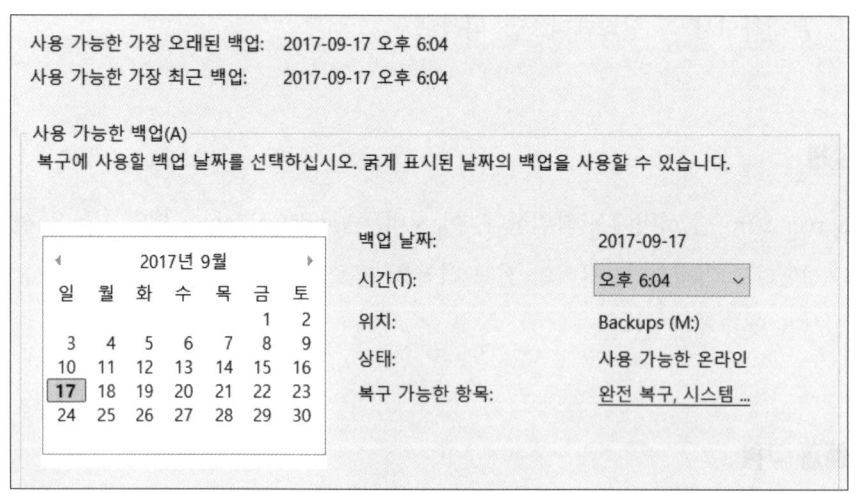

6. 복구 유형 선택 화면에서 파일 및 폴더를 선택하고 다음을 클릭한다.

 여기서 Hyper-V 옵션은 사용할 수 없다. Hyper-V 서버에서 Windows Server 백업을 사용하면 그 호스트에서 각 가상 컴퓨터 백업과 복원 옵션이 있다. 이 옵션은 Hyper-V 서버에서 Windows Server 백업을 사용할 만한 뛰어난 기능 향상이다.

7. 이제 복구할 항목 선택 화면을 살펴보자. 앞서 백업에서 복구하고 싶은 유형으로 파일 및 폴더를 선택했다. 6장에서 설정한 DirectAccess NLS 서버인 웹 서버의 경우 웹사이트가 손상됐고 어제 실행했던 웹사이트 파일로 롤백하려고 한다. 따라서 'C:\NLS' 폴더를 복원하기로 선택한다.

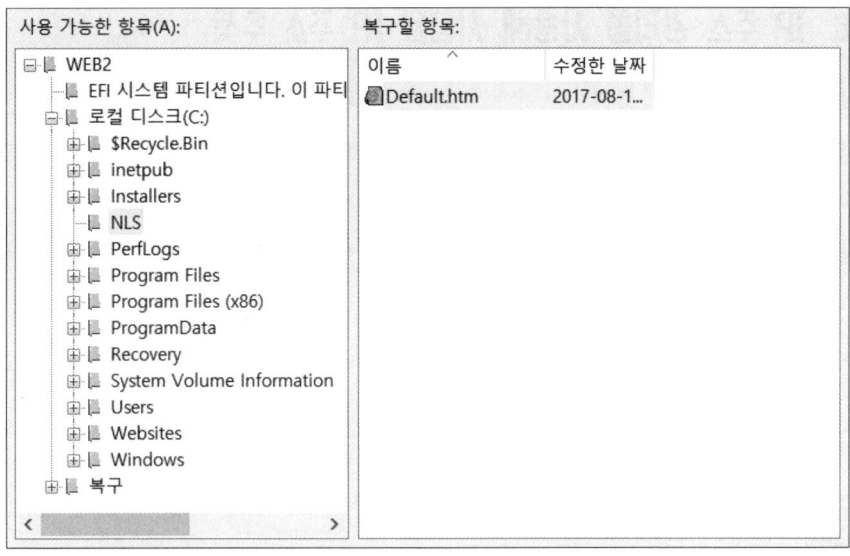

8. 파일을 원래 위치로 복구하는 옵션을 선택하고 기존 버전을 복구된 버전으로 덮어쓰기를 선택한다. 이렇게 하면 어제 백업에서 해당 파일을 현재 서버에 존재하는 파일에 덮어쓴다.

9. 확인 화면에서 복구할 항목의 요약 정보를 확인한다. 모든 사항이 적절하다면 복구 버튼을 클릭한다.

예제 분석

이 복구 예제는 Windows 백업 파일에서 복원하기 위해 사용할 수 있는 옵션에 익숙해지는 좋은 기준이다. 이 예제에서는 웹 서버에서 손상된 간단한 파일을 복원해봤다. 전체 디스크 백업을 갖고서 새로운 서버에 전체를 복구하는 좀 더 심각한 시스템 실패의 경우 그 과정은 좀 더 복잡하다. 전체 시스템 복구를 수행하려면 Windows 설치 디스크로 서버를 부팅하고 Windows 복구 환경을 실행한다. 이 도구를 통해 Windows 백업 파일을 사용해 서버를 복원한다.

■ IP 주소 관리를 사용해 사용된 IP 주소 추적

IP 주소 관리^{IPAM, IP Address Management} 도구는 Windows Server 2016에 포함됐지만 덜 알려진 유틸리티다. IPAM은 네트워크를 기반으로 구현되는 일반적인 인프라를 중앙에서 모니터링하고 관리하는 방법이다. 구체적으로 이 예제에서는 IPAM을 사용해 IP 주소를 관리하는 내용을 다룬다. 특히 다양한 범위를 네트워크에서 서비스하는 많은 DHCP 서버가 있는 환경에서 IPAM은 하나의 관리 인터페이스에서 모든 정보를 끌어오는 데 매우 유용하다. 이 기능을 사용하면 DHCP 환경 각각에서 DHCP 관리 콘솔을 시작하고 개별로 이들을 관리하는 시간과 노력을 크게 줄인다.

준비

모두 Server 2016로 구성한 도메인 네트워크를 실행 중이다. 네트워크에 포함된 도메인 컨트롤러는 DHCP 서버로서도 동작 중이다. IPAM1이라는 새로운 서버를 추가한다. 이 새 서버는 IPAM 관리 서버가 되며, IPAM 기능은 AD DS 역할이나 DHCP 역할 중 하나와 공존할 수 없다.

예제 구현

IPAM 기능으로 IP 주소 사용 현황을 살펴보자.

1. IPAM을 사용할 새 서버에 로그인하고, 서버 관리자에서 역할 및 기능 추가 링크를 클릭한다.
2. 마법사를 진행하면서 IPAM(주소 관리) 서버라는 기능을 추가하는 옵션을 선택한다.
3. 기능이 설치되면 서버 관리자의 왼편 창에 IPAM이라는 새로운 목록이 나온다. 거기서 IPAM을 클릭한다.

4. 1단계는 이미 수행했다. IPAM 콘솔이 로컬 서버에 성공적으로 연결된다. 2단계를 클릭해 IPAM 서버를 프로비저닝한다.

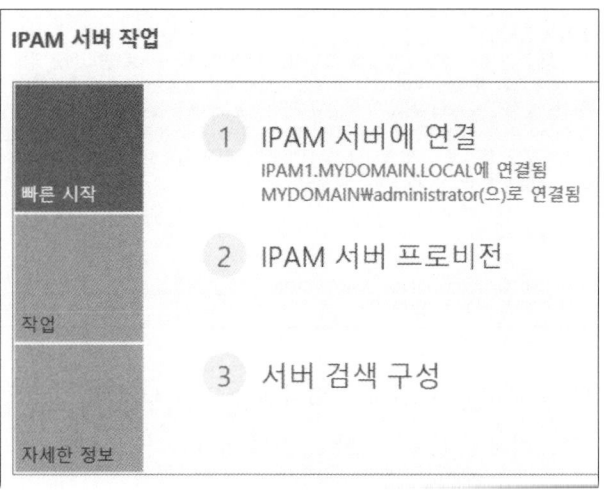

5. 화면에 나열된 정보를 읽어본 후 다음을 클릭한다. 보다시피 IPAM 서버와 인프라 서버 사이의 상호작용을 설정하는 최선의 방법은 그룹 정책 활용이다. 이 마법사에서 나오는 화면에서 설정을 정의한다.
6. 이제 데이터베이스 구성 화면으로 왔고 WID(Windows 내부 데이터베이스) 사용을 선택한 기본 옵션을 사용한다.
7. 이제 프로비저닝 방법을 선택하는 화면에서 인프라 서버의 데이터를 가져와서 관리하는 데 필요한 설정을 배포할 때 IPAM 서버에서 그룹 정책을 사용하게 설정한다. IPAM 서버와 관련된 GPO를 구분하는 접두어를 정의한다.

```
관리되는 서버의 프로비저닝 방법 선택:

○ 수동(M)
   수동 프로비저닝 방법을 사용하려면 관리되는 서버 각각에서 필요한 네트워크 공유, 보안 그룹
   및 방화벽 규칙을 수동으로 구성해야 합니다.

● 그룹 정책 기반(B)
   그룹 정책 기반 프로비저닝 방법을 사용하려면 이 IPAM 서버로 관리하는 각 도메인에서 GPO
   (그룹 정책 개체)를 만들어야 합니다. IPAM은 서버를 적절한 GPO에 추가하여 관리되는 서버에
   자동으로 설정을 구성합니다. 이 방법은 관리되는 서버가 많은 큰 네트워크에서 특히 유용합니
   다. 만드는 GPO는 IPAM에서 사용되는 명명 규칙을 따라야 하지만 접두사를 선택하여 GPO 이
   름을 사용자 지정할 수도 있습니다. 지정한 GPO 이름 접두사는 Active Directory 포리스트에
   있는 각 IPAM 서버에서 고유해야 합니다.

   * GPO 이름 접두사(G):  [IPAM1]

ⓘ Invoke-IpamGpoProvisiong IPAM Windows PowerShell cmdlet을 사용하여 각 IPAM 관리 도
   메인에 GPO를 만들 수 있습니다.
```

8. 이 마법사를 완료하기 전에 마법사에서 이들 GPO를 사용할 수 있게 이들 GPO를 프로비저닝하는 특별한 작업이 필요하다. 그렇게 하려면 PowerShell 명령을 사용해야 한다. 관리자 권한으로 PowerShell 명령 프롬프트를 실행한다. 이 명령을 실행하기 전에 도메인 관리자로 이 서버를 로그인해야 한다.

9. 다음의 명령을 PowerShell 명령 프롬프트에 입력한다.

```
Invoke-IpamGpoProvisioning
```

10. 이 명령은 도메인 이름과 GpoPrefixName을 물어본다. IPAM 마법사에서 방금 입력한 동일한 접두어이므로, 정확히 동일한 이름을 입력한다.

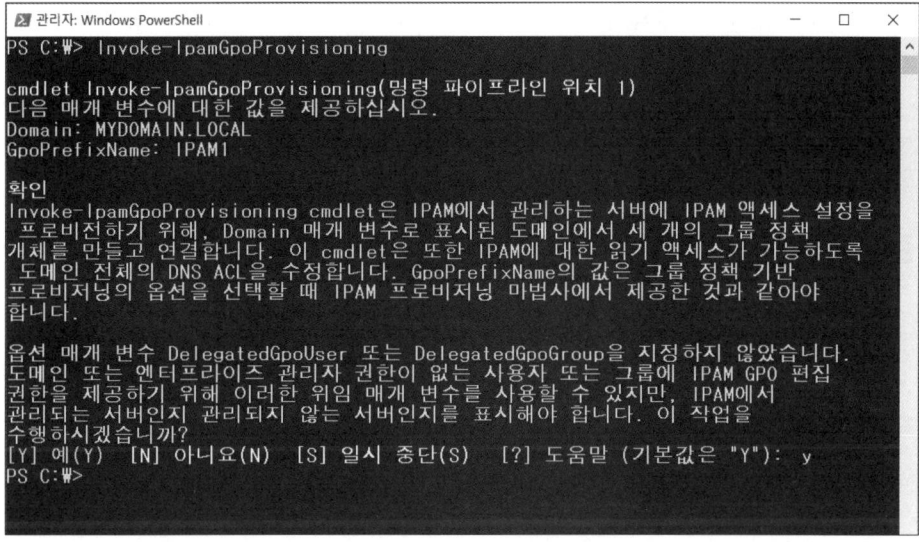

11. 이제 GPO를 만들었으므로 다시 IPAM 마법사로 돌아가서 적용 버튼을 클릭하고 마무리한다.

12. 서버 관리자의 IPAM 섹션으로 돌아가서 3단계 서버 검색 구성을 클릭한다.

13. 추가 버튼을 사용해 IPAM에서 모니터링할 인프라 서비스 도메인을 질의한다. 데이터를 끌어올 역할을 선택하고(3가지 모두 선택된 상태로 남겨둔다) 확인 버튼을 클릭한다.

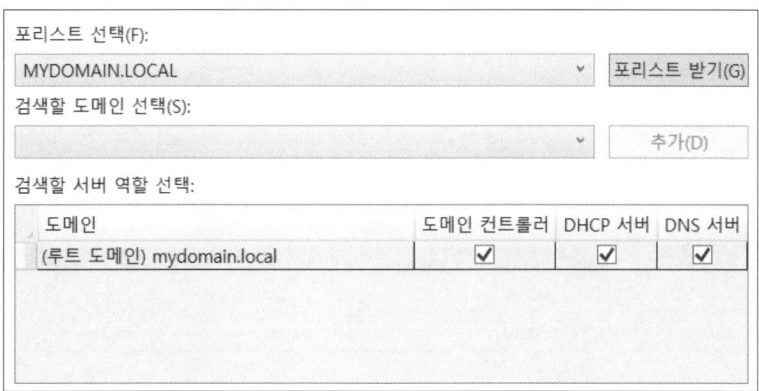

8장 모니터링과 백업 | 329

14. 4단계인 서버 검색 시작을 클릭한다. 검색이 끝날 때까지 기다린다.
15. 5단계 IPAM 액세스를 관리 및 검증할 서버 선택 또는 추가를 클릭한다.
16. 데이터를 수집하고 싶은 서버를 오른쪽 클릭한 다음 서버 편집...을 선택한다.

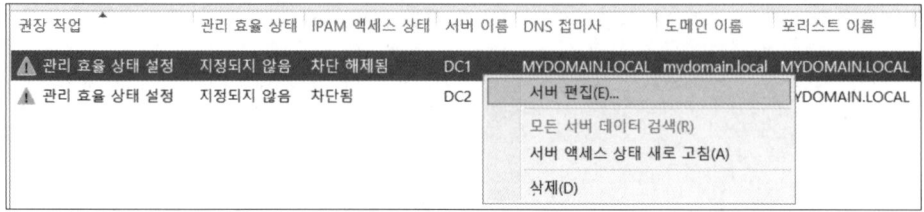

17. 서버의 관리 효율 상태 필드를 관리됨으로 변경한다.
18. 이제 다시 서버 관리자의 주 IPAM 창으로 돌아와서 6단계 관리되는 서버에서 데이터 검색을 클릭한다.

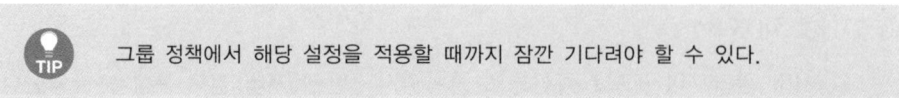

그룹 정책에서 해당 설정을 적용할 때까지 잠깐 기다려야 할 수 있다.

19. 데이터 수집이 완료되면 이제 IPAM 관리 콘솔 내에서 탐색하면서 DNS와 DHCP 인프라에 관한 데이터를 확인하는 기능을 갖게 된다. 예를 들어 IP 주소 범위 그룹을 클릭하면 현재 관리 중인 DHCP 서버의 DHCP 범위 목록이 보인다.

예제 분석

IP 주소 관리^{IPAM} 도구는 초기에 약간의 구성 작업이 필요하지만, 나중에는 많은 이점을 제공한다. 도메인 컨트롤러와 DNS 서버, DHCP 서버에서 데이터를 끌어오게 구성하고 나면 IPAM은 이들 인프라 역할에 관련된 데이터를 모니터링하고 관리하는 원스톱 쇼핑 장소가 된다. 특히 각각 다른 범위 정의를 포함하는 다수의 DHCP 서버의 경우처럼 이들 역할을 제공하는 서버가 많은 곳에 유용하다. 과거에는 각 DHCP 서버에 로그인하거나 적어도 서버 관리자를 통해 이들을 원격 관리하는 방식을 사용했고, 아니면 다른 도구를 사용하기도 했지만, 여전히 DHCP 범위를 각기 따로 살펴보고 관리하는 작업은 여전했다. IPAM을 사용하면 이 모든 정보를 한곳으로 가져오기 때문에 더 큰 그림을 그리면서 네트워크 내의 구성 변경과 결정을 내릴 수 있다.

Windows Server 2016에서 바이러스 검사

Windows 서버에서 바이러스 모니터링과 검색은 과거에는 이 기능이 서드파티 소프트웨어에서 항상 제공했기 때문에 이때까지 나온 운영체제에 관한 책에서 보지 못했던 작업이다. Windows 8부터는 Windows Defender라는 도구가 운영체제에 포함 됐다. 이 도구는 무료로 제공되는 내장 안티바이러스 백신이다. Windows Defender가 지난 몇 년 동안 계속해서 향상됐고, Windows Server 2016부터 마침내 서버 운영체제에서도 사용할 수 있게 됐다. 서버에 서드파티 안티바이러스 프로그램을 설치하면 메모리를 많이 소비하고, 갑자기 재시작하는 경우로 인해 위험이 항상 존재했다. Windows 서버에서 안티바이러스 프로그램과 관련한 여러 가지 종류의 문제를 자주 경험했었다. 고맙게도 Defender가 운영체제에 바로 들어왔으므로, 이런 종류의 문제를 걱정할 필요가 없다. Windows Server 2016 운영체제의 일부로 이제 표준이 된 Windows Defender를 살펴보자.

준비

Windows Defender는 기본적으로 Windows Server 2016에 존재하기 때문에 Server 2016 어느 곳에서나 이 작업을 수행할 수 있다. 여기서는 WEB2 서버를 사용해 Windows Defender가 켜져 있고 시스템을 보호하는지 확인한다.

예제 구현

다음 절차를 따라 서버에서 Windows Defender 설정을 살펴본다.

1. 시작 메뉴에서 Windows 시스템 > Windows Defender를 찾는다.
2. Windows 10 노트북에서 보던 Windows Defender와 똑같으므로, 익숙하다. Defender 애플리케이션에서 정의 파일을 업데이트하고 안티바이러스 검색을 실행할 수 있다. 다음 그림에서 정의 파일이 현재 최신이 아님을 나타내고 있다. WEB2는 테스트 실습 환경으로 격리돼 인터넷 액세스를 제한했기 때문이다.

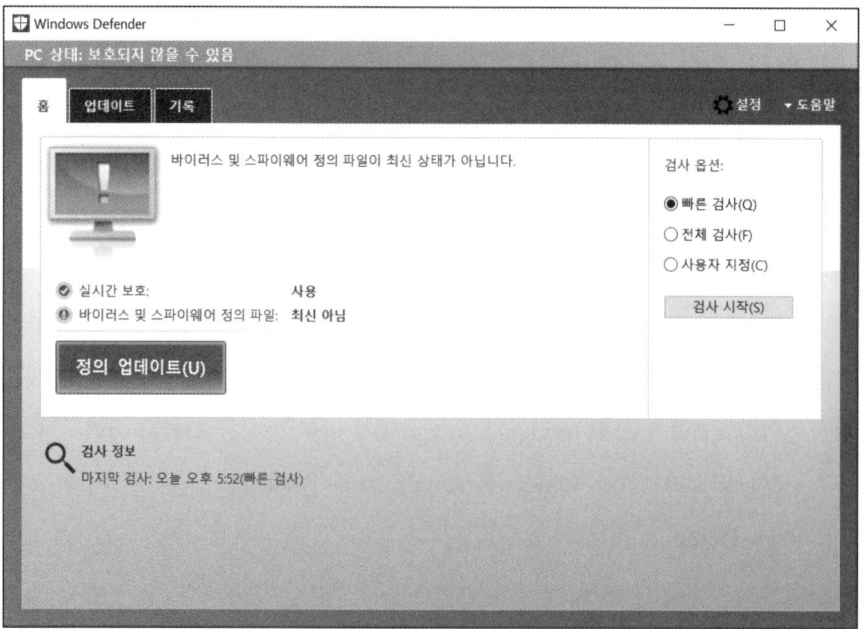

3. 주의를 기울인다면 실제로 Defender가 운영체제와 상호작용하는 방법에 관한 설정이 없다는 점을 알게 된다. 사실 끌 수 있는 방법도 없다. 이들 설정을 얻으려면 Windows 설정 메뉴 자체에서 사용할 수 있는 Windows Defender 섹션을 열어야 한다. 이 설정으로 가려면 Windows Defender의 오른쪽 상단 근처에 있는 설정을 클릭하거나 시작 메뉴에서 설정을 시작한다. 시작 메뉴로 접근해보자.
4. 시작 메뉴를 열고 설정을 클릭한다.
5. 설정에서 업데이트 및 복구를 클릭한다.
6. 이제 Windows Defender를 선택한다.

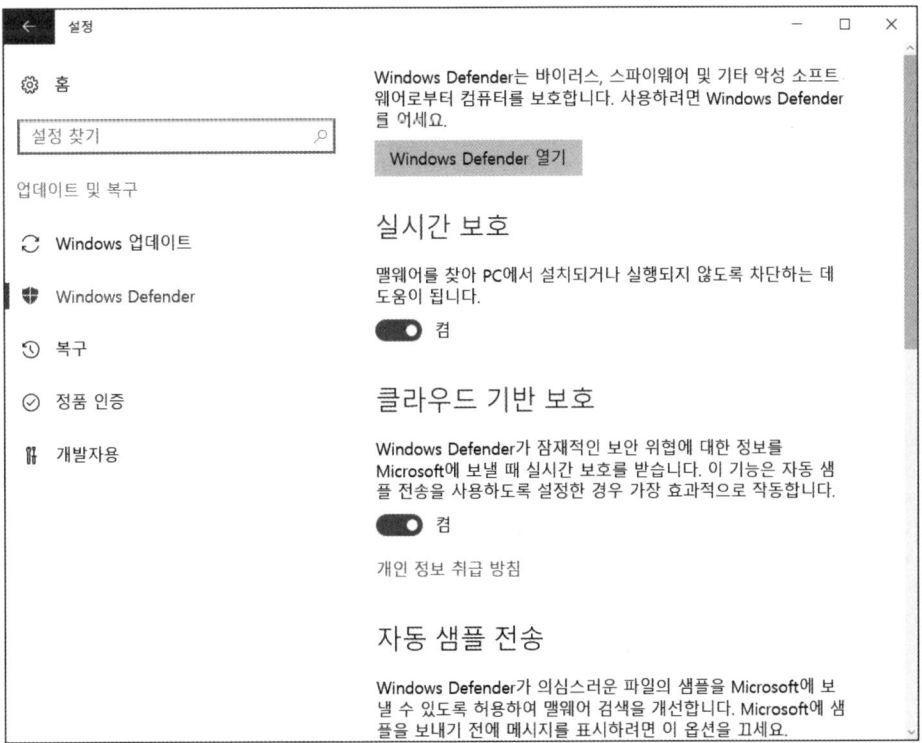

8장 모니터링과 백업 | 333

예제 분석

Windows Server 2016 운영체제에 포함된 Windows Defender는 판도를 바꿔놓을 만한 도구다. 서버에서 서드파티 안티바이러스 소프트웨어를 설치하는 과정은 항상 관리자를 긴장하게 만드는 작업 중 하나다. 이 소프트웨어가 조직의 서버에서 잘 돌아갈지 여부를 실제로 알기 어렵다. 많은 사람이 Defender를 기업용 안티바이러스 솔루션으로 신뢰하지는 않을 것이라고 생각하지만, 시간이 지나면 변할 것이라고 믿는다. 이 도구를 포함한 것이 잘한 일이 아니라면 이 시점에서는 Microsoft에서 이 도구를 포기했겠지, 이처럼 계속해서 개선하면서 서버 운영체제 내에 넣어둘만큼 신뢰했을까?

마지막 캡처 화면에서 볼 수 있듯이 돈을 추가로 지불하고 안티바이러스를 계속 사용하고 싶다면 Windows Defender를 끄기도 쉽다. 무엇을 선택하든 여러분의 자유다. 중소기업에서는 특히 이 새로운 기능이 안전과 보안 관점에서 아주 유용하다고 생각한다.

09

그룹 정책

이 책에서 이미 몇 개의 예제에서 그룹 정책 개체GPO를 수정하는 작업을 했지만, 무엇보다 그룹 정책이 왜 중요한지 설명하는 시간은 갖지 못했다. Active Directory 내에서 작업하는 이들에게는 그룹 정책이 익숙한 영역일 수 있다. 그러나 서버 관리자 역할을 하는 많은 IT 종사자는 그룹 정책에 익숙하지 않으며, 얼마나 좋은지 모른다. 특히 소규모 기업에서 Windows의 이런 강력한 기능을 간과하는 것 같다. Active Directory를 사용자와 컴퓨터 계정의 컨테이너로 생각하기 쉬운데, 이는 계정 관리가 핵심 필수 작업이기 때문이다. 그러나 도메인 서비스 역할을 설치하고 도메인 컨트롤러를 처음 구성하자마자 그룹 정책 기능이 도메인에 자동으로 포함된다.

다음의 몇 가지 예제를 함께 살펴보면서 그룹 정책과 상호작용해보고 기본 기능을 살펴본다.

- 새로운 그룹 정책 개체를 만들고 할당
- 네트워크 드라이브를 그룹 정책으로 연결
- 문서 폴더를 네트워크 공유로 리디렉션
- 그룹 정책으로 VPN 연결 만들기
- 그룹 정책으로 프린터 연결 만들기
- 그룹 정책을 사용해 인터넷 프록시 서버 적용
- GPO 내에 현재 활성화된 설정 확인
- 컴퓨터에 현재 할당된 GPO 확인
- GPO 백업과 복원
- ADMX와 ADML 템플릿 연결

소개

그룹 정책은 도메인에 가입한 시스템을 위한 중앙 관리 도구다. 기능을 요약하면 Active Directory에서 정책을 만들고 이들 정책을 특정 사용자나 컴퓨터에 할당하며, 이들 정책 내에서 Windows 운영체제 내의 많은 설정이나 구성을 변경한다. 이러한 설정을 포함하는 Active Directory 내의 항목을 그룹 정책 개체$^{\text{GPO, Group Policy Object}}$라고 하며, 여기서는 그룹 정책 개체를 만들고 조정해 환경 내의 많은 컴퓨터에 영향을 끼치는 중앙 관리 작업에 초점을 맞춘다. GPO를 사용자 계정이나 클라이언트 컴퓨터 설정, 서버의 구성에 활용할 수 있다. 도메인에 가입된 시스템은 GPO를 통해 제어할 수 있고, 일반적으로 GPO가 적용된 설정은 사용자가 수정할 수 없으므로 그룹 정책을 사용하는 데 익숙한 기업에는 보안의 매우 중요한 부분이다.

9장에서는 GPO를 만들고 수많은 서로 다른 구성 설정을 넣지만, 여기서 다루는 내용은 조작할 수 있는 설정의 극히 일부일 뿐이다. 사용할 수 있는 그룹 정책 설정 전체를 살펴보려면 다음 링크를 살펴보자.

https://www.microsoft.com/en-us/download/details.aspx?id=25250

▍ 새로운 그룹 정책 개체를 만들고 할당

그룹 정책을 사용하려면 먼저 그룹 정책 개체를 만들어야 한다. 흔히 GPO라는 이 개체는 배포하고 싶은 설정을 포함한다. 도메인 가입된 시스템과 사용자 중 어떤 대상이 이러한 설정을 적용받는지 아는 데 필요한 정보도 포함한다. 주의 깊게 GPO 할당을 계획하는 것이 중요하다. 전체 네트워크에서 모든 도메인 가입 시스템에 적용하는 정책을 만드는 것은 쉽지만, 정책에서 구성하는 설정이 무엇이냐에 따라서 어떤 서버에는 문제가 될 수 있다. 그룹 정책을 어설프게 아는 관리자가 '기본 도메인 정책'이라는 내장 GPO를 사용하는 경우를 종종 봤다. 기본적으로 이 정책은 네트워크의 모든 대상에 적용된다. 실제로 이런 동작을 원할 수도 있다. 하지만 대부분의 경우에는 그렇지 않다.

이 절에서는 새로운 GPO를 만드는 과정을 자세히 설명하고, 연결과 보안 필터링이라는 부분을 이용해 정책을 받는 시스템과 그렇지 않은 시스템을 제어한다.

준비

이번 예제는 Server 2016 도메인 컨트롤러에서 수행한다. 도메인 서비스 역할을 실행 중이라면 그룹 정책을 관리하는 데 필요한 항목이 이미 설치된 것이다.

예제 구현

다음 절차를 따라 새로운 GPO를 만들고 할당한다.

1. 서버 관리자를 열고 도구 메뉴를 클릭한 다음, 그룹 정책 관리를 선택해 콘솔을 연다.
2. 도메인 이름을 확장하고 그룹 정책 개체라는 폴더를 클릭한다. 현재 GPO의 목록을 표시한다.
3. 그룹 정책 개체 폴더를 오른쪽 클릭하고 새로 만들기를 클릭한다.
4. 새로운 GPO의 이름을 입력한다. 여기서는 `Map Network Drives`라는 이름을 사용한다. 뒤에 나오는 예제에서 이 GPO를 사용한다.

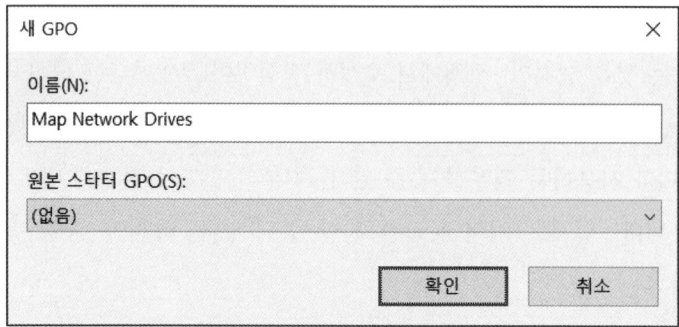

5. 확인을 클릭한 다음 그룹 정책 개체 폴더를 확장한다. 목록에서 새로운 GPO를 확인할 수 있다. 이 새로운 GPO를 클릭해 설정을 확인해보자.
6. 이 새로운 GPO를 만들어 놓은 특정 사용자 그룹에만 적용하고자 한다. GPO의 할당은 다음 그림에서 볼 수 있는 보안 필터링 섹션에서 저수준으로 처리된다. 기본적으로 목록에는 Authenticated Users가 있다. 이는 이 GPO와 도메인의 조직 구성 단위[OU, Organizational Unit] 사이에 연결을 만든다면 정책 설정이 해당 계정 모두에 즉시 적용되기 시작한다는 뜻이다.

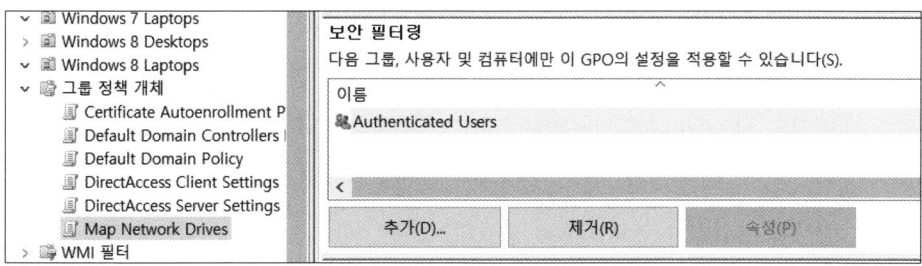

7. 특정 사용자 계정만 이들 드라이브 매핑을 얻게 하고 싶기 때문에 **보안 필터링** 섹션을 수정하고, 이들 사용자 계정을 저장하고자 만든 사용자 그룹만 추가한다. 보안 필터링 섹션 아래에서 제거 버튼을 클릭해 Authenticated Users를 목록에서 제거한다. 이제 목록이 비었다.
8. 보안 필터링 섹션 아래에서 추가... 버튼을 클릭한다.
9. 이 GPO를 필터링하고 싶은 그룹의 이름을 입력한다. 여기서는 Sales Group이다. 확인을 클릭한다.
10. 이제 이 GPO는 Sales Group에 있는 사용자에게만 적용되지만, 지금은 아직 링크를 만들지 않았기 때문에 어느 곳에도 적용되지 않는다. 범위 탭의 맨 위 섹션은 현재 비어있다.

11. GPO를 도메인 구조 어딘가에 링크해야 한다. 링크는 실제 이 정책을 OU 구조에 적용하는 것이다. 보안 필터링 없이 링크를 만들면 해당 GPO가 그 링크 아래의 모든 개체에 적용된다. 하지만 특정 그룹을 지정해 보안 필터링을 사용하므로 보안 필터링은 이들 GPO 설정을 Sales Group의 멤버에만 적용한다. 이 Map Network Drives 정책의 경우 US Laptops라는 OU에 적용하고자 한다.

12. US Laptops라는 OU를 오른쪽 클릭하고 나서 기존 GPO 연결...을 클릭한다.

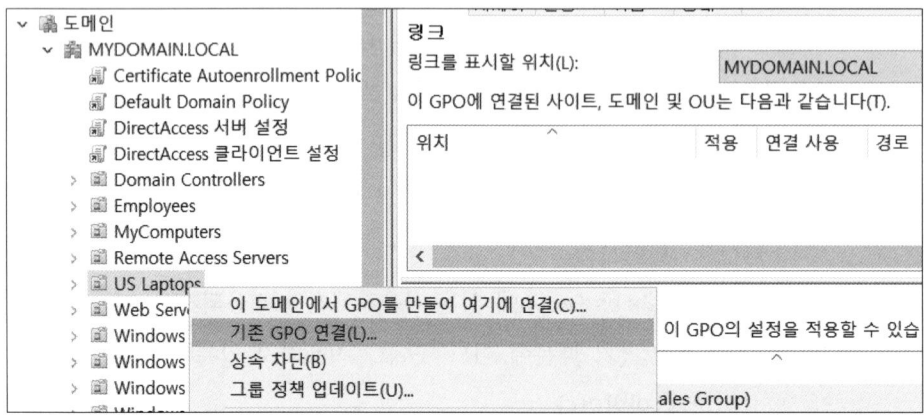

13. 새로운 GPO 이름 Map Network Drives를 선택하고 확인을 클릭한다.

새로운 GPO가 이제 US Laptops에 연결됐으므로 보안 필터링 섹션에 추가 설정을 하지 않았다면 이 OU 내에 위치한 모든 시스템은 이 수준에서 설정을 가져온다. 여기 서는 특정 Sales Group을 지정했으므로 새로운 드라이브 매핑 정책이 이 그룹에 추가 된 사용자에게만 적용된다는 의미다.

예제 분석

이 예제에서는 새로운 그룹 정책 개체를 만들었고 이 GPO를 도메인 내에 필요하다고 간주되는 컴퓨터와 사용자로 제한하는 필요한 단계를 밟았다. 각 네트워크는 다르며, 필요에 따라 링크에 의존해 GPO를 분류하거나, 링크와 보안 필터링 모두의 조합을 적용해야할 수 있다. 어떤 경우든 GPO를 적용할 위치를 확신해야 가장 적합한 쪽으로 이들 필드를 자신 있게 구성할 수 있다. 이 예제에서는 GPO 내부의 모든 설정을 실제 로 구성하지 않았으므로 이 시점에서는 Sales Group의 멤버들에게 아직 아무런 작업도 일어나지 않는다. 이어지는 예제들에서 그룹 정책의 실제 설정을 계속 살펴보자.

■ 네트워크 드라이브를 그룹 정책으로 연결

조직에서 네트워크 드라이브를 사용하는 일은 흔하다. 새로운 사용자가 처음 업무를 시작할 때 직접 드라이브 매핑을 만드는 작업은 귀찮은 일이다. 이 작업은 사용자가 한 컴퓨터에서 나중에 다른 컴퓨터로 이동할 때 반복하지 않아야 할 일이다. 그룹 정책을 사용해 이러한 드라이브 매핑을 만드는 일을 중앙에서 관리한다면 사용자가 네트워크에 로그인할 때 동일한 드라이브 매핑을 얻을 수 있다. 계획을 잘했다면 사용자가 평소처럼 컴퓨터에 간단히 로그인만 하면 네트워크의 도메인 가입된 시스템에 이러한 매핑이 나타나게 할 수 있다. 이 작업은 그룹 정책 내에서 간단히 수행할 수 있는 멋진 첫 작업이며, 조직에 유용한 작업이 무엇인지 배울 수 있는 첫발을 내딛는 일이다.

준비

환경에서 Server 2016 도메인 컨트롤러를 사용해 이 그룹 정책 개체를 만들고 구성한다. 여기서는 이 예제를 위한 새로운 GPO를 만들었고, 링크와 보안 필터링을 구성했다고 가정한다.

예제 구현

다음의 절차를 따라 그룹 정책에서 드라이브 매핑을 만든다.

1. 서버 관리자를 열고 도구 메뉴를 클릭한 다음, 그룹 정책 관리를 선택해 콘솔을 연다.
2. 도메인의 이름을 확장한 뒤 그룹 정책 개체 폴더를 확장한다. 여기서 Map Network Drives라는 새로운 GPO를 볼 수 있다.
3. Map Network Drives GPO를 오른쪽 클릭하고 편집...을 클릭한다.

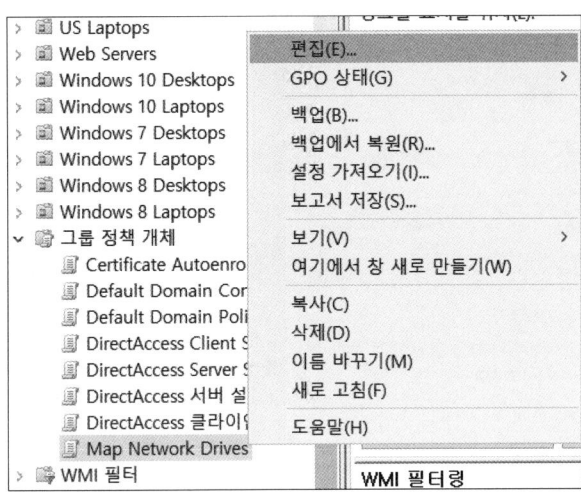

4. 사용자 구성 > 기본 설정 > 매핑된 드라이브를 탐색한다.
5. 드라이브 맵을 오른쪽 클릭하고 새로 만들기 > 매핑된 드라이브를 선택한다.

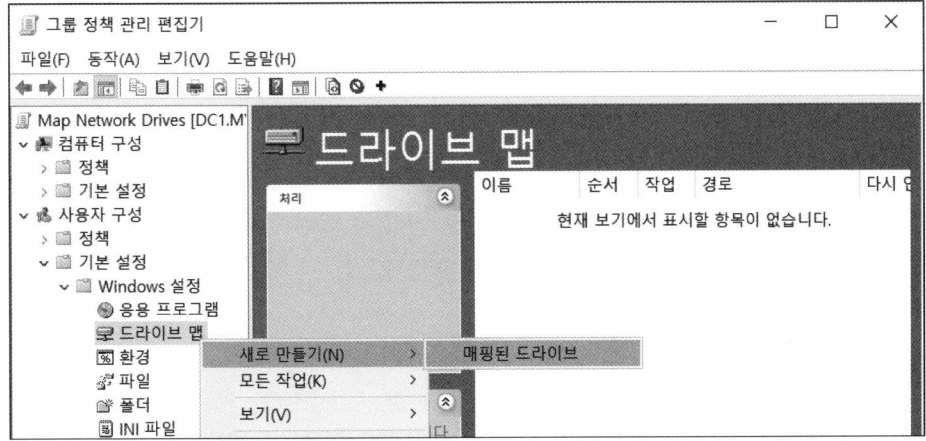

6. 드라이브 매핑의 대상 URL로 위치를 설정하고, 사용자가 쉽게 알아 볼 수 있는 좀 더 설명적인 이름이 필요하다면 지정할 레이블 필드를 사용한다.
7. 드롭다운 메뉴 목록에서 새로운 매핑에 사용할 드라이브 문자를 선택한다.

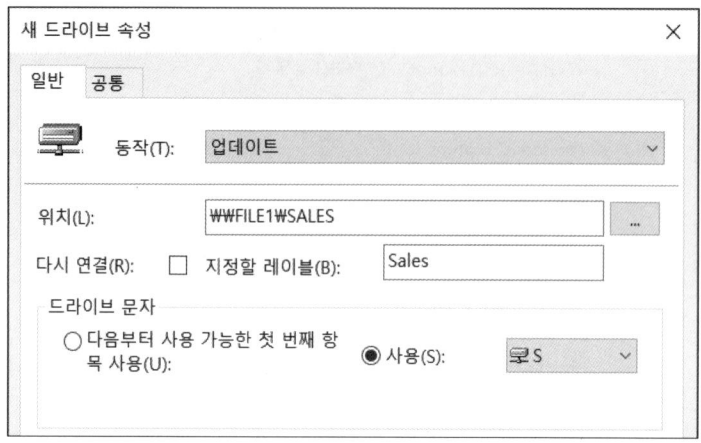

8. 확인을 클릭한다.

9. 이미 이 GPO를 적용하려는 위치에 적절한 보안 필터링과 링크를 만들었다고 가정한다. 해당 사용자 계정으로 도메인의 컴퓨터에 로그인하면 이 정책이 적용된다. 컴퓨터에 로그인하고 나면 **파일 탐색기**를 열어 로그인 과정 동안 자동으로 매핑된 새로운 네트워크 드라이브가 보일 것이다.

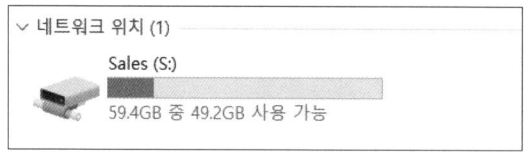

예제 분석

Windows 환경 내에서 드라이브 매핑을 자동화할 수 있는 몇 가지 다른 방법이 있으며, 이 예제에서는 이 작업을 가장 신속하게 달성할 수 있는 방식을 보여줬다. 그룹 정책을 사용해 네트워크 드라이브 매핑을 만드는 작업을 자동화함으로써 이 작업의 관리를 중앙화하고 헬프 데스크 프로세스에서 드라이브 매핑을 만드는 작업 부하를 덜어줄 수 있다.

▌문서 폴더를 네트워크 공유로 리디렉션

사용자는 집에서 작업할 때 문서나 그림 등을 문서나 내 문서 폴더에 저장하는 데 익숙하다. 이런 습관 때문에 사무실 컴퓨터에서 작업할 때 역시 로컬 문서 폴더에 저장한다. 모든 사용자의 문서 폴더를 각각 백업하는 것은 관리자에겐 악몽과도 같은 일이기 때문에 일반적으로는 이런 상황을 원하지 않는다. 따라서 이 문제의 일반적인 해결책은 모두에게 매핑된 네트워크 드라이브를 제공하고, 사용자가 문서를 이들 매핑된 드라이브에 저장하게 훈련시키는 것이다. 이는 그럴듯해 보이지만 실제로는 잘 실행되지 않는다. 별도의 수단을 구현하지 않고 사용자가 자신의 로컬 문서 폴더에 문서를 저장하는 습관을 그대로 이용할 수 있는 좋은 기회가 있다.

이 예제는 도메인 가입된 컴퓨터의 문서 폴더를 네트워크 공유로 리디렉션하게 변경하는 그룹 정책을 만드는 방법을 다룬다. 이 방식은 사용자가 문서를 문서 폴더에 저장하면 그 문서는 지정한 파일 서버에 작성된다.

준비

Server 2016 도메인 컨트롤러에서 새로운 GPO를 설정한다.

예제 구현

다음의 절차를 따라 그룹 정책을 통해 문서 폴더를 리디렉션한다.

1. 서버 관리자의 도구 메뉴에서 그룹 정책 관리 콘솔을 시작한다.
2. 도메인 이름을 오른쪽 클릭하고 이 도메인에서 GPO를 만들어 여기에 연결...을 선택한다.

3. 새로운 GPO의 이름 필드에 원하는 이름을 입력한다. 여기서는 Redirect My Documents라는 이름을 입력한다. 그다음 확인을 클릭한다.

4. 도메인 이름 아래 나열된 그룹 정책 개체 폴더를 확인한다.

5. 새로운 리디렉션 GPO의 이름을 오른쪽 클릭하고 편집...을 클릭한다.

6. 사용자 구성 > 정책 > Windows 설정 > 폴더 리디렉션 > 문서를 찾는다.

7. 문서를 오른쪽 클릭하고 속성을 선택한다.

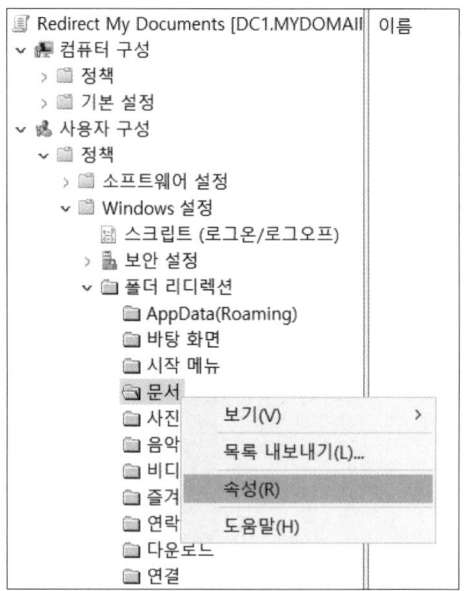

8. 설정 메뉴를 드롭다운하고 기본-모든 사용자의 폴더를 같은 위치로 리디렉션을 선택한다.

9. 루트 경로 필드에 사용자의 문서 폴더를 리디렉션할 위치를 입력한다. 여기

서는 파일 서버에 만든 공유를 사용한다. '\\file1\users\'와 같은 경로를 입력한다.

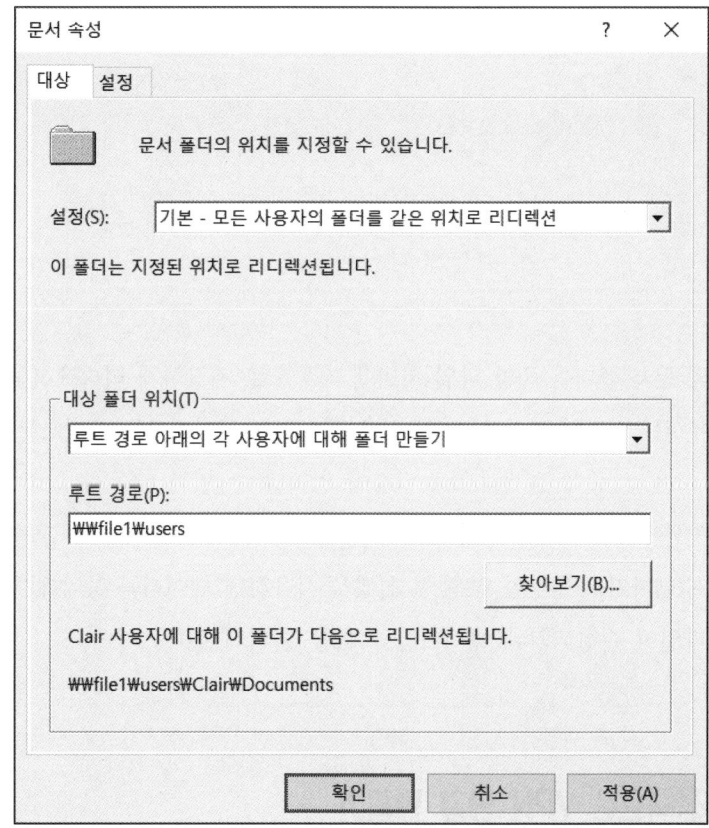

10. 확인을 클릭한다.
11. 설정이 바로 이 GPO 내에 반영된다. 이제 테스트 클라이언트 컴퓨터를 로그인하고 문서 폴더를 열어보자.
12. 로컬 문서 폴더 내에 새로운 텍스트 문서를 만들어본다. 로컬 문서에 파일을 만들면 실제로 저장되는 곳을 확인할 수 있다.
13. 이제 파일 서버에 로그인하고 앞서 지정한 Users 디렉터리를 확인해보자. 이제 사용자 이름으로 된 폴더가 있고 그 폴더 내부에 클라이언트 컴퓨터의 로컬

문서 내에서 만들고 저장한 새로운 텍스트 문서를 포함하는 문서 폴더를 확인할 수 있다.

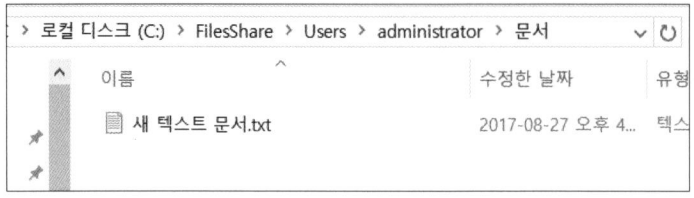

예제 분석

모든 사람의 문서 폴더를 중앙 파일 서버에 자동으로 저장하게 리디렉션하는 작업은 그룹 정책에서는 간편한 일이다. 이 구성을 네트워크 드라이브를 매핑하는 다른 구성과 결합한 다음, 나중에 잠재적으로 변경이 일어날 수 있는 UNC를 입력하기보다는 문서 리디렉션에서 드라이브 문자를 간단히 지정할 수도 있다. 하지만 조직에서 이러한 구성을 수행하기로 결정한 경우 이 설정을 사용하면 데이터를 중앙에서 관리하고, 사용자가 파일이 손상되거나 잃어버릴 기회를 줄이게 된다.

그룹 정책으로 VPN 연결 만들기

이전에 VPN 연결 솔루션을 관리하거나 지원했다면 클라이언트 컴퓨터에 VPN 연결 프로필을 설정하는 일에 익숙할 것이다. VPN을 원격 액세스 솔루션으로 활용하는 환경에서 주로 관찰했던 바는 VPN 프로필을 만드는 과정은 사용자가 컴퓨터에 먼저 로그인한 다음 대개 직접 구성하는 단계를 거쳤다. 이는 비효율적이며, 단계를 쉽게 잊어버리기도 한다. Windows Server 2016에서 제공하는 도구로 클라이언트 컴퓨터의 이러한 VPN 연결 생성을 자동화할 수 있다. 그룹 정책을 사용해 사용자 로그인 동안 이러한 프로필을 만들어보자.

준비

Server 2016 도메인 컨트롤러에서 새로운 그룹 정책 개체를 구성한다. 일단 구성을 끝내면 Windows 10 클라이언트 컴퓨터에서 로그인하고 VPN 프로필이 잘 만들어졌는지 확인한다. 이 예제의 경우 이 GPO를 실제 구성하기 전에 GPO를 만들고 링크를 설정하며, 필요에 따라 필터링을 했다고 가정한다.

예제 구현

다음의 절차를 따라 원격 클라이언트 컴퓨터에 VPN 연결 프로필을 자동으로 만드는 GPO를 구성한다.

1. 그룹 정책 관리 콘솔 내에서 이 작업에 사용하는 새로운 GPO를 오른쪽 클릭하고 편집...을 클릭한다.
2. 사용자 구성 > 기본 설정 > 제어판 설정을 찾는다.
3. 네트워크 옵션을 오른쪽 클릭하고 새로 만들기 > VPN 연결을 선택한다.

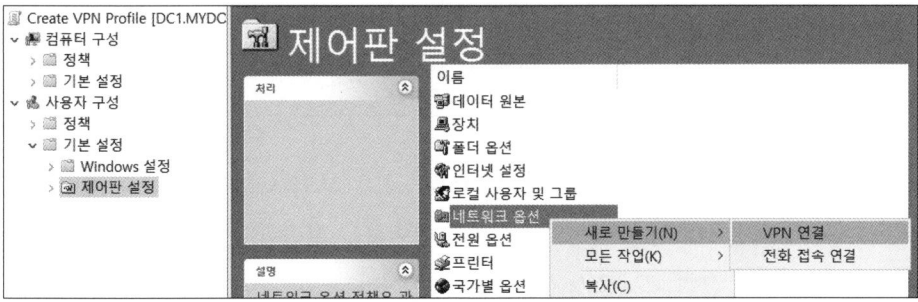

4. 이 VPN 연결에 대한 **연결 이름** 필드에 원하는 이름을 입력한다. 이 이름은 클라이언트 컴퓨터에 표시되고 클라이언트 컴퓨터와 원격으로 작업하는 동안 연결해야 할 공인 IP 주소 필드에 표시된다. 특정 VPN 연결의 필요성에 따라서 이 화면의 다른 추가 탭을 확인하고 특정 구성을 마쳐야 할 수도 있다.

그다음 확인을 클릭한다.

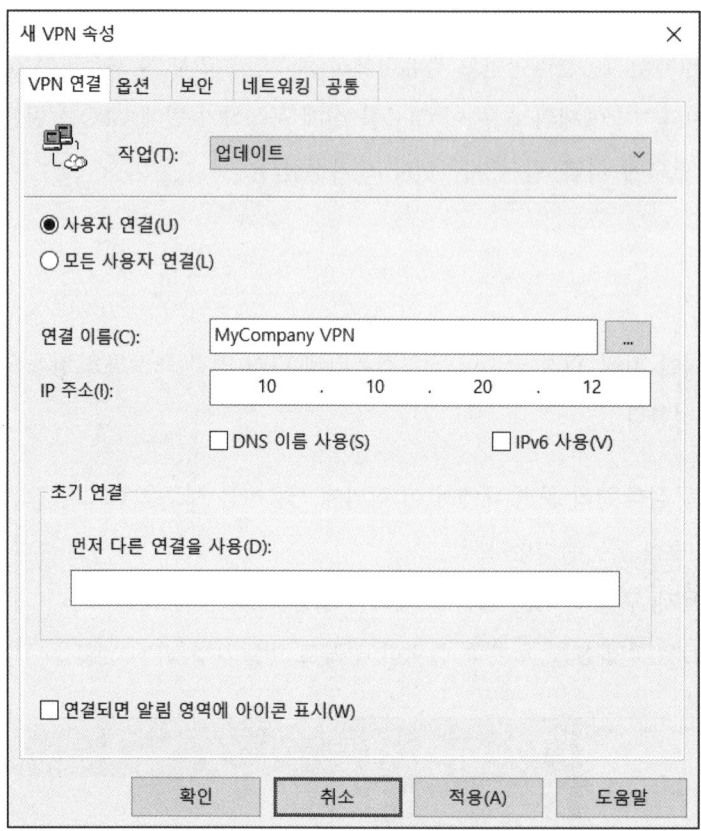

5. 이제 클라이언트 컴퓨터에 로그인하고 무선 네트워크에 연결하기 위해 클릭하는 장소인 시스템 트레이의 네트워크 아이콘을 클릭한다. 이 컴퓨터에 로그인하는 동안 클릭 가능한 MyCompany VPN이라는 새로운 VPN 연결이 추가됐다.

예제 분석

이 예제에서는 그룹 정책을 사용해 원격 노트북에 대한 새로운 VPN 연결을 만드는 작업을 자동화했다. 이와 같은 GPO를 사용하면 새로운 PC를 설정하는 동안 직접 이런 연결을 더 이상 설정할 필요가 없기 때문에 시간과 노력을 아껴준다. IP 주소나 다른 설정을 변경해야 하는 경우 이 기능을 사용해 나중에 기존 VPN 연결 설정을 업데이트할 수도 있다. 9장의 예제 전체를 살펴보면 그룹 정책을 사용할 수 있는 다양한 작업이 많다는 것을 알 수 있다.

그룹 정책으로 프린터 연결 만들기

사무실에서 새로운 네트워크 프린터를 막 설치했다고 하자. 프린터가 제대로 동작하는지 확인하려고 몇 대의 컴퓨터에 설치해봤지만, 이제는 이 프린터에 가끔씩 출력하려는 컴퓨터가 줄지어 있다. 프린터 추가 마법사를 시작하려고 모든 컴퓨터에 로그인하는 일은 금요일 저녁을 즐기고 싶은 여러분이 좋아하는 방식은 아니다. 일단 그룹 정책을 사용하면 시간을 아낄 수 있다. 여기서는 새로운 GPO를 활용해 클라이언트 데스크톱에 이 새로운 프린터를 자동으로 설치하게 구성한다.

준비

새로운 GPO를 이미 만들었고 새로운 프린터를 필요로 하는 컴퓨터만 이들 GPO 설정을 받게 연결했다고 가정한다. 이제 Windows Server 2016을 실행하는 주 도메인 컨트롤러에서 그룹 정책 관리 콘솔을 사용한다.

예제 구현

다음 절차를 따라 새 프린터 추가를 위한 새로운 GPO를 구성한다.

1. 서버 관리자의 도구 메뉴에서 그룹 정책 관리 콘솔을 연다.
2. 프린터 추가에 사용할 새로운 GPO를 오른쪽 클릭하고 편집...을 클릭한다.
3. 사용자 구성 > 기본 설정 > 제어판 설정을 찾는다.
4. 프린터를 오른쪽 클릭하고 새로 만들기 > TCP/IP 프린터를 선택한다.

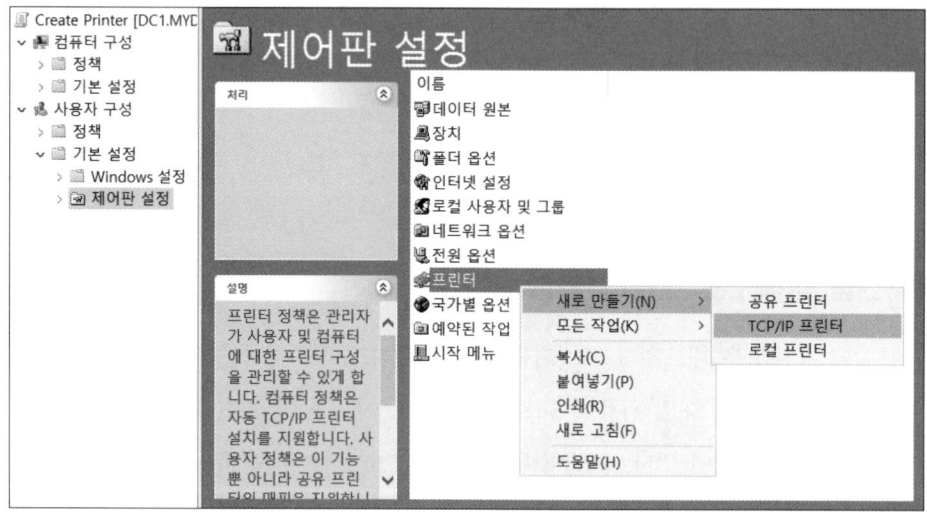

5. 프린터 연결에 필요한 정보를 입력한다. 새로운 TCP/IP 프린터를 설정하기로 선택했으므로, 사용자가 목록에서 이 새로운 프린터를 확인할 수 있게 IP 주소와 로컬 이름 필드를 채워야 한다. 여기서는 이 프린터를 기본 프린터로 설정을 선택한다.

6. 확인을 클릭하면 이 프린터는 GPO를 필터링한 사용자에게 배포된다.

예제 분석

그룹 정책을 사용한 정기적인 IT 작업의 자동화는 모든 종류의 기술에 유익하다. 이 예제에서는 간단한 프린터 연결을 만들어 수많은 컴퓨터에서 프린터를 사용하기 위해 직접 설정을 다루지 않아도 되는 방법을 설명했다.

▌ 그룹 정책을 사용해 인터넷 프록시 서버 적용

많은 일정 규모의 네트워크에서 인터넷 트래픽을 필터링하기 위해 순방향 프록시 서버를 사용한다. 이 서버는 본질적으로 기업 네트워크의 경계에 위치한다. 네트워크에서 클라이언트 컴퓨터가 인터넷 액세스를 시도할 때마다 요청은 이 서버를 통해 전송된다. 이 서버를 통해 기업은 인터넷 사용을 모니터링하고 검색 권한을 제한하며, 다양한 유형의 멀웨어를 막을 수 있다. 프록시 서버를 구현할 때 중요한 질문 중 하나는 "이 프록시를 사용하게 강제할 방법이 뭘까요?"이다. 일부 솔루션은 기본적으로 모든 트래픽 흐름이 네트워크 수준에서 아웃바운드되게 프록시 서버를 경유하게 한다. 그러나 모든 트래픽이 이 프록시를 통해 흘러야 할 필요가 없기 때문에 프록시 서버 설정은 브라우저 수준에서 구성해야 하는 것이 더 바람직할 때가 많다. 이런 경우 모든 사람의 컴퓨터에서 인터넷 익스플로러 옵션을 열어 프록시 서버 정보를 입력할 수 있지만 이는 엄청난 작업이 될 수 있으며, 게다가 사용자가 이러한 설정을 제거할 여지도 있다.

그룹 정책을 사용해 인터넷 익스플로러 프록시 구성을 설정하면 이 작업은 자동화되고 간섭이 필요 없어진다. 사용자도 나중에 이 설정을 조작할 수 없으므로, 정의한 대로 프록시 서버를 통해 웹 트래픽이 흘러간다.

준비

Force Internet Proxy라는 GPO를 만든다. Server 2016 도메인 컨트롤러의 그룹 정책 관리 콘솔을 사용해 GPO 내의 설정을 구성한다. 구성을 완료한 후 이 GPO를 테스트하기 위해 Windows 10 클라이언트 컴퓨터를 준비한다.

예제 구현

다음의 절차를 따라 모든 사람의 인터넷 프록시 설정을 그룹 정책을 통해 설정한다.

1. 서버 관리자의 도구 메뉴에서 그룹 정책 관리 콘솔을 연다.
2. 이 작업용으로 만든 새로운 GPO를 찾아 오른쪽 클릭한 다음 편집...을 선택한다.
3. 사용자 구성 ▶ 기본 설정 ▶ 제어판 설정 ▶ 인터넷 설정을 찾는다.

4. 인터넷 설정을 오른쪽 클릭한 다음 새로 만들기 > Internet Explorer 10을 선택한다.

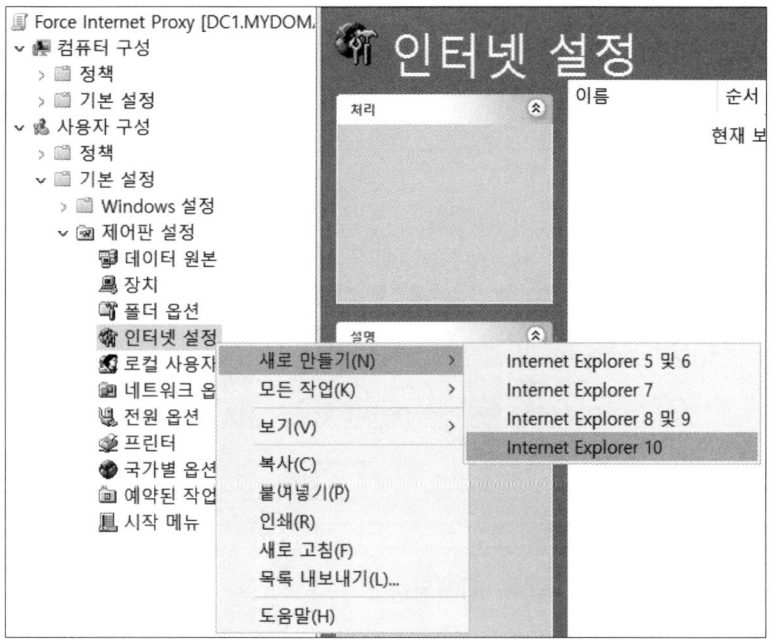

 여러분의 컴퓨터에서 여러 버전의 인터넷 익스플로러를 사용한다면 여러 개의 정책을 만들어야 한다.

5. IE에서 사용하는 일반적인 인터넷 옵션과 같은 대화상자가 나타난다. 여기서 많은 부분을 변경할 수 있지만, 이 예제의 목적상 **연결** 탭으로 간다.
6. LAN 설정 버튼을 클릭한다.
7. 프록시 서버에 대한 체크 상자를 클릭한다. 그다음 주소와 포트 필드에 해당하는 프록시 서버의 정보를 입력한다.

[LAN 설정 대화상자]

- 자동 구성
  - 자동 구성은 수동 설정보다 우선합니다. 수동 설정을 사용하려면 자동 구성을 사용하지 마십시오.
  - ☐ 자동으로 설정 검색(A)
  - ☐ 자동 구성 스크립트 사용(S)
    - 주소(R): [   ]

- 프록시 서버
  - ☑ 사용자 LAN에 프록시 서버 사용(이 설정은 전화 연결이나 VPN 연결에는 적용되지 않음)
    - 주소(E): WebProxy1   포트(T): 8080   [고급(C)...]
    - ☐ 로컬 주소에 프록시 서버 사용 안 함(B)

[확인] [취소]

8. 확인을 클릭하면 설정이 적용된다.
9. 이제 클라이언트 컴퓨터를 로그인하고 이 프록시 서버 정보가 잘 설정됐는지 확인해보자. 인터넷 익스플로러를 시작하고 **인터넷 옵션**을 연다.
10. 연결 탭을 찾아서 LAN 설정 버튼을 클릭해 프록시 서버 설정이 적절하게 들어갔는지 확인한다. 그룹 정책으로 구성돼 직접 조작할 수 없게 이 설정 부분이 사용할 수 없게 됐는지도 살펴보자.

예제 분석

그룹 정책을 사용해 간단한 GPO 하나로 클라이언트 컴퓨터의 모두에 인터넷 프록시 서버 설정을 할당하는 작업은 그룹 정책의 또 다른 숨은 능력 중 하나다. 도메인에 가입된 시스템의 중앙 관리 기능은 거의 셀 수 없이 많다. 단지 설정을 변경하기 위해 GPO 내의 정확한 위치를 파고들어 찾아내야 할 뿐이다. 네트워크에서 프록시 서버가 없어서 이 예제가 필요하지 않을 수도 있다. 그러나 여전히 이 예제에서 설명한 단계를 따라서 활용하는 일부 기술에 적용해보기를 권장한다. IT 업계에서 일하는 사람이라면 그룹 정책 내의 설정에서 도움을 얻을 수 있다. 이제 자신의 업무에서 이 예제를 활용해 시간과 돈을 아껴보자.

GPO 내에 현재 활성화된 설정 확인

지금까지 GPO를 만들고 여기에 설정을 입력해봤으므로 각 정책이 무슨 일을 일으키는지 잘 알았을 것이다. 하지만 여러분은 기존의 많은 정책을 포함하는 새로운 환경에 들어가는 경우가 많기 때문에 이러한 정책에서 어떤 일이 일어나는지 파악해야 할 것이다. 새 서버를 설치하고 도메인에 가입한 뒤 문제가 발생하는 경우를 많이 봤다. 즉시 큰 문제로 이어지는 것은 아니지만 어떤 이유로 일부 구성 요소가 제대로 동작하지 않거나 네트워크 트래픽을 전송하지 못하는 경우가 발생한다. 이와 같은 문제는 추적하기 어려울 수 있다. 도메인 가입 과정 동안 문제가 발생한다면 기존 GPO의 몇 가지 정책이 새 서버에 적용돼 부정적인 영향을 끼치고 있다고 예상할 수 있다. 각 GPO 내에 포함된 설정을 표시하는 가장 쉬운 방법으로 그룹 정책 내부를 살펴보자.

준비

이 예제의 경우 Server 2016 도메인 컨트롤러 서버에서 실행되는 그룹 정책 관리 콘솔만 액세스한다.

예제 구현

다음의 절차를 따라 GPO 내에 포함된 설정을 빠르게 확인해보자.

1. 도메인 컨트롤러에서 서버 관리자를 열고 도구 메뉴에서 그룹 정책 관리 콘솔을 시작한다.
2. 도메인의 이름을 확장하고 그룹 정책 개체 폴더를 확장한다.
3. GPO 중 하나를 클릭해 오른쪽 창에서 링크와 보안 필터링 섹션을 확인한다.
4. 이제 상단 근처에서 설정 탭을 클릭한다.
5. 설정 탭을 열고나면 오른쪽 상단 근처에서 모두 표시 링크를 클릭한다. 해당 GPO 내에 현재 구성된 모든 설정을 표시한다.

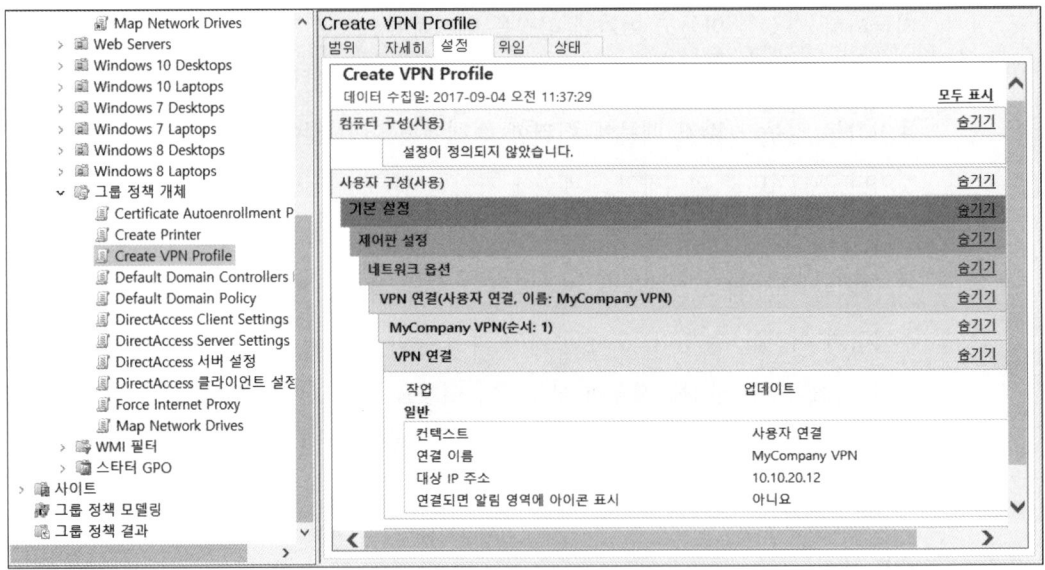

예제 분석

아주 간단한 이 예제는 그룹 정책 관리 콘솔을 사용해 GPO 내에 현재 구성된 설정을 확인한다. 이 기능은 기존 설정을 확인하고 클라이언트 컴퓨터에 실제로 구성된 내용과 비교하는 데 아주 유용하다. 이 정보를 살펴보면 여러 GPO에 걸쳐 퍼져 있는 중복 설정과 같은 잠재적인 문제를 발견하는 데 도움을 얻을 수 있다.

참고 사항

GPO에서 포함하는 설정을 확인하면 문제 해결에 도움을 받을 수 있지만, 그룹 정책 문제를 해결하는 데 추가적으로 사용할 수 있는 도구가 많다. 다음은 그룹 정책 문제 해결에 권장하는 절차를 이해하는 데 도움이 되는 두 가지 링크다.

- https://technet.microsoft.com/ko-kr/library/jj134223.aspx
- https://technet.microsoft.com/ko-kr/library/cc749336(v=ws.10).aspx

컴퓨터에 현재 할당된 GPO 확인

그룹 정책을 사용해 많은 클라이언트 컴퓨터에 설정을 배포하기 시작하면 특정 컴퓨터에 적용되거나 적용되지 않은 설정과 정책을 확인하는 일이 중요해진다. 다행히도 이 정보를 표시하는 Windows 운영체제에 포함된 명령이 있다. 이 명령에는 몇 가지 스위치를 사용할 수 있으므로 서버 관리자가 가장 자주 사용하는 몇 가지를 살펴보자.

준비

이제 도메인에 여러 가지 GPO를 만들었다. 일부는 도메인의 최상위 수준에 적용했고, 일부는 특정 OU에만 적용했다. Server 2016 웹 서버에서 몇 가지 명령을 실행해 적용된 GPO와 적용되지 않은 GPO를 살펴본다.

예제 구현

gpresult 명령을 사용해 서버에 적용된 정책에 관한 몇 가지 정보를 모아보자.

1. 웹 서버나 이 정책의 결과를 확인하고자 하는 클라이언트 컴퓨터에 로그인하고 명령 프롬프트를 관리자 권한으로 실행한다.

2. gpresult /r을 입력하고 Enter를 누른다. 이 명령은 시스템에 적용된 정책과 적용되지 않은 정책의 모든 결과 데이터를 표시한다. 이 정보를 스크롤해 필요한 데이터를 얻을 수 있다.

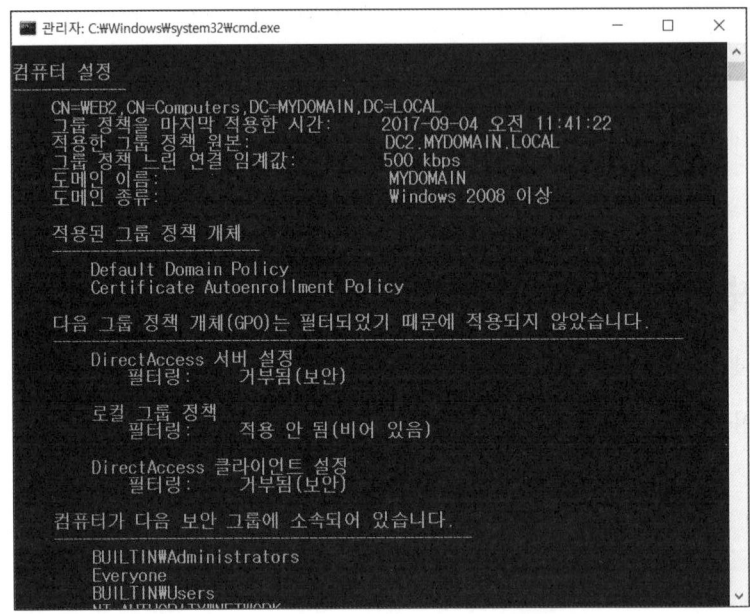

3. 이제 데이터를 약간 정리해보자. 이를테면 일반적인 출력은 컴퓨터 정책과 사용자 정책 모두에 관한 정보다. 이제 사용자 수준에서 적용한 정책만 표시하고 싶다. 다음 명령을 사용해보자.

```
gpresult /r /scope:user
```

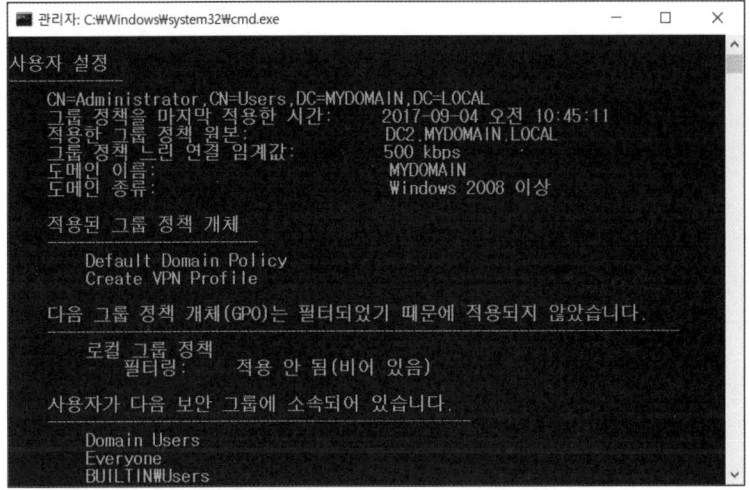

 /SCOPE:USER 스위치나 /SCOPE:COMPUTER 스위치 중 하나를 사용해 시스템에 적용된 사용자 또는 컴퓨터 정책을 구체적으로 확인할 수 있다.

4. 명령 프롬프트를 통해 이 데이터를 살펴보는 것을 좋아하지 않는다면 다른 방법이 있다. 데이터를 HTML 형식으로 내보내는 또 다른 스위치가 있다. 다음 명령을 실행해보자.

```
gpresult /h c:\gpresult.html
```

5. 이 명령을 실행한 후 드라이브에서 'gpresult.html'이라는 파일을 찾는다. 이 파일을 열면 **gpresult** 데이터를 웹 브라우저에서 열어 멋진 룩앤필로 표시한다.

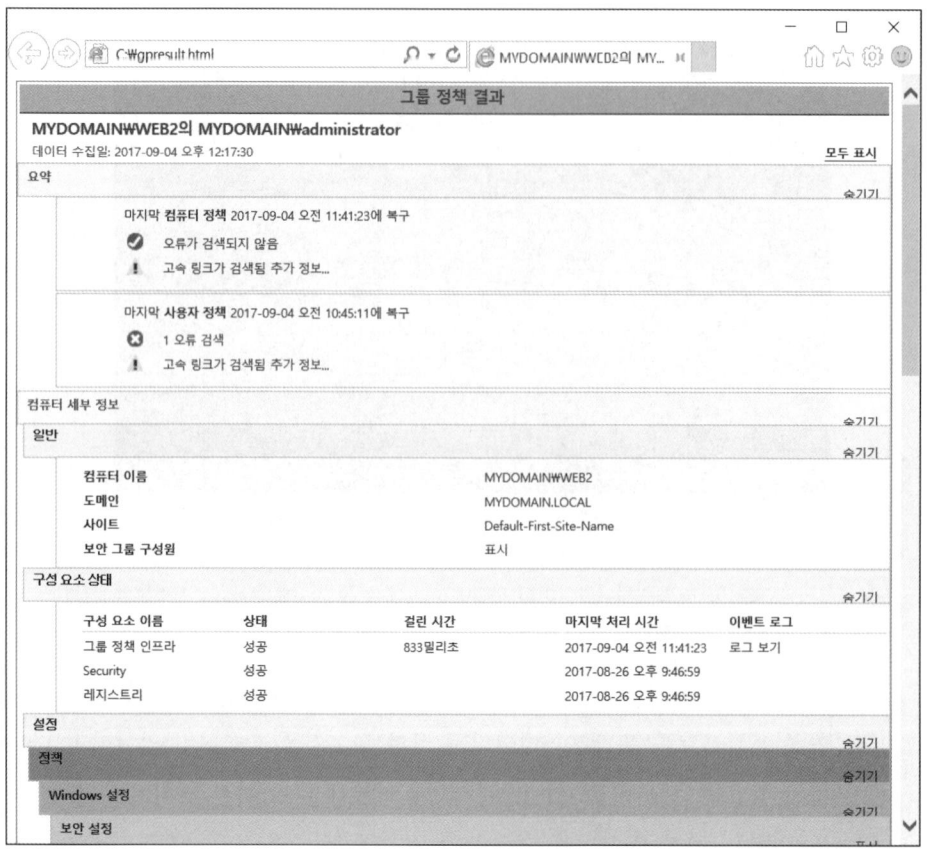

예제 분석

gpresult 명령은 다양한 방식으로 그룹 정책 개체에 관한 정보를 표시하는 데 사용되며, 설정은 클라이언트 컴퓨터나 서버에 적용된다. 이 명령은 적용할 정책을 결정할 때 특히 유용하며, 특정 정책이 적용되지 않은 이유를 알아내려 할 때 더욱 유용하다. 정책이 권한 때문에 거부되면 이 출력에서 내용을 보게 된다. 링크나 보안 필터링을 조정해 시스템에 정책을 성공적으로 적용할 수 있다. 하지만 그룹 정책을 사용해 환경을 관리하려 한다면 gpresult 명령을 실행하고 그 결과 데이터를 사용하는 데 익숙해야 한다.

현업에서 흔히 사용하는 또 다른 명령 한 가지가 있다. Windows 도메인에 가입한 시스템은 그룹 정책 설정을 주기적으로 처리한다. 기본적으로 90분마다 설정을 새로 고치고 새로운 정책 변경 사항을 찾는다. 정책을 작성하거나 변경하고 끝점 컴퓨터에 아직 적용하지 않았음을 확인하면 이들 변경이 적용될 때까지 2시간 정도 기다리면 된다. 처리 속도를 올리고 싶다면 끝점 클라이언트 컴퓨터나 서버, 또는 이 설정을 받아야 하는 어떤 시스템이든 로그인하고 gpupdate /force 명령을 사용할 수 있다. 이 명령은 컴퓨터가 그룹 정책을 다시 방문해 구성된 모든 설정을 적용하게 만든다. 필요한 변경을 하고 자연스럽게 복제가 발생할 때까지 기다리며 시간을 보내지 않고 싶을 때 변경하고 테스트를 진행하면서 gpupdate /force를 여러 번 사용한다.

참고 사항

작업 중인 컴퓨터에 현재 적용된 정책을 확인하는 데 gpresult를 더 선호하지만, 이것이 유일한 방법은 아니다. RSOP.MSC를 사용할 수도 있다. 이 도구는 컴퓨터에 현재 적용된 정책과 설정의 버전을 더 시각적으로 시뮬레이션할 수 있다. 자세한 내용은 다음 링크를 확인하자.

- https://technet.microsoft.com/ko-kr/library/cc772175.aspx

GPO 백업과 복원

조직의 다른 데이터처럼 GPO도 백업하는 것이 좋다. 전체 도메인 컨트롤러나 전체 Active Directory 백업과 별도로 이들 백업을 유지하는 것이 좋으며, 실수로 삭제한 경우 각 GPO를 빠르게 복원할 수 있다. GPO를 업데이트했는데, 해당 변경이 문제를 일으키면 해당 정책을 롤백해 어제의 구성으로 되돌릴 수 있다. GPO 백업과 복원의 이유가 무엇이든 각 작업을 달성하는 두 가지 방법을 살펴보자. 여기서는 **그룹 정책**

관리 콘솔을 사용해 이러한 기능을 수행하며, PowerShell을 통해서도 동일한 백업과 복원 작업을 수행해본다.

준비

여기서는 Windows Server 2016 도메인 컨트롤러에서 이들 작업을 수행한다. 그룹 정책 관리 콘솔과 PowerShell 커맨드라인 두 가지를 활용한다.

예제 구현

Map Network Drives라는 GPO가 도메인에 있다. 먼저 그룹 정책 관리 콘솔을 사용해 이 GPO를 백업하고 복원한다.

1. 서버 관리자의 도구 메뉴에서 그룹 정책 관리 콘솔을 실행한다.
2. 포리스트 > 도메인 > 여러분의 도메인 > 그룹 정책 개체를 찾는다.
3. 단일 GPO를 백업하기 원하면 그 GPO에서 간단히 오른쪽 클릭하고 백업...을 선택한다. 아니면 전체 GPO 집합을 백업하는 편이 더 유용할 수도 있다. 그렇게 하려면 그룹 정책 개체 폴더를 오른쪽 클릭한 다음 모두 백업...을 선택한다.

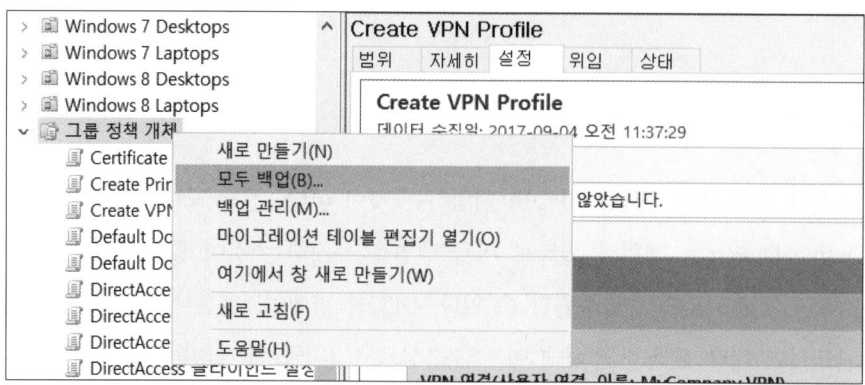

4. 백업을 저장할 위치를 지정하고 백업 세트에 대한 설명을 입력한다. 그다음 백업을 클릭한다.

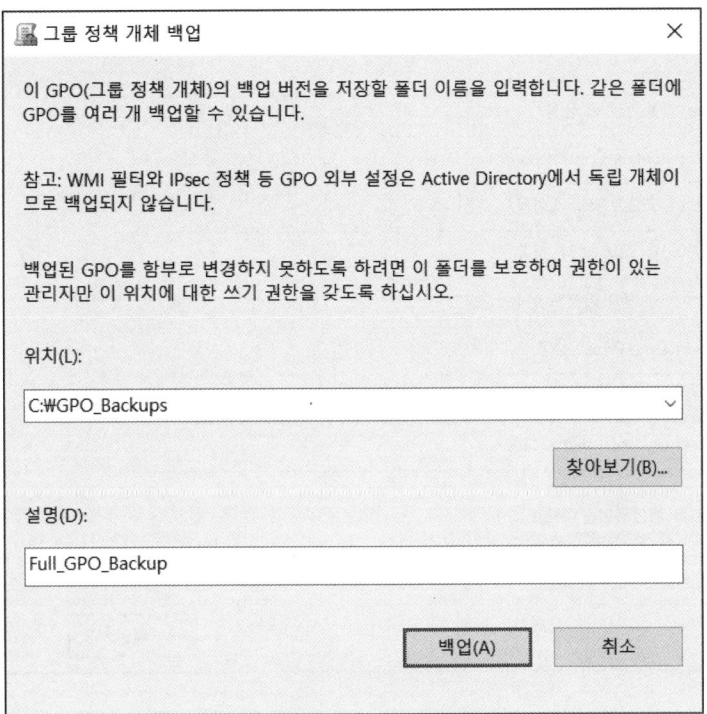

5. 백업 과정이 완료되면 백업에 성공한 GPO가 얼마나 되는지 상태를 확인할 수 있다.

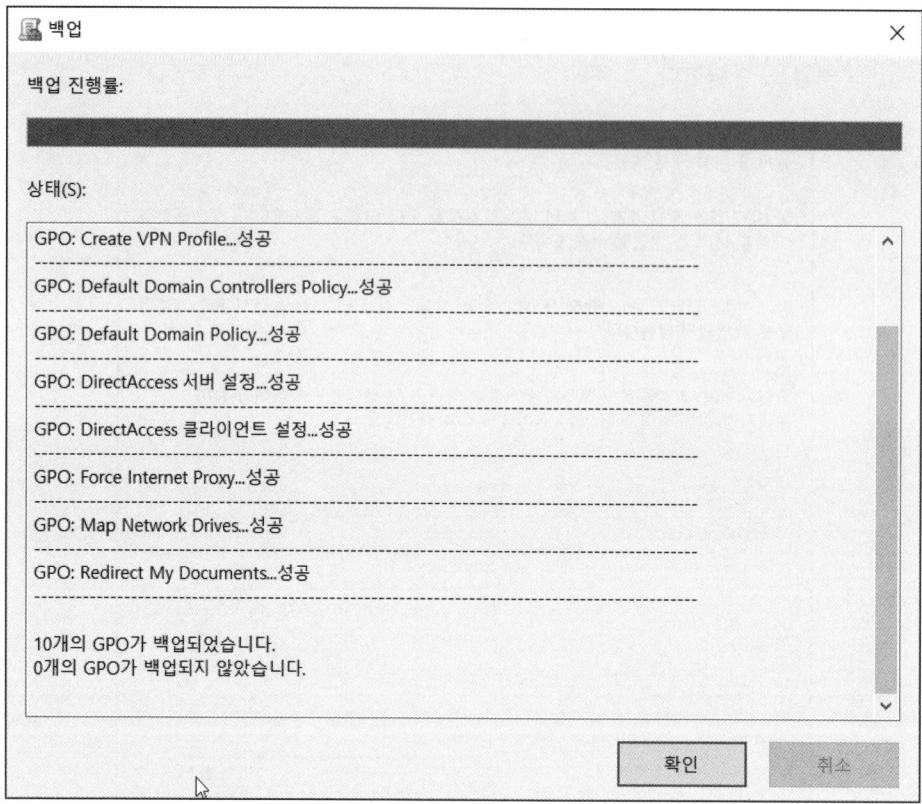

이제 PowerShell을 사용해서 동일한 전체 GPO 백업을 해보자.

1. PowerShell 프롬프트를 관리자 권한으로 연다.
2. 다음 명령을 사용한다.

```
Backup-GPO -Path C:\GPO_Backups_PowerShell -All
```

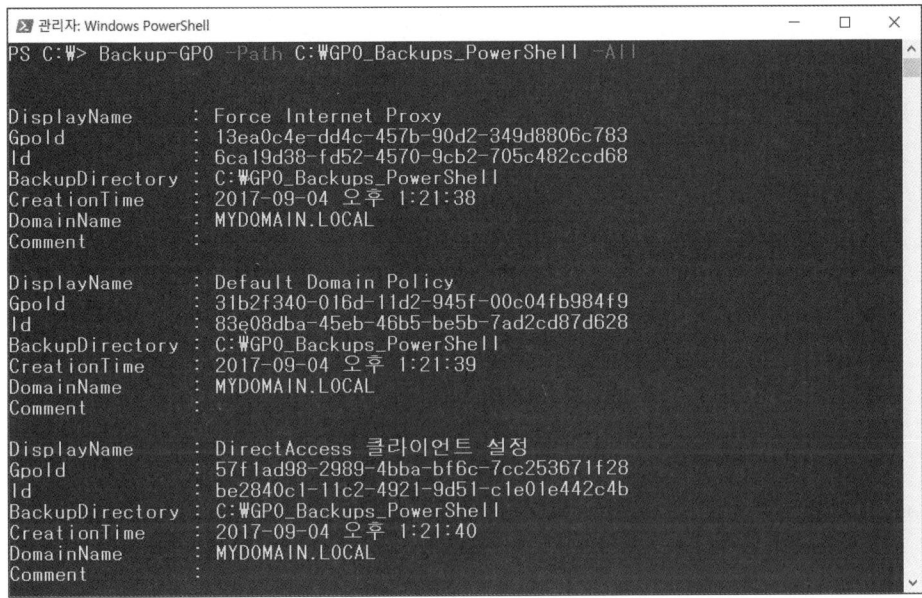

이제 두 개의 GPO 전체 백업 세트가 생겼다. Map Network Drives라는 GPO를 복원해보자.

1. 그룹 정책 관리 콘솔 내에서 그룹 정책 개체 폴더를 찾는다. 조금 전에 백업에 사용한 동일한 위치에 있다.
2. Map Network Drives GPO를 오른쪽 클릭하고 백업에서 복원...을 선택한다.

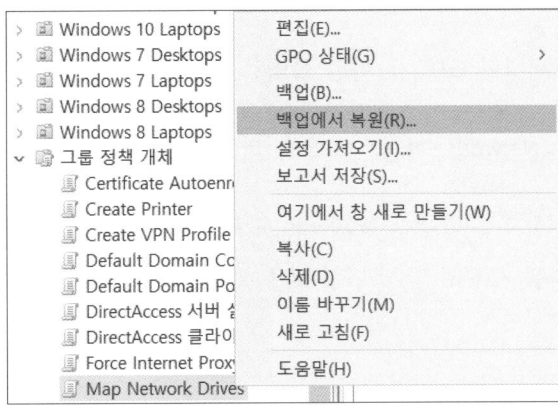

9장 그룹 정책 | 367

3. 다음을 클릭하고 백업 파일이 저장된 폴더를 지정한다. 그다음 다시 다음을 클릭한다.

4. Map Network Drives GPO의 사본이 그 폴더에 존재하면 마법사에서 볼 수 있다. 원하는 GPO를 선택하고 다음을 클릭한다.

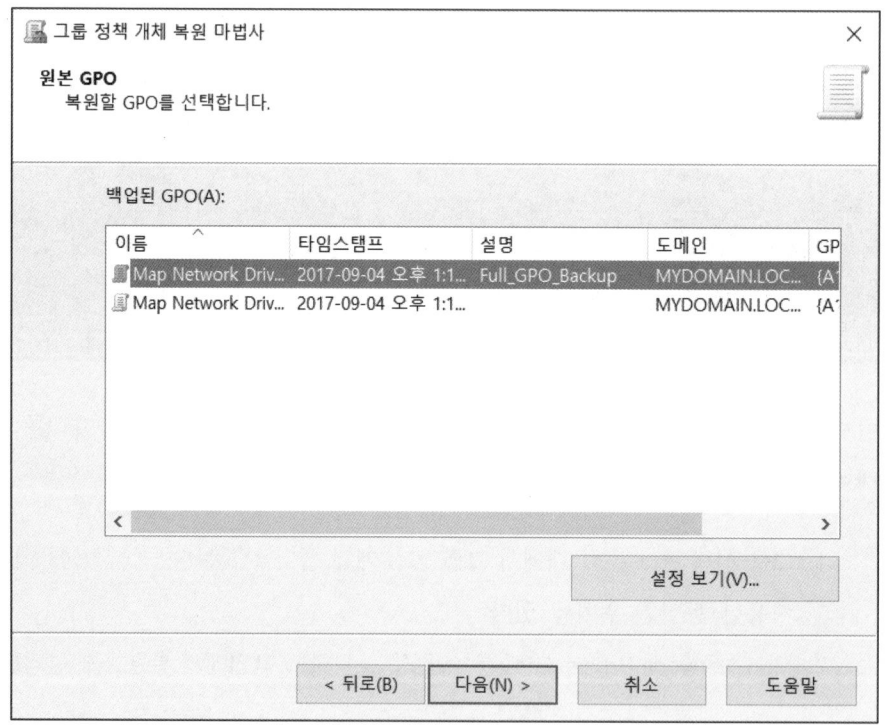

5. 마침을 클릭하면 GPO가 이전 상태로 복원된다.

이제 동일한 Map Network Drives GPO를 PowerShell로 복원한다.

1. 관리자 권한으로 실행한 PowerShell 명령 프롬프트로 돌아간다.
2. 다음 명령을 사용해 앞서 만들었던 백업에서 이 GPO의 이전 버전을 복원한다.

```
Restore-GPO -Name "Map Network Drives" -Path
C:\GPO_Backups_PowerShell
```

이 명령에서 GPO 이름을 입력하지 않고 정책의 GUID를 지정해도 된다. 하지만 이 번호는 일반적으로 이름보다 더 길어서 나는 정책 이름을 더 선호한다. 예를 들면 Map Network Drives GPO의 GUID는 a11b3b89-c267-446d-5d39e48d2c10이다.

예제 분석

GPO 백업과 복원은 Active Directory와 그룹 정책을 관리하는 사람에게는 정기적인 작업이다. 이 예제에서는 각 절차의 서로 다른 두 가지 도구를 사용해 각 프로세스를 밟아 봤다. 그룹 정책 관리 콘솔은 그래픽 인터페이스이기 때문에 멋지고 사용 가능한 옵션을 쉽게 찾을 수 있다. 하지만 백업 일정 등을 고려해 자동화할 수 있는 PowerShell을 선호할 때가 자주 있다. PowerShell은 네트워크 내의 다른 시스템에서 이러한 명령을 원격 실행할 수도 있다.

참고 사항

다음은 이 예제에서 사용한 PowerShell 명령에 관한 더 자세한 정보를 제공하는 링크다.

- https://technet.microsoft.com/itpro/powershell/windows/grouppolicy/backup-gpo
- https://technet.microsoft.com/ko-kr/library/ee461030.aspx

▌ADMX와 ADML 템플릿 연결

GPO 내의 특정 옵션을 구성하라는 지시가 있는 설치 가이드나 기사를 따라야 할 때가 있다. 하지만 이러한 옵션을 찾아보면 실제로 존재하지 않는 경우가 있다. 문서에는 그룹 정책 내에 이 옵션이 존재한다고 명확히 보여주는데, 어떻게 해야 할까? 이는 ADMX와 ADML 파일의 마법이다. 그룹 정책 내에는 많은 구성과 설정이 있지만, 일부 기술은 기본적으로 존재하지 않는 GPO 내의 추가 설정이나 필드로 만들어진 것이다. 이런 일이 발생할 경우 이들 기술에는 도메인 컨트롤러에 배치할 수 있는 파일을 포함한다. 이들 파일은 그룹 정책에서 자동으로 가져오며, 설정은 보통의 GPO 편집 도구에 나타난다. 이를 수행하는 데 가장 까다로운 부분은 그룹 정책에서 ADMX와 ADML 파일을 확인하고 가져오기 위해 이들 파일이 있어야 하는 곳을 알아내는 것이다. 찾으러 가보자.

준비

DirectAccess를 설정할 때 이 작업을 정기적으로 마주친다. Windows 7 컴퓨터에 설치해 DirectAccess 연결에 관한 정보를 알려주는 특수한 도구가 있지만, 이 도구는 GPO로 구성해야 한다. 문제는 이 도구에 대한 설정이 기본적으로 그룹 정책 내에 없다는 점이다. 따라서 Microsoft는 그룹 정책에 필요한 두 가지 파일인 ADMX와 ADML 파일을 도구의 다운로드 파일에 포함했다. 'DirectAccess Connectivity Assistant'라는 도구를 다운로드하고, ADMX와 ADML 파일을 도메인 컨트롤러의 하드 드라이브에 넣었다. 해야 할 작업은 DC1 도메인 컨트롤러에서 수행한다.

예제 구현

다음의 절차를 따라 ADMX와 ADML 파일의 설정을 그룹 정책으로 가져온다.

1. ADMX 파일을 도메인 컨트롤러의 C:\Windows\PolicyDefinitions에 복사한다. 여기서 파일명은 'DirectAccess_Connectivity_Assistant_2_0_GP.admx'다.
2. ADML 파일을 도메인 컨트롤러의 C:\Windows\PolicyDefinitions\en-US에 복사한다. 여기서 파일명은 'DirectAccess_Connectivity_Assistant_2_0_GP.adml'이다.

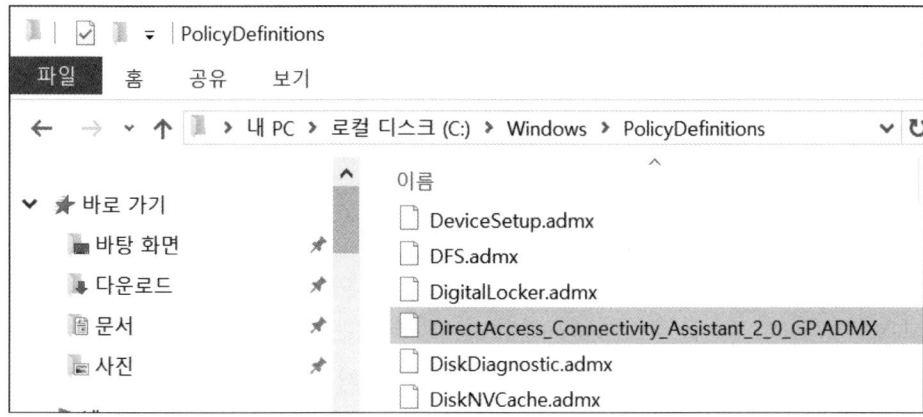

3. 이제 서버 관리자 내에서 그룹 정책 관리 콘솔을 실행한다.

4. 새로운 설정을 사용하고자 하는 GPO를 편집하면 조금 전까지만 해도 없었던 새로운 설정이 GPO 내에서 볼 수 있다. 이들 새로운 설정은 **컴퓨터 구성** ❯ **정책** ❯ **관리 템플릿** 내에서 표시된다.

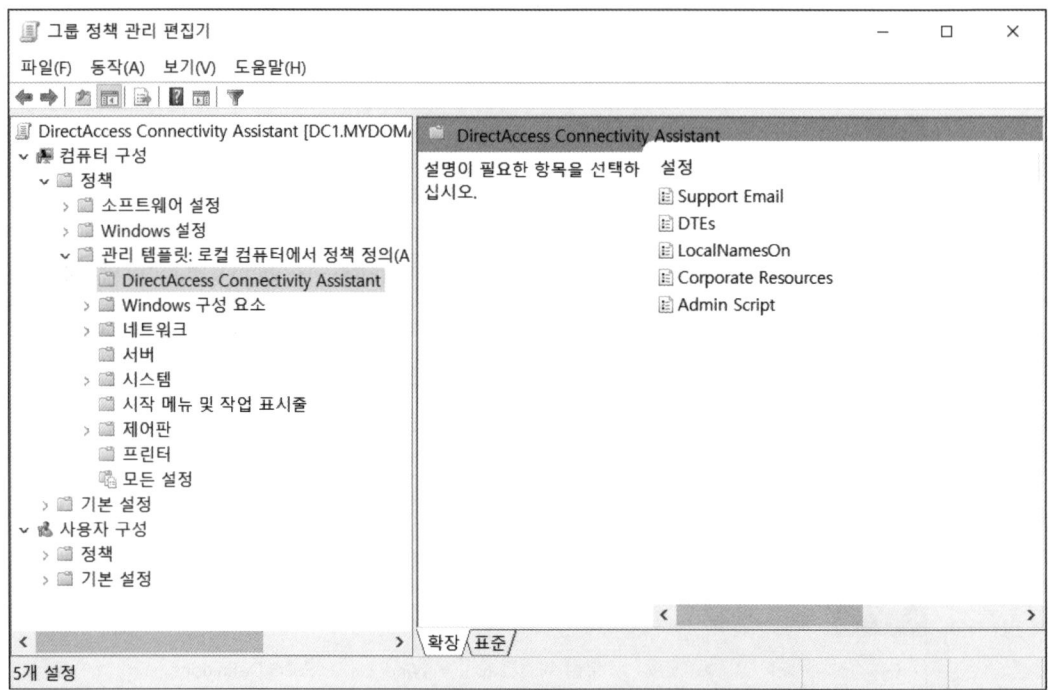

예제 분석

ADMX와 ADML 파일을 도메인 컨트롤러 서버의 적절한 폴더에 넣으면 새로운 설정과 구성 옵션을 그룹 정책으로 가져올 수 있다. 이 예제에서 보인 것은 단일 도메인 컨트롤러에서 이 작업을 수행하는 방법이다. 다중 도메인 컨트롤러 환경이라면 무슨 일이 발생할까? 각 서버에 이 파일을 복사해야 할까? 그렇게 하는 것은 적절한 방법이 아니다. 다중 도메인 컨트롤러가 있는 환경에서는 ADMX와 ADML 파일을 Active Directory 중앙 저장소라는 곳에 넣어야 한다. ADMX와 ADML 파일을 C 드라이브의 해당 위치에 복사하지 말고, 탐색기를 열어 다음의 위치를 찾는다.

\\<DOMAIN_NAME>\SYSVOL\<DOMAIN_NAME>\Policies\PolicyDefinitions

이 중앙 저장소 위치는 도메인 컨트롤러 모두에 복제한다. 단순히 로컬 하드 디스크 대신에 여기에 파일을 넣음으로써 모든 도메인 컨트롤러 그룹 정책 콘솔 내에서 새로운 설정을 사용할 수 있다.

10
파일 서비스와 데이터 제어

파일 저장소는 조직의 규모와 상관없이 모든 조직에 필요하다. 팀의 사용자가 활용할 간단한 문서 저장소를 말하고 있는지, 고성능 컴퓨팅 환경에서 네트워크를 통해 액세스하는 블록 저장소를 말하고 있는지 여부에 관계없이 네트워크에서 데이터를 안전하게 저장하는 서버가 있어야 한다. 파일 서비스 역할은 저장소 요구가 변하고 발전함에 따라 점점 중요해졌다. 더 이상 간단한 파일 공유와 물리적 디스크로 현재 환경의 데이터 요구를 만족시킬 수 없다. 10장에서는 Windows Server 2016 환경에서 데이터를 관리할 수 있는 좀 더 흥미로운 방법 몇 가지를 살펴본다.

- 분산 파일 시스템 사용과 네임스페이스 만들기
- 분산 파일 시스템 복제 구성
- 서버에 iSCSI 대상 만들기

- iSCSI 초기자 연결 구성
- 저장소 공간 구성
- 데이터 중복 제거 사용
- Windows Server 2016 클라우드 폴더 설정

소개

지난해 인터넷에서 매일 1,800페타바이트 이상의 정보가 전달됐다고 한다. 이는 엄청난 규모다. 그 모든 데이터가 들어오고 나갈 때 요즘에는 이 정보가 하늘에 있는 마법 상자인 클라우드에 저장된 것으로 생각하는 시대다. 그러나 그 데이터 모두는 어딘가에 저장돼 있다. 데이터는 데이터센터 내에 있는 서버에 설치된 하드 드라이브에 존재한다. 클라우드에 관한 이 모든 얘기는 실제로 기업 입장에서는 사설 클라우드에 관한 얘기로 바뀌었고, 관련 논의를 파고들면 사실은 사용자가 다양한 장소에서 정보를 액세스할 수 있는 중앙의 정보 그룹을 제공하는 여러 가지 방법에 관한 얘기다. 데이터의 중앙 집중화와 보안을 도와줄 수 있는 많은 기술을 Server 2016에 집어넣었으므로, 이들 기술의 몇 가지를 함께 살펴보자.

분산 파일 시스템 사용과 네임스페이스 만들기

분산 파일 시스템$^{\text{DFS, Distributed File System}}$는 Windows Server 2016에 포함된 기술로, 여러 파일 서버에서 단일 네임스페이스를 공유해 최종 사용자가 단일 네트워크 이름으로 파일과 폴더를 액세스할 수 있게 한다. 이렇게 파일을 액세스하면 사용자가 현재 연결 중인 물리 서버를 알 필요가 없다. 이들은 DFS 환경의 네임스페이스를 간단히 활용해 모든 자질구레한 작업을 서버에서 수행하고, 이들 파일이 물리적으로 어디에 있든지 사용자는 모든 파일과 폴더를 사용할 수 있게 해보자. 또 다른 방식은 네트워크 공유

의 모음이라는 것으로, DFS 네임스페이스라는 동일한 우산 아래 모두 붙어 있는 것이다. 사용자는 네임스페이스를 통해 폴더와 파일을 액세스하고, 한곳에서 모든 것을 액세스한다. DFS 네임스페이스를 일종의 DNS의 CNAME 레코드와 같다고 생각하면 도움이 된다. 이 네임스페이스로 파일 리소스를 가상화할 수 있다.

하나의 네임스페이스를 사용하는 기본 DFS 환경을 올리고 실행해 파일 서버의 이름을 지정하지 않고 탐색을 테스트할 수 있다. 이 예제의 단계를 밟으면서 두 파일 서버 간의 파일을 동기화하는 복제를 위한 DFS 서버를 준비할 수도 있다. 실제 복제(DFSR) 구성은 다음 예제에서 수행하지만, FILE1 서버를 만들 때 이 역할도 준비한다.

준비

도메인 환경 내에서 작업하며, 새로운 파일 서버에서 수행한다. 이 서버는 FILE1이며, Windows Server 2016을 설치했다. 서버를 도메인에 가입시켰지만 아직 아무것도 구성하지 않았다.

예제 구현

다음 절차를 따라 DFS용 새로운 파일 서버를 구성한다.

1. FILE1에 로그인하고 서버 관리자를 시작한다. 역할 및 기능 추가 링크를 클릭한다.
2. 서버 역할 선택 화면에 도달할 때까지 다음을 몇 번 클릭한다.
3. 파일 및 저장소 서비스 > 파일 및 iSCSI 서비스를 찾는다.
4. DFS 네임스페이스 체크 상자를 선택한다. 추가 요구 기능 설치를 요청할 때 기능 추가를 클릭한다.
5. DFS 복제 체크 상자도 선택한다. 이제 역할 화면에서 파일 서버, DFS 네임스페이스, DFS 복제가 선택됐다.

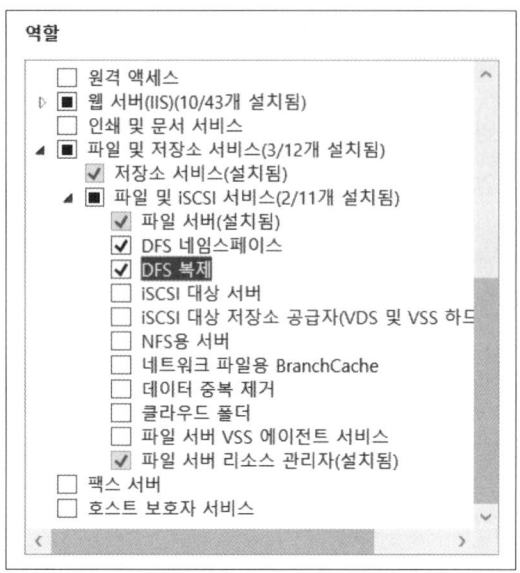

6. 다음을 두 번 클릭한 다음 설치를 클릭한다. FILE1에 필요한 역할이 설치된다.
7. 이제 서버 관리자의 도구 메뉴를 열고 DFS 관리를 시작한다.

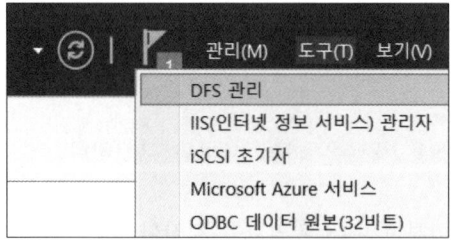

8. 먼저 도메인에 게시할 네임스페이스를 만든다. 네임스페이스를 오른쪽 클릭하고 새 네임스페이스를 선택한다.
9. 네임스페이스 서버가 될 서버 이름을 입력한다. 여기서는 주 파일 서버인 FILE1을 사용한다.

네임스페이스 서버	
단계:	네임스페이스를 호스트할 서버의 이름을 입력하십시오. 여기서 지정하는 서버가 네임스페이스 서버가 됩니다.
네임스페이스 서버	
네임스페이스 이름 및 설정	서버(S):
네임스페이스 형식	FILE1 찾아보기(B)...
설정 검토 및 네임스페이스 만들기	
확인	

10. 다음 화면인 네임스페이스 이름 및 설정에서 새로운 네임스페이스에 대한 이름을 입력한다. 첫 번째 공유는 IT 목적을 위한 것이므로 IT라는 이름을 사용한다. 그다음 설정 편집... 버튼을 클릭한다.

11. 마법사는 네임스페이스 저장소 위치용으로 새로운 공유를 만든다. 이 공유를 하드 드라이브의 특정 위치에 만들고 싶다면 여기서 지정한다. 관리 권한이 없는 사용자가 이 네임스페이스로 저장할 수 있게 관리자는 모든 권한, 다른 사용자는 읽기 및 쓰기 권한을 가짐 옵션도 선택한다.

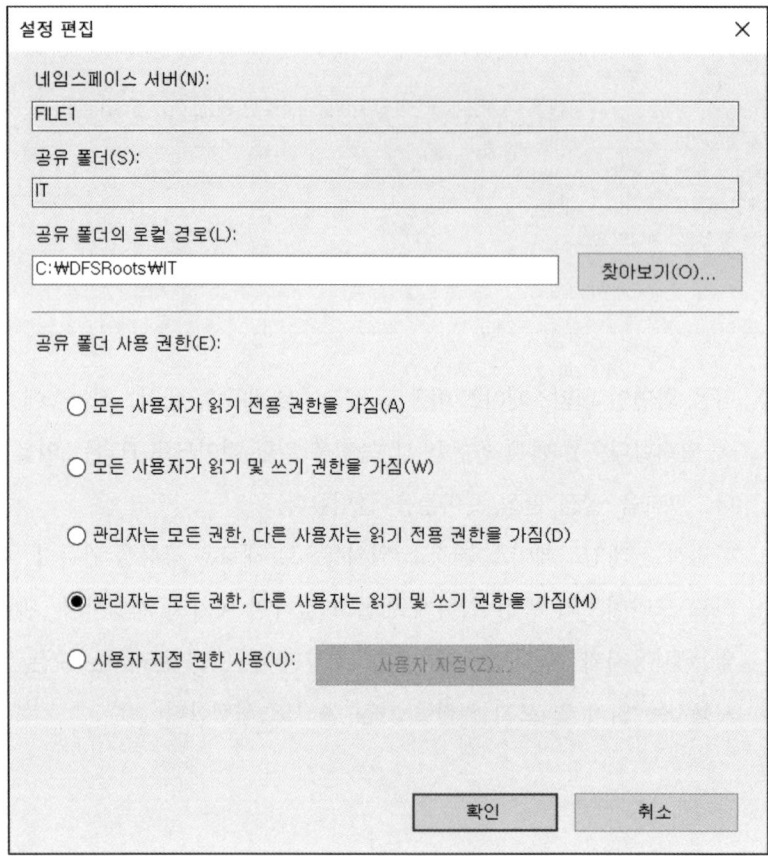

12. 확인을 클릭한 후 다음을 클릭한다.
13. 일반적으로 네임스페이스 형식 화면에서 기본 옵션을 선택한다. 도메인 기반 네임스페이스가 미리 선택돼 있고 Windows Server 2008 모드 사용도 함께 선택돼 있다. 여기서 최종 네임스페이스 이름을 검토해볼 수 있다. 바로 진행해서 다음을 클릭한다.

14. 최종 화면에서 선택한 설정을 검토하고 **만들기** 버튼을 클릭해 네임스페이스를 만든다.

15. 새로운 네임스페이스가 이제 DFS 관리의 왼쪽 창에 보인다. 이 네임스페이스 내에서 폴더를 만들어보자. 새로운 네임스페이스를 오른쪽 클릭하고 **새 폴더...**를 선택한다.

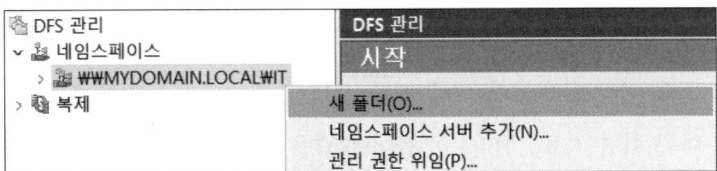

16. **이름** 필드에 새 폴더의 이름을 입력한다. 사용자가 네임스페이스에 접근할 때 DFS 네임스페이스 내에 표시될 이름이다. 그다음 **추가...** 버튼을 클릭해 이 새 폴더를 연결할 공유를 지정한다. 여기서는 FILE1에 있는 폴더를 지정하지만, 또 다른 서버의 네트워크 공유를 지정할 수도 있다.

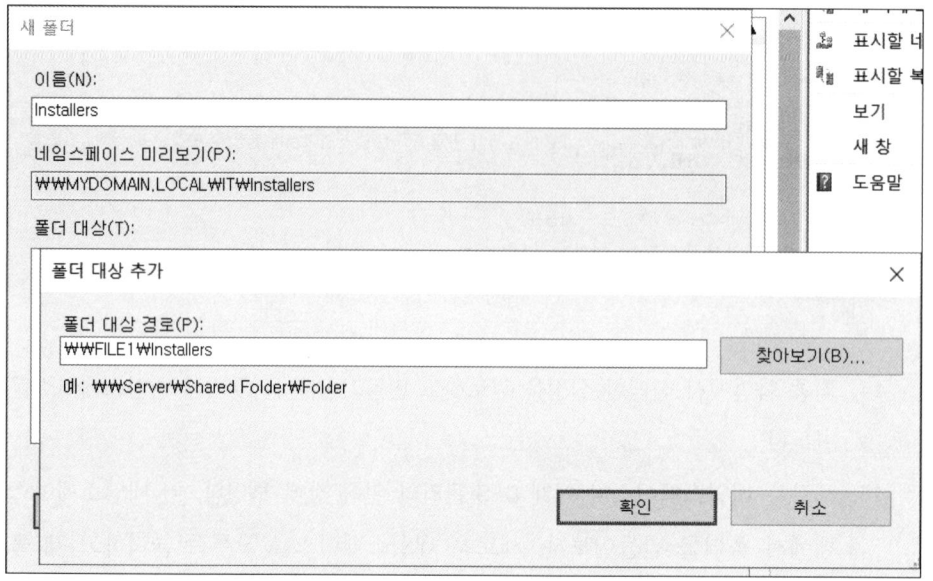

17. 확인을 클릭할 때 입력한 공유가 아직 없다면 만들기 원하는지 여부를 요청받는다. 새 공유를 만들 수 있게 예를 선택한다.

18. 새 공유 폴더를 만들기 위해 예를 선택한 후 이 새 폴더에 권한을 지정하는 또 다른 화면이 표시된다. 이 폴더에 넣을 정보의 유형에 적절한 권한 설정을 선택한다. 이제 하드 드라이브에 이 공유의 물리 위치도 지정해야 한다.

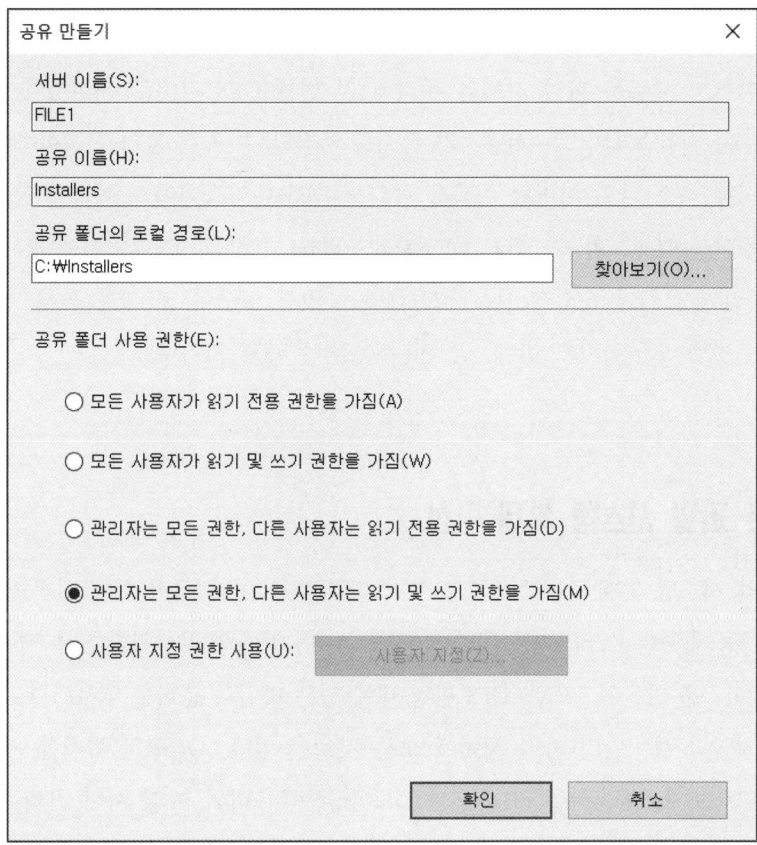

19. 이제 DFS 네임스페이스와 그 네임스페이스 내에 폴더를 만들었으니 테스트를 해보자. 클라이언트 컴퓨터에 로그인하고 \\mydomain\it을 탐색해보자.

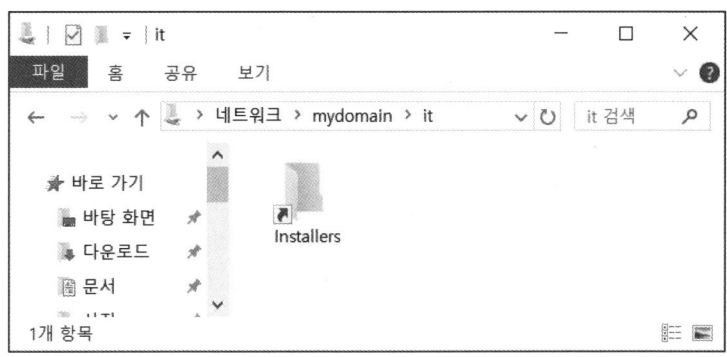

예제 분석

이번 예제에서 새로운 파일 서버를 준비해 첫 번째 DFS 서버로 전환했다. 여기서 만든 새로운 네임스페이스는 사용자가 문서를 저장할 수 있는 폴더를 포함하며, 도메인에 게시해 특정 파일 서버의 이름을 몰라도 DFS 네임스페이스 이름을 통해 이들 파일과 폴더를 액세스할 수 있다. DFS는 데이터를 중앙화하고 데이터에 액세스해야 할 때 기업의 직원이 손쉽게 사용하게 해주는 멋진 도구다. 복제를 통해 이중화를 제공하는 멋진 도구이기도 한데, 곧 이 부분을 살펴볼 것이다.

▌분산 파일 시스템 복제 구성

분산 파일 시스템 복제$^{\text{DFSR, Distributed File System Replication}}$는 여러 서버 간에 자동으로 파일 복제를 가능케 하는 DFS의 기능이다. 10장의 첫 번째 예제에서 역할을 추가하고 DFS 네임스페이스를 만들었으므로, DFS 환경 내에 있는 파일과 폴더를 액세스할 수 있다. 그러나 지금까지는 단일 파일 서버에 모든 것을 두었다. DFSR의 복제를 뜻하는 R 부분을 다뤄보자. 여기서는 FILE1과 FILE2이라는 두 대의 파일 서버 간의 DFSR을 설정하고, 데이터가 둘 사이에 동기화되는지 테스트한다.

준비

FILE1이라는 DFS 서버가 준비됐다. 이 서버는 내부에 폴더를 갖는 DFS 네임스페이스를 호스팅한다. 새로운 파일 서버인 FILE2를 준비하고 도메인에 가입했다. 이 예제는 이 서버를 DFS로 사용하는 데 필요한 역할을 이미 설치했다고 가정한다. 이들 역할을 설치하는 절차는 앞서의 예제인 '분산 파일 시스템 사용과 네임스페이스 만들기' 예제에서 설명했다. 새로운 FILE2에 FILE1에 했던 방식과 정확히 동일한 방식으로 역할을 추가한 다음, 이 예제에서 복제 구성을 계속한다.

예제 구현

다음 절차를 따라 환경에서 두 파일 서버 간의 DFSR을 설정한다.

1. 주 파일 서버인 FILE1에서 서버 관리자를 시작한 다음 도구 메뉴 내에서 DFS 관리 콘솔을 연다.
2. 왼쪽 창에서 복제를 오른쪽 클릭하고 새 복제 그룹...을 선택한다.

3. 다목적 복제 그룹을 선택하고 다음을 클릭한다.
4. 새 복제 그룹의 이름을 입력한다. 그 뒤 다음을 클릭한다.
5. 복제 그룹 구성원 화면에서 추가... 버튼을 클릭하고 이 그룹의 일부가 될 파일 서버를 모두 선택한다.

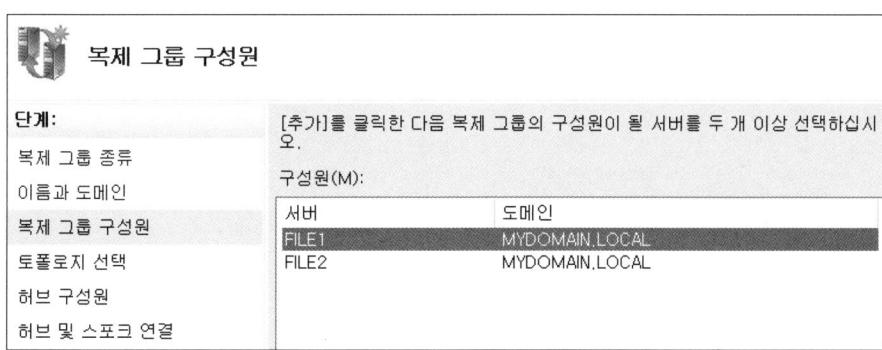

6. 토폴로지를 풀 메시로 선택하고 다음을 클릭한다.
7. 대역폭 화면에서 필요한 경우 연결을 조절한다. 조절하지 않는다면 그냥 다음을 클릭한다.
8. 목록에서 주 구성원을 선택한다. 이 예제에서는 FILE1이다.

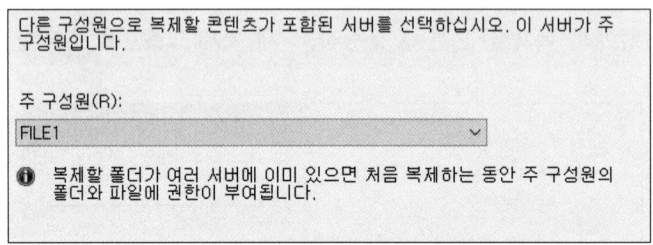

9. 이제 복제할 폴더 화면에서 추가... 버튼을 사용해 복제하기 원하는 모든 폴더를 추가한다. 이 예에서는 DFS 네임스페이스 내에 구성한 새로운 Installers 폴더를 복제한다.

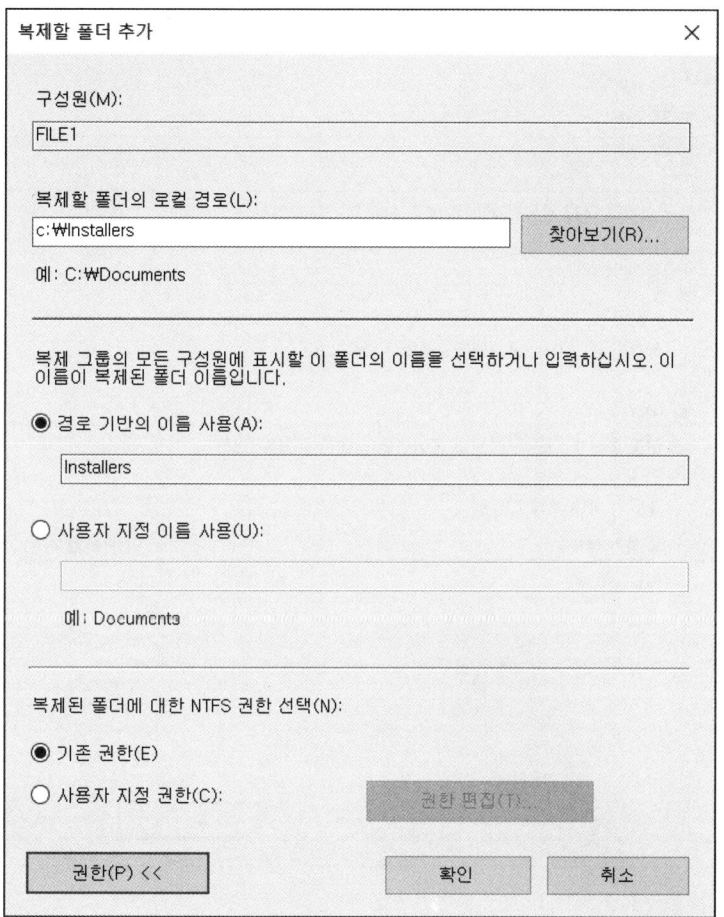

10. 이제 또 다른 멤버 서버인 FILE2에서 존재하는 Installers 폴더의 로컬 경로를 지정해야 한다. 편집... 버튼을 클릭하고 다음처럼 구성한다.

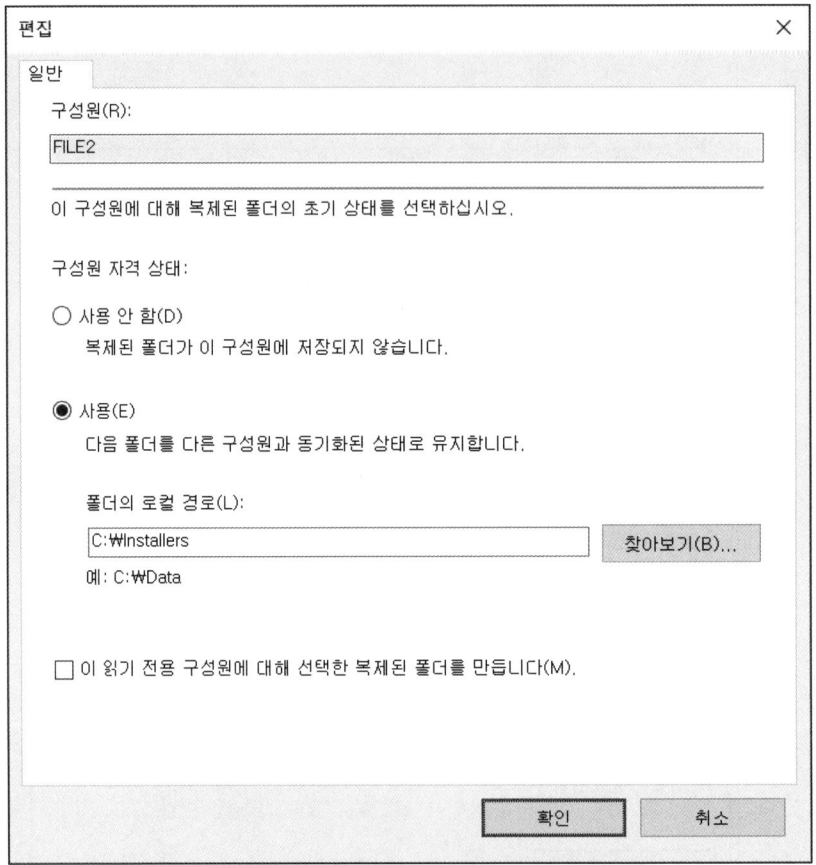

11. 배치와 관련해 설정의 요약을 살펴보고, 만족하면 만들기 버튼을 클릭한다.
12. 이제 다시 주 DFS 관리 화면으로 돌아와 왼쪽 트리에서 새 복제 그룹 이름을 클릭한다. 이 목록에서 복제가 구성됐음을 나타내는 양쪽 멤버 서버가 나와야 한다.

13. 이제 이 복제 구성을 테스트해보자. 클라이언트 컴퓨터에서 파일 탐색기를 열고 \\mydomain\it\installers를 탐색해보자.
14. 이 폴더에 몇 가지 파일을 만든다.
15. 복제가 발생할 때까지 조금 기다렸다가 각 파일 서버의 'C:\Installers' 폴더 내부를 확인해보자. 이제 양쪽 서버의 하드 드라이브에 새로운 파일의 사본이 있어야 한다.

예제 분석

이 예제에서 DFS 환경을 확장해 복제 기능을 추가했다. DFSR은 지사에 파일을 배포하는 데 사용하는 유용한 도구며, 모든 사람이 파일을 액세스하는 위치에 관계없이 사용자 경험과 드라이브 매핑을 비슷하게 유지한다. 역사적으로 Microsoft의 분산 파일 시스템은 오래전 Windows Server 운영체제에서 있었던 문제로 인해 평판이 나빴다. 요즘은 과거의 아픔을 극복했으므로 이 기술을 시도해보지 않았다면 이젠 기다릴 필요가 없다.

서버에 iSCSI 대상 만들기

iSCSI는 네트워크에서 저장소를 공유하는 또 다른 방식이다. iSCSI라는 용어 자체는 실제 프로토콜 수준으로 LAN이나 WAN을 통해 데이터를 전송하는 방식과 더 관련 있지만, iSCSI 소비자는 해당 서버가 물리적으로 연결되지 않은 디스크에 대한 드라이브 문자를 갖는 컴퓨터다. 예를 들어 서버에 로그인해 M 드라이브를 볼 수 있다. 이 드라이브는 로컬 볼륨 같지만, 실제로는 데이터센터의 다른 쪽에 있는 저장소에 대한 네트워크 연결이다. 매핑된 네트워크 드라이브처럼 보인다. 그렇지만 이것은 더 저수준에서 동작한다. iSCSI 가상 디스크라고 부르는 디스크는 로컬 디스크처럼 서버와 동작한다. 서버는 시스템 수준에서 이 데이터와 인터페이스할 수 있으며, 작업을 위해 사용자 컨텍스트가 필요하지 않다. 이런 디스크를 보통 **블록 저장소**라고 한다.

고객이 새로운 서버에 설치할 데이터베이스 애플리케이션을 다뤘던 적이 있다. 이 소프트웨어 설치 요구 사항은 드라이브가 전용 저장소여야 하고, 시스템에서 완전한 드라이브 문자를 가지며 UNC 매핑이나 매핑된 드라이브는 안 된다는 제한 사항이 있었다. 물리 서버에 또 다른 하드 드라이브를 추가할 수 없었으며, 어쨌든 실제로 바람직하지 않았다. 우리는 iSCSI를 활용해 고객의 주 저장소 서버에서 iSCSI 대상을 만든 다음, 소프트웨어를 설치할 애플리케이션 서버에서 iSCSI 초기자로 저장소의 블록에 연결했다.

iSCSI를 활용하는 곳을 많이 보지 못했다는 점이 여기서 미리 상황을 살펴야 한다고 생각한 정확한 이유다. 이제 Server 2016에서는 서버에서 자체 iSCSI 대상을 만들 수 있는 옵션을 제공하므로, iSCSI 대상 하나를 함께 만들어보자.

준비

iSCSI 대상 서버가 될 Windows Server 2016 서버가 필요하다.

예제 구현

다음의 절차를 따라 서버에 iSCSI 대상을 만든다.

1. 서버 관리자를 열고 역할 및 기능 추가 링크를 클릭한다.
2. 서버 역할 선택 화면까지 다음을 클릭한다.
3. 파일 및 저장소 서비스 > 파일 및 iSCSI 서비스를 찾은 다음 iSCSI 대상 서버를 선택한다.

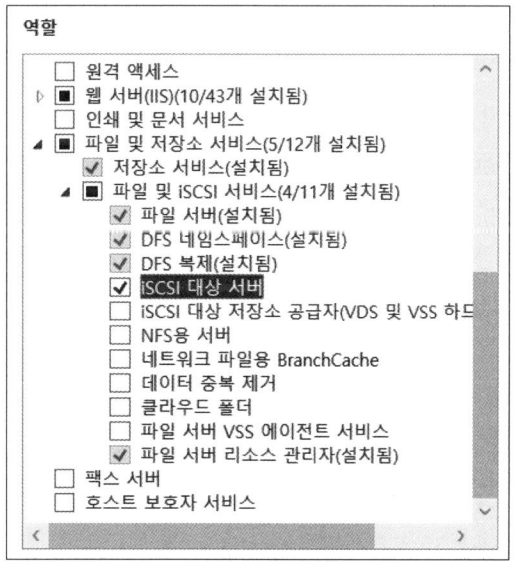

4. 다음을 두 번 클릭하고, 설치를 클릭해 새로운 역할 설치를 마무리한다.
5. 서버 관리자의 왼편에서 파일 및 저장소 서비스를 클릭한다. 그다음 iSCSI를 클릭한다.
6. 상단 오른쪽 구석에 위치한 작업 메뉴에서 새 iSCSI 가상 디스크...를 클릭한다.
7. iSCSI 대상을 위한 위치를 선택한다. 이 저장소용으로 D 볼륨을 활용한다.

8. 다음 화면에서 iSCSI 가상 디스크 이름을 지정한다. 이 저장소용으로 VHDX 파일을 만들고 활용한다.

9. 이제 iSCSI 가상 디스크 크기를 지정한다. 이 화면에서 텍스트를 읽고 다양한 종류의 디스크 형식과 사용 가능한 크기를 이해해야 한다. 이 예제의 경우는 10GB의 고정 크기 디스크를 설정한다.

10. 이 가상 디스크가 서버의 첫 번째 iSCSI 대상이므로, 새 iSCSI 대상 옵션을 선택해야 한다. 다음을 클릭한다.
11. iSCSI 대상 이름을 만든다. 이 이름은 나중에 iSCSI 초기자 서버에서 사용해 저장소에 연결한다. 여기서는 **Database1**을 사용한다.
12. 이제 액세스 서버 화면에서 추가... 버튼을 클릭해 이 대상에 나중에 연결할 초기자를 지정한다. FILE2 서버에서 이 저장소에 연결할 것이므로 여기서는 FILE2 서버를 목록에 추가한다.

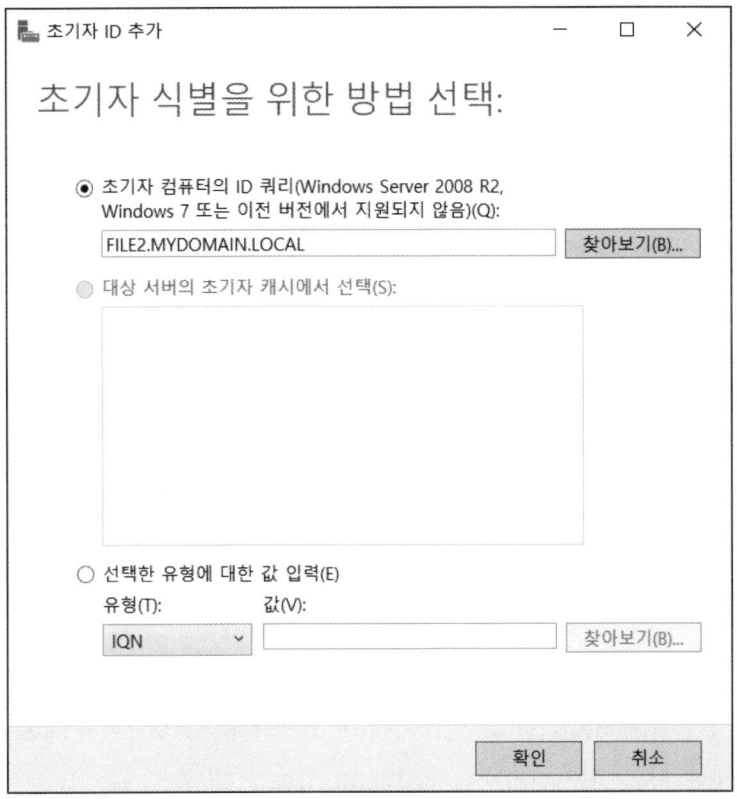

13. 이 목록에 서버를 추가하고 확인을 클릭할 때 액세스 서버 화면에 IQN$^{\text{iSCSI Qualified Name}}$이 지정된 것을 확인할 수 있다. 이 이름은 iSCSI 환경에 대한 서버의 고유 식별자이며 정상적인 동작이다. 다음을 클릭한다.

14. 초기자와 대상 사이의 연결을 인증하는 데 CHAP나 역방향 CHAP를 활용하고 싶다면 다음 화면을 사용해 인증에 사용자 이름과 암호를 지정할 수 있다. 이를 신속하고 간단한 방식으로 테스트하기 위해 이 페이지에서 아무것도 설정하지 않고 다음을 클릭한다.

15. 이 설정을 검토하고 만들기 버튼을 클릭해 iSCSI 대상 설정을 마무리한다. 이 서버는 이제 대상으로 실행되며, iSCSI 초기자 서버에서 연결하게 대기한다.

예제 분석

이 예제에서 iSCSI가 환경에 어떤 이점을 주는지 파악하기 시작했다. 여기서 설명한 시나리오 외에 원격 저장소에 대한 일정한 드라이브 문자 연결이 데이터베이스 서버에 필요한 경우처럼 iSCSI 연결을 위한 다른 일반적인 활용 사례가 있다. 예를 들어 로컬에 연결된 저장소가 있는 여러 서버에 iSCSI 저장소 블록을 매핑한다. 그다음 모든 애플리케이션 서버를 위해 물리 저장소를 iSCSI 대상으로 이동할 수 있다. 이들 서버는 여전히 동일한 데이터를 액세스하며, 서버에서 실행되는 애플리케이션은 차이를 모르겠지만 물리 저장소는 이제 안전한 보관과 더 나은 데이터 관리를 위해 중앙 저장소로 통합된다.

iSCSI는 디스크 없는 부팅의 좋은 사례이기도 하다. iSCSI를 사용하면 NIC는 있지만 디스크는 없는 컴퓨터를 갖출 수 있으며, 이들 컴퓨터는 네트워크에서 iSCSI를 사용해 iSCSI 대상에 있는 가상 디스크로 부팅할 수 있다.

참고 사항

iSCSI에 대한 더 자세한 내용은 다음 링크를 확인하자.

- https://technet.microsoft.com/ko-kr/library/hh848272.aspx
- https://technet.microsoft.com/ko-kr/library/dn305893.aspx

iSCSI 초기자 연결 구성

첫 iSCSI 대상을 설정했지만, 아직까지 이 저장소를 사용하지 않았다. 이제 한걸음 더 나아가 서버를 그 저장소에 연결해 사용해보자. iSCSI 대상에 연결하는 장치를 iSCSI 초기자라고 한다. 현재 환경의 파일 서버에서 iSCSI와 네트워크를 통해 대상 서버에 연결되게 구성한다. 이 작업이 끝났을 때 네트워크를 통해 액세스하는 iSCSI 대상의 블록 저장소일지라도 서버에 새로운 하드 디스크가 연결된다.

준비

Windows Server 2016 하나를 iSCSI 대상으로 구성했고, 지금은 그 대상에 연결되는 iSCSI 초기자로 두 번째 Server 2016을 구성한다.

예제 구현

다음 절차를 따라 FILE2 서버에 iSCSI 초기자 연결을 만든다.

1. 서버 관리자를 시작한다. 도구 메뉴를 열고 iSCSI 초기자를 선택한다.
2. 이전에 이 컴퓨터에서 iSCSI를 사용한 적이 없다면 Microsoft iSCSI 서비스가 실행되고 있지 않다는 메시지를 받는다. 이 서비스를 시작하고 부팅했을 때 계속 서비스를 시작하려면 예를 클릭한다.

3. 현재 열린 속성 창에서 대상 탭에는 기본으로 아무런 목록이 없다. 검색 탭으로 이동해 포털 검색... 버튼을 클릭한다.

4. iSCSI 대상을 실행 중인 서버의 이름을 입력하고 확인을 클릭한다. 이제 iSCSI 초기자 속성 창의 대상 탭으로 다시 돌아온다.

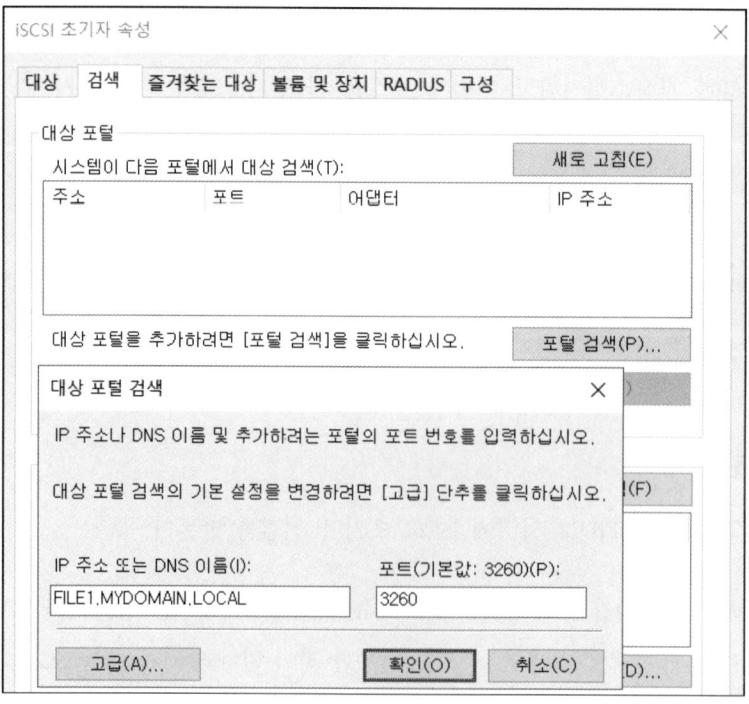

5. iSCSI 연결은 이제 대상 탭에서 IQN 번호로 표시되며, 상태는 **비활성**으로 설정 됐다. 이 연결을 선택하고 **연결** 버튼을 클릭한다.

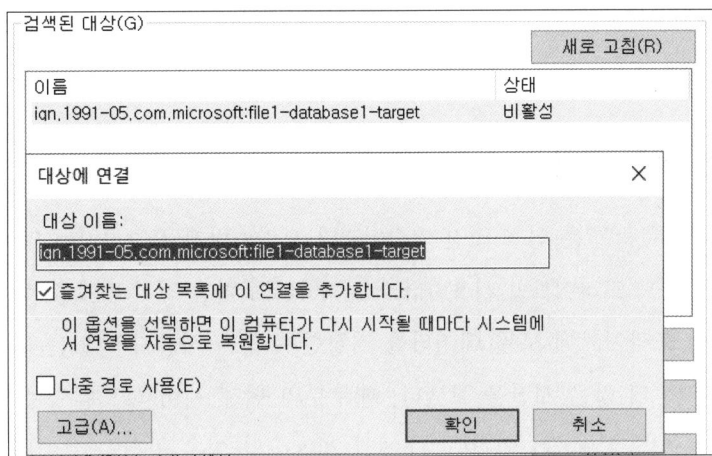

6. 확인을 클릭해 iSCSI 대상에 대한 연결을 끝낸다. 계속해서 연결할 수 있게 만들고 서버를 다시 시작한 다음 재연결하도록 즐겨 찾는 대상 목록에 이 연결 을 추가합니다. 체크 상자가 선택된 상태로 남겨둔다.

예제 분석

이제 iSCSI 초기자를 iSCSI 대상에 연결했으며, 초기자 서버에서 디스크 관리와 같은 통상의 하드 디스크 관리 도구를 열어보면 새로운 디스크가 보이고 사용할 수 있음을 확인할 수 있다. 그다음 이 저장소를 다른 물리 저장소에서 했던 것처럼 운영체제에 사용할 수 있는 영구 드라이브 문자를 부여하는 작업 등을 수행할 수 있다.

상대편 연결에서 Windows Server 2016 iSCSI 대상 서버가 없어도 iSCSI 초기자를 사용하는 경우도 종종 있다. iSCSI의 뛰어난 점 중 하나는 저장소가 iSCSI를 통한 액세스를 지원하는 한 연결하려는 저장소의 종류에 상관하지 않는다는 사실이다. 새로 도입할 수 있거나 이미 사용 중일 수도 있는 SAN 기술이 많으며, 이들 기술은

Windows 서버에서 iSCSI 초기자를 활용할 수 있다. 이를 통해 비Windows SAN 장치의 저장소를 파일 서버와 Windows 애플리케이션에서 사용할 수 있는 기능을 제공한다.

저장소 공간 구성

저장소 공간$^{Storage\ Spaces}$은 엄청 멋진 기술이지만 요란스럽게 홍보하지는 않았다. 서버에서 하나의 하드 드라이브만 사용하다가 진퇴양난에 빠진 적이 많았을 것이다. 특히 나는 시스템 드라이브에 모든 데이터를 저장한 수많은 사용자가 있는 RDS와 같은 기술을 다루는 데 많은 시간을 보냈다. 대부분의 현재 서버 하드웨어는 여러 개의 하드 드라이브를 추가하기 쉽지만, D:에서 200GB의 여유 공간을 가지면서 C:에서는 공간이 부족하지 않게 파티션을 나누고 볼륨을 늘리는 방법을 결정하기는 쉽지 않다.

이런 상황은 저장소 공간으로 시간과 고통을 줄일 수 있다. 주 드라이브와 보조 드라이브 등으로 실행 중인 하드 디스크의 크기에 관해 걱정할 필요가 없다면 어떨까? 모든 하드 디스크를 모아 한 덩어리로 활용할 수 있다면 어떨까? 이런 경우가 Windows Server 2016의 저장소 공간을 수행할 수 있는 상황이다. 다수의 물리 하드 디스크를 하나의 저장소 풀로 결합한 다음, 그 풀 내에서 그 저장소 공간을 사용하는 하나 이상의 볼륨을 만들 수 있다. 저장소 풀 구성에서 여러 디스크를 결합해 하나의 큰 드라이브로 동작하면서 RAID 스타일 중복을 위한 옵션을 제공한다. 몇 개의 하드 드라이브를 함께 결합하고 운영체제에서 사용할 하나의 볼륨을 새로 만들어보자.

준비

Windows Server 2016이 설치된 FILE2 서버에서 저장소 공간을 구성한다.

예제 구현

다음 절차를 따라 서버에 저장소 공간을 설정한다.

1. 저장소 풀을 만들 목적으로 하드 드라이브를 여러 개 연결한다. FILE2 서버에 3개의 새로운 드라이브를 모두 다양한 크기로 추가했다.
2. 서버 관리자를 시작하고 왼쪽 창에서 파일 및 저장소 서비스를 클릭한다.
3. 먼저 디스크를 클릭하고 저장소 풀에 포함할 새로운 드라이브를 확인한다.

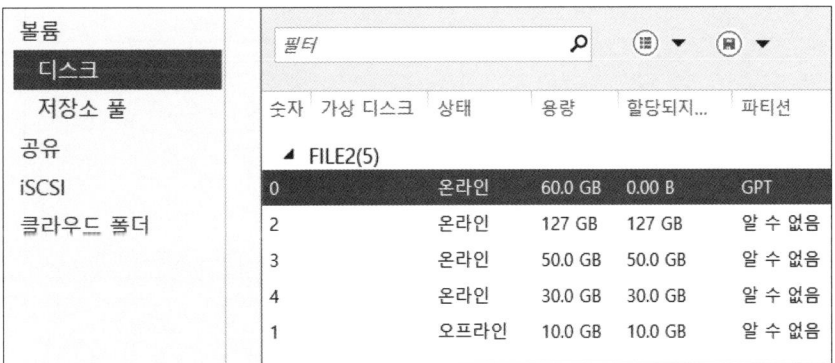

4. 이제 디스크 모두 Windows 내에 보이는지 확인하고, 저장소 풀을 클릭한다.
5. 작업 메뉴를 열고 새 저장소 풀...을 선택한다.

6. 다음을 클릭하고 저장소 풀 이름에 적당한 이름을 입력한 후 다음을 클릭한다.

7. 이 풀에 포함할 물리 디스크를 선택한다. 시스템에서 사용되지 않은 3개의 드라이브를 모두 추가한다.

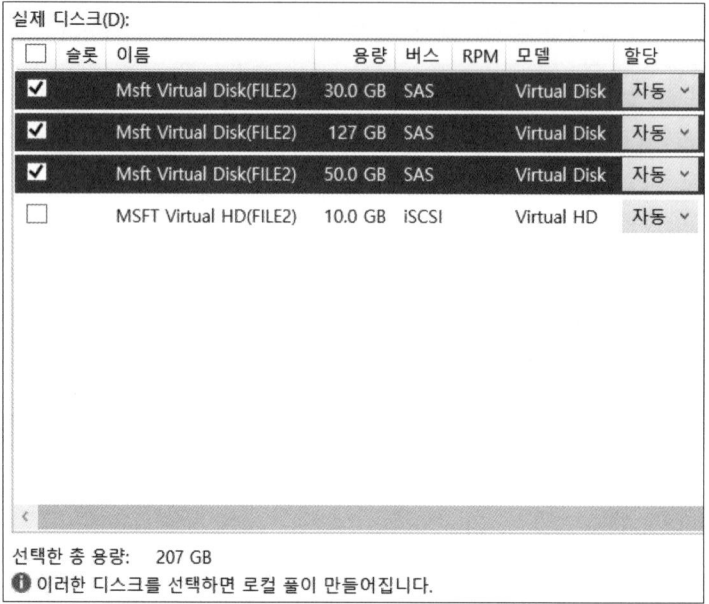

8. 다음을 클릭한 다음 만들기를 클릭한다. 풀을 만들고 나면 다시 **서버 관리자**의 **저장소 풀** 섹션으로 돌아가서 새로운 풀을 목록에서 확인할 수 있다. 이제 디스크들이 하나의 풀로 묶였지만, 아직 운영체제에서 사용할 수 있는 상태가 아니다.

9. 새로운 저장소 풀의 이름을 클릭해 선택한다.

10. 이제 아래 가상 디스크 섹션에서 **작업** 메뉴를 드롭다운하고 **새 가상 디스크...**를 선택한다.

11. 볼륨을 만들 스토리지 풀을 선택하고 가상 디스크 이름을 부여한다.

12. 저장소 레이아웃 화면에서 이 새로운 가상 디스크에서 데이터를 저장하기 위해 사용할 방법을 선택해야 한다. 풀의 물리 디스크 수에 따라 여기서 선택 가능한 옵션이 달라진다. 이 예에서는 가능한 한 많은 데이터 저장소 공간이 필요하고, 디스크들 간의 중복성은 걱정하지 않는다. 따라서 Simple을 선택했다.

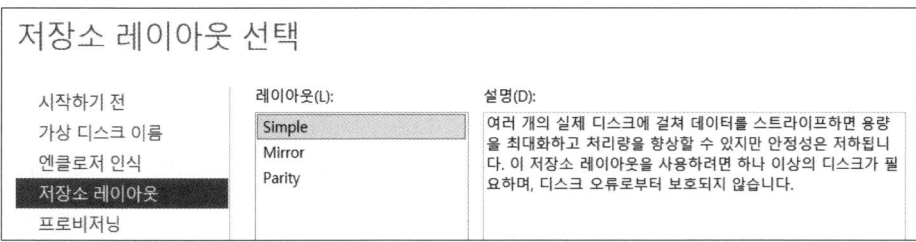

13. 이 저장소 공간의 전체 용량을 가상 디스크에 바로 할당할 것이므로, **프로비저닝** 화면의 '고정' 프로비저닝을 선택 값으로 사용한다.

14. 크기 화면에서 풀의 남은 공간이 얼마나 되는지 알려준다. 새로운 가상 디스크의 크기를 알려준 크기 이하로 잡는다. 여기서는 풀의 전체 공간을 사용할 것이므로 87GB를 입력하거나 **최대 크기** 라디오 버튼을 선택한다.

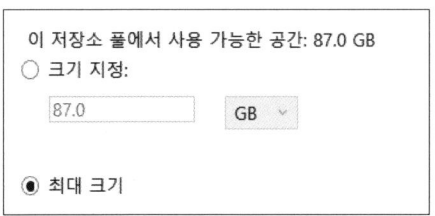

15. 마법사를 마치면 새로운 가상 디스크가 만들어진다. 가상 디스크 만들기 마법사가 끝날 때 자동으로 **새 볼륨 마법사**가 등장한다. 이들 단계를 밟거나 디스크 관리와 같은 일반적인 도구를 활용해 새로운 볼륨을 만들어 포맷하고, 새로운 드라이브 문자를 할당할 수 있다. 그다음 Windows 내에서 모든 보통의 볼륨에 했던 작업처럼 새로운 볼륨을 사용할 수 있다.

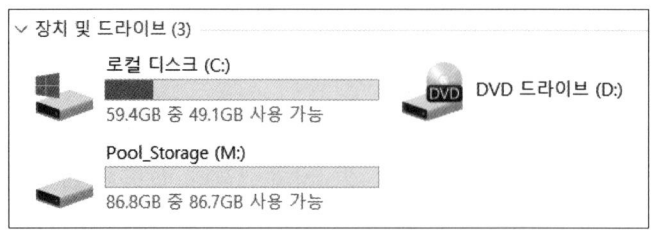

예제 분석

3개의 작은 하드 드라이브를 하나의 저장소 풀로 결합해, 하드 드라이브 하나가 제공하는 용량보다 더 큰 단일 볼륨을 만들 수 있다. 저장소 공간을 이와 같은 방법이나 다른 많은 방법으로 사용해 간단히 시스템의 물리 드라이브를 함께 그룹으로 묶어 여러 개의 풀과 볼륨을 만들 수 있다.

하드 디스크 공간 활용은 이전부터 많은 사람이 열심히 계획하던 작업이다. 드라이브 크기는 얼마나 필요한가? 하드 드라이브 크기가 일치해야 하는가? 각 볼륨의 필요한 크기는 얼마나 되는가? RAID를 사용해야 할까? 그 RAID를 전용 하드웨어에 구현해야 할까? 저장소 공간은 이러한 많은 질문을 모두 모아 쓰레기통에 던져버린 놀라운 기술이다.

참고 사항

저장소 공간에 관심이 있다면 저장소 계층도 확인해보자. 종종 노트북에서 등장하는 일종의 하이브리드 하드 드라이브처럼 Server 2016에서 보통의 기계식 메커니즘이 들어간 드라이브와 SSD 드라이브를 결합한다면 저장소 계층을 만들 수 있다. 드라이브들이 단일 저장소 단위로 결합하지만, Windows는 더 빠른 액세스가 필요할 때 액세스하는 항목을 SSD상에 유지한다. 다음 링크는 저장소 공간과 저장소 계층을 사용하는 방법을 자세히 살펴볼 수 있는 정보를 제공한다.

- https://technet.microsoft.com/ko-kr/library/dn387076.aspx

저장소 공간 다이렉트

저장소 공간의 개념과 단일 시스템에 연결된 하드 드라이브들을 공유할 수 있는 방법을 확장한 저장소 공간 다이렉트는 Windows Server 2016에서 완전히 새로워졌으며, 여러 서버 노드 간의 공유 저장소를 사용할 수 있게 했다. 저장소 공간 다이렉트를 활용하려면 장애 조치 클러스터링을 사용해야 하며, 최소 2대의 서버 클러스터가 필요하다. 이들 서버 각각은 저장소 공간에 사용할 수 있는 여러 개의 하드 드라이브를 포함한다. 저장소 공간 다이렉트의 좋은 점은 직접 연결된 드라이브를 활용할 수 있으므로 비싸고 복잡한 JBOD 인클로저로 제한되지 않는다는 점이다. 몇 개의 SATA 드라이브를 연결한 서버가 있다면 저장소 공간 다이렉트 클러스터의 노드로 사용할 수 있다. 저장소 공간 다이렉트를 사용해 중앙 저장소 풀에 400개 이상의 드라이브를 포함하는 16대의 서버 노드를 가입시킬 수 있다. 동작 중인 저장소 공간 다이렉트 환경의 실제 장점은 저장소 확장이 기존 서버에 드라이브를 추가하거나 클러스터에 서버를 추가하는 것만큼이나 쉽다는 점이다. 드라이브 또는 서버 노드 수준에서 새로운 용량을 추가하자마자 저장소 공간 다이렉트에서 만든 저장소 풀에서 자동으로 이 새 저장소를 포함해 확장을 시작한다.

저장소 공간 다이렉트의 주목적은 Hyper-V 가상 컴퓨터를 실행하기 위한 복원력이 매우 좋은 환경을 만드는 것이다. SMB3와 ReFS 파일 시스템과 같은 기술을 활용해 Hyper-V를 구성하면 적어도 항상 3개의 데이터 사본을 가지며, 클러스터 내에서 사용할 수 있게 저장소 공간 다이렉트의 상위에서 가상 컴퓨터를 저장할 수 있다.

저장소 공간 다이렉트의 실제 구성은 엄청 복잡하지 않지만, 간단한 테스트 실습을 포함해 짧게 쓰는 이런 예제에 포함하기에는 복잡하다. PowerShell과 장애 조치 클러스터를 통해 저장소 공간 다이렉트를 다룰 수 있지만, 시스템 센터에 통합된 SCCM을 사용하면 이 새로운 기술을 설정하고 관리하는 데 더 좋은 결과를 얻을 수 있다. 여기서는 이 기술을 다루지 않았지만, 이 부분이 관련 있는 영역이라면 다음 링크를 계속 읽어보기 바란다.

- https://docs.microsoft.com/ko-kr/windows-server/storage/storage-spaces/storage-spaces-direct-overview

저장소 복제

Windows Server 2016의 또 다른 새로운 저장소 기술이 저장소 복제다. 두 개의 노드 사이에 저장소를 공유하는 기술인 저장소 공간 다이렉트와 달리 저장소 복제 작업은 두 서버 또는 서버 클러스터 간에 데이터를 빠르고 안전하게 복제한다. 저장소 복제는 데이터 손실 없이 여러 사이트 간에 동기 복제를 제공한다. 저장소 복제의 또 다른 좋은 기능은 폭풍이 닥치기 전에 백업 데이터센터로 연결을 넘기고 싶을 때 주 데이터센터가 위치한 도시의 심각한 폭풍 경고와 같은 재해 발생 전에 한 사이트의 워크로드를 다른 사이트로 넘길 수 있다는 점이다.

저장소 복제를 활용할 수 있는 시나리오가 3가지 있다. 첫 번째는 클러스터를 여러 물리 사이트로 확장하는 경우 저장소 복제를 활용해 클러스터를 동기화 상태로 유지하는 시나리오다. 두 번째는 클러스터 간 복제를 사용해 함께 복제해야 하는 두 개의 각 클러스터 사이에 데이터를 최신 상태로 유지하는 시나리오다. 세 번째는 SMB 고객에게 가장 중요할 수 있는 시나리오로, 서버 간 저장소 복제 모드다. 이 시나리오는 클러스터 시나리오는 필요하지 않으며, 두 대의 서버 간에 동기 및 비동기 복제를 사용한다.

저장소 복제의 견고한 기능을 고려할 때 언젠가 서버 간의 데이터 복제를 위한 **서버 관리자 도구로 DFSR을 대체할 수 있다.** DFSR에는 적용되지 않는 지적하고 싶은 중요한 요구 사항 중 하나가 저장소 복제를 활용하려면 데이터센터 간에 지연시간이 상당히 필요하다는 점이다. 이 책을 쓰는 당시 권장 값은 사이트 간의 5ms 미만이다. 많은 새로운 기술처럼 대규모 운영 환경에서 민감하고 중요한 데이터 모두를 처리하는 데 저장소 복제를 활용하려면 어느 정도 시간이 걸리겠지만, 여기에 관심 있고 사용해보고 싶다면 다음 링크에서 추가 정보를 살펴보기 바란다.

- https://docs.microsoft.com/ko-kr/windows-server/storage/storage-replica/storage-replica-overview

데이터 중복 제거 사용

중복 제거는 사람들의 자연스런 행동이다. 사람들은 가끔 냉장고를 청소한다. 반쯤 빈 7개의 케첩 병이 있다면 이 병들을 중복 제거하고 빈병을 버린다. 아니면 옷장은 어떤가? 30개의 파란 셔츠를 발견한다면 공간을 확보하기 위해 일부를 꺼내 정리하지 않을까? 이러한 동작은 상식적이므로, 서버에 저장하고 있는 데이터에 관해 얘기할 때 중복 제거를 수행한다.

Windows Server 2012에서 데이터 중복 제거가 파일 시스템 수준에서 가능해졌다. 중복 제거를 사용할 때 Windows는 중복 파일과 데이터를 검색하고 통합하는 예약된 최적화 작업을 실행한다. 두 개의 다른 위치에 저장된 동일한 파일의 두 가지 사본이 있다면 하드 디스크 여유 공간을 낭비하는 일이다. 데이터 중복 제거는 두 번째 사본을 제거하고 해당 파일을 호출할 때마다 디스크의 한 위치에서 기본 사본을 사용한다.

Server 2016에서 이 중복 제거가 Hyper-V로 확장돼, 특히 VDI 유형의 배포에서도 사용할 수 있다. 이건 VDI 시스템을 시작하려는 경우 엄청난 장점이다. 동일한 드라이브 컨텍스트 아래에서 수많은 비슷한 시스템이 있으므로, 잠재적으로 수천 개의 중복된 파일이 있고 수많은 복제가 일어날 수 있다. 이 예제에서는 여러분의 환경에서 중복 제거를 시도할 수 있게 서버에서 데이터 중복 제거를 사용하는 단계를 밟는다.

준비

이 예제용으로 Windows Server 2016을 설치한 단일 서버에서 데이터 중복 제거를 사용한다.

예제 구현

다음의 절차를 따라 서버에서 데이터 중복 제거를 사용한다.

1. 서버 관리자를 열고 역할 및 기능 추가 링크를 클릭한다.
2. 서버 역할 선택 화면을 만날 때까지 다음을 클릭한다.
3. 파일 및 저장소 서비스 > 파일 및 iSCSI 서비스를 확장하고 데이터 중복 제거 옆의 체크 상자를 선택한다.

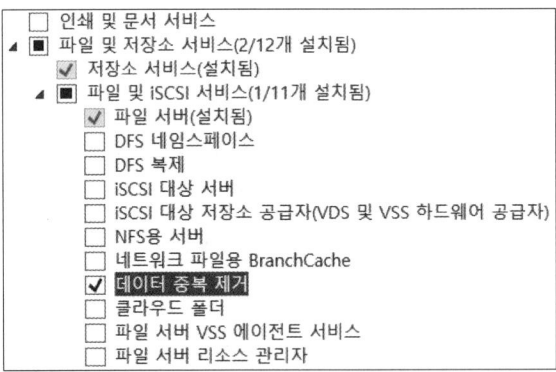

4. 마법사를 끝까지 진행하고 설치를 눌러 중복 제거 역할의 설치를 완료한다.
5. 이제 서버 관리자의 왼쪽 창에서 파일 및 저장소 서비스를 클릭한다.
6. 볼륨을 클릭한다.

7. Data 볼륨을 오른쪽 클릭하고 데이터 중복 제거 구성...을 선택한다.

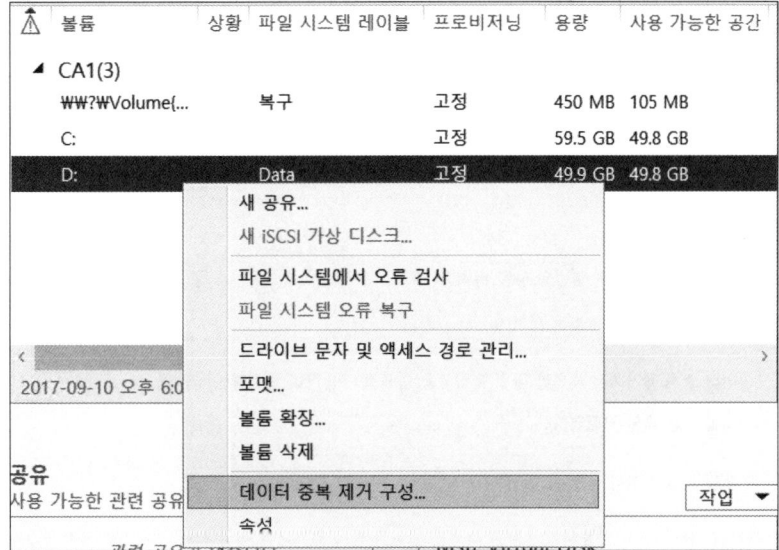

8. 데이터 중복 제거 드롭다운 상자를 클릭하고 일반용 파일 서버와 VDI(가상 데스크톱 인프라) 서버, 가상 백업 서버 중에서 중복 제거를 실행할 목적을 지정한다. 목록의 값을 선택해보면 중복 제거에서 제외할 파일 확장명 목록이 자동으로 변경된다. 이는 중복 제거 효율을 높이기 위해 Microsoft에서 제외해야 한다고 판단한 파일 형식이다.

9. 중복 제거 프로세스에서 건너뛰게 하고 싶은 특정 파일이나 폴더가 있다면 여기서 예외를 지정한다. **중복 제거 일정 설정** 버튼으로 데이터 통합을 위해 최적화 작업을 실행하는 시간 일정을 지정한다.

예제 분석

데이터 중복 제거는 사용하기도 쉽고, 파일 서버에서 디스크 공간을 아껴주는 강력한 도구다. 다음 링크 중 하나에서 사용 가능한 그래프는 서로 다른 유형의 데이터에 대한 공간 절약 비율 측면에서 서버 2012 R2 중복 제거 통계를 표시한다. 이 숫자는 내 예상보다 훨씬 큰데, 일반적인 파일 공유의 경우 50%, VHD 라이브러리의 경우

80% 이상에 달한다. Windows Server 2016에서 이제 더 큰 볼륨과 파일도 지원하므로 데이터 공간의 절약 규모는 더 커진다. 이제 최대 64TB까지의 볼륨과 개별 파일은 1TB까지 지원할 수 있다. 이제 시스템에서 데이터 중복 제거를 시도해보고 가용한 디스크 공간이 늘어나기 시작하는지 살펴보자.

참고 사항

Windows Server 2016에서 데이터 중복 제거에 관한 추가 정보는 다음 링크를 확인해 보자.

- https://technet.microsoft.com/ko-kr/library/hh831434.aspx
- https://blogs.technet.microsoft.com/filecab/2013/07/30/extending-data-deduplication-to-new-workloads-in-windows-server-2012-r2/

Windows Server 2016 클라우드 폴더 설정

요즘 이동 근무자에겐 어디서나 데이터를 액세스하는 일이 점점 더 중요해지고 있다. 이런 상황을 생각할 때 더 많은 위치와 더 다양한 유형의 장치에서 데이터 액세스가 가능하도록 점점 더 많은 기술이 설계되고 있다는 점은 고무적이다. 이런 상황이 바로 Windows Server 2016에서 클라우드 폴더의 역할이 빛을 발할 기회다. 이 기능은 사용자가 로그인하는 여러 가지 유형의 장치에 파일과 폴더 액세스를 게시하는 방식이다. 이러한 파일은 클라우드 폴더 파일 서버에서 구성한 웹 리스너를 통해 액세스한다. 클라우드 폴더를 사용하면 도메인에 가입하거나 가입하지 않은 시스템 모두에서 기업 네트워크 내부 또는 외부인지 상관없이 데이터를 액세스할 수 있다.

변화가 많은 부분과 구성 요소 모두를 가진 제대로 된 클라우드 폴더 환경을 구성하는 일은 하나의 예제에 포함하기에는 너무 복잡하다. 여기서는 파일 서버 자체에서 해야 하는 단계에 초점을 맞춰 클라우드 폴더를 호스팅할 준비를 한다. 이 주제에 관한 지식을 계속해서 얻으려면 이 예제의 끝에서 소개하는 링크를 확인하자. 클라우드 폴더를 시작하고 제공하는 장점을 깨닫게 되면 그룹 정책으로 이러한 설정을 배포하고, 웹 애플리케이션 프록시WAP, Web Application Proxy와 같은 역방향 프록시 솔루션을 통해 클라우드 폴더가 제공할 수 있는 기능을 더 향상시킬 것이라 생각한다.

준비

이 예제는 파일 서버로 사용하는 Windows Server 2016에서 수행한다. 구체적으로 10장에서 테스트 작업을 해온 FILE1 서버에서 수행한다. 작업 폴더를 완전히 구성하려면 유효한 SSL 인증서가 있어야 하며, 공용 DNS 환경에서 레코드를 만들어야 한다.

예제 구현

다음의 절차를 따라 조직의 환경에서 클라우드 폴더를 사용한다.

1. 파일 서버에 로그인하고 서버 관리자를 시작한다.
2. 역할 및 기능 추가 링크를 선택한다. 서버 역할 선택 화면이 나올 때까지 역할 설치 마법사를 진행한다.
3. 파일 및 저장소 서비스 ▶ 파일 및 iSCSI 서비스를 탐색한다. 그다음 클라우드 폴더 체크 상자를 선택한다. IIS 기능을 추가해야 한다는 팝업 메시지를 만나면 기능 추가 버튼을 클릭한다.
4. 마법사를 끝까지 진행하고 설치를 눌러 이 서버에 클라우드 폴더를 설치한다.
5. 역할 설치를 끝냈다면 다시 서버 관리자로 돌아가서 파일 및 저장소 서비스 ▶ 클라우드 폴더를 찾는다.

6. 작업 메뉴를 드롭다운하고 새 동기화 공유…를 선택한다.

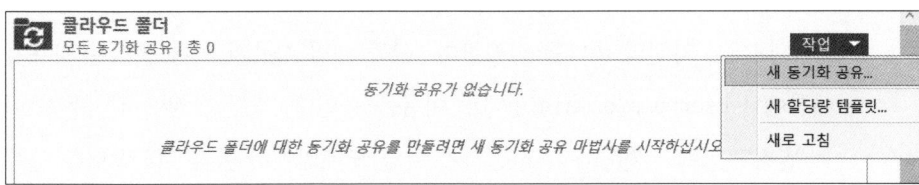

7. 새 클라우드 폴더를 저장하기 원하는 경로를 선택하거나 입력한다. 이 경로는 파일 서버의 위치며, 나중에 사용자 이름으로 폴더가 채워진다. 이미 폴더를 설정하고 공유했다면 목록에서 선택할 수 있다. 여기서는 그런 폴더를 아직 설정하지 않았으므로 마법사에서 새로운 폴더를 만들 위치를 입력한다.

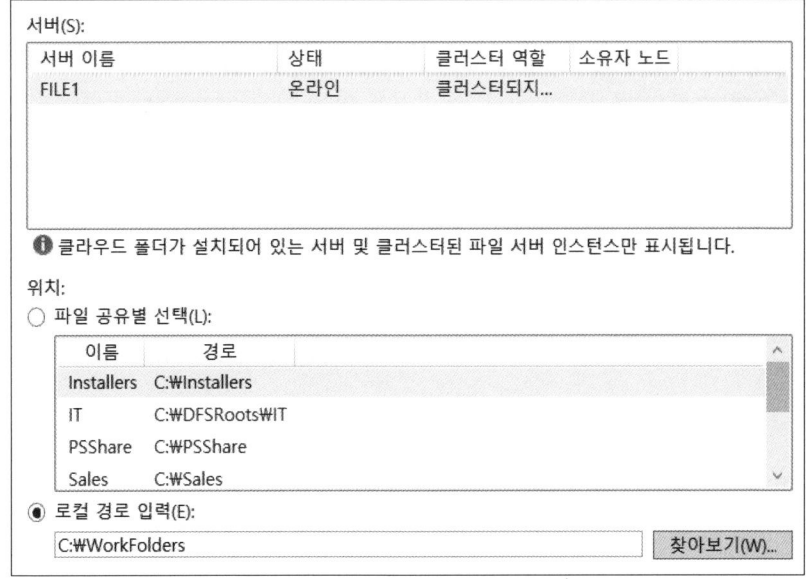

8. 다음을 클릭하고 아직 존재하지 않는 폴더 위치를 입력했다면 새로운 폴더를 만들기 원하는지 여부를 확인하는 대화상자를 만난다. 이 메시지 창에서 확인을 클릭한다.

9. 사용자 폴더 구조 화면에서 클라우드 폴더 동기화 공유 내에서 사용자의 폴더에 어떻게 이름을 부여할지 선택한다. 클라우드 폴더를 활용하는 각 사용자는 공유 내에서 자신의 폴더를 설정한다. 이들 개별 사용자 이름 폴더는 사용자 이름이나 username@domain 형태로 이름을 붙인다. 많은 환경에서 사용자 이름 별칭만으로도 충분하다. 사용자가 다중 도메인에서 클라우드 폴더를 액세스한다면 그때는 여러 사용자 이름 사이에 잠재적인 충돌이 발생할 수 있으므로 alias@domain 형식을 선택해야 한다. 게다가 이 화면에서는 사용자에 대한 특정 하위 폴더만 동기화할 수 있다. 예를 들어 사용자의 문서 폴더가 이들의 모든 장치에 동기화되지만, 사진과 음악 같은 다른 폴더는 동기화하지 않으려면 여기서 문서만 지정할 수 있다.
10. 동기화 공유에 대한 이름을 지정하고 다시 다음을 클릭한다.
11. 이 마법사의 동기화 액세스 화면에서 이 동기화를 사용해 액세스하는 사용자와 그룹을 정의해야 한다. 여기서는 WorkFolders라는 Active Directory 보안 그룹을 만들고 사용자를 이 그룹 안에 추가했다. 따라서 이 화면에서 WorkFolders 그룹을 간단히 지정한다.

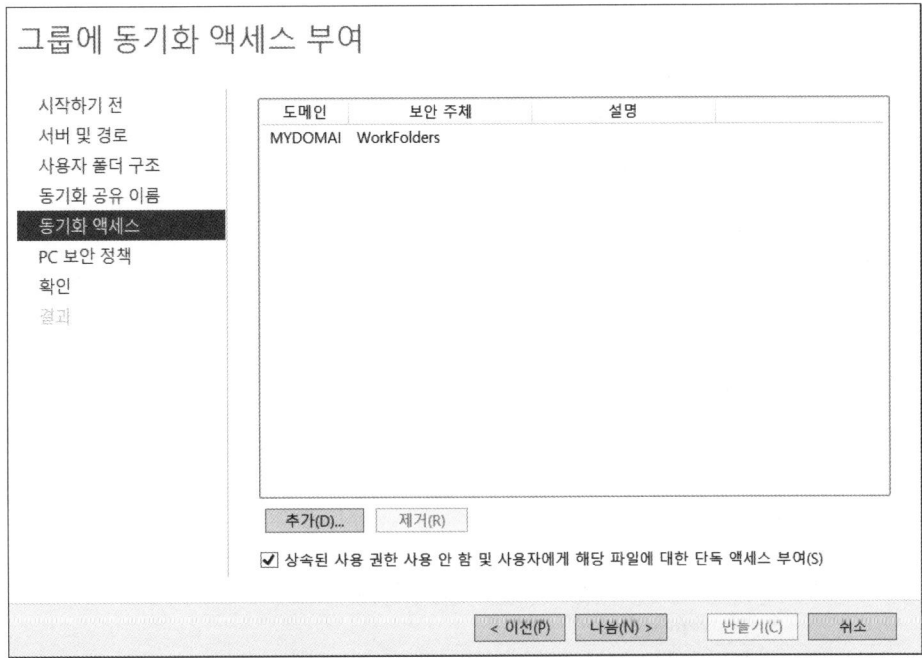

 이 화면의 하단 근처에 체크 상자가 하나 있다. [상속된 사용 권한 사용 안 함 및...]이라는 체크 상자를 선택한 채로 남겨두면 사용자는 자신의 폴더 각각에 배타적 권한을 승인 받는다. 이는 관리자라도 이들 폴더를 액세스하지 못한다는 뜻이다. 이 동작을 변경하고 일반적인 파일 시스템 상속 권한을 유지하려면 이 상자의 선택을 해제한다.

12. 다음을 두 번 클릭하고 만들기를 클릭하면 새로운 WorkFolders 동기화 공유가 만들어져 사용할 준비를 마친다.

13. 클라이언트 장치는 HTTPS를 통해 이 파일 서버의 클라우드 폴더에 연결한다. 이 부분을 성공하려면 이 파일 서버를 가리키는 DNS 레코드를 구성하고, SSL 인증서를 해당 서버의 웹 리스너에 바인딩해야 한다.

14. 공용 DNS에서 이름을 workfolders.<yourdomain> 형식으로 설정하고 이 파일 서버로 트래픽을 보내게 IP 주소를 지정한다. 예를 들어 이 작업을 수행하는 가장 좋은 방법은 역방향 프록시 서버로 웹 리스너를 게시하는 것이다.

10장 파일 서비스와 데이터 제어 | 413

프록시 서버가 인터넷 IP 주소 1.1.1.1에서 동작 중이라고 하자. DNS 레코드 workfolders.contoso.com에 1.1.1.1를 지정한 다음, 역방향 프록시 서버에서 그 트래픽을 이 네트워크 내부로 가져와 클라우드 폴더가 동작 중인 파일 서버에 보내게 설정한다.

15. workfolders.contoso.com 이름을 포함하는 SSL 인증서(물론 환경에 따라 도메인 이름을 contoso.com을 바꿔야 한다)를 설치하고 클라우드 폴더 서버의 기본 웹사이트에 바인딩한다. 전체 IIS 관리 콘솔이 클라우드 폴더 역할과 함께 설치되지 않았으므로, 네트워크의 또 다른 서버에서 IIS 관리 도구를 활용해 기본 웹사이트에 이 인증서를 바인딩할 수 있다. 대안으로 다음과 같은 netsh 명령을 사용해 사이트에 인증서를 바인딩할 수 있다.

```
netsh http add sslcert ipport=<IP address>:443 certhash=<Cert
    thumbprint>
appid={CE66697B-3AA0-49D1-BDBD-A25C8359FD5D} certstorename=MY.
```

앞서의 명령은 여기서 보인 것처럼 정확히 실행되지 않을 수 있다. 이 netsh 명령의 변수는 환경에 맞게 조정해야 한다. 웹 서버의 IP 주소와 certhash, appid는 환경의 세부 사항에 맞게 조정해야 한다.

16. 이제 WorkFolders가 구성되고 파일 서버에서 수신 대기 중이다. 다음 단계는 클라이언트 컴퓨터를 구성해 이 WorkFolders 동기화 공유를 활용하는 부분이다. 이 작업 과정은 연결하는 클라이언트 장치에 따라 다르지만, Windows 10과 8.1 컴퓨터의 시작 지점은 제어판 > 시스템 및 보안 > 클라우드 폴더다.

예제 분석

클라우드 폴더를 수년간 사용했던 폴더 공유 옵션과 유사한 방식으로 동일한 데이터를 액세스하는 또 다른 방식이라고 생각하기 쉽다. 하지만 자세히 들여다보면 회사 네트워크나 집에서 작업하는 도메인 가입 시스템과 도메인 비가입 시스템 모두에 파일과 폴더에 대한 액세스를 게시하는 기능이 커다란 이점이다. 회사 노트북을 반출할 필요 없이 기업 데이트에 대한 액세스를 허용하는 데 클라우드 폴더를 활용할 수 있다. VPN의 일부 양식을 통합할 필요 없이 파일 수준 세부 내용에 액세스 권한도 부여할 수 있어서 가정용 컴퓨터에 더 많은 액세스를 제공할 수 있다. 클라우드 폴더와 같은 기술이 사용자의 생산성을 올리고 IT 인프라 내에서 정보의 보안을 강화할 수 있는 상황이 많다. 이전 버전의 Windows 서버에서 클라우드 폴더의 실패 요인 중 하나는 변경이 일어난 후 클라이언트 컴퓨터에서 거의 10분 동안 파일 변경을 알 수 없었다는 점이다. 이 문제는 Windows Server 2016에서 해결됐다. 서버 사이드에서 2016을 사용하고 클라이언트에서 Windows 10을 사용한다면 이제 파일 변경은 즉시 반영된다. 확인해보기 바란다.

참고 사항

클라우드 폴더 설정에 관한 자세한 정보는 다음 링크를 살펴보자.

- https://technet.microsoft.com/ko-kr/library/dn528861.aspx

11

나노 서버와 서버 코어

Windows 서버를 다뤄온 사람이라면 서버 코어에 익숙하거나, 적어도 이름은 알아야 한다. 3장에서 언급한 것처럼 서버 코어는 Windows Server 2016의 다른 설치 방식이다. 서버 코어는 CPU와 메모리, 하드 드라이브 요구 사항이 아주 낮은 Windows 서버를 구축할 수 있다. 나노 서버는 Windows Server 2016의 새롭고 흥미로운 기능이며, 서버와 상호작용하는 방식에 상당한 변화를 꽤했다. 나노 서버는 서버 코어와 비슷하지만 한걸음 더 들어갔다고 볼 수 있다. 큰 진전을 이뤘다고 해야겠다. 나노는 GUI가 전혀 없다. 같이 살펴보면서 알게 되겠지만, 상호작용할 수 있는 제한된 액세스 콘솔이기 때문에 서버 코어와 나노 서버에서 수행하는 작업은 거의 모두 다른 서버나 로컬 워크스테이션에서 원격으로 수행된다고 볼 수 있다. 여기서 다루는 많은 예제로 인해 기존 사고방식에 변화를 줄지 모른다. 더 작고 안전한 서버의 이점을 얻을 수 있는 다른 방식을 함께 배워보자. 11장에서 다루는 내용은 다음과 같다.

- 콘솔에서 서버 코어 구성
- 서버 코어와 데스크톱 경험 간 전환
- 첫 번째 나노 서버[1] 만들기
- 나노 서버 콘솔 살펴보기
- 서버 관리자로 나노 서버와 서버 코어 관리
- 원격 MMC 도구로 나노 서버와 서버 코어 관리
- 원격 PowerShell로 나노 서버와 서버 코어 관리

소개

이 책에서 11장을 포함해야 한다고 생각한 이유는 나노 서버가 Windows Server 2016의 새로운 기능이기 때문만은 아니며, 새로운 고객 환경에서 작업할 기회를 갖게 됐고 네트워크와 서버를 구축할 새로운 방법이라고 느꼈기 때문이다. 사람들이 내가 깨달은 사실을 알지 모르겠다. 대부분은 전체 GUI 기반 데스크톱 경험 모드에서 Windows 서버를 실행한다. 그런 방식이 근본적으로 문제될 것은 없지만, 서버 코어가 Windows Server 2008부터 존재했고 고객 환경에서 운영 서버를 서버 코어로 실행하는 경우를 만나지 못했다는 사실은 내가 잘못 알고 있거나 사람들이 시도해보지 않았기 때문에 두려웠기 때문이라고 생각하는 것이 가능성이 높다. 이 기술에 관해 읽어본 적이 없다면 서버 코어와 나노 서버 두 가지 모두가 선택지인 것이 궁금할 것이다. 사실상 두 가지 모두 비슷하게 보이지만, 사실 정확히 다른 서버다. 나노 서버는 본질

---

1. 11장에서 다루는 나노 서버는 Windows Server 2016의 1709 이전 버전에서만 사용할 수 있다. Windows Server 2016 버전 1709는 반기 채널이라는 새 옵션을 제공하고, 나노 서버는 컨테이너 기본 OS 이미지로만 사용할 수 있다. 그리고 Windows 서버의 서버 코어 설치 같은 컨테이너 호스트의 컨테이너로만 나노 서버를 실행해야 한다. - 옮긴이

상 아주 작아서 설치할 수 있는 역할이 아주 적다. Microsoft에서 나노 서버에 더 많은 워크로드를 실행할 수 있게 작업하고 있지만, 이 책을 쓰는 시점에는 사용할 수 있는 유용한 작업이 몇 가지 안 된다. 따라서 이 서버는 아주 특화된 것이다. 네트워크에서 아주 작고 매우 안전한 서버로 특정 기능을 제공하고 싶다면 나노 서버가 아주 유용한 방법을 제공한다. 반면에 현재 나노 서버에서 할 수 없는 역할이나 서비스를 제공하는 서버를 구축해야 하지만, 더 낮은 리소스 사용과 더 높은 보안 수준의 반 헤드리스 서버를 원한다면 여기에는 서버 코어가 알맞다. 데스크톱 경험에서 실행할 수 있는 대부분을 서버 코어에서 실행할 수 있다. 큰 차이점은 구성과 지속적인 관리를 위해 서버와 상호작용하는 방식이다. 이 부분 때문에 사람들이 서버 코어를 운영에서 적극 사용하지 않는다. 관리자들은 항상 이런 의심을 품는다. 문제가 생겨서 해결할 방법을 찾기 어렵다면 어떻게 할까? 관리하기 버겁다고 생각되면 어쩌지? 여기서 제공하는 예제를 학습한 후에는 서버 코어를 다루는 데 편안하게 느끼고 Windows Server 2016 의 전체 데스크톱 경험 버전에서 한 것처럼 다룰 수 있는 지식을 얻기를 바란다.

▌ 콘솔에서 서버 코어 구성

기억날지 모르겠지만 3장에서 첫 번째 서버 코어 인스턴스를 설치했지만 그 서버에서 그다지 한 일은 없었다. 캡처 화면 하나에서 기본 명령 프롬프트를 PowerShell로 전환한 다음, 서버의 호스트 이름을 CORE1로 설정하는 `Rename-Computer` 명령과 같은 몇 가지 명령을 실행하는 방법을 보였다. 그 외에 구성한 부분은 없으며, CORE1 서버는 네트워크에서 아직 아무런 기능도 수행하지 않았다. 도메인 네트워크에서 처음 실행할 때 서버에서 수행할 수 있는 표준 항목을 살펴보자. 호스트 이름은 이미 설정했지만, 이 새로운 서버로 실제 뭔가를 수행하기 전에 IP 주소를 구성하고 도메인에 가입시켜야 한다.

준비

새로운 서버가 있고 Windows Server 2016 설치를 실행했다. 설치하는 동안 Windows 서버의 기본 선택인 코어 버전을 선택했다. 설치한 다음 3장에서 사용한 동일한 과정을 수행했고, 이제 다음 할 일을 궁금해 하면서 새로운 서버의 콘솔 화면에 앉아 있다.

예제 구현

다음 절차를 따라 기업 네트워크에서 사용할 서버 코어 컴퓨터를 준비한다.

1. CORE1에서 IP 주소를 설정한다. 이 시스템에 사용할 IP 주소는 192.168.20.15로 결정했다. 이제 해당 NIC에서 IP 주소를 설정하는 방법을 알아야 한다. PowerShell을 서버 코어 내에서 사용할 수 있으므로, 순수한 PowerShell로 NIC ID가 무엇인지 알아내고 IP 주소를 설정하기 위해 이들 명령을 파고드는 데 시간을 보낼 수 있지만, 다행히도 서버 코어에서는 이를 좀 더 쉽게 처리할 수 있는 특별한 인터페이스를 제공한다.
2. 서버 코어 콘솔의 명령 프롬프트에서 `sconfig`를 입력한다. 이제 해당 명령 프롬프트 창 내에서 실행되는 특별한 도구 집합이 나타나는데, 여기서 운영체제의 다양한 측면을 구성할 수 있다.

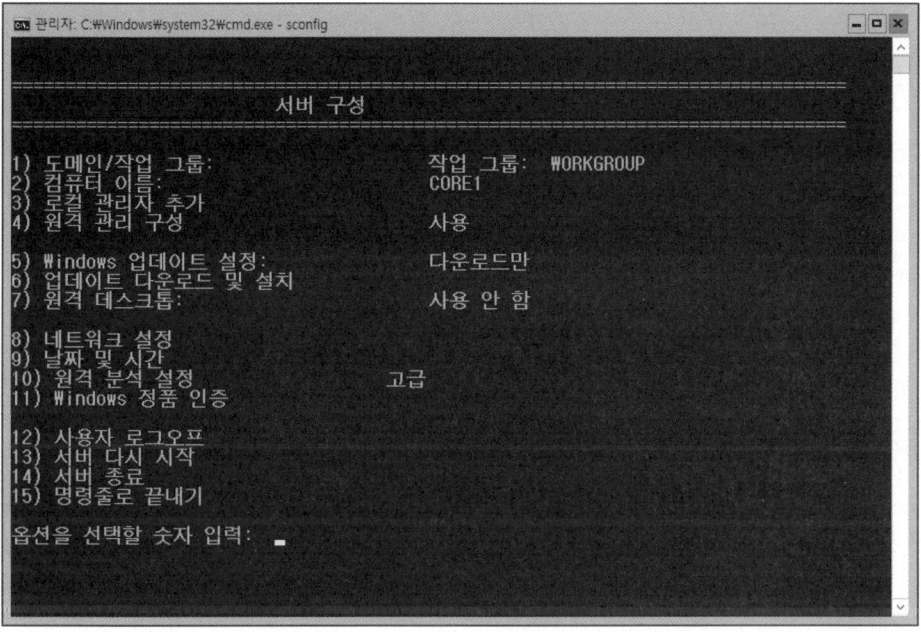

3. 여기서 서버를 종료하거나 다시 시작할 수 있다. 그렇지 않은 경우 이들 기능을 서버 코어에서 수행하는 명확히 정의된 방법이 없기 때문에 이 부분을 기억해 놓자. 물론 일반적으로 사용하는 shutdown이나 Restart-Computer 명령도 있지만, 이런 종류의 관리 작업을 위해 sconfig를 사용하면 삶이 좀 더 수월해 진다. 먼저 서버 이름을 CORE1으로 변경하는 데 sconfig를 사용할 수도 있다.

4. 키보드에서 8을 입력하고 Enter를 누르면 네트워크 설정으로 간다.

5. 이제 조작하고 싶은 네트워크 카드의 인덱스#을 입력한다. 서버에 NIC가 하나 뿐이라면 간단히 1을 누른다.

6. 이 NIC의 현재 구성이 나타난다. 이제 옵션 1, 네트워크 어댑터 주소 설정을 선택한다.

```
사용 가능한 네트워크 어댑터

인덱스#        IP 주소            설명
    1        192.168.20.53      Microsoft Hyper-V Network Adapter

네트워크 어댑터 인덱스# 선택(공백=취소): 1
_____
    네트워크 어댑터 설정
_____

NIC 인덱스             1
설명                   Microsoft Hyper-V Network Adapter
IP 주소                192.168.20.53    fe80::e5d0:b1a7:c236:d22e
서브넷 마스크          255.255.255.0
DHCP 사용              True
기본 게이트웨이        192.168.20.254
기본 설정 DNS 서버     192.168.20.10
대체 DNS 서버

1) 네트워크 어댑터 주소 설정
2) DNS 서버 설정
3) DNS 서버 설정 지우기
4) 주 메뉴로 돌아가기

옵션 선택: 1_
```

7. S를 눌러 고정 IP 주소를 설정한다.

8. 새 고정 IP 주소를 입력한다. 여기서는 **192.168.20.15**를 입력하고 Enter를 누른다.

9. 계속해서 서브넷 마스크와 기본 게이트웨이를 채운다.

10. 이제 NIC가 새로운 IP 주소로 다시 구성됐다. 고정 DNS 서버 주소도 설정해야 한다면 프롬프트에서 옵션 번호 2를 입력하고 계속한다. 그렇지 않으면 4번을 눌러 주 sconfig 메뉴로 돌아간다.

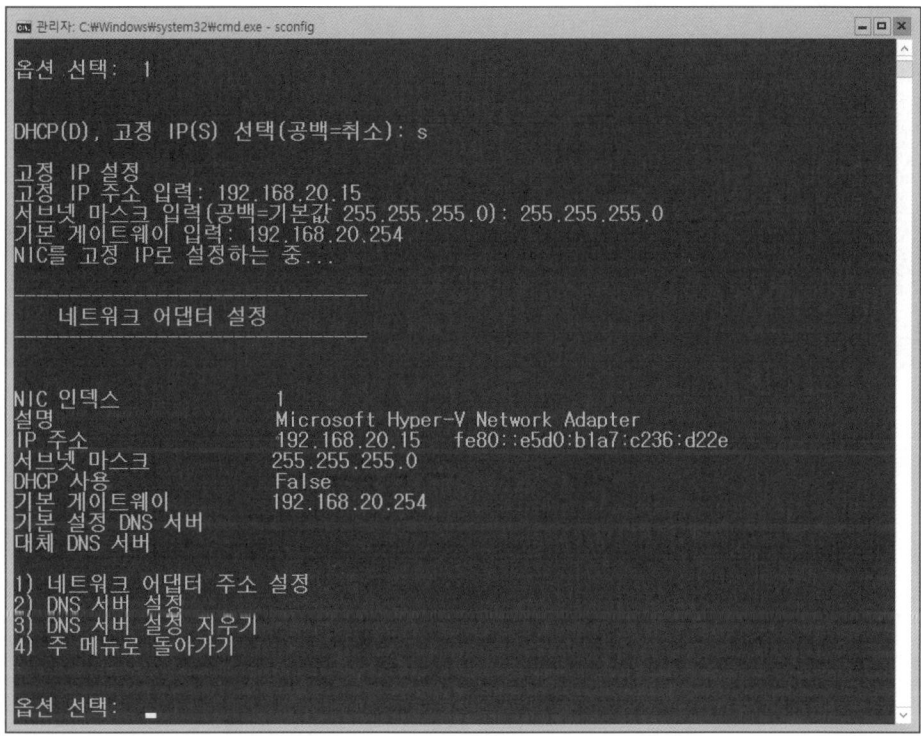

11. 이제 sconfig에 조금 익숙해졌으므로, 이 도구로 CORE1 서버를 도메인에 가입시켜 보자. 다시 주 sconfig 메뉴로 돌아가서 1) 도메인/작업 그룹 옵션을 선택한다.

12. D를 눌러 서버를 도메인에 가입시키는 절차를 진행한다.

13. 도메인 이름을 입력하고 Enter를 누른다.

14. 사용자 이름을 입력한다. 그다음 열린 명령 창에서 암호를 입력한다.

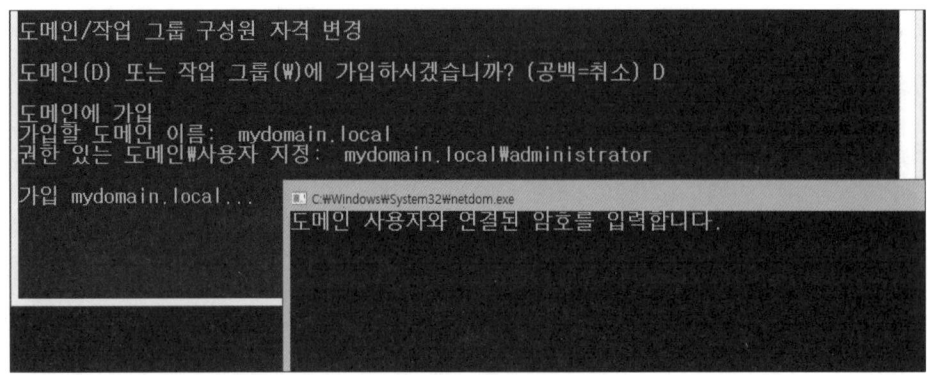

15. 컴퓨터 다시 시작 요청을 받는다. 예를 클릭하면 이제 CORE1 서버는 도메인 가입에 성공한다.

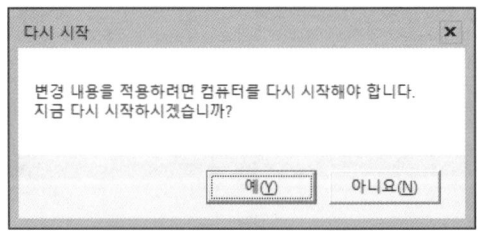

예제 분석

서버 코어 인스턴스와 상호작용하고 관리하는 다양한 방법이 있으며, 뒤에 나오는 예제에서 이러한 방법들에 관해 설명한다. 하지만 새로운 서버의 원격 관리를 생각하기 전에 먼저 콘솔에서 바로 수행해야 할 몇 가지 핵심 기능이 있다. sconfig 도구는 빠르게 열어서 사용하기 쉬우며, 새로운 서버마다 밟아야 하는 이러한 초기 구성 단계를 수행하는 데 강력한 기능을 제공한다.

서버 코어와 데스크톱 경험 간 전환

언제 새로운 서버를 서버 코어로 할지 전통적인 Windows 그래픽 인터페이스가 있는 전체 데스크톱 경험 버전으로 할지 결정해야 할까? 운영체제 설치 과정에서 이 결정을 내리는 것이 당연할까? DVD 인스톨러에서 적당한 OS 버전을 선택하는 지점일까? 이전 버전의 Windows 서버에서 운영 중인 서버를 두 가지 모드 사이를 왔다 갔다 할 수 있었다는 점을 제외하고는 모두 가능하다. 완전한 그래픽 버전의 서버를 실행 중이고, 이를 서버 코어로 변환해 보안을 향상시키기 원한다면 명령을 실행하고 원하는 대로 할 수 있다. 그 반대도 마찬가지다. 서버 코어를 실행 중이고 명령 인터페이스에서 뭔가를 구성할 방법을 알아낼 수 없다면 또 다른 명령을 실행해 운영체제의 GUI 버전으로 전환할 수 있다. 이들 명령은 원래 운영체제 내에 기능을 추가하거나 제거했다. 기본적으로 Windows Server 2012의 인터페이스였던 그래픽 셸을 제거할 수 있았다.

Windows Server 2016에서 이런 기능이 여전히 존재할까? Microsoft에서 운영체제에 새로운 기능을 구현한 후 나중에 다시 빼는 일은 흔하지 않지만, 그런 기능을 시도해볼 때까지는 모를 수 있다. 이전에 서버를 변환시켰던 명령들을 살펴보고, Server 2016에서 이들 기능을 테스트해보자. 결과에 깜짝 놀랄지 모르겠다.

준비

이미 준비해 놓은 CORE1 서버를 사용해 서버 코어를 Windows Server 2016의 데스크톱 경험 모드로 전환해보면서 Windows Server 운영체제의 이전 버전에서 작업할 때 사용했던 명령을 몇 가지 시도해본다.

예제 구현

서버 코어를 Windows Server 2016의 데스크톱 경험 버전으로 변경하는 테스트를 위해 관리자 권한으로 PowerShell 창을 열고 다음 명령을 사용한다.

1. Add-WindowsFeature Server-Gui-Shell, Server-Gui-Mgmt-Infra

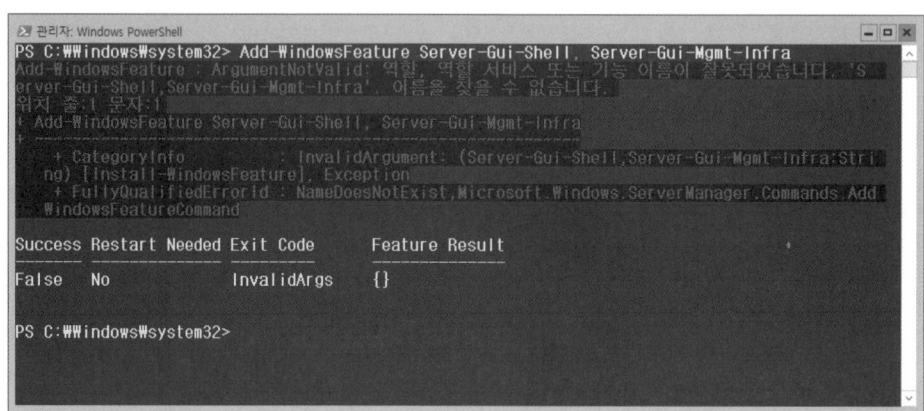

2. 아침부터 볼 만한 그다지 예쁜 에러 메시지는 아니다. Add-WindowsFeature 명령의 실행을 시도했지만, 지정한 역할이나 기능을 찾을 수 없다. 이들 명령이 서버 2012에서 동작했다는 것을 알고 있었으므로 지금은 Server 2016에서 제거된 것처럼 보인다. 사실인지 확인하기 위해 다른 방향으로 시도해보자. Windows Server 2016 데스크톱 경험 서버 중 하나에 로그인하고, 다음 명령으로 서버 코어로 변경을 시도해보자.

3. Remove-WindowsFeature Server-Gui-Shell, Server-Gui-Mgmt-Infra

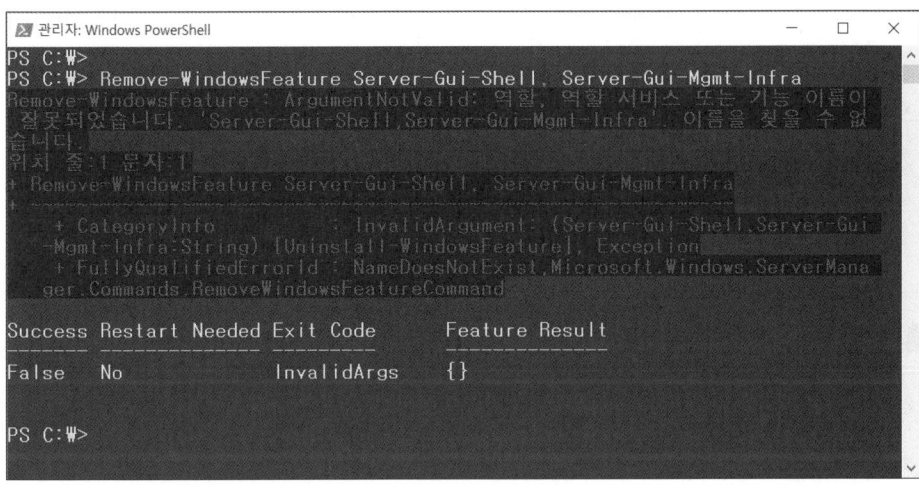

4. 불행히도 이 오류 메시지는 서버 코어에 쉘을 추가할 때 받은 오류 메시지와 아주 유사하다. 이 기능이 실제로 빠졌는지 확인하기 위해 한 가지 더 시도해 보자. 이전 버전의 Windows 서버에서는 이들 명령을 확인할 수 있었다. 대안으로 서버를 전체 그래픽 버전에서 서버 코어로 전환할 때 역할 추가/제거 기능을 실제로 열어서 그 화면 내에서 이들 기능이 나열된 것을 확인할 수 있다. 마법사를 따라 기능 화면에서 사용자 인터페이스 및 인프라가 있는지 여부를 확인해보자. 다음 캡처 화면에서 보이는 것처럼 운영체제 기능의 목록에 더 이상 존재하지 않는다. 원래는 원격 서버 관리 도구 바로 위에 있어야 한다.

11장 나노 서버와 서버 코어 | 427

예제 분석

이 예제에서 확인해본 것처럼 Windows Server 2016에서는 데스크톱 경험과 서버 코어 간의 변환 기능을 더 이상 제공하지 않는다. 이 사실을 간단히 언급하면 짧고 쉬울 수 있지만, 예를 통해 이 변화를 보여주고 이전 버전에서 익숙하지 않았던 Windows 서버를 전환하는 데 필요한 명령도 보였다.

첫 번째 나노 서버 만들기

서버 코어라는 아이디어를 발전시킨 나노 서버는 Windows Server 2016의 새로운 기능으로 놀라우리만치 작은 서버를 만들 수 있다. 이 서버의 인터페이스는 진정한 헤드리스를 구현한 것으로, 이 서버에서 대부분의 관리가 원격으로 수행된다. 11장의 마지막 예제에서 단지 몇 분 만에 관리를 설명할 예정이지만, 나노 서버에서 작업을 시작하는 데 필요한 첫 번째 과정은 나노 서버를 만드는 것이다. 첫 번째 서버 코어나 전체 데스크톱 경험 컴퓨터를 만드는 것은 설치 DVD에서 올바른 옵션을 선택하는 정도로 간단하지만, 나노 서버를 만드는 과정은 상당히 다르다. 단계별로 시작해보자.

준비

나노 Server 2016을 실행하는 가상 컴퓨터를 올려볼 것이다. Windows Server 2016 설치 DVD에서 나노 서버에 대한 설치 옵션은 없으므로, 이 새로운 버전의 운영체제를 구현하는 방법을 살펴본다.

예제 구현

전통적인 설치 마법사를 실행하지 않고 첫 번째 나노 서버를 시작하기 위해 몇 단계를 거쳐 VHD 파일을 만든다. 이 가상 하드 디스크는 나노 서버에 필요한 모든 데이터를 엮은 다음, Hyper-V 플랫폼에서 가상 컴퓨터로 새로운 VHD를 간단히 부팅한다. 다음 절차를 따라 작업해보자.

1. Windows Server 2016 설치 미디어를 컴퓨터에 ISO 파일로 복사한다. 그다음 이 ISO를 컴퓨터에 마운트하면 드라이브가 할당된다. 예를 들어 내 컴퓨터에 ISO를 다운로드하고 간단히 이 파일을 더블클릭하면 이제 내 컴퓨터의 새로운 F 드라이브에서 그 ISO 내에 포함된 데이터를 표시한다.

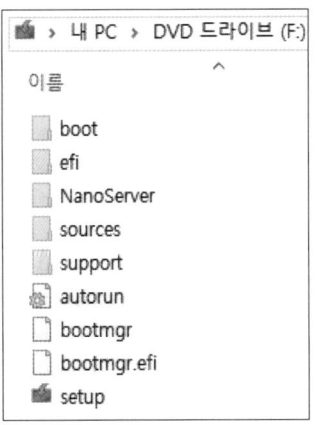

2. 인스톨러 내에서 NanoServer라는 폴더가 있다. 이 폴더를 복사해서 컴퓨터의 C: 드라이브에 붙여 넣기 한다. 이제 컴퓨터에는 'C:\NanoServer'라는 폴더가 있고, 이 폴더 안에 나노 서버용 VHD 파일을 만드는 데 필요한 모든 요소가 들어있다.
3. 이제 관리자 권한으로 PowerShell 세션을 연다.
4. 다음 명령으로 생성 스크립트를 PowerShell 세션으로 가져온다.

```
Import-Module -Name
C:\NanoServer\NanoServerImageGenerator\NanoServerImageGenerator.
psm1 -Verbose
```

5. 다음으로 VHD 파일을 만드는 명령을 실행한다. 이 명령은 생성된 파일의 출력을 변경할 수 있는 다양한 스위치와 매개변수로 실행할 수 있는 다양한 방법이 많다. 여기서는 나노 서버의 기본 표준 설치를 구현한다. 다음 명령을 사용해 나노 서버 가상 하드 디스크를 만든다.

New-NanoServerImage -MediaPath F:\ -DeploymentType Guest -Edition Standard -TargetPath C:\NanoServer\NANO1.vhd -ComputerName NANO1

---

6. 여기서 사용한 변수 몇 가지는 그 자체로 의도를 쉽게 파악할 수 있다. Windows Server 2016 설치 파일의 경로(F 드라이브)를 지정하고 생성되는 새로운 VHD 파일의 출력 위치를 지정해야 한다. 명령에서 새로운 나노 서버 호스트 이름(NANO1)도 지정했다. 구문에서 포함한 마지막 스위치는 Edition이며, Standard를 선택했다. 데이터센터 SKU를 실행하는 나노 서버가 필요하다면 명령에서 알맞은 정보를 지정할 수 있다. 여기서 바로 파악하기 힘든 항목이 DeploymentType 변수다. 여기에 Guest나 Host를 지정할 수 있다. 여기서 이 나노 서버가 가상 컴퓨터로 실행될지, 물리 호스트 서버로 실행될지 결정된다. 대부분은 이 옵션에 Guest를 지정한다.

7. 커맨드라인에서 Enter를 누른 후 이 새로운 서버에 로컬 관리자 암호를 요청 받고 입력하고 나면 잠깐 동안 PowerShell에서 새로운 VHD를 만드는 과정을 진행한다.

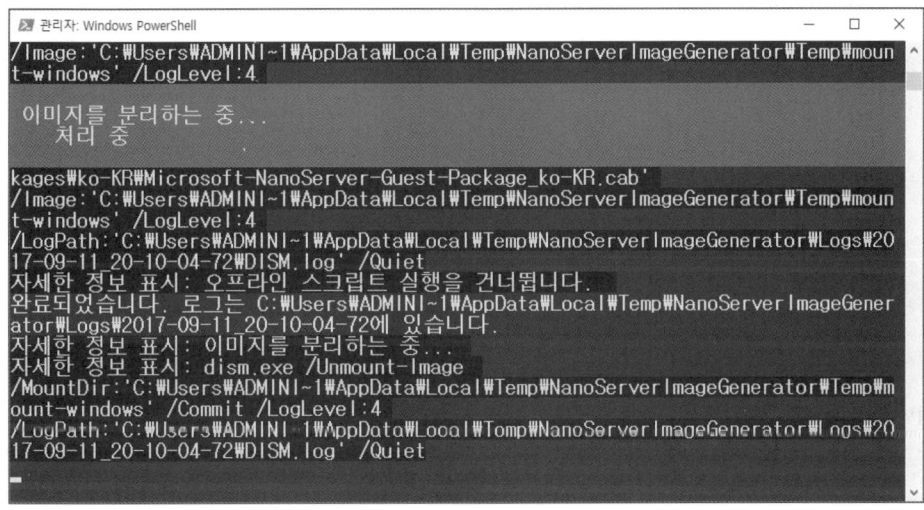

8. 작업이 끝나고 나면 'C:\NanoServer' 폴더에 새로운 NANO1.VHD 파일이 보인다. 다음으로 다른 서버를 만들 때처럼 Hyper-V 내에서 새로운 VM을 만들고, 이 새로운 VHD를 가상 컴퓨터의 하드 디스크로 지정한다.
9. 서버를 부팅하면 나노 서버의 세계로 들어가는 색다른 콘솔을 만난다.

예제 분석

이 예제에서는 컴퓨터에서 새 나노 서버 인스턴스로 부팅하는 데 사용하는 가상 하드 디스크를 만들기 위해 PowerShell을 사용하는 방법을 배웠다. 이는 나노 서버를 만들고 시작시킨 후 인터페이스를 살펴보는 데 필요한 첫 단계다. 이제 나노 서버를 실행했으므로, 11장에서 계속해서 이들 서버의 관리를 더 자세히 살펴본다. 기존의 서버 관리에 관한 생각을 조금 바꿔 원격 관리가 나노 서버 동작 방식에서 핵심 부분이라고 생각해야 한다.

참고 사항

PowerShell에 자신이 없을 수 있고, Microsoft도 이를 인식하고 있다. 일상적으로 PowerShell을 사용하는 데 익숙해져야 하지만 여전히 그래픽 도구가 대부분의 데이터 센터를 지배한다. 마우스와 GUI를 사용해 나노 VHD 파일을 만드는 데 도움을 주는 새로운 도구가 출시됐다.

나노 서버 이미지 작성기

나노 서버 이미지 작성기 도구를 사용해 나노 서버를 만들거나 물리 하드웨어에 나노 서버를 배치하기 위해 부팅할 수 있는 USB 인스톨러를 만든다. PowerShell의 `NewNanoServerImage` 명령에 포함된 스위치 모두를 탐색하고 기억할 필요 없이 이젠 이 간단한 그래픽 도구를 실행하고 몇 가지 마법사를 통해 새로운 나노 서버를 만들 수 있다. 이 이미지 작성기의 가장 좋은 기능은 전체 데스크톱 경험을 실행하는 Server 2016에서 설치할 역할을 선택할 때처럼 체크 상자를 사용해 새로운 나노 서버에 올릴 역할을 선택하는 기능이다. 나노 서버를 다룰 사람은 이 도구를 한번 확인해 보기 바란다.

다음은 추가 정보에 관한 링크다.

- https://blogs.technet.microsoft.com/nanoserver/2016/10/15/introducing-the-nano-server-image-builder/

다음의 다운로드 링크에서 다운로드해 직접 사용해보자.

- https://www.microsoft.com/en-us/download/details.aspx?id=54065

나노 서버 콘솔 살펴보기

나노 서버를 처음 실행한 후 답해야 할 논리적인 다음 질문은 "이제 뭘 해야 할까?"이다. 전통적인 서버에서는 호스트 이름과 IP 주소와 같은 부분을 설정하고 도메인에 가입시킨다. 나노 서버가 설치되면 이 새로운 컴퓨터를 원격으로 관리하는 최선의 방법을 알아내려고 11장의 마지막 예제로 향하겠지만, 네트워킹과 도메인 멤버십을 설정할 때까지는 원격 관리 도구로 할 수 있는 것이 없다. 그러면 나노 서버에는 콘솔 액세스가 가능할까? 그렇다. 그러나 매우 제한적이다. 콘솔에 나타난 도구를 Nano Server Recovery Console이라고 하며, 이 도구에서 제공하는 기능이 현재 예제에서 초점을 맞춘 것이다.

준비

방금 만든 새로운 나노 서버의 콘솔에서 작업한다. 이 서버는 Active Directory 도메인을 실행하는 기업 네트워크에 연결돼 있다. VHD 파일을 만드는 명령을 실행했을 때 호스트 이름을 NANO1으로 사용했으므로, 구성에서 이미 NANO1 이름을 이미 반영했다.

예제 구현

다음 절차를 따라 Nano Server Recovery Console을 살펴보자.

1. 새 나노 서버의 전원을 올리면 앞선 예제의 마지막에 보인 화면이 나타난다. VHD를 만드는 과정에서 지정한 로컬 관리자 자격증명으로 로그인한다.
2. 이제 복구 콘솔 내에서 VHD를 만드는 동안 설정했던 NANO1이라는 호스트 이름을 볼 수 있다. 좋은 소식은 몇 가지 옵션을 선택할 있다는 점이다.

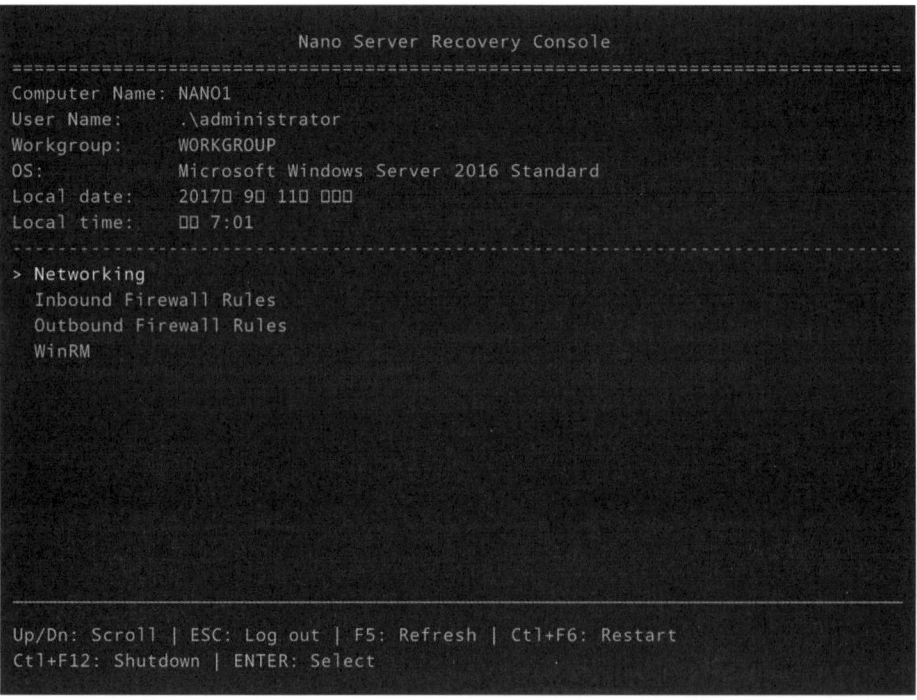

3. 시스템에 IP 주소를 설정할 것이므로 Networking 옵션을 선택한다.
4. 구성하고 싶은 NIC를 선택(여기서는 하나뿐이다)하고 Enter를 누른다.
5. 화면의 하단의 지시를 보고 F11 키를 눌러 해당 네트워크 인터페이스의 IPv4 설정을 구성한다.

6. 현재 DHCP가 구성돼 있지만 F4 키를 눌러 **토글**하면 고정 IP 주소를 변경할 수 있다.

```
DHCP            [         Disabled        ]
IP Address      192.168.20.16_____
Subnet Mask     255.255.255.0_____
Default Gateway 192.168.20.254_____
```

7. Enter를 두 번 눌러 설정을 저장한다.
8. ESC 키를 사용해 메인 메뉴로 돌아간다.
9. 이번엔 Inbound Firewall Rules 내부를 살펴보자.

```
                              Firewall Rules
===============================================================
Select an inbound rule to view
---------------------------------------------------------------
> File and Printer Sharing over SMBDirect (iWARP-In)
  Windows Remote Management (HTTP-In)
  Windows Remote Management (HTTP-In)
  Windows Remote Management - Compatibility Mode (HTTP-In)
  Remote Service Management (RPC)
  Remote Service Management (NP-In)
  Remote Service Management (RPC-EPMAP)
  File and Printer Sharing (NB-Session-In)
  File and Printer Sharing (SMB-In)
  File and Printer Sharing (NB-Name-In)
  File and Printer Sharing (NB-Datagram-In)
  File and Printer Sharing (Spooler Service - RPC)
  File and Printer Sharing (Spooler Service - RPC-EPMAP)
  File and Printer Sharing (Echo Request - ICMPv4-In)
  File and Printer Sharing (Echo Request - ICMPv6-In)
```

10. 미리 정의된 방화벽 규칙의 좋은 목록이 있다. 이들 규칙 각각의 속성을 탐색하면서 규칙을 사용하거나 해제할 수 있다. 나노 서버를 만들고 나서 탄탄하게 잠겨있더라도 각 방화벽 규칙에서 정의한 방법을 통해 이 서버에 연결하는 기능을 바꿀 수 있다.
11. 방화벽 규칙 외에도 Nano Server Recovery Console 내에 있는 유일한 다른 옵션이 WinRM이다. 관리 도구의 이 부분을 접근하면 이 옵션이 단순히 이 서버의 WinRM 상태를 재설정한다는 설명을 보게 된다. 나노 서버의 거의 모든 구성이 원격을 고려한 것이므로 WinRM 서비스를 실행하고 이 서버와 통신을 허용하는 것이 작업을 수행하는 데 핵심이다. 방화벽을 조정하고 갑자기 원격 관리 도구로 더 이상 연결할 수 없다면 복구 콘솔의 이 섹션이 WinRM 설정을 재설정하고 방화벽 규칙을 공장 기본 값으로 되돌리는 지름길이다.

예제 분석

나노 서버를 헤드리스로 만들었기 때문에 Nano Server Recovery Console은 매우 제한적이다. 하지만 새로운 서버를 시작할 때 콘솔에서 해야 할 몇 가지 작업이 있고, 따라서 최소한 여기서 제시한 옵션이 필요하다. 나노 서버의 콘솔을 열어 작업하는 상황은 흔하지 않지만, 새 나노 서버를 만든 후 바로 해야 할 한 가지 작업이 이러한 초기 구성이다.

■ 서버 관리자로 나노 서버와 서버 코어 관리

콘솔에서 서버 코어를 구성하는 작업은 매우 제한되며, 콘솔에서 나노 서버를 변경하는 옵션은 4가지뿐이다. 그렇다면 여기서 놓치고 있는 부분이 있거나 Microsoft에서 이들 서버를 다르게 관리하기 원할지도 모른다. Windows Server 운영체제의 중앙 관리는 Microsoft에서 서버 2012 출시에서 강력하게 밀었던 기능이며, Windows Server

2016에서 크게 향상됐다. 서버 관리자와 같은 도구는 현재 실행 중인 로컬 컴퓨터에 구속받지 않는다. 관리 방식을 조정하지 않고도 한 서버의 서버 관리자를 사용해 데이터센터 저쪽에 있는 다른 종류의 서버를 관리할 수 있다. RSAT 도구를 사용해 Windows 8이나 Windows 10 컴퓨터에서도 서버 관리자의 사본을 사용할 수 있다. 분명한 것은 모든 서버에서 RDP를 사용하는 시간은 점점 줄고 있다는 점이다. 이제 기술적으로 하나의 창으로 서버들을 관리하게 됐다. 문제는 실제로 얼마나 많은 서버 관리자가 이 기능을 활용하는가이다.

준비

네트워크에서 CORE1과 NANO1을 실행 중이다. 이제 다른 서버의 서버 관리자를 활용해 이들 컴퓨터를 관리하려고 한다. 이 작업에 전체 데스크톱 경험 버전을 갖춘 또 다른 Windows Server 2016을 사용한다.

예제 구현

다음 절차를 따라 네트워크에 있는 또 다른 서버의 서버 관리자 내에서 서버 코어나 나노 서버를 관리한다.

1. 서버 관리자에서 화면 상단 오른쪽 구석 근처의 관리 메뉴를 클릭하고 서버 추가라는 옵션을 선택한다.
2. 지금 찾기 버튼을 클릭하면 네트워크에서 도메인에 가입된 서버 목록을 볼 수 있다. CORE1 서버를 콘솔에서 도메인에 가입시켰으므로 목록에서 볼 수 있다. CORE1을 선택하고, 화면의 선택됨 쪽으로 이동한다.
3. CORE1은 쉬웠지만 NANO1은 목록에서 보이지 않는다. NANO1은 아직 도메인에 가입하지 않았기 때문이다. NANO1을 서버 관리자에 추가하려고 화면의 DNS 탭을 클릭하고 이 서버의 이름을 직접 입력했다. 물론 NANO1을 검색할

수 있으려면 먼저 DNS에 192.168.20.16이라는 IP 주소를 가리키는 NANO1 서버에 대한 호스트 레코드를 만들어야 한다.

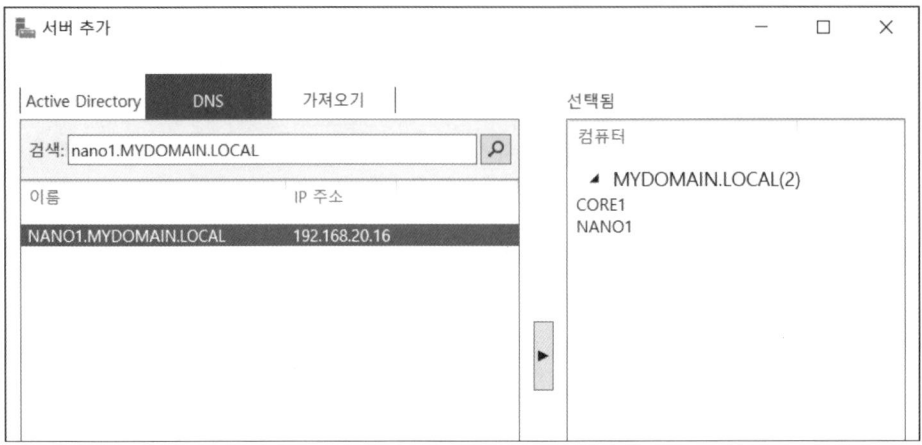

4. 이제 확인을 클릭하면 CORE1과 NANO1 둘 다 로컬 서버 관리자 내에서 구성할 수 있다. 모든 서버를 클릭하면 이들 서버 목록을 볼 수 있으며, 서버를 오른쪽 클릭하면 컴퓨터 관리와 같은 옵션을 제공한다.

5. 실제로 지금 바로 시스템 중 하나를 변경해보자. CA1 서버에서 서버 관리자를 사용한다. 특별한 이유가 있어서 CA1을 선택한 것은 아니며, 단지 이 서버에 로그인해 있기 때문이다. 이제 서버 관리자에서 CORE1을 추가했으므로 이 서버를 오른쪽 클릭하고 앞서 캡처 화면에서 볼 수 있는 역할 및 기능 추가 옵션을 선택한다.

6. 마법사를 진행할 때 이 새로운 역할이나 기능의 기본 대상 서버가 CORE1이라고 알려주는 점을 제외하고는 CA1 서버에서 역할을 설치하는 데 활용했던 동일한 역할 및 기능 추가 마법사가 나타난다.

7. 이 예제에서는 웹사이트를 호스팅하는 데 CORE1을 사용할 예정이다. 따라서 여기에 웹 서버(IIS) 역할을 설치해야 한다. 다음 화면에서 전통적인 데스크톱 경험을 갖춘 서버에 비해 마법사에서 사용 가능한 역할 목록이 더 축소된 것을 알 수 있다. 이들 역할 목록만 서버 코어에서 설치할 수 있다.

```
역할
  □ Active Directory LDS(Lightweight Directory Services)
  □ Active Directory Rights Management Services
  □ Active Directory 도메인 서비스
  □ Active Directory 인증서 서비스
  □ ADFS(Active Directory Federation Services)
  □ DHCP 서버
  □ DNS 서버
  □ Hyper-V
  □ Windows Server Essentials 경험
  □ Windows Server Update Services
  □ 디바이스 상태 증명
  □ 볼륨 정품 인증 서비스
  □ 원격 데스크톱 서비스
  □ 원격 액세스
  ☑ 웹 서버(IIS)
  □ 인쇄 및 문서 서비스
▷ ■ 파일 및 저장소 서비스(1/12개 설치됨)
  □ 호스트 보호자 서비스
```

8. 마법사를 진행하면 웹 서버 역할이 CORE1 서버에 원격으로 설치된다.

예제 분석

서버 관리자 내에는 헤드리스 서버를 변경하고 설정하는 데 사용할 수 있는 유용한 구성 옵션이 있지만, 이 방법이 유일한 것은 아니다. 11장의 예제를 계속 읽어 가면 원격에서 서버 구성을 가능케 하는 더 강력한 옵션도 찾을 수 있다. 서버 관리자를 살펴보면서 원격 컴퓨터에서 조정해야 하는 Windows 방화벽 규칙에 관한 메시지를 마주치기도 했을 것이다. 서버 코어와 나노 서버 모두 기본적으로 잠겨있으므로 서버 관리자와 같은 신뢰된 도구조차도 원하는 대로 이들 서버와 항상 통신할 수 없다.

방화벽 규칙을 열고 서버 관리자에서 요청하는 작업을 허용하도록 이들 코어와 나노 서버의 콘솔에 로그인해야 할 때가 종종 있다.

▌ 원격 MMC 도구로 나노 서버와 서버 코어 관리

로그인하지 않았거나 나노 서버와 서버 코어와 같은 전통적인 의미로 로그인할 수 없는 서버와 상호작용하는 또 다른 강력한 방법이 원격 시스템에서 MMC 도구를 사용하는 것이다. MMC를 시작하고 콘솔에서 스냅인을 추가하거나 관리 도구 폴더에서 직접 실행한 다음 상호작용할 서버를 지정하면 로그인하지 않은 시스템을 중앙 관리할 수 있다. 함께 테스트해보자.

준비

바로 앞에서 서버 관리자의 원격 사본을 사용해 CORE1에 웹 서버 역할을 설치했다. 이제 CORE1에서 실행 중인 기본 웹사이트를 변경하려 한다. 서버 코어의 콘솔은 간단히 로그인해서 IIS 관리 그래픽 도구를 열수 없기 때문에 CA1 서버에 설치한 도구를 사용한다.

예제 구현

CORE1에서 실행되는 웹 서버 역할을 원격으로 관리할 수 있다. 여기서는 두 가지 방법을 다룬다.

1. Microsoft 관리 콘솔^{MMC}을 실행한다. 보통 WinKey + R을 누른 다음 실행 창에 MMC를 입력해 호출한다.
2. MMC 내에서 파일 메뉴를 클릭한 후 스냅인 추가/제거를 선택한다.

3. 아래로 스크롤해서 IIS(인터넷 정보 서비스)라는 스냅인을 찾는다. 선택하고 추가 버튼을 클릭해 선택한 스냅인으로 이동한다.

4. 확인 버튼을 누른다.

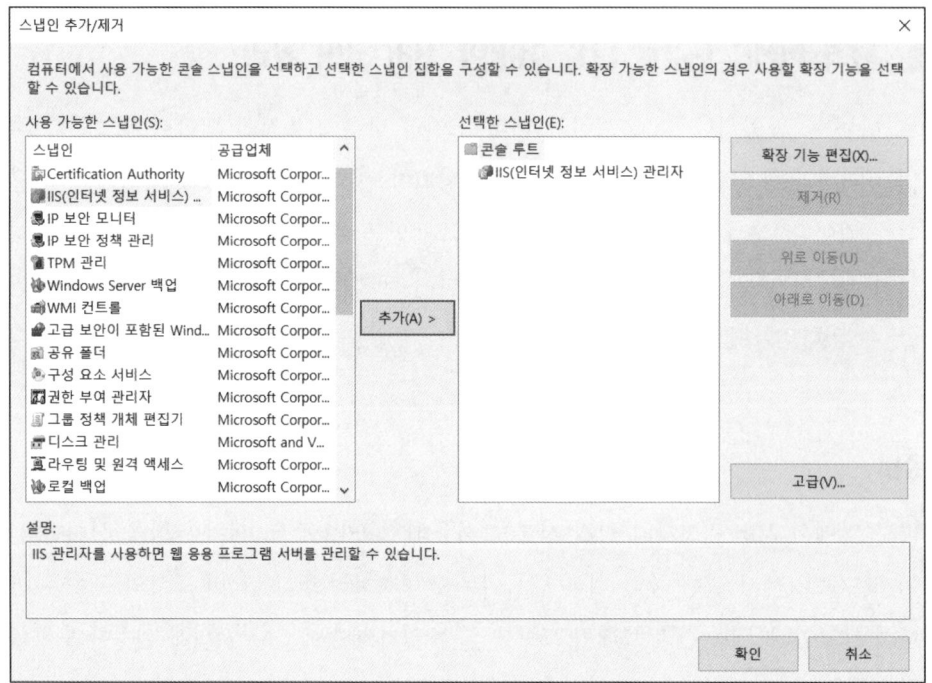

5. 지금까지 CORE1에 관한 어떤 부분도 지정하지 않았기 때문에 기본적으로 MMC는 CA1 서버에 대한 IIS 콘솔을 연다. 시작 페이지를 오른쪽 클릭하고, 서버에 연결...을 선택한다.

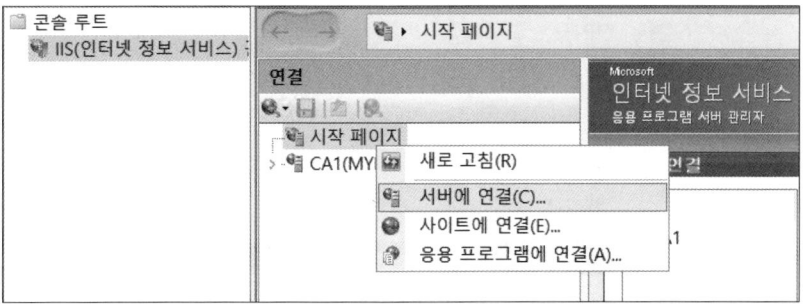

6. 관리하기 원하는 서버의 이름을 입력한다. CORE1.MYDOMAIN.LOCAL에서 IIS 콘솔을 확인하고자 한다.

MMC 내에서 다른 많은 도구를 시작하고 또 다른 시스템에 원격으로 연결할 수 있다. 방금 했던 MMC를 사용하는 방법 대신, 간단히 **관리 도구** 폴더에서 IIS 콘솔을 직접 열 수 있다. IIS 관리를 열었다면 원격 서버에 원격으로 연결하는 작업은 앞서 보였던 동일한 단계를 밟는다.

7. 사실 앞서의 서버 관리자에 관한 방법과 이 예제를 혼합하는 한 가지 방법이 더 있다. 이제 웹 서버 역할이 CORE1에 설치됐으므로 서버 관리자로 돌아가서 CORE1 서버를 오른쪽 클릭하면 바로 여기서 IIS(인터넷 정보 서비스) 관리자를 시작하는 옵션이 나온다.

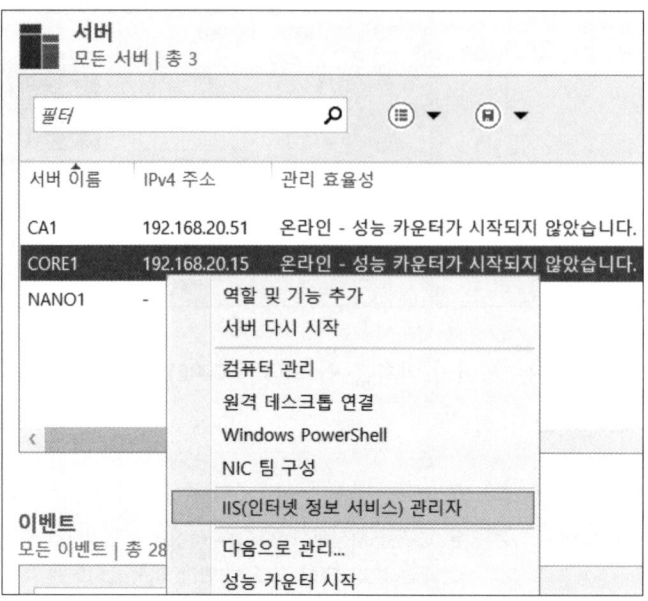

예제 분석

MMC에는 로컬이든 원격이든 서버 관리에 필요한 대부분의 도구를 위한 스냅인이 있다. 관리자가 MMC 콘솔의 능력을 제대로 활용하는 경우는 잘 보지 못했다. 전체 조직에 필요한 모든 관리 도구 스냅인을 추가하고, 각 역할이나 작업에 관련된 서버에 연결하면 로컬 컴퓨터에서 하나의 MMC 콘솔 창으로 쉽게 관리할 수 있다. 이 방식으로 IIS, Active Directory, DNS, 그룹 정책 등을 변경할 때마다 컴퓨터에서 간단히 이 MMC 창을 열고 어떤 서버도 로그인하지 않고 변경할 수 있다.

▍원격 PowerShell로 나노 서버와 서버 코어 관리

이제 원격 서버나 헤드리스 서버와 상호작용할 수 있는 가장 강력한 방법인 PowerShell을 살펴볼 차례다. 이미 여러 번 언급했듯이 PowerShell은 운영체제의 대부분을 변경하는 기능을 갖추고 있다. 단지 사용할 적절한 명령을 찾아내는 문제일 뿐이다. 서버에 대한 원격 PowerShell 연결을 수립해 로컬 컴퓨터에서 실행 중인 예쁜 파란 창에서 바로 그 컴퓨터의 대부분을 조작할 수 있다. 이 예제에서는 데스크톱 경험을 실행 중인 Windows Server 2016과 Windows 10 클라이언트 컴퓨터 모두에서 PowerShell을 사용한다.

준비

새로운 CORE1과 NANO1을 원격으로 관리하는 방법을 계속 살펴보기 위해 CA1 서버와 Win10 클라이언트 컴퓨터 모두에서 PowerShell을 사용해 이들 두 서버에 할 수 있는 작업과 할 수 없는 작업을 알아본다.

예제 구현

CA1 서버에 이미 로그인했으므로 서버 관리자에서 CORE1에 원격 PowerShell 연결을 시작해보자. 서버에 이미 로그인했거나 로컬 컴퓨터에서 설치한 RSAT로 서버 관리자를 사용한다면 PowerShell을 원격으로 빠르고 쉽게 수행할 수 있다.

1. 서버 관리자를 시작한다. 서버 추가 기능을 사용해 모든 서버 화면에서 CORE1을 볼 수 있게 만들어 놓았다고 가정한다.

2. CORE1을 오른쪽 클릭하고 Windows PowerShell 옵션을 선택한다.

3. PowerShell이 열리고 CORE1에 연결을 만드는 데 약간의 시간이 걸린 후 익숙한 파란 PowerShell 창이 나타난다. 평소와는 약간 다르게 보이는데, 깜박이는 커서 앞에 CORE1 서버 이름이 지정됐다. 이는 PowerShell 창이 CORE1에서 동작하고 있고, 이 창에 입력한 모든 명령은 로그인한 CA1 서버가 아니라 CORE1에 반영된다는 사실을 알려준다.

4. 이 차이를 확인해보자. 다음 화면에서 볼 수 있듯이 시스템 속성을 열면 현재 Windows Server 2016의 전체 데스크톱 경험 버전을 실행 중인 CA1 서버에 로그인했음을 알 수 있다. 하지만 원격 PowerShell 창에 간단한 `hostname` 명령을 입력하면 시스템 호스트 이름이 CORE1이라고 응답한다.

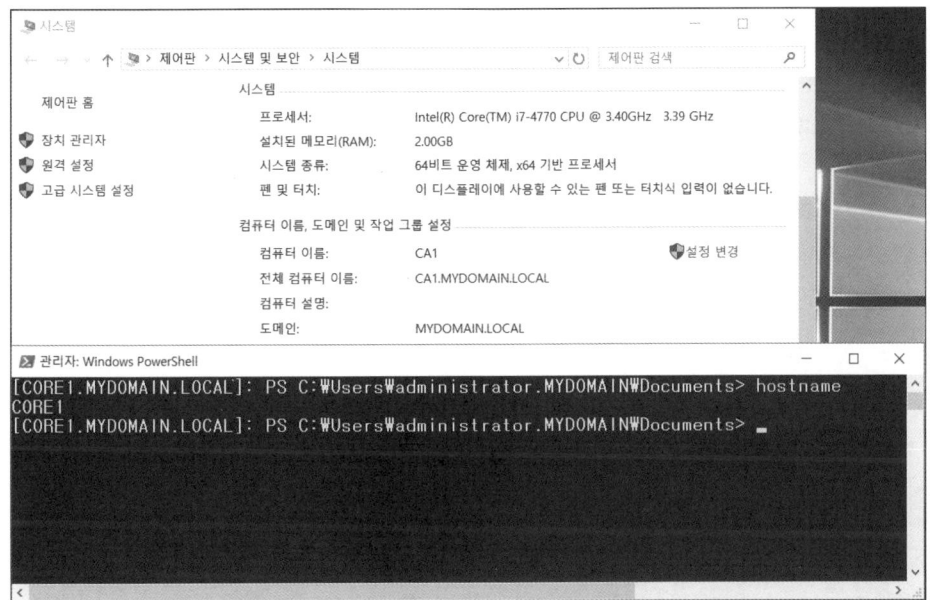

5. 다른 예로 넘어가기 전에 한 단계를 더 수행해보자. CORE1에서 변경을 수행해본다. 앞서 이 시스템에 웹 서버 역할을 설치했지만, 이 서버를 다른 목적으로 사용하기로 결정했다. 그래픽 도구나 마법사를 시작하지 않고 이미 열어놓은 원격 PowerShell 세션에서 다음 명령으로 CORE1에서 웹 서버 역할을 제거할 수 있다.

```
Remove-WindowsFeature Web-Server
```

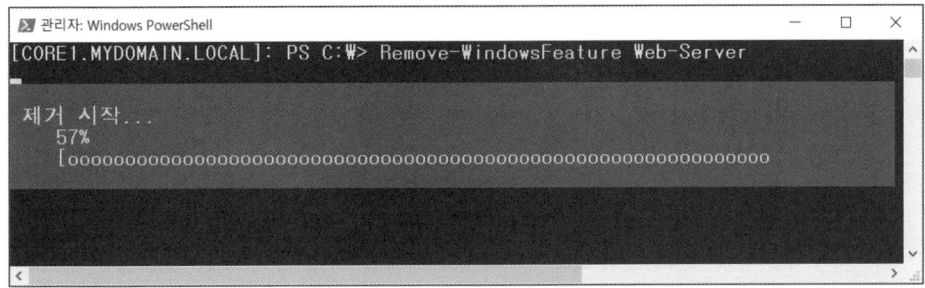

이제 서버에서 시스템을 원격 관리하는 작업을 약간 변경해보자. 서버 도구가 설치되지 않은 Windows 10 클라이언트 컴퓨터에 로그인하고 PowerShell을 사용해 NANO1 서버에 원격으로 연결한다.

1. Win10 클라이언트에서 관리자 권한으로 PowerShell 세션을 시작한다.
2. 다음 명령을 사용해 NANO1에 연결을 시도한다.

   Enter-PSSession -ComputerName NANO1

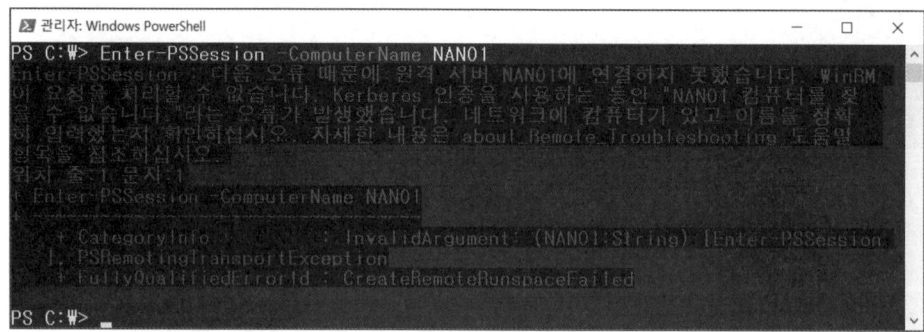

3. 조금 심한 오류 메시지를 출력했다. NANO1의 방화벽 구성을 다시 확인하고 WinRM을 공장 기본 값으로 재설정하기도 했지만, 이 에러 메시지를 계속 받는다. 잠깐 생각해보면 무슨 일인지 알 수 있다. 도메인 로그인에서 이 PowerShell 프롬프트를 실행 중이지만 NANO1은 아직 도메인에 가입되지 않았다. 이는 Active Directory에서 아무것도 확인할 수 없기 때문에 클라이언트의 PowerShell에서 NANO1을 신뢰하지 않는다는 뜻이다.
4. 다행히도 Win10 클라이언트에서 실행할 수 있는 명령으로 PowerShell에서 NANO1을 신뢰하게 만드는 명령이 있다. 이제 다음 명령을 실행한다.

   Set-Item wsman:\localhost\client\trustedhosts NANO1

이 명령은 도메인 가입 시스템에 원격 PowerShell 세션을 연결할 때는 필요하지 않다.

5. 트러스트 설정 외에 Enter-PSSession 명령 매개변수도 약간 조정해야 한다. PowerShell은 도메인 로그인 내에서 실행 중이지만 NANO1은 도메인에 가입되지 않았으므로 아직 도메인 자격증명을 인식하지 못하기 때문이다.
6. NANO1에서 실제로 인증하는 로컬 자격증명을 지정해 원격 PowerShell 세션을 연결하기 위해 다음 명령을 시도한다.

```
Enter-PSSession -ComputerName NANO1 -Credential administrator
```

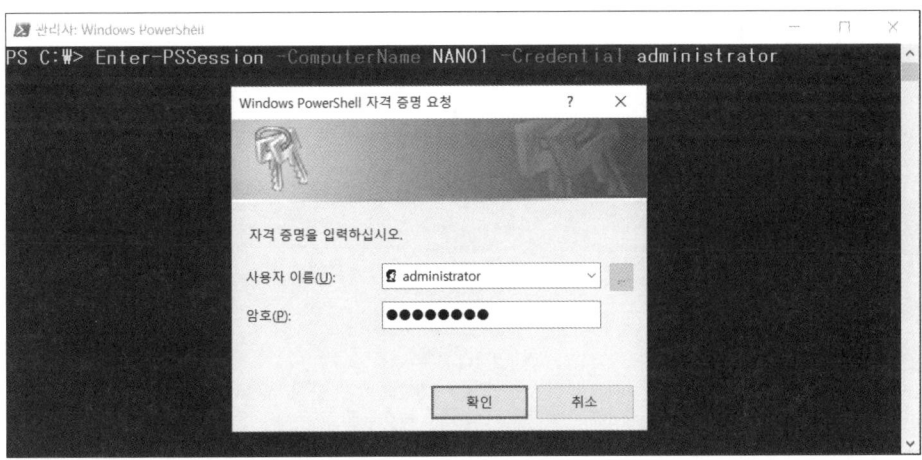

예제 분석

서버 코어나 나노 서버와 같은 헤드리스 서버를 원격으로 연결하고 다룰 수 있는 다양한 방법을 살펴봤다. PowerShell은 이 작업을 수행하는 가장 강력한 방법이지만, 일상적인 작업에서 PowerShell 명령을 사용하는 데 익숙하지 않다면 가장 복잡하게 느낄 수 있다. 학습 곡선이 수반되지만, IT 역량을 향상시키는 최고의 수단이다.

나노 서버는 새로 등장했고 계속 진화하는 기술이라는 것을 알아야 한다. 새로운 나노 서버를 만들고 상호작용하는 데 사용하는 프로세스와 절차는 Windows Server 2016을 사용하는 사람들에게 몇 개월 동안에 변화를 줄 것이고, Microsoft에서 나노 서버를 향상시키는 작업을 계속할 것이다.

12

Hyper-V 활용

요즘의 서버 관리자들은 늘 가상 컴퓨터를 사용한다. 가상 컴퓨터는 컴퓨팅 인프라를 잠식해 나가고, 모든 방면에서 물리 서버들을 대체해 나가고 있다. 고맙게도 가상 컴퓨터를 구축하고 관리하는 데 필요한 퍼즐 조각을 알고 있다면 쉽게 가상화에 입문할 수 있다. 가상 컴퓨터를 관리하는 많은 서버 관리자와 작업해봤지만, 큰 조직에서는 대게 백엔드에서 이들 VM을 만드는 사람이 있다. 이는 Windows 서버를 매일 다루는 사람이라도 Hyper-V 관리 콘솔의 사용에 대한 경험은 많지 않을 수도 있기 때문에 Hyper-V 자체에 관한 장을 Windows Server 2016을 다루는 이 책에 포함해야 한다고 생각했다. 12장에서 다루는 내용은 다음과 같다.

- Windows 서버에서 Hyper-V 실행
- Hyper-V 서버 만들기

- VM 네트워킹
- 첫 번째 가상 컴퓨터 만들기
- VM 설정 페이지 사용
- 가상 하드 디스크 편집
- 검사점을 롤백 지점으로 사용

▎ 소개

서버 가상화에 관해 얘기할 때 가상화 호스트와 가상 컴퓨터 사이의 차이점을 알아야 한다. 호스트 서버는 일종의 권력자로, 대개 더 작은 가상 컴퓨터에 모든 리소스를 제공하는 물리적인 플랫폼이다. 가상화 호스트 범주에는 두 가지 주요 플레이어가 있다. VMware라고 하는 회사는 개인 및 기업 배포 모두에서 인기 높으며, 물론 Microsoft는 Hyper-V를 제공한다. 나는 Microsoft 세계에서 숨쉬고 있고, 이 책은 Microsoft 중심 서적이므로 새로운 Windows Server 2016 운영체제 내의 Microsoft Hyper-V에서 제공하는 가상화 기능에 초점을 맞춘다. Hyper-V의 가장 중요한 부분은 Windows Server 운영체제를 실행하는 누구나 사용할 수 있다는 점이며, 따라서 지금까지는 비즈니스에 가상화 기술을 사용하지 못했더라도 이제는 마우스 클릭 몇 번만으로 가상화를 사용할 수 있다. 더욱이 VMware를 사용 중이라면 Hyper-V로 마이그레이션과 관련해 Microsoft의 최근 제안을 검토할 수 있다. Windows Server 2016의 출시는 Hyper-V로 전환하려면 기업에게 상당한 할인과 인센티브를 제공한다.

가상화는 엄청난 주제며, Hyper-V에 대한 세세한 내용을 다루면 완전한 책 한 권이 나온다. 12장은 가상화된 환경을 실행하는 기초와 이런 환경을 사용하는 데 필요한 단계에 초점을 맞춘다. 이 책의 예제 범위를 벗어나는 '모든 서버에서 상시 대기 복제본을 항상 준비하고 호출되기를 기다리는 환경'을 만들려고 한다면 Hyper-V 클러스터링과 복제 같은 주제를 찾아서 읽어보자. Hyper-V는 재해 복구 계획의 핵심 요소다. 새로운 Server 2016에서도 Hyper-V 내에서 실행하는 가상 컴퓨터에 다시 Hyper-V 역할을 설치하는 중첩 가상화 개념이 있다. 이런 기술을 사용할 이유가 있을까? 이 세계에서 이 기술을 사용하려는 이유를 묻는다면 '컨테이너를 사용하기 위해서'가 질문의 한 가지 답일 수 있다. 즉, 데브옵스 역량을 확장하기 시작할 때 Windows 서버와 Hyper-V 컨테이너를 사용해 작고 안전하며, 표준화된 애플리케이션 개발과 확장 플랫폼을 제공하는 것이다.

▌Windows 서버에서 Hyper-V 실행

조직에서 사용할 가상 컴퓨터를 만들기 전에, 먼저 Hyper-V를 실행할 가상화 호스트 서버가 필요하다. 첫 번째 고려 사항은 하드웨어다. 하드웨어 요구 사항은 Hyper-V 서버에 얼마나 많은 가상 서버를 올릴 지에 달렸다. 예를 들어서 이 책에 나오는 실습 환경에 사용하는 서버는 Intel i3 프로세서와 8GB 램을 사용할 뿐이다. 이는 Hyper-V에 좋은 환경은 아니어서 동시에 4~5개의 가상 컴퓨터밖에 사용할 수 없고, 각 가상 컴퓨터당 최소한의 메모리를 사용한다. 가상 컴퓨터 모두는 매우 느리게 동작한다. 가상화 환경에서 수십 대 이상의 서버를 사용하기 위해서는 여러 개의 Xeon 프로세서와 100GB 이상의 메모리가 기준이다. 아니면 1 ~ 10대의 서버를 실행한다면 대략 중간 값을 찾을 수도 있을 것이다. 정답은 없다. 각 VM에 충분한 메모리를 할당하고, 여기에 더해 호스트 운영체제도 적절한 성능을 발휘할 수 있게 메모리를 추가해야 한다. 사용자가 시작하려는 이들 서버 모두에 충분한 물리 저장소가 필요하기 때문에 하드 드라이브 공간도 고려 사항이다.

하드웨어를 결정한 후에는 설치할 Windows Server 2016의 버전을 결정해야 한다. 인스톨러를 실행하면 Server 2016 Standard와 Datacenter에 대한 옵션이 나온다. 중요한 사실 중 하나는 Windows 서버에 Standard SKU 두 개의 가상 컴퓨터만 실행을 허용한다는 점이다. 이 부분이 충분하지 않다면 Windows Server 2016 Datacenter를 설치해야 한다. 12장의 다음 예제에서 세 번째 옵션을 확인해보자. 이 옵션은 Datacenter SKU보다 훨씬 저렴하다!

준비

Windows Server 2016 Datacenter 에디션을 설치한 서버 하드웨어를 준비한다. 이 서버는 라이선스 관점에서 무제한의 가상 컴퓨터를 구현할 수 있다. Windows 서버를 실행하는 각 가상 컴퓨터마다 서버 키가 필요하다. 운영체제 라이선스가 공짜로 제공되지는 않는다.

예제 구현

하드웨어에 이미 Windows Server 2016 Datacenter를 설치했다. Hyper-V는 운영체제 통신을 호스팅하는 전용 NIC도 필요하기 때문에, 이 서버에는 두 개의 NIC를 준비했다. 두 번째 NIC는 가상 컴퓨터와 물리 네트워크 사이의 브리지로 사용된다. 다음 절차를 따라 Hyper-V 역할을 설치한다.

1. 서버 관리자에서 역할 및 기능 추가를 열고 서버 역할 선택 화면이 나올 때까지 다음을 클릭하고 Hyper-V 체크박스를 선택한다.
2. 다른 방법으로 Hyper-V 서버가 서버 코어라면 다음의 PowerShell 명령이 Hyper-V 역할과 관리 기능을 설치하는 데 아주 유용하다.

```
Add-WindowsFeature Hyper-V, RSAT-Hyper-V-Tools, Hyper-V-Tools,
Hyper-V-PowerShell
```

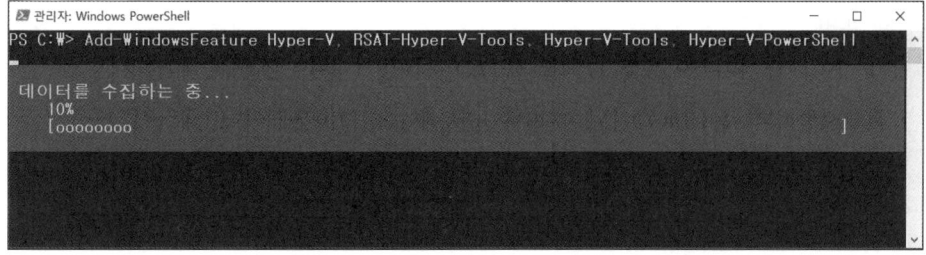

3. 역할을 설치한 다음, 서버를 재부팅해야 한다. 다시 온라인이 되면 서버 관리자의 도구 메뉴에서 Hyper-V 관리자를 처음 시작한다.

4. 다음의 캡처 화면에서 Hyper-V 관리자를 한눈에 볼 수 있다. 이 도구를 가상화 호스트 서버에서 실행하는 가상 컴퓨터와 상호작용할 때 가장 자주 활용한다. 곧 다룰 예제에서 설명하겠지만, Hyper-V를 실행하는 서버와 상호작용하는 다양한 방식과 Hyper-V 관리자 콘솔을 실행할 수 있는 다양한 방식이 있다.

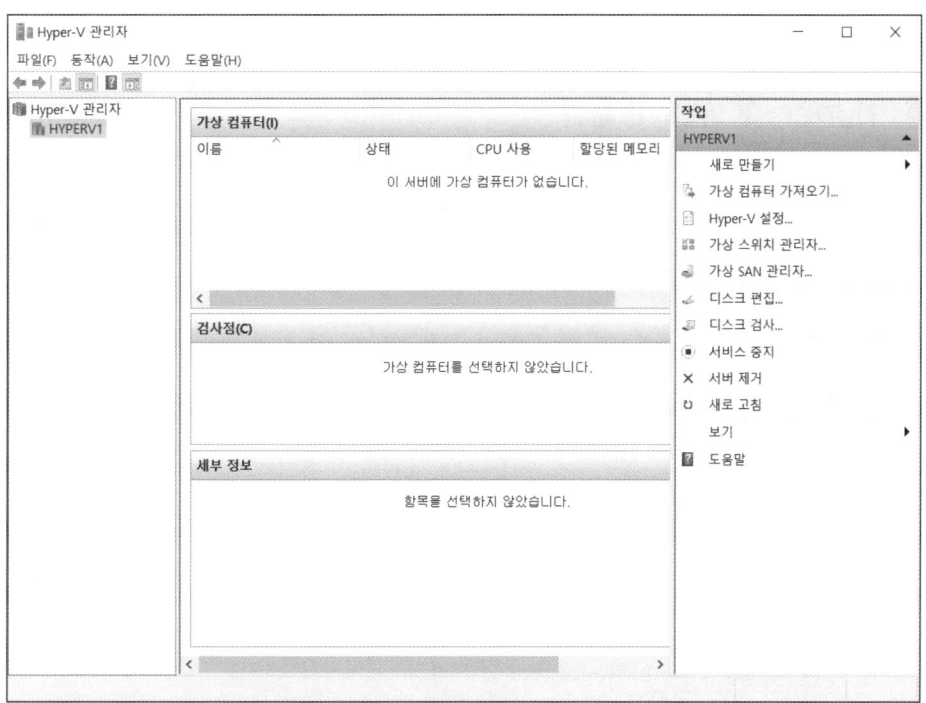

예제 분석

새 Windows Server 2016에 Hyper-V를 구현하는 것은 인프라를 가상화하는 첫 단계다. 하드웨어 요구 사항을 주의 깊게 고려하면 원래 계획보다 더 많은 서버나 더 고사양의 서버가 필요하다고 해석할 여지가 있다. Hyper-V 가상화 호스트가 온라인이 됐다는 사실은 역할이 설치됐고 초기 구성을 거친 상태이므로, 이제 Hyper-V 관리 콘솔을 사용해 만들어볼 차례다.

Hyper-V의 역할 설치와 관련해서 중요한 점은 가상 컴퓨터에 Hyper-V 역할을 설치할 수 있는 기능을 갖췄다는 점이다. 이를 업계에서 **중첩 가상화**라고 한다. 가상 서버에서 다른 가상 서버를 호스팅할 수 있다. 이 기능은 무엇을 말하는 것일까? 주로 컨테이너와 나노 서버에 관련된 Server 2016의 새로운 기능 때문이지만, 가상 서버 환경을 구축하는 최선의 방법을 결정할 때 시간을 들여 고려해볼 만하다.

■ Hyper-V 서버 만들기

방금 이 작업을 한 것 같지만 실제는 그렇지 않다. 앞 예제에서 수행한 작업은 기존 Windows Server 2016에 Hyper-V 역할을 설치한 것이다. 가상 컴퓨터를 운영하기 위해 데스크톱 경험을 실행하는 서버나 서버 코어, 심지어 나노 서버를 실행하는 서버에서 Hyper-V를 구현할 수 있다. 그러나 실제 Hyper-V 서버는 이들과는 완전히 다르다.

Windows Server 2016을 구축하고 Hyper-V 역할을 설치하는 작업은 구성하기 쉽고 대부분의 관리자가 가상화 호스트를 구축하는 방법이다. 그러나 여기에는 주로 비용과 연관된 몇 가지 단점이 있다. 앞서 언급했듯이 Windows Server 2016 Standard를 호스트로 사용한다면 두 개의 가상 컴퓨터만 실행할 수 있다. 이는 심각한 제약 요인이다. 한편 호스트에 Windows Server 2016 Datacenter를 설치한 후 무제한의 VM을 실행할 수 있지만, Datacenter는 Standard 서버보다 비용이 상당히 높다.

이 부분이 Hyper-V 서버가 중요한 이유다. Hyper-V 서버는 Microsoft에서 무료로 받을 수 있는 완전히 다른 인스톨러 파일이다. 설치하고 나면 이 Hyper-V 서버에 관련된 라이선스 비용은 없다. Hyper-V 서버 위에서 실행하고 있는 모든 일반 Windows 서버의 경우는 물론 관련된 라이선스 비용이 있다. 그러나 Hyper-V 호스트 서버는 완전히 무료다. 그리고 가상 컴퓨터를 무제한으로 만들 수 있다. 무료라는 단어로 인해 데이터센터에 Hyper-V 서버가 널리 퍼질 것이라 생각하겠지만, 실제로는 그렇지 않다. 여기에는 두 가지 요인이 있다. 첫 번째는 많은 관리자가 Hyper-V 서버라는 존재를 알지 못할 수 있다는 점이다. 두 번째는 Hyper-V 서버의 인터페이스가 서버 코어와 더 닮았다는 사실이며, 매우 중요한 대규모 Hyper-V 호스트 서버의 콘솔과 상호작용하기 위해 명령 프롬프트만 제공한다는 사실에 전혀 편안한 느낌을 갖지 못할 것이다.

Hyper-V 서버를 설치해보면서 설치 방법을 알아보고, Hyper-V 서버에서 VM을 관리하는 방법도 살펴본다. 이 작업은 미리 겁먹을 필요가 없으며, 생각하는 것처럼 어려운 일이 아니다.

준비

Hyper-V Server 2016을 설치하기 위한 새 서버를 준비한다. Hyper-V 서버의 원격 관리를 시연해 보기 위해 데스크톱 경험을 실행하는 Windows Server 2016을 사용한다.

예제 구현

다음의 절차를 따라 첫 번째 Hyper-V 서버를 구현하고 테스트한다.

1. 다음 링크에서 Microsoft Hyper-V Server 2016 인스톨러 ISO를 다운로드해야 한다.

   https://www.microsoft.com/ko-kr/evalcenter/evaluate-hyper-v-server-2016

2. 다운로드한 후 ISO 파일을 DVD에 굽거나 USB에 부팅 미디어를 만든다. 그런 다음 새 서버 하드웨어를 이 미디어로 부팅한다.

3. 보다시피 설치 마법사는 기존의 Windows Server 2016 인스톨러와 상당히 유사하다. 큰 차이점은 설치하기 원하는 운영체제의 버전을 물어보지 않는 부분이다. 설치 위치를 지정한 후 Hyper-V Server 2016의 설치가 바로 진행된다.

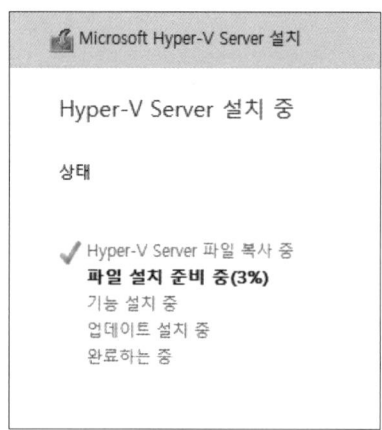

4. 다음의 설치 과정을 잘 따랐다면 서버 코어에서 사용해봤던 것과 거의 똑같은 명령 프롬프트 창이 나타난다.

5. Ctrl + Alt + Delete를 누르면 로컬 관리자 암호 변경을 요청받는다. 변경한 후에는 sconfig 도구가 바로 실행된다. sconfig는 서버 코어를 다루는 사람을 위한 표준 구성 인터페이스이므로 이 영역에서 다뤄본 경험이 있다면 익숙할 것이다. 보다시피 여기서 제공하는 옵션으로 호스트 이름 변경, 네트워크 설정 구성, 도메인에 새로운 Hyper-V 서버 가입 등을 수행한다.

6. 사실 여기서는 이러한 단계를 밟아 Hyper-V 서버에서 호스트 이름과 IP 주소, 도메인 멤버십을 설정했다.

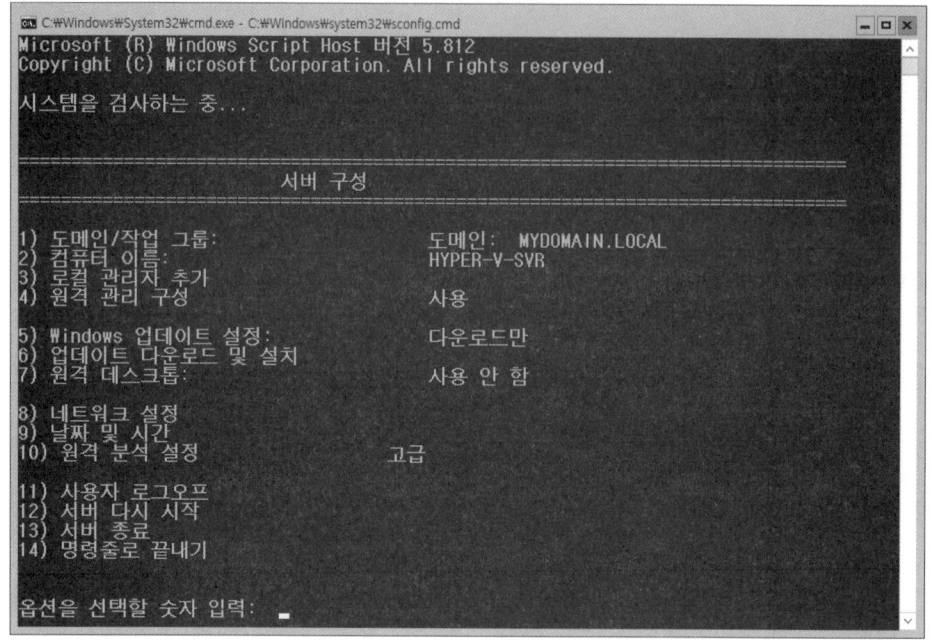

7. 이제 Hyper-V Server 2016이 설치됐고 일반적인 서버 설정을 수행했으니, 다음은 뭘 할까? Hyper-V 호스트 서버가 되는 데 필요한 역할과 서비스가 이 운영체제에 이미 포함됐으므로 이 시점에 필요한 것은 Hyper-V 관리 콘솔에서 VM을 만드는 방법을 알아내는 것이다. 이를 위해 Microsoft 원격 관리 사고방식으로 넘어간다.

8. 새로운 Hyper-V 서버에 Hyper-V 역할이 실제 설치됐는지 확인하려면 sconfig 콘솔에서 14번 옵션을 선택한다. 그러면 일반적인 명령 프롬프트 창으로 돌아간다. 여기에 **powershell**을 입력하고 Enter를 눌러 PowerShell 인터페이스로 들어간다.

9. 이제 PowerShell에서 Get-WindowsFeature -name *hyper* 명령어로 Hyper-V 역할이 설치된 것을 확인할 수 있다.

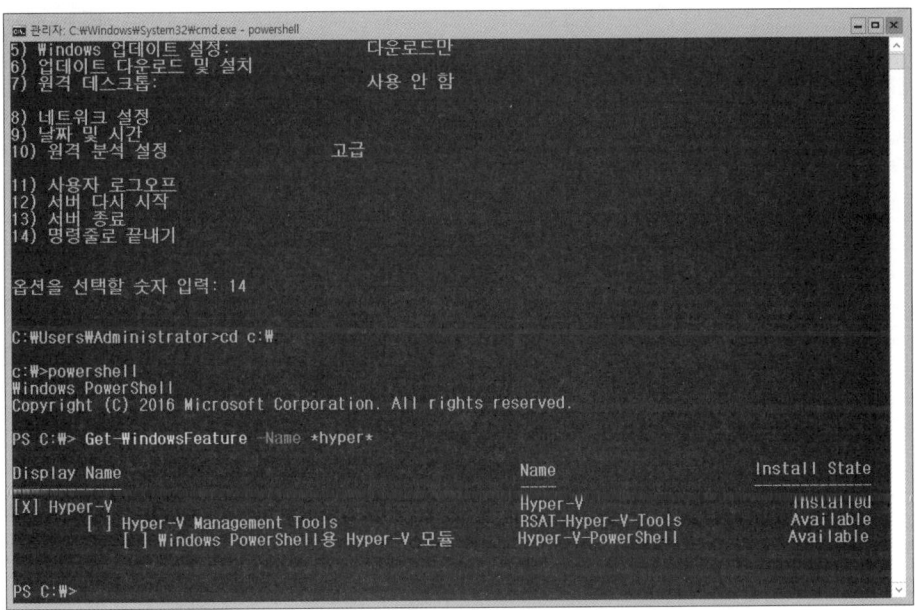

10. 네트워크의 다른 서버나 컴퓨터에 로그인해서 Hyper-V 관리자 콘솔을 사용해 이 새로운 Hyper-V 서버를 원격으로 관리한다. Hyper-V 관리 도구가 설치된 Windows 서버로 로그인하거나 Windows 10 클라이언트에서 바로 이들 도구를 설치할 수 있다. Windows 10 Pro 또는 Enterprise 버전을 실행 중이면 Hyper-V 도구를 데스크톱 컴퓨터에 바로 설치하는 기능이 있으므로, 따라서 그 도구를 사용해 이 서버를 관리할 수 있다. Windows 10 클라이언트에 로그인하고 제어판에 있는 Windows 기능 켜기/끄기 도구에서 Hyper-V 도구를 설치한 후 데스크톱 컴퓨터에서 Hyper-V 관리자를 시작한다.

11. Hyper-V 관리자 내의 Hyper-V 관리자를 오른쪽 클릭한 후 서버에 연결...을 선택한다.

12. 새로운 Hyper-V 서버의 이름을 넣고 확인을 클릭한다.

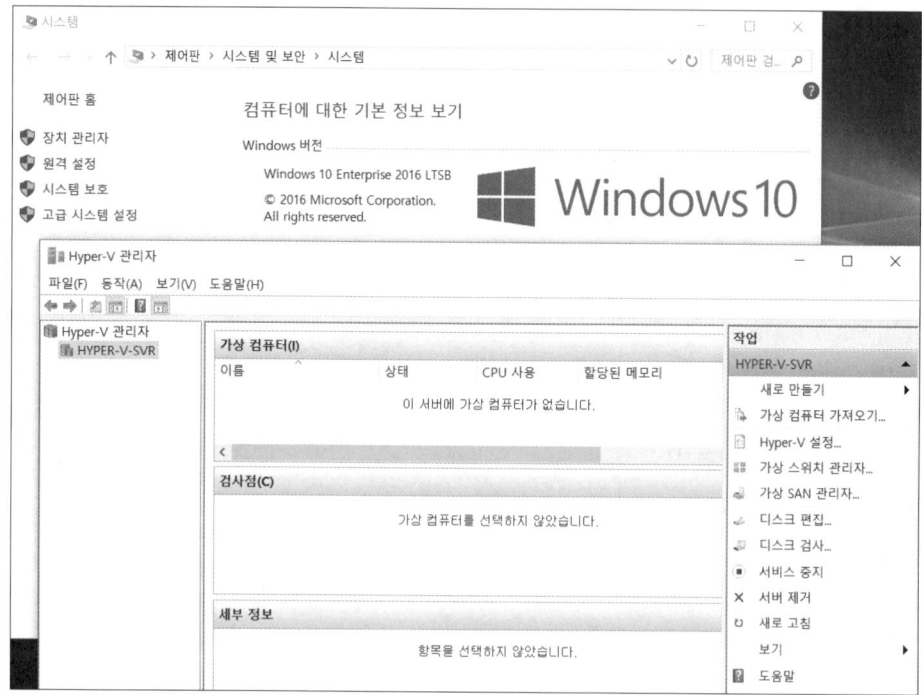

13. 이제 Windows 10 클라이언트 컴퓨터에서 Hyper-V 관리자를 실행하지만, 새로운 서버에서 실행 중인 Hyper-V 서비스를 원격으로 관리한다. 여기서 새 VM을 만들고 관리하며, Hyper-V 관리자를 Hyper-V 서버에서 바로 실행하고 있는 것처럼 일상적인 작업을 수행한다.

예제 분석

Hyper-V 서버는 근본적으로 Hyper-V 역할이 미리 구성된 서버 코어 인스턴스다. Hyper-V 서버와 전통적인 Hyper-V 역할을 실행 중인 Windows 서버와의 중요한 차이는 비용과 서버 자체와 상호작용하는 방식이다. 워크스테이션이나 다른 서버에서 직접 원격 관리 도구를 사용해보면 Hyper-V 서버가 잘 맞는지 여부를 살펴볼 때 새 인터페이스를 배우는 부담을 덜 수 있다. 나머지 예제에서는 전통적인 데스크톱 경험 버전의 Windows Server 2016에서 설치한 Hyper-V를 사용하지만, 가상화 인프라를 적절하게 계획하는 데 사용할 수 있는 Hyper-V 서버가 있다는 사실을 알고 있는 것이 중요하다.

▎ VM 네트워킹

활용하기로 선택한 플랫폼에서 Hyper-V 서버를 실행한 후 다음 논리적인 단계는 가상 컴퓨터를 만드는 일이지 않을까? 그럼 여기서 네트워킹을 설명하는 까닭은 뭘까? VM이 접속하는 네트워크를 설정하는 것은 중요한 기준선이므로 새 VM을 시작하기 전에 네트워크를 고민하는 데 시간을 보내야 한다. 모든 가상 컴퓨터는 네트워크 인터페이스가 하나 이상 있으며, 이들 NIC는 마치 물리 서버에서처럼 스위치에 집속돼야 한다. 가상 세계에서는 물리 스위치를 사용하지 않고 VM에 가상 스위치를 알려줘야 한다. 즉, VM에 네트워크를 연결하기 전에 먼저 가상 스위치를 만들어야 한다.

Hyper-V 호스트 서버 내에 물리 NIC의 정확한 수를 고려하는 일도 중요하다. 각 물리 NIC는 하나의 물리 스위치에만 연결되며, 이 호스트 서버에서 다른 물리 네트워크가 필요한 가상 컴퓨터를 호스팅하려면 이 시나리오에는 여러 개의 NIC가 필요하다. 물리 호스트 서버의 각 NIC는 다른 스위치에 연결될 수 있고, 네트워크에 다른 영역으로 트래픽을 보낸다. 그런 다음 가상 스위치 관리자 내부에서 이들 물리 NIC에 해당하는 가상 스위치를 만들어 선택한 물리 네트워크에 VM을 연결할 수 있다. 간단한 예로 내부 기업 네트워크와 DMZ 모두에 연결해야 하는 DirectAccess 서버에 관해 생각해보자. 물리 Hyper-V 호스트 서버에 적어도 3개의 NIC가 필요한데, 하나는 내부 네트워크, 또 하나는 DMZ 네트워크, 나머지 하나는 Hyper-V 서버 자체의 호스트 운영체제가 통신에 사용하는 전용 NIC다.

준비

이 책 전반에 걸쳐 가상 컴퓨터를 호스팅해온 Hyper-V를 실행하는 Windows Server 2016을 사용한다. 이 서버는 두 개의 NIC를 갖고 있다. 운영에 사용하는 Hyper-V 서버는 보통 두 개 이상의 물리 네트워크 인터페이스를 갖는다.

예제 구현

1. 서버 관리자의 도구 메뉴에서 Hyper-V 관리자를 시작한다.
2. 이 시스템에 설치한 가상 컴퓨터의 목록이 표시되고 화면의 오른편에 작업이 있다. 가상 스위치 관리자... 링크를 클릭한다.

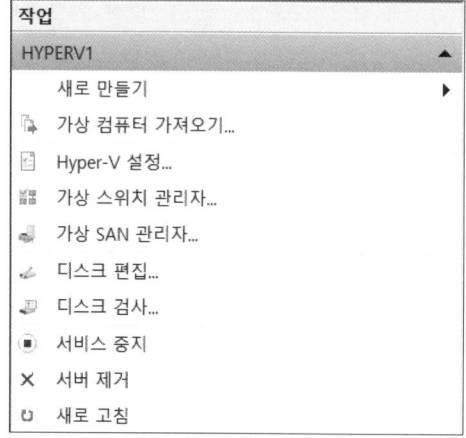

3. 이 화면에서 VM NIC를 연결하는 데 사용하는 스위치를 정의한다. 다음 화면에서 보다시피 Hyper-V 호스트의 물리 NIC에 연결된 스위치는 기업 네트워크에 연결되며, 이 가상 스위치는 Hyper-V 역할을 처음 설치할 때 Physical NIC라는 이름을 붙였다. 이 화면에서 이름을 쉽게 변경하고 원하는 설명을 덧붙일 수 있다.

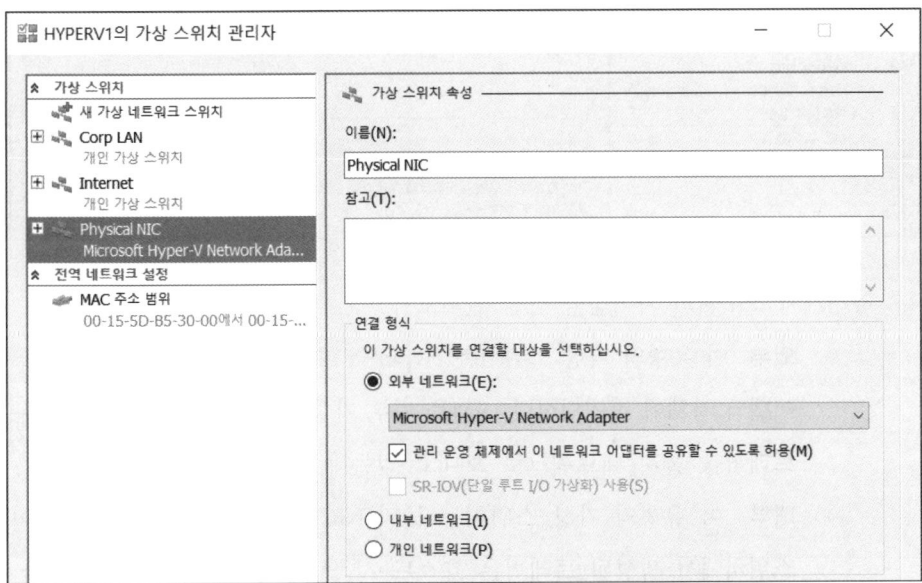

4. 이 서버에서 현재 구성한 개인 가상 스위치는 두 개가 있다. 이들 스위치는 12장에서 서버를 구축하고 테스트를 수행하면서 만든 것이다. 보다시피 하나는 Corp LAN이며, 다른 하나는 Internet이다. 이들 두 개의 스위치는 물리 NIC에 연결되지 않으므로 이 호스트 서버의 외부와 전혀 통신할 수 없다. 이런 종류의 스위치는 새로운 기술을 테스트하고 싶을 때 격리된 테스트 실습 환경을 구축하는 데 유용하다.

5. 새 가상 네트워크 스위치를 클릭하면 3가지 다른 종류의 가상 스위치를 만드는 옵션이 있다.

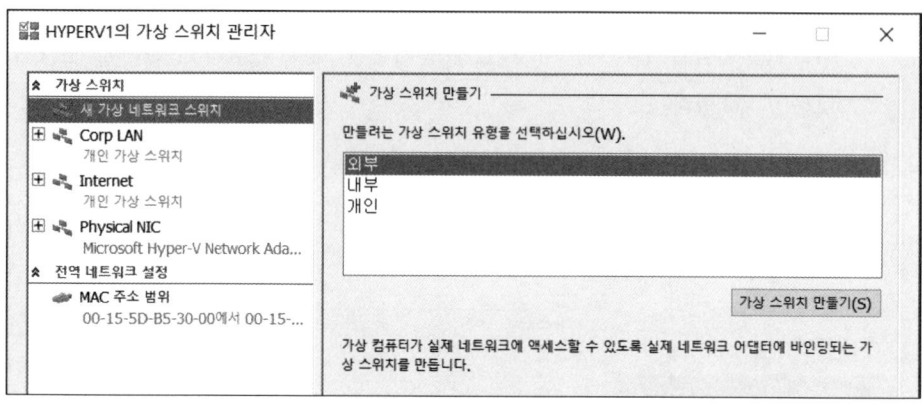

6. 3가지 스위치의 차이점을 잠깐 살펴보자.

    - **외부** 이 유형의 가상 스위치는 Hyper-V 호스트 서버의 물리 네트워크 어댑터 자체에 바인딩한다. VM을 외부 가상 스위치에 연결할 때 VM은 트래픽을 물리 네트워크로 보내고 받는다.

    - **내부** 이 유형의 가상 스위치는 물리 NIC에 바인딩되지 않으므로 이 스위치에서 생성된 트래픽은 호스트 시스템 외부와 통신하지 못한다. 하지만 이들 스위치에 연결하는 VM은 서로 간에 통신할 수 있으며, Hyper-V 호스트 시스템 자체와도 통신할 수 있다.

    - **개인** 이 유형의 가상 스위치는 테스트 환경에서 사용한다. 격리된 스위치며, 물리 NIC와 통신이 안 되며, Hyper-V 호스트와도 통신할 수 없다. Corp LAN 스위치와 같은 개인 스위치에 연결한 VM은 서로 간 통신이 가능하지만, 격리된다.

7. 이 예제에서는 새로운 Windows Server 2016을 사용하고 3가지 표준 스위치 형식만 그래픽 인터페이스에서 볼 수 있지만, Server 2016에는 이제 두 가지 추가 Hyper-V 스위치 형식을 사용할 수 있다. 그렇다면 앞서의 캡처 화면에

서는 왜 보이지 않았을까? 새로운 스위치 형식을 사용하고 싶다면 이를 PowerShell을 통해 배포해야하기 때문이다. 소프트웨어 정의 네트워킹[SDN, Software Defined Networking]을 실행하는 Windows Server 2016 Hyper-V 서버에서 사용할 수 있는 2가지 새로운 형식의 스위치에 관한 정보를 간단히 설명하면 다음과 같다.

- **SET(Switch Embedded Teaming)을 포함한 외부 스위치** SET는 이전 Hyper-V에서는 사용할 수 없는 기능으로 2016에서 새로 등장했으며 Hyper-V 스위치에서 NIC 팀을 바로 만들 수 있다. 1~8개의 물리 NIC를 가상 네트워크 어댑터로 묶어 하나의 NIC가 실패하는 경우 내결함성을 제공한다. SET을 사용할 때 모든 NIC 어댑터는 동일한 물리 Hyper-V 호스트 서버에 설치하고 NIC는 모두 동일해야 한다. `New-VMSwitch` 명령에 `EnableEmbeddedTeaming` 매개변수를 결합해 새로운 SET 가상 스위치를 만든다.

- **NAT** Windows Server 2016은 NAT라고 하는 새로운 Hyper-V 스위치도 포함한다. 가상 컴퓨터에서 공유된 내부 네트워크가 필요할 때 이 유형의 가상 스위치를 만들고, 외부 NIC와 자체의 물리 IP 주소를 바인딩하지 않고 NAT 주소를 사용해 외부 인터페이스에 연결한다. NAT는 새로운 Hyper-V 스위치를 설정할 때 그래픽 콘솔에서 사용할 수 없다. `New-VMSwitch` 명령과 `-SwitchType NAT` 매개변수를 결합해 만든다. 이 새로운 유형의 스위치는 컨테이너 시나리오에서 특히 유용하다.

예제 분석

Hyper-V 가상 스위치 관리자에서 만들려고 계획하는 다른 종류의 가상컴퓨터를 지원해야 할 때 그만큼의 다른 가상 스위치를 아주 신속하게 만들 수 있다. 대부분의 테스트 환경에서 내부 또는 개인 스위치를 활용해 호스트에서 트래픽을 격리해야 한다.

하지만 운영 서버와 가상 컴퓨터로 작업할 때는 주로 Hyper-V 호스트 서버의 물리 네트워크 카드에 바인딩한 외부 스위치로 작업한다. 이렇게 하면 VM에 IP 주소를 할당하고 물리 네트워크와 실제 인터넷과 통신하는 기능을 제공한다. 다음 예제에서 보겠지만 VM을 만드는 과정에서 구성하는 옵션 중 하나가 가상 스위치 연결이기 때문에 VM을 만들기 전에 적어도 한 개 이상의 가상 스위치를 만들어야 한다.

첫 번째 가상 컴퓨터 만들기

이전에 Hyper-V 관리자를 다뤄보지 않았다면 첫 번째 가상 컴퓨터를 만들고 실행하는 데 다소 시간을 들여야 한다. 가상 컴퓨터를 만드는 과정 동안 선언해야 할 옵션이 많다. 이 옵션이 무엇을 뜻하는지 어떤 이점을 제공하는지 이해하는 데 시간을 들여보자.

준비

Hyper-V 역할과 관리 도구가 설치된 Windows Server 2016을 사용한다. 이 예제의 요구 사항은 이것뿐이다.

예제 구현

새로운 가상 컴퓨터를 만들고 그 VM에 운영체제를 설치하는 단계를 따라 해보자.

1. 서버 관리자의 도구 메뉴에서 Hyper-V 관리자를 열거나 관리 도구 폴더에서 직접 실행한다.
2. 화면의 왼편 상단 근처에서 Hyper-V 서버의 이름을 오른쪽 클릭하고 새로 만들기 ❭ 가상 컴퓨터를 선택한다.

3. 새 가상 컴퓨터 마법사를 시작한다. 다음을 클릭해 실제 구성으로 들어간다.
4. 새 VM의 이름을 지정한다. 이 이름은 VM을 만드는 서버의 실제 호스트 이름과는 아무런 관계가 없다. 단순히 Hyper-V 관리자 내에서 확인하는 구분하기 쉬운 이름이다. 여기서 VM에 어떤 이름을 넣으면 Hyper-V 호스트 서버의 하드 드라이브에 가상 컴퓨터를 저장하는 폴더에 반영된다.
5. 이름을 지정하는 페이지에서는 Hyper-V에서 이 새 가상 컴퓨터를 저장해야 하는 위치도 지정한다. 각 VM은 몇 가지 메타데이터 형식 파일과 가상 하드 디스크 파일로 구성되며, 이들 파일을 어딘가에 저장해야 한다. 여기서는 기본 설정이 아닌 다른 값을 설정하는 것이 좋다. Hyper-V에서 'C:\ProgramData' 내에 이들 파일을 저장하는 것도 좋지만, 나중에 이들 파일을 추적할 때 혼란을 줄 수 있다. 보통 VM을 저장하는 전용 드라이브를 갖추고 간단히 VMs라는 폴더를 만든다. 예를 들어 다음 캡처 화면에서 DC3이라는 새로운 가상 컴퓨터를 만들고 파일을 C:\VMs 내에 저장한다. 이 마법사는 그 위치에서 폴더를 만드는데, 이 가상 컴퓨터가 저장되는 최종 위치는 'C:\VMs\DC3'다.

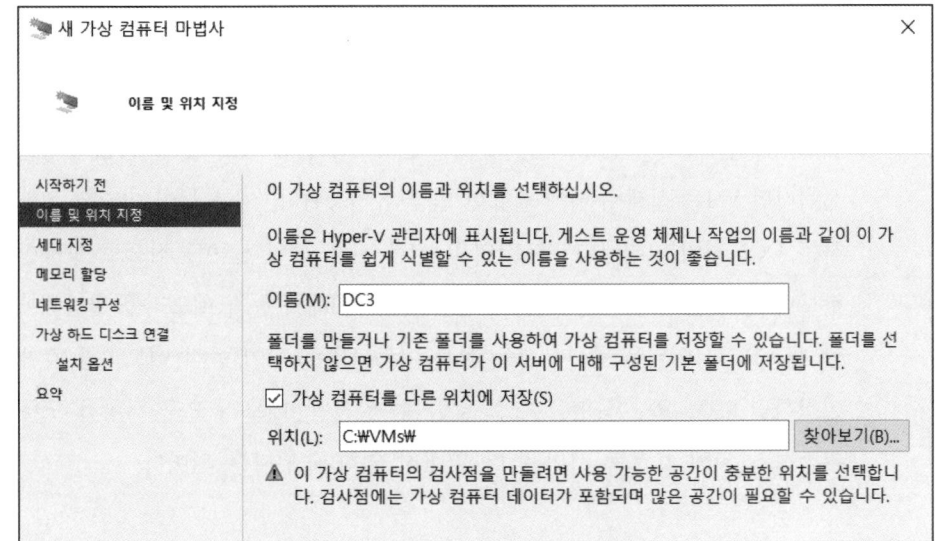

지금 만드는 가상 컴퓨터는 기술적으로 네트워크 내에서 어떤 목적으로도 사용할 수 있지만, 이름에서 알 수 있듯이 이 가상 컴퓨터는 도메인 컨트롤러로 전환해 실행한다. 가상 컴퓨터를 도메인 컨트롤러로 사용할 때는 특별한 구성을 배치해야 한다. VM을 만든 다음 설정 페이지로 가서 **통합 서비스 > 시간 동기화**를 해제한다. 시간 동기화를 켜놓으면 DC는 자체 시간 공급자가 아니라 자신의 Hyper-V 호스트에서 시간을 가져오므로, 시간 동기화 문제가 발생할 수 있다. 가상 DC를 사용할 때 시간 동기화를 비활성화하고 시간 추적을 다른 곳에 담당시키는 것이 좋다.

6. 다음을 클릭하면 가상 컴퓨터를 1세대나 2세대로 만드는 옵션이 나타난다. 보통 Hyper-V 서버에서 VM을 만들 때 이들 VM은 Microsoft Windows Server의 사본을 실행한다. Windows Server 운영체제의 최근 버전은 64비트 설치만 지원하므로, 이들 서버의 경우 2세대 VM을 선택하는 편이 더 좋다. 이 선택은 이들 VM을 두 번째 Hyper-V 서버로 복제하는 기능을 포함해 VM에 최신 기능 모두를 제공한다. 32비트 운영체제를 실행하는 가상 컴퓨터를 구현해야 하는 경우 1세대를 선택해야 한다.

7. 다음으로 VM에 RAM을 할당한다. 관리자는 보통 1024MB, 2048MB, 4096MB 등과 같은 물리 메모리의 양과 관련성을 갖고서 메모리를 지정한다. 그러나 꼭 그렇게 할 필요는 없다. 원하는 값을 여기에 입력할 수 있다. 이 화면의 체크 상자를 유심히 살펴보자. 이 가상 컴퓨터에 동적 메모리를 사용합니다.를 선택하면 VM은 실제 수행에 필요한 만큼만 사용한다. 예를 들어 여기서 실행하는 DC1 서버는 지금 1583MB의 RAM을 사용 중이다. 이론적으로 할당한 값보다 더 낮은 값을 사용하는 것이 좋지만, VM에서 동적 메모리를 확장해야 할 때 CPU 사이클을 좀 더 사용한다. 이는 모든 VM이 동적 메모리를 갖게 설정하면 RAM 요구 사항을 다소 낮출 수 있지만, 메모리 요구 사항을 모두 추적하기 위해 호스트 서버는 더 열심히 일하게 된다는 의미다.

8. 이제 네트워킹 구성 화면이 나타난다. 이 화면에서 앞서 만든 가상 스위치 목록이 나오는 드롭다운 메뉴를 클릭해 새 VM의 가상 NIC와 연결한다. DC3를 Corp LAN에 연결한다.

9. 이제 더 중요한 화면 중 하나인 가상 하드 디스크 연결을 만났다. 보다시피 기본 위치는 'C:\VMs\DC3'의 하위 폴더며, 모든 VM 파일을 함께 유지하기 때문에 이 위치가 적절하나. 이 화면의 가장 중요한 측면은 마법사에게 새로운 가상 하드 디스크를 만들게 요청할 때 크기를 지정하는 부분이다. 기본 크기는 127GB로 설정하는데, 요즘의 물리 디스크 크기 표준과 비교하면 그다지 크지 않다. 처음 사용하는 Hyper-V 관리자는 이 숫자를 더 크게 올리면 VHDX 파일이 더 커질 것이라는 오해를 한다. 따라서 300GB 드라이브에서 50GB만 사용 중이라면 물리 디스크 공간의 250GB를 낭비하는 것처럼 보일 수 있다. 그러나 이것은 오해다.

가상 컴퓨터에는 운영 체제를 설치할 수 있는 저장소가 있어야 합니다. 저장소를 지금 지정하거나 가상 컴퓨터의 속성을 수정하여 나중에 구성할 수 있습니다.

◉ 가상 하드 디스크 만들기(C)
VHDX 형식의 동적으로 확장되는 가상 하드 디스크를 만들려면 이 옵션을 사용하십시오.

이름(M):	DC3.vhdx	
위치(L):	C:\VMs\DC3\Virtual Hard Disks\	찾아보기(B)...
크기(S):	250 GB(최대: 64TB)	

○ 기존 가상 하드 디스크 사용(U)
기존 VHDX 가상 하드 디스크를 연결하려면 이 옵션을 사용하십시오.

위치(L):	C:\Users\Public\Documents\Hyper-V\Virtual Hard Disks\	찾아보기(B)...

○ 나중에 가상 하드 디스크 연결(A)
지금 이 단계를 건너뛰고 나중에 기존 가상 하드 디스크를 연결하려면 이 옵션을 사용하십시오.

> **TIP** VM 만들기 마법사를 마친 후 만든 실제 VHDX 파일을 살펴보면 250GB를 지정했음에도 이 파일의 실제 크기는 4MB일 뿐이다. 물론 새 서버에 운영체제를 설치하기 시작하면 크기는 증가하지만, 드라이브를 만들자마자 자동으로 250GB를 사용하지 않는다는 점을 알아야 한다. 고정 크기 디스크를 만들어 지정한 크기 전체를 사용할 수 있지만, 이 마법사를 사용할 때 기본 옵션 때문에 강제로 고정 디스크를 만들지 않는다.

10. 드라이브의 크기를 결정한 후 이 드라이브에 운영체제를 올리는 방법을 선택해야 한다. 이 새 VM에 Windows Server 2016을 설치할 것이므로 새 VM에 Hyper-V 서버의 하드 드라이브에 있는 설치 ISO 파일을 지정한다. VM 수준에서 이 작업을 수행하면 그 VM에 가상 DVD 드라이브를 만든 다음, 이 ISO를 실제 설치 DVD에 삽입하는 것처럼 삽입한다. 이렇게 하면 이 VM을 처음 부팅할 때 Windows Server 2016의 설치를 진행한다.

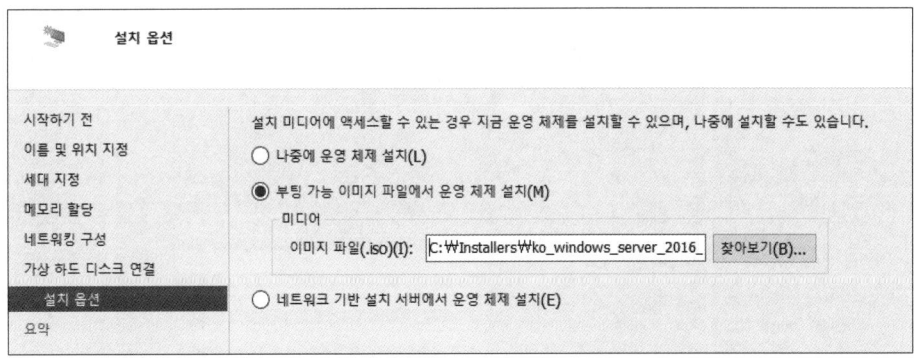

11. 다음을 누른 후 마침을 클릭하면 새 DC 가상 컴퓨터가 만들어져 시작할 준비가 된다. Hyper-V 관리자 내에서 DC3를 오른쪽 클릭하고 **연결...**을 선택한다. 물리 서버에 연결된 물리 모니터 앞에 앉아 있는 것처럼 DC3의 콘솔을 표시하는 창을 실행한다.

12. 상단 툴바에서 시작 버튼을 클릭하고 새로운 가상 컴퓨터가 올라오는 것을 지켜보자.

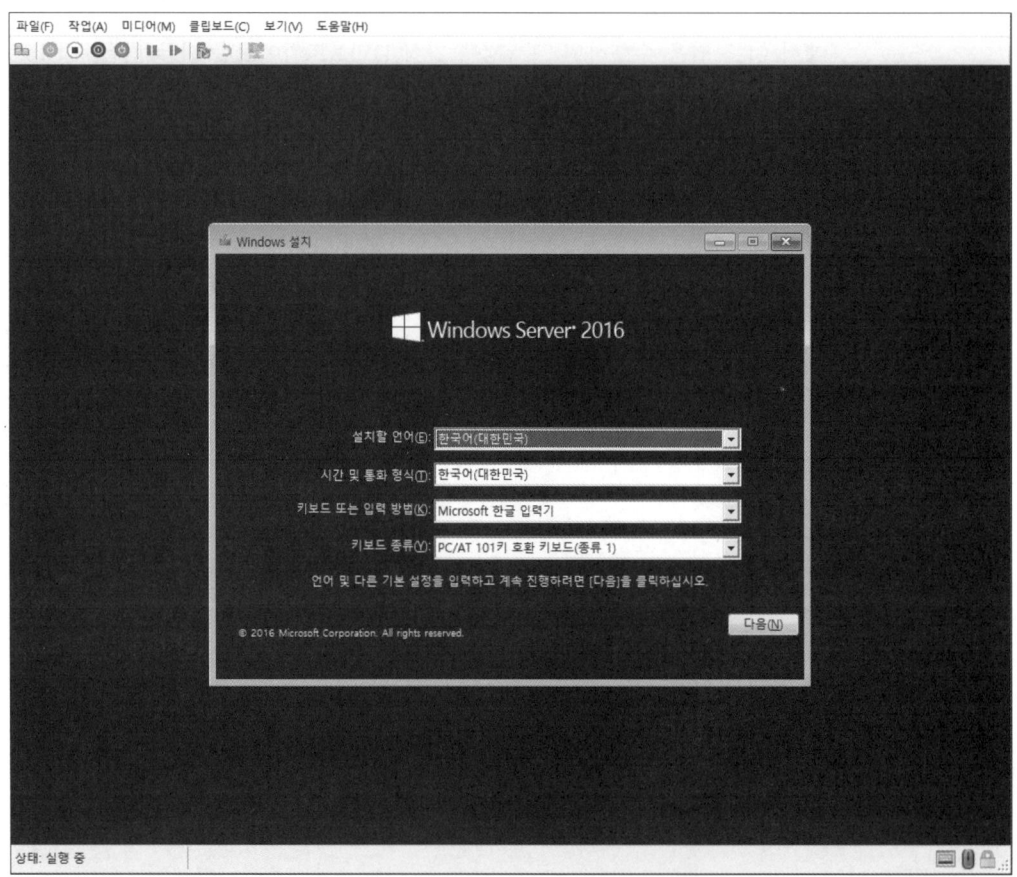

13. PowerShell을 사용해 새로운 가상 컴퓨터를 만들 수도 있다. 예를 들어 다음 명령을 살펴보자. 보다시피 명령에 지정한 매개변수에서 마법사를 통해 했던 옵션을 반영한다.

14. 이 명령을 실행하기 전에 VM을 저장할 드라이브의 위치를 찾는다. 여기서는 'M:VMs'다.

```
New-VM -Name "DC4" -NewVHDPath .\DC4.vhdx -NewVHDSizeBytes 250gb
-MemoryStartupBytes 1024mb
```

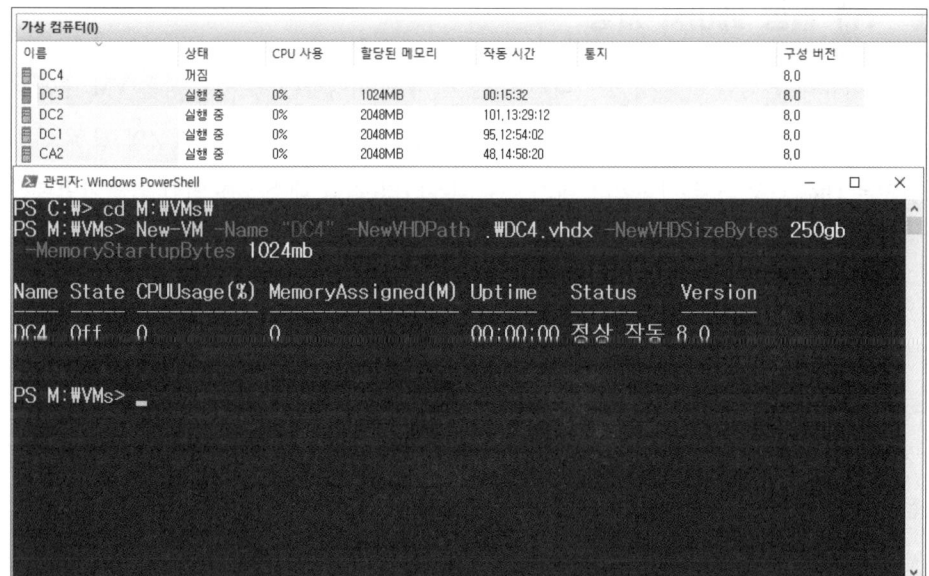

15. 명령을 완료한 후 새로운 VM이 준비됐다. 보다시피 연결할 가상 스위치나 설치 미디어로 부팅할 가상 DVD 드라이브에 연결할 ISO를 지정하지 않았다. 이들 항목은 다음 예제에서 자세히 다룰 VM의 설정 창 내에서 쉽게 수행할 수 있다.

예제 분석

가상 컴퓨터를 만드는 작업은 Hyper-V 서버에서 일상적으로 수행해야 하는 핵심 작업 중 하나다. 이 작업에는 새로운 VM의 구성 과정에서 선택하는 옵션이 많으므로 이들 옵션 몇 가지를 설명하고 싶었다. PowerShell 내에서 VM을 만드는 기능은 동시에 VM을 여러 개 만들어야 하는 특별한 경우에 강력한 도구가 된다. 이런 작업을 자동화하는 간단히 스크립트를 실행하면 단 몇 초 안에 수십 대의 새로운 서버를 만들어낸다.

VM 설정 페이지 사용

가상 컴퓨터를 만들고 실행 중이라면 이들 서버에 수행하는 주요 구성은 VM 내에서 실행 중인 운영체제 내에 영향을 준다. Windows 서버를 실행 중인 VM의 경우 이미 살펴본 Hyper-V 연결 기능이나 데스크톱 컴퓨터의 원격 데스크톱 연결 클라이언트를 활용해 이 새 서버에 로그인할 수 있게 새 서버에 RDP를 활성화하는 방식을 통해 상호작용한다. 하지만 VM이나 물리 서버를 실행 중인지 여부에 상관없이 운영체제 내에서 수행할 수 없는 변경이나 구성을 해야 할 때가 있다. 예를 들어 하드 드라이브를 교체하거나 메모리 추가, 또는 NIC를 추가하고 새로운 네트워크에 연결해야 하는 경우다. 이런 경우는 모두 물리 서버나 가상 서버 모두에 유효한 사용 사례다. 차이점은 VM을 사용할 때는 물리적인 하드웨어 부분이 없다는 것이다. 그렇다면 이러한 변경을 어떻게 수행할 수 있을까? 바로 지금이 Hyper-V 설정 화면이 등장해야 할 시점이다.

준비

몇 대의 가상 컴퓨터를 실행 중인 Hyper-V 호스트 서버의 Hyper-V 관리자 콘솔 내에서 작업한다.

예제 구현

다음 절차를 따라 가상 컴퓨터 중 하나에서 핵심 설정을 살펴본다(이 인터페이스 내의 중요한 옵션 목록을 몇 가지 더 설명한다).

1. Hyper-V 관리자 내에서 VM을 오른쪽 클릭하고 메뉴에서 사용할 수 있는 옵션을 살펴보자. **설정...** 메뉴에서도 옵션을 다룰 수 있지만 VM을 오른쪽 클릭하면 VM을 빠르게 켜고 끌 수 있다는 점도 기억하자. Ctrl이나 Shift 키를 사용해 동시에 여러 대의 VM을 선택한 후 오른쪽 클릭하고 한 번에 시작하거나 종료할 수도 있다.

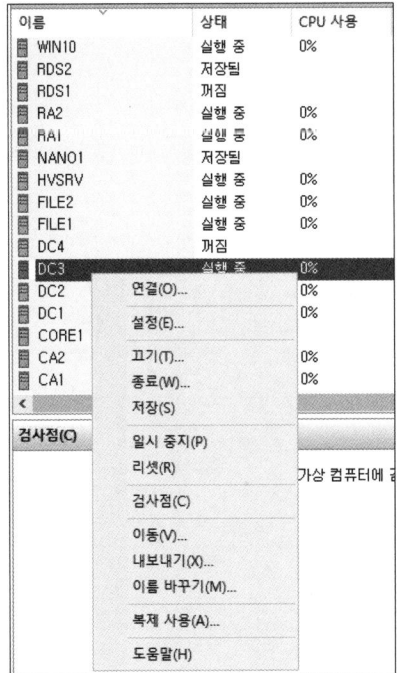

2. **설정...**을 클릭한 후 이 화면에서 다룰 몇 가지 옵션을 조금 살펴보자.
3. 하드웨어 추가 화면이 먼저 나온다. 여기서 VM에 연결할 구성 요소를 추가할 수 있다. 여기서 관리자가 주로 선택하는 항목은 네트워크 어댑터다. 가상

컴퓨터에서 하나 이상의 NIC가 필요한 이유는 많으며, 이 화면에서 그 작업을 수행한다. 이들 옵션 중 일부는 회색으로 표시돼 사용할 수 없는데, 이는 VM에 수행하려는 일부 변경의 경우 가상 컴퓨터를 종료하고 전원을 내려야 하기 때문이다. 사실 1세대 VM의 경우 네트워크 카드 추가 작업도 실행하기 전에 종료해야 했다. 다행히도 DC3은 2세대 가상 컴퓨터로 만들었으므로, 이 VM을 실행 중에도 새로운 NIC를 추가할 수 있다. 추가 버튼을 클릭해 이를 테스트해보면 목록에 두 번째 네트워크 어댑터가 보일 것이다.

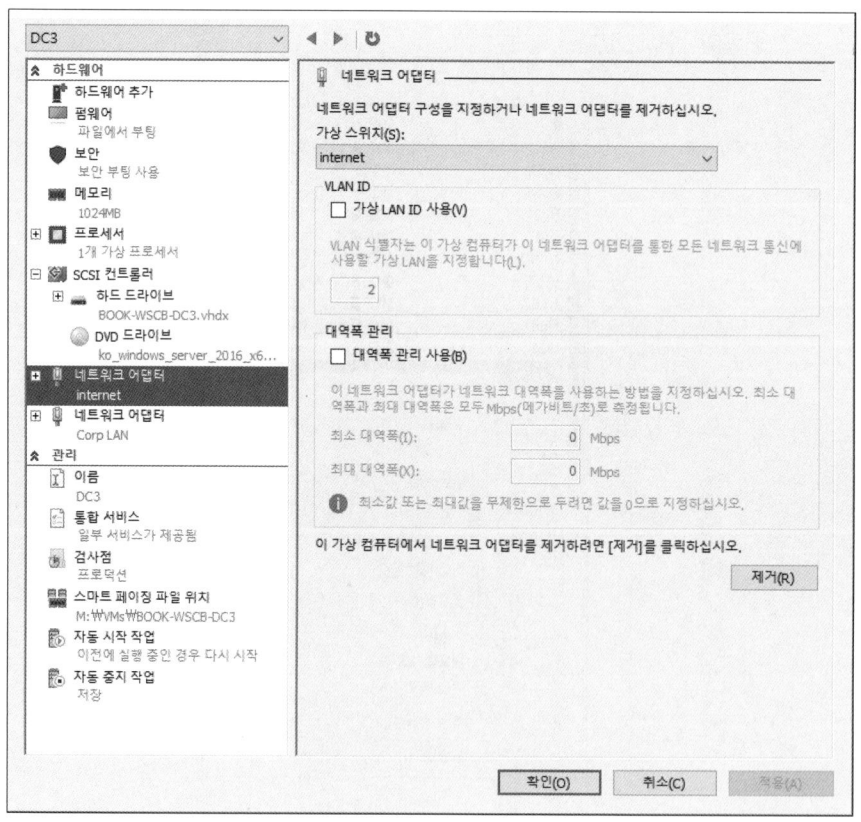

4. 이렇게 추가하면 설정 인터페이스의 또 다른 유용하고 흔히 액세스하는 부분인 네트워크 어댑터 화면으로 간다. VM에 연결된 각 가상 NIC가 여기에 별도로 보이며, 각 NIC를 클릭하면 화면의 상단 근처에 NIC가 연결된 가상 스위치를 선택하는 드롭다운 메뉴가 있다. 여기서는 한 NIC는 Corep LAN에 연결했고, 다른 하나는 Internet에 연결했다.

5. 목록의 조금 아래에는 디스크 컨트롤러 옵션이 있다. 이들 설정은 1세대 또는 2세대 VM인지 여부에 달렸다. 1세대 VM은 이 설정에 IDE 컨트롤러가 있지만, 2세대 VM은 SCSI 컨트롤러가 있다. 어떤 경우든 여기서 VM에 하드 드라이브를 추가하며, 새로운 서버를 만들 때 매우 일반적인 작업인 ISO 파일을 가상 DVD 드라이브에 연결하는 곳이기도 하다. 시간이 지나면 2세대 VM을 더 쉽게 다루게 될 것이다. 시스템 동작 중에 바로 새로운 하드 드라이브를 추가할 수 있다. 1세대 VM에서는 새로운 드라이브를 추가하려면 시스템을 종료하는 것 외에 선택지가 없다.

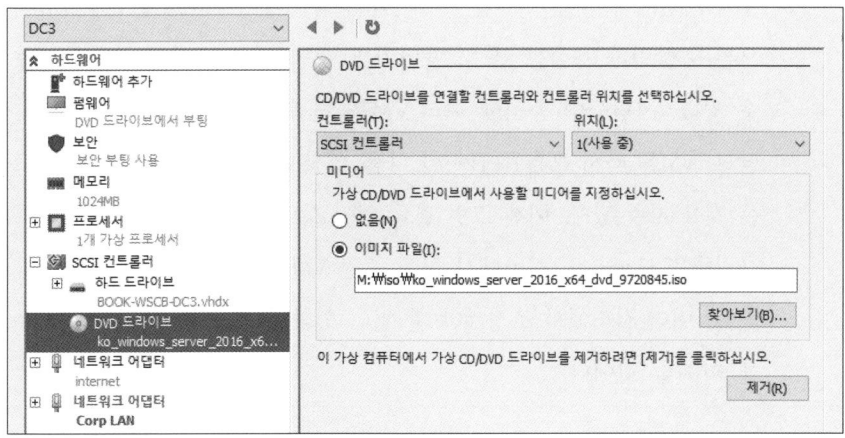

6. 예상한 것처럼 VM에 프로세스를 추가할 수도 있다. 이 설정을 변경하려면 1세대나 2세대인지 상관없이 VM을 종료해야 한다.

7. 여기에는 다른 옵션도 보면 바로 알 수 있지만, 마지막으로 한 가지 살펴보고자 하는 부분은 **메모리** 범주다. Windows Server 2016에서 이 설정에 새로운 기능을 몇 가지 제공하기 때문에 설명하는 것이며, 이 영역 자체가 특별한 것은 없다(시스템의 RAM 크기를 정의하는 작업이 핵심이다). 이전에는 사용 중인 RAM의 크기를 변경하려면 VM을 항상 종료했다. 이젠 더 이상 그럴 필요가 없다. 이 설정을 VM이 실행 중인 상태에서 설정하고 적용할 수 있다. 다음 화면에서 보는 것처럼 DC3 서버의 RAM을 1GB에서 2GB로 변경하고, **적용** 버튼을 클릭하면 변경이 DC3 시스템 속성 내에 즉시 반영된다.

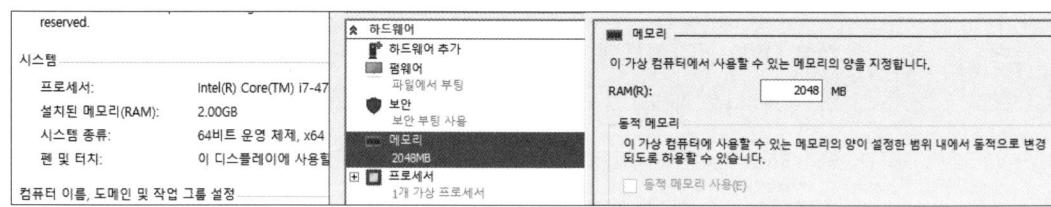

8. 설정 화면에서 언급하고 싶은 마지막 항목은 맨 위쪽 드롭다운 메뉴다. VM을 오른쪽 클릭하고 **설정...**으로 들어가면 선택한 가상 컴퓨터의 설정을 살펴볼 수 있다. 사람들이 동시에 여러 VM을 변경할 때 변경한 후 다시 설정 창을 닫고, VM을 다시 오른쪽 클릭한 다음 설정 화면으로 들어가는 식으로 작업하는 것을 자주 봤다. 이젠 그럴 필요 없이 상단 근처의 드롭다운 메뉴를 간단히 클릭하면 Hyper-V 서버에서 실행 중인 VM들 간의 설정 페이지를 탐색할 수 있다. 여러 서버에서 조정해야 할 일이 있다면 이 기능이 시간과 마우스 클릭을 아껴줄 것이다.

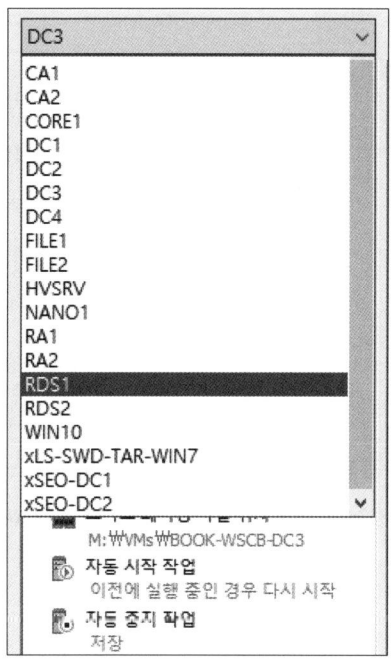

예제 분석

Hyper-V 서버를 관리하면서 가상 컴퓨터의 설정 화면은 매일 살펴볼 가장 일반적인 것이다. 하드웨어를 조정하고 NIC의 연결을 다루는 작업은 빠르고 쉽게 수행해야 할 일이므로 Hyper-V 관리자의 이 부분에 익숙해야 한다. 처음 Hyper-V 세계에 들어왔다면 앞으로 나아갈 때 이 부분의 인터페이스를 더 편하게 만드는 데 이 예제가 도움을 줬으면 좋겠다.

▌ 가상 하드 디스크 편집

물리 하드 드라이브의 디스크 공간이 부족할 때 선택지는 별로 없다. 더 큰 드라이브로 교체할 수 있지만, 데이터를 모두 잘 옮겨야 한다. RAID나 저장소 공간을 사용 중이라면 그때는 새로운 드라이브를 해당 디스크 배열에 추가할 수 있지만, 먼저 이를 지원하게 인프라를 올바로 설정한 경우만 가능하다. 다행히도 가상 하드 디스크에서 실행 중인 가상 컴퓨터를 다룰 때는 드라이브 관리 기능에 약간의 유연성이 있다. 무엇보다도 이들 가상 하드 디스크는 단지 파일일 뿐이다. 따라서 물리적인 제한 사항이 있는 물리 디스크보다 더 조작하기 쉽다. 이 예제에서는 가상 하드 디스크 편집 마법사 내에서 사용하는 옵션을 살펴본다. 이 마법사는 가상 하드 디스크를 선택한 다음 3가지 중 하나를 수행한다. 디스크를 압축하거나 확장할 수 있고, 다른 형식으로 변환할 수 있다.

준비

네트워크에서 동작 중인 Hyper-V 서버의 Hyper-V 관리자 내에서 작업한다. Hyper-V 관리자 내에 가상컴퓨터는 필요하지 않으며, VM 할당 여부와 상관없이 VHD나 VHDX 파일에 대해 수행할 수 있다.

예제 구현

다음의 절차를 따라 가상 하드 디스크를 편집한다.

1. Hyper-V 관리자 내에서 화면의 오른 편을 살펴본다. 작업 창 내에서 디스크 편집을 클릭한다.

2. 다음을 클릭한 후 조정하고 싶은 VHD나 VHDX 파일 위치를 찾는다.

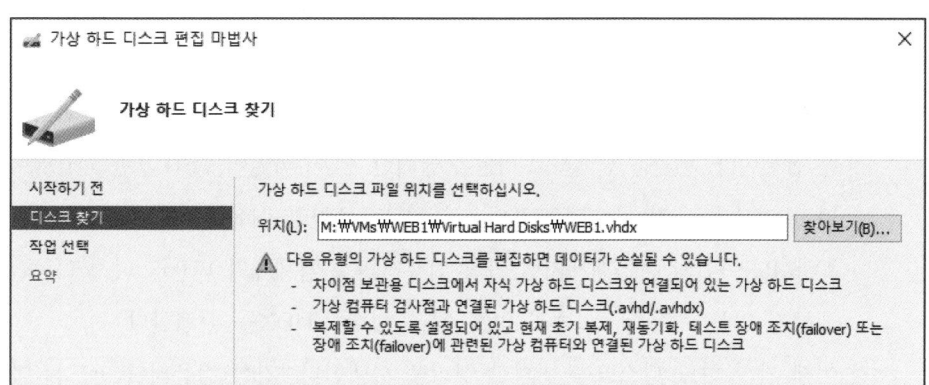

 이 화면에서 나타낸 경고에서 볼 수 있듯이 가상 디스크의 특정 유형은 편집에 부정적인 영향을 끼칠 수 있다. 3가지 조건 중 하나에 해당하는 경우 디스크를 편집하지 말자.

3. 다음으로 이 가상 디스크에 수행하고 싶은 작업을 선택해야 한다.

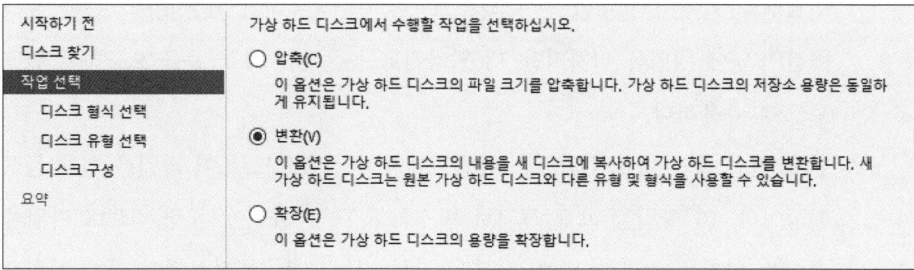

4. 압축은 그 자체로 어떤 작업인지 자명하다. 디스크 내의 여유 공간을 다시 조정해 가능한 한 기존 데이터의 공간을 적게 차지하게 압축한다. 이 부분을 실행하는 데 필요한 추가 화면은 없다. 마침을 클릭하면 끝난다.

5. 확장도 간단하다. 가상 하드 디스크의 새로운 최대 크기를 입력하면 파일은 더 큰 임계값으로 조정된다. 이 작업이 가상 하드 디스크 편집 마법사를 실행하는 가장 일반적인 이유다.

6. **변환**은 다른 형식의 가상 하드 디스크를 설명해야 하므로 이 예제에서 선택하는 옵션이다. **변환**을 선택하고 다음을 클릭한 후 이 파일이 VHD 또는 VHDX로 할지 여부를 요청받는다. VHD를 선택하는 유일한 이유는 Windows Server 2008 R2 이전의 운영체제처럼 가상 컴퓨터의 운영체제가 VHDX 디스크를 실행하지 않는 경우다. 그렇지 않은 경우 항상 VHDX를 선택한다.

7. 이제 가상 하드 디스크를 변환할 형식을 선택한다. 가상 컴퓨터를 만드는 마법사에서 새로운 디스크를 설정할 때 항상 동적 확장을 선택한다. 이는 VHDX 파일이 아주 작은 크기로 시작하고, 필요에 따라 확장되기 때문에 관리자들이 종종 바랐던 기능이다. 이 방식은 물리 디스크 공간 활용을 최소로 유지한다. 하지만 RAM을 동적으로 확장하는 것처럼 하드 드라이브를 즉시 조정하려면 리소스가 필요하다. 따라서 매우 효율이 좋은 VM을 원한다면 VHDX 파일을 고정 크기로 설정해야 한다. 그렇게 하면 디스크를 만들거나 변환하자마자 VHDX 파일에서 필요한 전체 디스크 공간을 점유하게 돼 사용 가능한 물리 공간의 양에 영향을 끼치지만, 더 빨라지고 높은 디스크 성능을 요구하는 워크로드에 유용하다.

8. 현재 편집 중인 VHDX 파일은 마법사에서 구성했으므로 이 파일은 현재 **동적 확장**이다. 이 파일을 고정 크기로 변경하고 다음 화면에서 새 VHDX 파일을 저장할 위치를 지정한다. 이 부분은 가상 디스크를 한 형식에서 다른 형식으로 변환할 때마다 Hyper-V는 실제로 새로운 VHDX 파일을 만든 후 전체 드라이브 내용을 새로운 드라이브로 복사하기 때문에 필요하다.

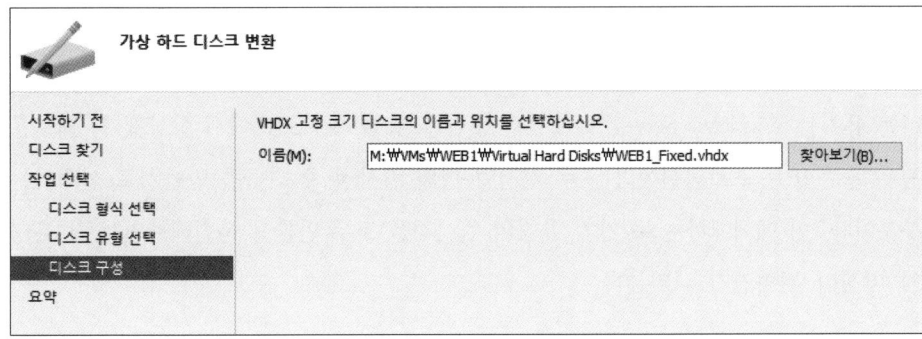

예제 분석

VM을 만드는 과정에서 디스크 크기와 형식을 주의 깊게 계획한다면 가상 디스크를 편집해야 할 경우가 별로 없다. 하지만 입사하기 전에 Hyper-V 환경이 이미 구축된 곳에 들어갈 수 있고, Hyper-V 서비를 정리하고 더 효율적으로 만드는 작업을 해야 할 수 있다. 디스크 크기와 형식을 조정하는 작업은 Hyper-V 서버의 상태를 개선하려는 전체 목적의 일부가 될 수 있다.

▌ 검사점을 롤백 지점으로 사용

물리 서버를 백업하고 이전 시점으로 복원하는 작업은 Windows 서버 세계에서 항상 까다로운 작업이다. 서버에 문제가 있을 때 대부분의 경우 이전 버전으로 롤백 하는 것보다는 그 문제를 고치는 것이 좋다. 물리 서버에서 운영체제를 롤백하기로 결정한다면 다운타임에 관해 논의한다. 이는 Windows 백업 파일을 복구하든지, 아니면 백업 동안 하드 드라이브 전체 그림을 찍고 복구할 경우 전체 이미지를 다시 되돌릴 수 있는 일종의 이미징 유틸리티를 사용하든지, 디스크의 파일을 바꾸기 위해 실행 중인 Windows를 중지해야 하기 때문이다. 따라서 백업을 수행하는 데 사용되는 기술에 관계없이 복원을 수행하는 동안 적어도 일시적이나마 서버를 종료해야 한다.

Hyper-V는 모든 것을 변화시켰다. VM을 사용할 때 필요할 때마다 검사점을 가져와 복원할 수 있다. 이 기능은 Hyper-V의 이전 버전에서 스냅숏이라고 했다. 검사점이라는 용어는 Windows Server 2012에서 등장한 후 Server 2016에서 향상됐다. 새로운 점은 표준 또는 프로덕션이라는 두 가지 유형의 검사점 중 하나를 만들기로 선택하는 부분이다. 이 예제에서는 두 가지 유형의 검사점을 모두 만들고 복원해보면서 각 유형의 이점이 무엇인지 살펴본다.

준비

백업과 복원 작업 모두는 Windows Server 2016의 Hyper-V 관리자 내에서 수행한다.

예제 구현

Hyper-V 관리자를 열면 여기에 여러 VM이 실행되고 있다. 검사점의 기능을 살펴보자.

1. 검사점을 만들기 원하는 VM을 결정한다. 여기서는 새로운 DC3 서버를 사용한다. 목록에서 해당 컴퓨터를 찾아 오른쪽 클릭하고 **검사점**을 선택한다.

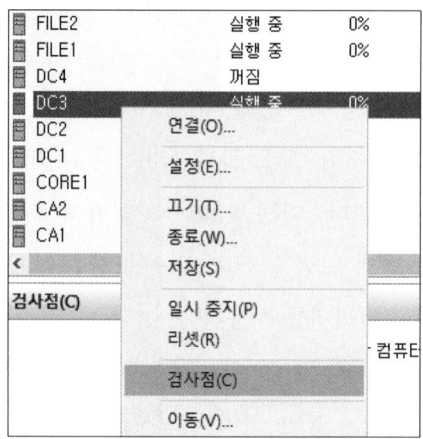

2. 보다시피 프로덕션 검사점이 만들어졌다는 메시지를 받는다. 프로덕션 검사점이 기본 모드다. Hyper-V 관리자의 검사점 섹션에서 DC3 서버 아래에 항목이 보인다. 현재 실행 중인 가상 컴퓨터는 **지금**이라는 목록으로 표시되고, 바로 위에 방금 만든 검사점의 날짜와 타임스탬프를 볼 수 있다.

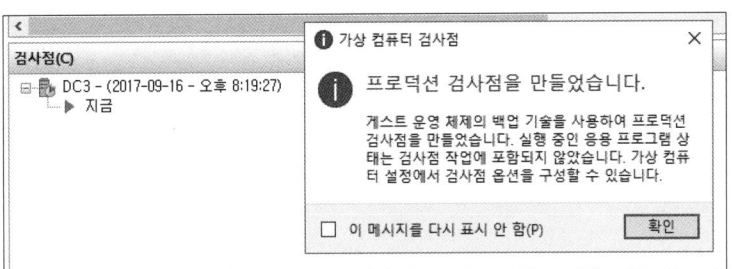

3. 이 메시지는 게스트 운영체제 내의 백업 기술을 사용해 이 검사점을 만들었다고 설명한다. 무슨 뜻일까? 더 중요한 것은 표준 검사점으로 돌아가고 싶다면 어디서 이 작업을 수행할까? 이들 질문 모두는 가상 컴퓨터의 설정을 열면 답이 보인다. DC3를 오른쪽 클릭하고 **설정...**을 선택한다. 설정 창이 열리면 **검사점**이라는 제목을 선택한다.

4. 이 화면은 **프로덕션 검사점**이나 **표준 검사점**을 만들기 원하는지 여부를 선택할 수 있는 곳이다. 각 유형에 대한 설명도 잘 돼 있다. 이전 버전의 Hyper-V에서는 스냅숏이라고 하는 표준 검사점만 만들 수 있었다. 다른 옵션은 없었다. 표준 검사점은 근본적으로 VHDX 파일의 차등 디스크를 만든다. 표준 검사점을 복원할 때 애플리케이션 수준 콘텐츠를 포함해 이전에 실행했던 상태로 모든 것을 되돌린다. 한편 프로덕션 검사점은 게스트(VM) 운영체제 내부의 백업 소프트웨어를 사용한다. 이 방식은 그 VM에 로그인하고 Windows 백업을 실행한 후 백업 파일을 만드는 방법과 더 비슷하다. 단 한 번의 클릭 작업을 수행하고 몇 초 만에 끝난다. 이 예제의 마지막 절인 '예제 분석' 절에서 각 검사점 유형의 장점과 단점에 관해 설명한다.

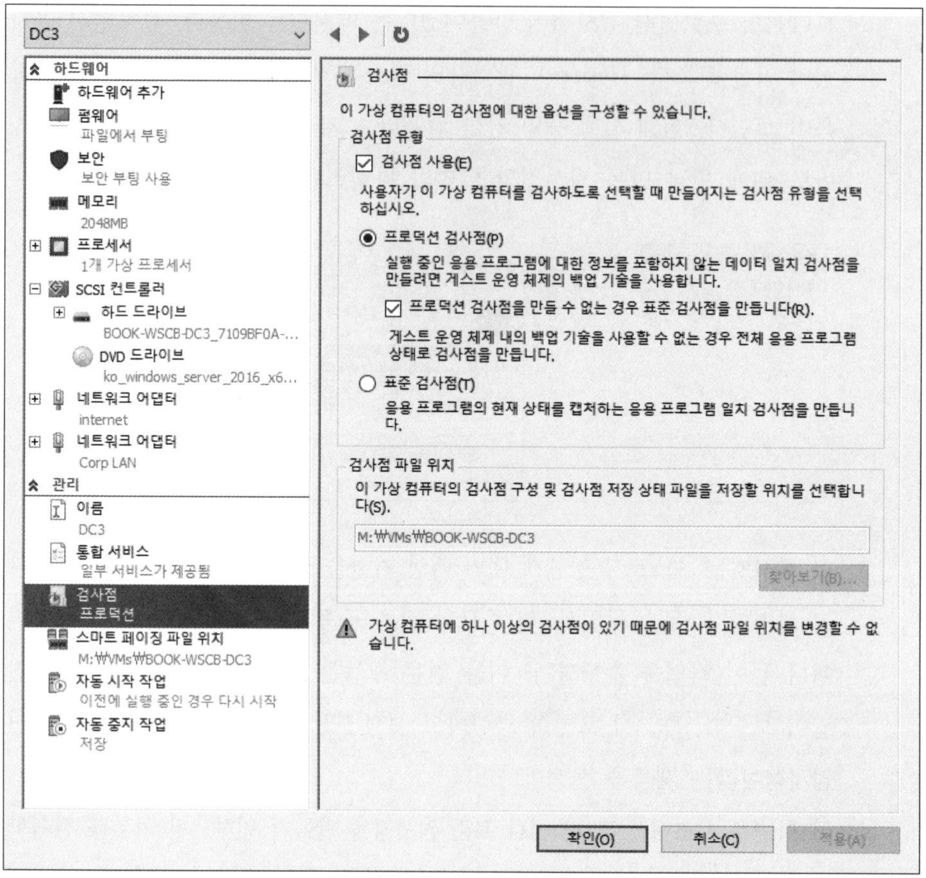

5. 검사점 유형을 표준 검사점으로 변경한다. 그다음 VM을 오른쪽 클릭하고 다시 검사점을 선택한다. 이렇게 하면 두 번째 검사점을 만드는데, 표준 형식이다.

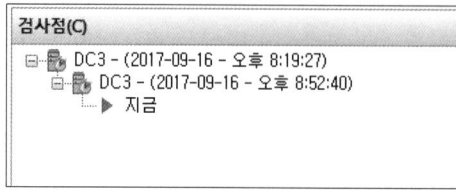

6. 보다시피 두 가지 다른 검사점은 타임스탬프 외에는 실제로 차이점이 없다. 결과만 놓고 보면 오후 8:19 검사점이 프로덕션 검사점이었는지, 오후 8:52 검사점이 표준 유형이었는지 깨닫지 못할 것이다. 두 가지 유형의 스냅숏을 얻을 생각이라면 이들 검사점을 오른쪽 클릭하고 검사점 유형을 나타내게 이름을 변경하는 것이 좋다.

7. 이제 이들 검사점을 복원해 DC3 서버를 특정 순간으로 돌리려고 한다. 이들 롤백이 실제로 동작하는지 테스트하고 싶다면 운영체제를 변경해본다. 하드 드라이브에 몇 가지 파일을 만들고 롤백을 수행한 후 이들 파일이 제거됐는지 확인할 수 있다.

8. VM을 이전 검사점으로 롤백하려면 복구하려는 해당 검사점을 오른쪽 클릭하고 **적용...**을 선택한다.

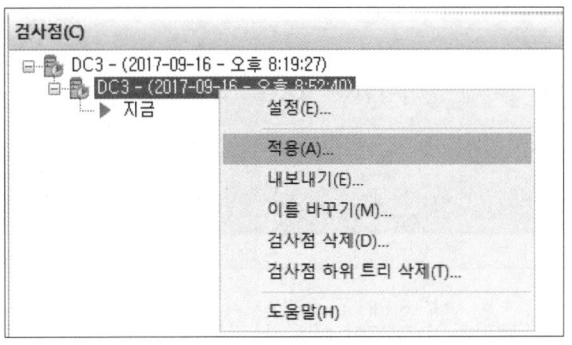

9. DC3는 몇 분 전에 만든 표준 검사점으로 즉시 되돌린다. 컴퓨터에서 정확히 검사점 이미지를 만들었던 순간처럼 화면에서 모든 애플리케이션이 계속 실행 상태다.

 이 예제의 '예제 분석' 절을 주의 깊게 읽어보자. 표준 검사점은 즉각적인 복구 때문에 더 나은 접근 방법처럼 보일 수 있지만, 몇 가지 주의할 점을 알고 있어야 한다.

10. 이제 표준 검사점 복원에 성공했으니 새로운 프로덕션 유형이었던 첫 번째 검사점을 복원해보자. 절차는 동일하다. 검사점 파일을 오른쪽 클릭하고 적용...을 선택한다.

11. 하지만 이번에는 검사점 복원을 선택할 때 DC3 가상 컴퓨터에서 자체를 종료로 전환한다.

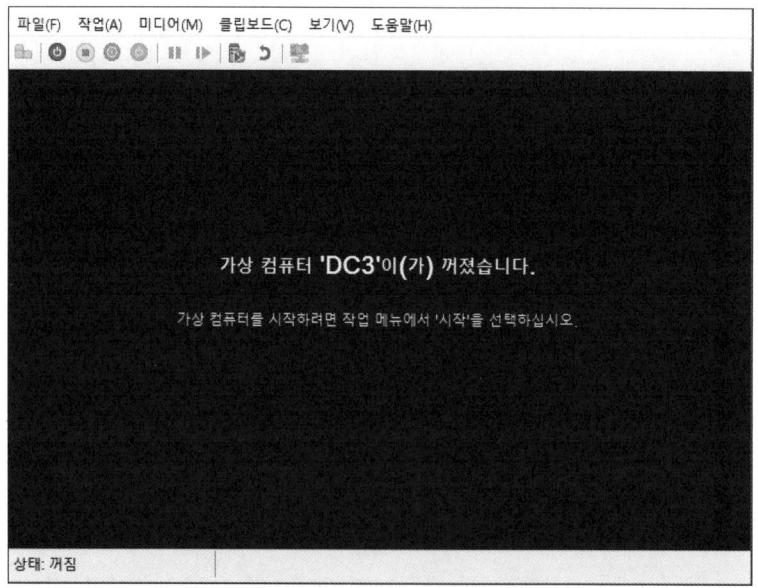

12. 시작 버튼을 클릭하면 DC3이 다시 부팅된다. 그러나 이때는 첫 번째 검사점 롤백에서 발생했던 즉각적인 애플리케이션 인식 복원이 아니라 새로운 부팅이다. VM은 이제 초기 프로덕션 검사점으로 다시 복원됐다. 살펴봤듯이 이 절차의 주요 차이점은 복원 프로세스를 따른 후 서버를 다시 켜야 한다는 점이다.

예제 분석

검사점을 만드는 Windows Server 2016 Hyper-V의 기능은 매우 강력하다. 이전 버전의 Windows 서버에서 이 기능을 스냅숏이라고 하며, 검사점은 정확히 동일한 방식으로 동작한다. 주요 차이점은 가상 컴퓨터의 검사점을 선택할 때 이제 두 가지 다른 형식의 이미지를 만들 수 있다는 점이다.

표준 검사점 이전에 생성한 스냅숏과 동일하다. 이미지 파일을 즉시 롤백하고, 롤백이 끝나면 VM을 온라인 상태에서 애플리케이션별 정보까지 유지한다. 스냅숏에는 한 가지 문제가 있으며, 표준 검사점에서도 그 문제는 여전하다. 이는 표준 검사점을 적용할 때 특정 유형의 서버는 다른 서버와 동기화를 잃게 되는 문제다. 도메인 컨트롤러나 데이터베이스 서버와 같은 유형의 서버에 표준 검사점을 만들 때 만들어진 파일은 Hyper-V 관리자의 수준에서 간단한 스냅숏이다. 이 스냅숏은 그 순간에 가상 컴퓨터 또는 운영체제 내에서 일어나는 작업과는 전혀 무관하다. 즉, 표준 검사점을 복원할 때 서버나 수행하는 기능을 고려하지 않고 이전에 했던 정확히 동일한 방식으로 데이터를 돌려놓는 것이다. 이는 도메인 컨트롤러에서 네트워크의 다른 DC와 동기화에 실패하는 문제를 종종 일으키고 복원 후에 데이터가 왜곡되는 문제를 낳는다.

프로덕션 검사점 새로 등장했지만 이유가 있어서 기본 옵션이 됐다. VM을 복원하는 속도가 더 느리고 프로덕션 검사점의 롤백 다음에 VM을 종료하므로, 서버의 다운타임이 발생한다. 프로덕션 검사점은 게스트 운영체제 내의 VSS와 같은 백업 및 복구 도구를 사용한다. 이 방식은 VM 자체에서 검사점 파일을 더 쉽게 파악할 수 있으며, 운영 환경에서 더 부드럽게 복구할 수 있다는 장점을 갖는다.

찾아보기

숫자

1세대 VM 479
2세대 VM 470, 479
6to4 219

ㄱ

가상 IP 240
가상 디스크 390
가상 스위치 463
가상 스위치 관리자 464, 467
가상 컴퓨터 451
가상 프린터 278
가상 하드 디스크 연결 471
가상 하드 디스크 편집 마법사 482
가상화 호스트 452
개념증명 218
개인 가상 스위치 465
갱신된 인증서의 자동 리바인딩 사용 204
검사점 486
검색 42
경로 구문 125
경로 추적 131
고급 보안이 포함된 Windows 방화벽 113
고유 이름 접미사 150
고정 IP 주소 422
고정 경로 123
고정 크기 디스크 472
공개 키 인프라 144
공개 키 정책 173
공용 DNS 레코드 251
공용 클라우드 179
공인 CA 목록 194
공인 IP 주소 210
공인 IP 주소 필드 349
공인 인증 기관 143, 194
관리 도구 35
관리 템플릿 372
관리 효율 상태 330
관리할 다른 서버 추가 264
그래픽 인터페이스 425
그룹 구성원 385
그룹 정책 110, 336
그룹 정책 개체 225, 336
그룹 정책 관리 338
그룹 정책 관리 콘솔 226, 345, 358
기본 게이트웨이 120, 123
기본 도메인 정책 111, 337
기존 버전을 복구된 버전으로 덮어쓰기 325

ㄴ

나노 서버 417, 428
나노 서버 이미지 작성기 432
내부 NIC 123
내장 GPO 337
내장 인증서 템플릿 157
네임스페이스 377
네트워크 드라이브 390
네트워크 부하 분산 222, 238
네트워크 어댑터 주소 설정 421
네트워크 위치 서버 233

ㄷ

다목적 복제 그룹 385
다시 시작 31
다중 사이트 DirectAccess 218
단일 레이블 75
단축키 55
대상 URL 343
데브옵스 453
데스크톱 경험 버전 141
데이터 수집기 집합 311
데이터 중복 제거 405, 406
데이터 중복 제거 구성 407
도메인 가입 141
도메인 기반 네임스페이스 380
도메인 네임 시스템 70
도메인 서버 77
도메인 서비스 70
도메인 컨트롤러 71, 345
독립형 루트 145
동기 복제 404
동기화 액세스 412
동적 메모리 470
동적 호스트 구성 프로토콜 70
동적 확장 484
드라이브 리디렉션 271
드라이브 매핑 343
드라이브 문자 343
드레인 중지 작업 284
등록 프로세스 166
디스크 없는 부팅 394
디스크 편집 482
디스크 편집 마법사 482

ㄹ

라우팅 테이블 120, 122
로그오프 35
로그오프 스크립트 291, 295
로그온 스크립트 294
로컬 라우팅 테이블 120
로컬 리소스 리디렉션 270
로컬 백업 321
로컬 서버 303
루트 CA 145
루트 인증 기관 인증서 175
리소스 모니터 309
링크 340

ㅁ

매핑된 드라이브 343
멀티호밍 119
명령 프롬프트 39, 174, 457
모니터링 309
모니터링 도구 310

ㅂ

바인딩 189
발급할 인증서 템플릿 161
방화벽 46
방화벽 규칙 436
백업 구성 선택 321
백업 및 복구 도구 491
백업 일정 321
백업에서 복원 367
베이스라인 315
변환 484
별칭 레코드 88

보고 기능 254
보고서 314
보안 그룹 412
보안 필터링 337, 338
보조 DC 77
보조 드라이브 398
복구 323
복구 유형 선택 324
복구할 항목 선택 324
복제 377
복제 그룹 385
복제 그룹 구성 385
부모 CA에 인증서 요청 보내기 156
분산 파일 시스템 376
분산 파일 시스템 복제 384
블랭킷 경로 126
블록 저장소 390

ㅅ

사설 클라우드 179
사용자 로그인 348
사용자 정의 314
사용자 폴더 구조 412
새 가상 컴퓨터 마법사 469
새 범위 마법사 91
새 볼륨 마법사 401
섀도잉 274
섀도잉 세션 277
서버 가상화 452
서버 간 저장소 복제 모드 404
서버 관리자 37, 43, 299
서버 역할 선택 410
서버 추가 304, 437
서버 코어 139, 418, 426
서브넷 247
설치 DVD 428

설치 마법사 284
설치 모드 266, 270
설치 모드 마법사 268
성능 모니터 309
성능 카운터 312
세션 기반 데스크톱 배포 261
소프트웨어 정의 네트워킹 467
수직 확장 210
수평 확장 210
순방향 프록시 서버 353
슈퍼넷 경로 126
스냅숏 486
스냅인 442
스플릿 브레인 75
시간 동기화 470
시스템 성능 309
시스템 성능 평가 309
시스템 종료 32
시작 마법사 223
실행 모드 268
실행 상자 310
실행 정책 57

ㅇ

아웃바운드 규칙 114
압축 483
액세스 서버 393
엔터프라이즈 CA 149
엔터프라이즈 CA 서버 145
엔터프라이즈 루트 CA 146
역방향 CHAP 394
역방향 프록시 166, 217
역방향 프록시 솔루션 410
역할 기반 또는 기능 기반 설치 50
역할 및 기능 추가 320
역할 및 기능 추가 마법사 50

영구 경로 126
예약 94
오프라인 루트 CA 154
외부 NIC 123
외부 스위치 467
운영 서버 418
원격 MMC 도구 441
원격 PowerShell 445
원격 데스크톱 가상화 호스트 259
원격 데스크톱 게이트웨이 259
원격 데스크톱 라이선싱 259
원격 데스크톱 서비스 257
원격 데스크톱 세션 호스트 257, 259
원격 데스크톱 연결 브로커 259
원격 데스크톱 웹 액세스 259
원격 데스크톱 프로토콜 30
원격 서버 관리 도구 52
원격 액세스 215
원격 액세스 관리 콘솔 223
원격 액세스 설정 마법사 실행 223
원격 액세스 솔루션 348
웹 서버 180
웹 애플리케이션 프록시 410
웹 응용프로그램 프록시 217
윈도우 내부 데이터베이스 255
이름 확인 정책 테이블 88
이미지 작성기 432
이중화 80, 244
이중화 구성 77
이트 간 장애 조치 218
인덱스# 421
인바운드 규칙 114
인증 기관 웹 등록 147
인증서 143, 229
인증서 리바인딩 203
인증서 리포지토리 164
인증서 서명 요청 194
인증서 서비스 클라이언트 173
인증서 요청 만들기 195

인증서 템플릿 157, 158
인증서 해지 목록 152
인클로저 403
인터넷 설정 354
일회용 암호 145
읽기 전용 도메인 컨트롤러 80
임계값 484
임대 기간 92

ㅈ

자동 등록 173
자동 등록 스위치 174
자동 등록 정책 174
작업 관리자 305
작업 그룹 46
작업 스케줄러 204
장애 조치 클러스터링 403
저장소 계층 402
저장소 공간 398
저장소 공간 다이렉트 403
저장소 기술 404
저장소 레이아웃 401
저장소 복제 404
저장소 복제 모드 404
저장소 컨테이너 80
저장소 풀 399
저장소의 블록 390
전용 IP 240
전체 GPO 백업 366
전체 데스크톱 경험 버전 425
접미사 150
정방향 조회 영역 85
정적 주소 풀 247
제어판 설정 354
제외 주소 92
제한 사항 45

조직 구성 단위 338
조직 단위 80
종료 31
주 드라이브 398
주체 대체 이름 230
주체 이름 159, 230
주체 이름 형식 159
중복 제거 405
중복 제거 일정 설정 408
중앙 저장소 372
중지 조건 314
중첩 가상화 456
지연 추가 92
지연시간 404
집계 경로 126

ㅊ

차등 디스크 487
초기자 서버 393
초기자 연결 구성 395
최대 크기 라디오 버튼 401

ㅋ

커맨드렛 48
컨테이너 74
컨테이너 시나리오 467
컴퓨터 관리 438
컴퓨터 인증서 164
컴퓨팅 인프라 451
클라우드 폴더 409
클라우드 혁명 179
클러스터링 238

ㅌ

탐색기 373
터널 인증 229
터미널 서비스 257
텔넷 쿼리 130
텔넷 클라이언트 128, 129
템플릿 157
통합 서비스 470
트러스트 74
팀 구성 132

ㅍ

파일 및 iSCSI 서비스 377
파일 및 저장소 서비스 377, 399
파일 서버 409
파일 탐색기 344
포리스트 74
포트 변경 190
폴더 리디렉션 346
폴링 130
표준 검사점 487, 491
풀 메시 386
프로덕션 검사점 487
프로비저닝 401
프록시 서버 353, 354
프록시 솔루션 166
프린터 352
프린터 드라이버 279
프린터 드라이버 추가 마법사 282

ㅎ

하드 드라이브 398
하위 CA 145, 153

하위 인증 기관　153
헤드리스　428
헤드리스 서버　419
호스트　84
호스트 이름 변경　141
호스트 이름 필드　213
호스트 헤더　211
호스팅　410
확장　484

A

A 레코드　84
AAAA 레코드　84
Active Directory　70, 71
Active Directory 보안 그룹　412
Active Directory 인증서 서비스　147, 154
Active Directory 중앙 저장소　372
AD　71
AD CS 서버 역할　148
AD DS　70
Add-Computer　137
Add-WindowsFeature　454
ADFS 프록시　217
ADML　370
ADMX　370
alias@domain　412
All Signed　59
Authenticated Users　339

B

Backup-GPO　366

C

CA　143
CA 서버　145
CA 인증서 갱신　175
CAPolicy.inf　152
Certificate Revocation List　152
Certificate Signing Request　194
Certification Authority　143, 161
CERTMGR.MSC　164
certutil　161
CHAP　394
cls　48
cmd　40
cmdlet　48
CNAME　87
CNAME 레코드　377
Computers 컨테이너　96
CPU 사이클　470
CRL　152
CSR　194
CSR 요청　197

D

DA　215
DA 서버　230
DA 클라이언트　230
Data 볼륨　407
DeploymentType　430
DFS　376
DFS 관리 콘솔　385
DFS 네임스페이스　377, 384
DFS 복제　377
DFSR　300, 377, 384, 404
DHCP　70, 90
DHCP 예약　93

DIP 240
dir 48
dir 명령 315
DirectAccess 87, 144, 215, 218
DirectAccess Connectivity Assistant 371
DirectAccess 클라이언트 컴퓨터 229
DirectAccess 터널 인증 230
Directory 중앙 저장소 372
Distributed File System 376
Distributed File System Replication 384
DNS 70
DNS 레코드 84
DNS64 219
Domain Controller 71
dsa.msc 81
DSRM 암호 75
Dynamic Host Configuration Protoco 70

E

Enable-WindowsOptionalFeature 129
EnableEmbeddedTeaming 467
Enter-PSSession 448

F

FileMon 284
forest 74
Format-List 315

G

Get-Date 318
Get-ExecutionPolicy 57
Get-Help 64, 65

Get-NetIPAddress 48
Get-WindowsFeature 182, 461
gpedit.msc 293
GPO 225, 336
GPO 백업 366
GpoPrefixName 328
gpresult 359
gpupdate /force 174, 363
Group Policy Object 225, 336
GSW 223

H

host 파일 87
hostname 33
http 바인딩 189
HTTPS 193
HTTPS 트래픽 193
Hyper-V 259, 452
Hyper-V 관리자 455
Hyper-V 관리자 콘솔 461
Hyper-V 서버 457

I

ICMP 114, 127
IE 보안 강화 구성 303
IIS 179
IIS 관리 콘솔 414
IIS(인터넷 정보 서비스) 442
IIS(인터넷 정보 서비스) 관리자 184
IIS-AutoCertRebind 205
Install-WindowsFeature 129, 181, 183
Internet Information Services 179
Invoke-IpamGpoProvisioning 328
IP Address Management 326

IP 주소 214
IP 주소 관리 326
IP-HTTPS 219, 220, 248
IP-HTTPS 인증서 250
IPAM 326
IPAM(주소 관리) 서버 326
ipconfig /all 94
IPsec 219
IPv6 86
IPv6 트랜지션 터널링 프로토콜 219
IQN 394
iSCSI 389
iSCSI Qualified Name 394
iSCSI 가상 디스크 390
iSCSI 대상 서버 391
iSCSI 소비자 389
iSCSI 초기자 390, 393, 395
iSCSI 초기자 속성 396

J

JBOD 인클로저 403

K

KerberosProxy 229

L

L2TP 217
LAN 설정 버튼 355
Lync 144

M

MAC 주소 94
MAC 주소 스푸핑 사용 239
Microsoft Management Console 163
Microsoft 관리 콘솔 441
Microsoft 네트워킹 요소 75
Microsoft 도메인 네트워크 46
MMC 163, 441
MMC 도구 441
mstsc 118, 276
multi-homing 119

N

Name Resolution Policy Table 88
Nano Server Recovery Console 433
NAT 220, 467
NAT64 219
netsh 414
Network Load Balancing 238
Network Location Server 233
New-ADUser 102
New-NanoServerImage 430
New-VMSwitch 467
NIC DirectAccess 218
NIC 구현 218
NIC 바인딩 121
NIC 팀 132
NIC 팀 구성 135
NLB 238
NLS 233
NLS 웹사이트 224, 233
NRPT 88

O

One-Time-Password 145
Organizational Unit 80, 338
OTP 145
OU 80, 338

P

Pathping 131
Perfmon 309, 310
PFX 파일 201
ping 83, 127
PKI 144, 221
PoC 218
PowerShell 46, 445
PPTP 217
proof-of-concept 218
Public Key Infrastructure 144

R

RD 브로커 284
RD 세션 278
RDP 30, 33, 116
RDP 클라이언트 55
RDS 257
RDS 섀도잉 274
RDSH 257, 263
RDSH 서버 추가 263
RDSH 컬렉션 272
Read-Only Domain Controllers 80
ReFS 403
regedit 117
Remote Desktop Protocol 30
Remote Desktop Services 257
Remote Desktop Session Host 257
Remote Server Administration Tools 52
Remote Signed 59
RemoteApp 258, 287
RemoteApp 프로그램 288
RemoteSigned 58
Remove-WindowsFeature 447
Rename-Computer 136
Restart-Computer 66
Restore-GPO 369
Restricted 59
RODC 80
route print 125
RSAT 52
RSAT 도구 437
RSOP.MSC 363

S

Sales Group 339
SAN 230
sconfig 420, 459
sconfig 메뉴 422
SCSI 컨트롤러 479
SDN 467
Select-Object 104
Server Core 139
SET 467
Set-ExecutionPolicy 57, 59
Set-Item 448
Shadowing 274
SharePoint 144
shutdown 33
SMB3 403
Software Defined Networking 467
split-brain 75
SSL 인증서 143, 248

SSTP 217
Standard SKU 453
Storage Spaces 398
Switch Embedded Teaming 467
System Center 144

T

Taskschd.msc 204
TCP/IP 프린터 352
Telnet 129
Teredo 219
tracert 131

U

UAG 229
Unified Access Gateway 229
Unrestricted 59
username@domain 412

V

VDI 유형 405
VHD 484
VHDX 484
VIP 240
VM 463
VMware 452
VPN 245
VPN 리스너 217
VPN 서버 124
VPN 연결 256, 349
VPN 연결 생성 348
VPN 연결 프로필 349

VPN 프로필 348
VSS 491

W

WAP 217, 410
WAP, Web Application Proxy 410
Web Application Proxy 217
Web-Common-Http 182
wf.msc 114
WFAS 113
WID 255
Windows Defender 331
Windows Internal Database 255
Windows PowerShell 446
Windows PowerShell ISE 61
Windows Remote Management 46
Windows Server 백업 319
Windows 그래픽 인터페이스 425
Windows 방화벽 46
Windows 성능 모니터 309
WinKey 41
WinKey + R 441
WinRM 46, 436
WMI 필터 224

에이콘출판의 기틀을 마련하신 故 정완재 선생님 (1935-2004)

Windows Server 2016 쿡북

105개의 레시피로 배우는 Windows Server 2016

발 행 | 2018년 2월 21일

지은이 | 조던 크라우스
옮긴이 | 김 도 균

펴낸이 | 권 성 준
편집장 | 황 영 주
편 집 | 조 유 나
디자인 | 박 주 란

에이콘출판주식회사
서울특별시 양천구 국회대로 287 (목동)
전화 02-2653-7600, 팩스 02-2653-0433
www.acornpub.co.kr / editor@acornpub.co.kr

한국어판 ⓒ 에이콘출판주식회사, 2018, Printed in Korea.
ISBN 979-11-6175-116-0
ISBN 978-89-6077-210-6 (세트)
http://www.acornpub.co.kr/book/windows-server-2016-cookbook

이 도서의 국립중앙도서관 출판시도서목록(CIP)은 서지정보유통지원시스템 홈페이지(http://seoji.nl.go.kr)와
국가자료공동목록시스템(http://www.nl.go.kr/kolisnet)에서 이용하실 수 있습니다.(CIP제어번호: CIP2018004586)

책값은 뒤표지에 있습니다.